国家出版基金项目
NATIONAL PUBLICATION FOUNDATION

文字的记忆

Spreading and Preserving Technologies

文字的传播

国家图书馆中国记忆项目中心 编

非遗中的文字书写与传播口述史

天津出版传媒集团

天津人民出版社

图书在版编目(CIP)数据

文字的传播 / 国家图书馆中国记忆项目中心编. --
天津：天津人民出版社，2019.4
（文字的记忆：非遗中的文字书写与传播口述史）
ISBN 978-7-201-14397-2

Ⅰ.①文… Ⅱ.①国… Ⅲ.①文字-传播-历史-中
国 Ⅳ.①H12

中国版本图书馆 CIP 数据核字(2019)第 072784 号

文字的传播
WENZI DE CHUANBO

国家图书馆中国记忆项目中心编

出　　　版　天津人民出版社
出　版　人　刘　庆
地　　　址　天津市和平区西康路 35 号康岳大厦
邮政编码　　300051
邮购电话　　(022)23332469
网　　　址　http://www.tjrmcbs.com
电子信箱　　reader@tjrmcbs.com

策　　　划　黄　沛　任　洁
责任编辑　　赵子源　伍绍东
装帧设计　　世纪座标　明轩文化

印　　　刷　河北鹏润印刷有限公司
经　　　销　新华书店
开　　　本　787 毫米×1092 毫米　1/16
印　　　张　35
插　　　页　6
字　　　数　440 千字
版次印次　　2019 年 4 月第 1 版　2019 年 4 月第 1 次印刷
定　　　价　248.00 元

文
字
的
记
忆

苏美尔楔形文字、古埃及圣书字、中国汉字、玛雅文字，世界最古老的四大文字系统，为何唯有汉字传承至今仍被广泛使用，并历久弥新？在中国文字大家庭中，灿烂的少数民族文字又是如何发展和传承的？

在非物质文化遗产中，你能找到答案！

微信扫描二维码

获取以下服务

1.加入读者交流圈，与图书主创们一起品味非遗中的文字之美。
2.观看非遗项目专题片和传承人口述片，开启别开生面的文化之旅。

·非遗项目专题片

贝叶经制作技艺

金石篆刻

金陵刻经印刷技艺

木活字印刷技术

印泥制作技艺(鲁庵印泥)

华县填字迷接龙游戏

汉字印刷字体书写技艺

惜字塔

·非遗传承人口述片

波空论(贝叶经制作技艺国家级代表性传承人)

马萌青(金陵刻经印刷技艺国家级代表性传承人)

王超辉(木活字印刷技术国家级代表性传承人)

高式熊(印泥制作技艺国家级代表性传承人)

白向亮(华县填字迷接龙游戏陕西省代表性传承人)

徐学成(汉字印刷字体书写技艺上海市代表性传承人)

出版说明

口述史书籍与其他书籍的编辑原则略有不同，口述文本是将录音、录像转录为文字之后，再经过整理和编辑的文本，我们希望文本能够反映采访情境下受访者表达内容的原始性和真实性，最大程度地还原受访者在讲述过程中的风格和状态。在此，我们对"文字的记忆——非遗中的文字书写与传播口述史"丛书的编辑原则和方法进行简要说明：

一、受访者的年龄、背景和经历各不相同，表达方式也各不相同。有些口语化的表达和重复语句恰恰体现出受访者的个性和特征，也能让读者感受到讲述的语气和节奏，因此我们没有将其全部转化成书面用语。

二、我们尽量保留受访者原有的语言特色，让读者感受到语言的丰富性，在不妨碍读者理解的前提下，保留部分方言词句，必要时进行标注、解释。

三、本书涉及傣语、满语、维吾尔语等少数民族语言，我们邀请少数民族语言的相关研究者或当地工作人员进行翻译，但难免存在对原意翻译不完善的情况，因此我们在审校环节邀请了相关学者审读把关，尽力做到语义还原。

四、受访者在讲述时可能存在多次叙述同一件事的情况，为使内容表达清晰,避免重复,我们会综合几次叙述整理成一段文字,但为了真实表达受访者的思路和逻辑,不做颠覆性的叙述顺序调整。

不同受访者在讲述同一项非物质文化遗产代表性项目时,存在不同的观点和看法,属于学术争鸣的范畴,我们均予以保留。

五、为了方便读者阅读,整理者在文中添加了标题,有的是选自受访者的某一句话,有的是根据内容所提炼的段落大意。

六、因各种原因,受访者口述的内容可能有口误或明显与史实不符,我们查证后进行了修改,并交与受访者本人审阅确认。

七、部分涉及受访者隐私或非遗项目核心技术的内容,我们尊重受访者的意愿,删除了其不愿公开发表的部分。

中国社会科学院荣誉学部委员
民俗学家
刘魁立

序
一

　　非物质文化是人类创造的，不以物质载体形式呈现的文化事象。我们生在这个世界上，物质仅仅提供给我们一个最基本的生存条件。但人之所以成其为人，就是因为非物质文化在我们身上有所体现。非物质文化遗产虽不被列为精英文化，但却是我们广大民众日常生活中须臾不可离开的，是我们普通老百姓的生活方式。它不仅能够调节我们的生活，让我们的生活有更丰富的内容，提升我们生活的幸福感，还对我们民族身份的认同、彼此关系的协调，以及与其他民族的文化交流，都具有非常重要的意义。

　　非物质文化遗产存在于传承人的身上、手上、头脑里。传承人，是非物质文化遗产保护的核心，很好地保护传承人，就是很好地保护非物质文化遗产。

　　国家图书馆中国记忆项目中心的同志们深知这些道理，他们从 2013 年开始建设非遗专题资源库以来，一直重视为传承人做口述史，还拍摄了传承人的技艺、作品，以及如何授徒等方方面面的内容。这几年，他们已经做了大漆、丝绸、文字等几个专题，除了为传承人做口述史和拍摄影像资料，还举办了展览和讲座，出版了一系列出版物。

　　"文字的记忆——非遗中的文字书写与传播口述史"丛书分为《中国的文字》《书写的工具》《文字的传播》三册，是到目前为止中国记忆项目中体量最大的一套口述史出版物，涉及与文字有关的四十个非遗项目，集合了七十一位传承人和相关专家学者的口述史。参与这项工作的是一群有学养、有强烈责任心和一定工作经验的青年工作人员。这些文字和图片都很珍贵，是他们跋山涉水到各地采集到的一手资料，具有重要的文献价值。其中很多受访者使用的是少数民族语言，因此书中涉及大量少数民族语言的翻译工作，在这方面他们也积累了相当成功的经验。

本丛书有几个突出的特点：首先，它在非遗项目的选择上能够跨类别、跨级别，整体考虑我国所有的非遗项目，以一个大文化的主题来加以梳理，内容涵盖精当而全面。其次，这些非遗项目涉及文字的书写方法、书写艺术、工具制作技艺、民间习俗、民间传说等多个方面，在具体项目和传承人（受访人）选择上体现了我国多民族文化的丰富性和多样性。再次，它充分考虑到了各民族文字的书写和传播过程，特别关照了这些各自产生而又共同分享的民族瑰宝。《中国的文字》这一本里面，很多都是少数民族文字的非遗项目，《书写的工具》《文字的传播》这两本中也有少数民族造纸等内容。现在各民族之间的文化交流越来越频繁了，这个时候更需要加强对各民族非遗的保护，提倡民族文化复兴，这样才能保证文化的多样性，让各民族丰富多彩的文化传承下去，并且不断巩固、不断发展。最后，书中的口述史不仅有传承人的，也有相关学科学者的，两者可以相互补充、互为印证，这样读者就可以从多个角度更为全面地了解非遗项目。

这些口述史不仅记录了传承人对各自非遗项目的认识、理解和传承，更从一个侧面反映了我国非遗保护的现状和发展方向。本丛书编者为国家图书馆中国记忆项目中心，代表着国家层面对口述文献的保存与服务。无论从文献的原生性、丰富性，还是资料的学术性、严谨性，乃至文本的可读性来看，本丛书都是不可多得的非遗口述史读本，具有重要的研究价值，也是了解非遗的一个很好的窗口。这些就是"文字的记忆——非遗中的文字书写与传播口述史"丛书的意义所在！

序一

北京师范大学资深教授

王　宁

　　文字是超越时空传递语言信息的符号系统，在一切信息载体中，它具有无可取代的作用。文字是历史传承的载体，没有文字，历史无法传衍。文字更是一切民族文化的基石，它负载着文化向前发展，又以自己独特的形式与文化互证。东汉许慎作《说文解字》，在书叙里对文字的功用做了十分经典的阐释："盖文字者，经艺之本，王政之始。前人所以垂后，后人所以识古。"这不仅仅是对汉字说的，还适合于所有的文字。

　　自源文字的产生是一个民族从蒙昧走向文明的重要标志，而一种文字的生灭、发展和传衍，是靠着多种自然和社会历史条件来推动的。世界上很多古老的文字产生在大河或多河流域，例如古巴比伦的苏美尔楔形文字（Sumerian Cuneiform）、古埃及圣书字（Egyptian Hieroglyphics）、古希腊克里特岛线形文字（Linear）等，大部分产生于公元前4000年至公元前3000年，但是这些文字都没有发展到今天，它们在之后的历史时期里不再使用，有些甚至至今已无法识读。唯有与这些文字在大致相同历史阶段产生的汉字，一直没有中断，至今还在继续使用和延续发展。那些文字发展中断有很多原因，而汉字能够不停顿地发展，与国家的统一、文化的认同、书写工具和书写载体的不断改进，有着直接的关系。

汉字是我们的骄傲,而更使我们骄傲的是,在中国境内还在使用的文字,绝不止汉字一种。在"文字的记忆——非遗中的文字书写与传播口述史"丛书里,可以看到维吾尔文、哈萨克文、蒙古文、藏文、东巴文、水书、彝文等十余种文字的书写与传承状态,而且是由传承人用活生生的语言加以描述、进行演示的真实记录。想到那些古老文字的衰落,想到那些只在字典或不完整的典籍片段里留下的文字遗存,我感到,国家图书馆现在所做的关于文字的口述史工作,意义实在太重大了。

一种文字的存活必须具有书写和识读两个方面的推进,从个人的书写到印刷和文书制作,是使文字广泛传播并产生更大社会效应的一个重要转折,这个过程起初都是发生在民间的。尽管现在已经到了信息时代,很多文字符号已经进了计算机,甚至有了国际编码,但把原初的传播过程保存下来,仍然是研究和改进文字的非常必要的条件。文字是一种实用的符号系统,从原初形式走向现代化要靠几个内在和外在的条件:首先是使用文字的共同体在交流中的约定俗成,其次是具有重要影响的传承者凭借威望和比一般人更高超的技能,使文字的记录和传播专业化。文字发展到一定程度,会产生书法艺术,在实用的基础上具有鉴赏价值,并在这个过程中促进符号形式的规整和构形要素的系统化,并将单字书写的规则和文本书写的范式固定下来。文字的传承速度和信度,与书写工具和载体的改进分不开。书写工具和载体的制作技艺,也就成为推进文字发展的重要因素。本丛书所收录的口述史中,这些过程都被生动地记录下来,让我们目不暇给、惊喜不断。

在我国学术界,20世纪70年代后开始发展出各种文字字符的收集和整理研究、多种文字的历史发展研究、出于跨文化需要的比较文字学研究,都有很好的成果出现。现在非物质文化遗产的整理和保存有了如此大的进展,不但使得文字历史发展的脉络更为清晰、更加真实，而且对文字理论的研究一定会有更大的推动。一种文字的发展、成熟、推广、传承，是上层文化、中层文化、底层文化共同成就的，更是各个民族相互渗透、相互影响、相互对译、相互交流才能走到今天的。所以，本丛书是最真实的史料，是文字研究的重要资源。

口述史关于书法的记录，是非常宝贵的资料。汉字是两维度构建的"音节-语素文字"，有它书写的规则。古彝文的书写与汉字大致相仿；回鹘式蒙古文用八思巴字书写，拼写时以词为单位，上下连书；藏文属于辅音为基字、元音为附标的文字，形制与汉字有很大的差别；纳西东巴文则是一种表意和表音成分兼备的图画象形文字，形态比甲骨文还要原始……各种文字的书写规则不一，手法各异，遵循着不同的习惯，形成了不同的审美意识，也带给我们太多的启示，大大拓宽了书写文化研究的思路。我们要庆幸这次口述史的及时完成和成功录制，丛书里被采访、录制的传承人，不仅是书法艺术的大家，很多还是民族文字书写字体的首创者。有些传承人年纪比较大了，记录他们的成果带有抢救的性质。很多传承人的作品还没有向国际传播，这次出书定会获得世界各国文化学者的普遍关注。关于书写工具的制作流程，不仅具有文化价值，而且具有科技保护方面的价值。

在这里我们还必须说明，关于文字方面的非物质文化遗产，指的是那些书写、制作、传说的过程和成果，它们与其他非物质文化遗产一样，具有一旦消失就不会重现、不可复制的特点，是属于全世界的宝贵财富，是展现世界文化多元化，形成文化平等观的最好教科书。由于与政治、经济的发展息息相关，与时代的进步和科技的发达不可分离，所以文字永远要随着社会的前进而系统化、严密化，要不间断地寻找现代化传播的新形式，并且要随着国际社会信息交流的需要而建构彼此对译的最佳方式。历史遗迹在记忆里的存留意义重大，它让我们看到各种不同类型的文字长期并存、各具特色、互相扶持，是中国境内各民族团结友爱、共同发展的象征，它让我们对多民族共同缔造的中华文化的发展充满自信，让我们对文字发展的规律有更深的了解和更好的把握，使我们的文字走向现代，更健康、更精彩地为国家的富强和文化的传播做出新的贡献。我想，这是本丛书出版的更深刻意义。

国家图书馆中国记忆项目负责人

副研究馆员

田　苗

前言

　　文字，也许是人类文明发展过程中最重要的一件事了。文字的诞生，是人类开启文明时代的标志。有了文字的持续记载，人类才进入信史时代；随着造纸术和印刷术的发明，人类的知识借由文字得以广泛传播，人类最终步入现代文明。可以说，整个人类文明的历史，就是一部文字产生、使用与传播的历史。

　　文字，又是你我最熟悉不过的一件平常小事。我们每个人的童年，都是在认字、习字中度过的。而我们的一生，也一直伴随着写字、打字、读字、念字。翻开书报，是字；打开手机，是字；出门上街，还是字。我们被文字包裹，也被文字牵引。

　　文字，还是最丰富、最多样、最有趣的事。那么多种文字，有象形文字，有拼音文字，它们是如何书写的？湖笔、宣纸、徽墨、端砚，这些文字的书写工具，又是怎样制作出来的？雕版、活字、拓印、篆刻，文字又是怎样被复制、传播的？仓颉造字、蒙恬制笔、蔡伦造纸、羲之习字，这些故事又是如何被传承至今的？这些古老的传说、伟大的发明、精湛的技艺、不朽的艺术，被一代又一代人记忆着、实践着、传承着。这是我国伟大的非物质文化遗产，这是几千年累积而成的精神宝库。

　　图书馆是书的故乡，文字的家。图书馆人最爱文字。国家图书馆中国记忆项目中心的图书馆员们，广泛地访问了我国与文字相关的非遗项目的代表性传承人和研究者。我们走进他们的家门，叩开他们的心门，聆听他们的故事，保存他们的记忆。历时五年，成书三部。

一、《中国的文字》

书法，既指书写的方法，又指书写的艺术。在祖国广袤的大地上，在中华民族的大家庭中，不止孕育出了汉字书法，很多少数民族还拥有基于本民族文字的灿烂的书法艺术。在本书中，我们广泛地查询了我国各级非遗名录，尽可能多地访问了我国各民族书法艺术的传承人，为读者展现出了我国书法艺术的悠久与多样。在此，需要说明的有三点：

1.汉字书法，被联合国教科文组织于2009年列入人类非物质文化遗产代表作名录，由于汉字书法流传过于广泛，传承人群庞大，目前我国并未认定汉字书法的代表性传承人，但我们访问了两项和汉字书法息息相关的非遗项目——仓颉传说和王羲之传说的代表性传承人。在这两个至今仍然流传的传说故事中，我们能看到民众对"文祖"和"书圣"的尊重与崇拜。

2.东巴文是双遗产。一方面，在我国国家级非物质文化遗产代表性项目名录中，东巴文因其原始象形、亦书亦画的特点，被纳入"纳西族东巴画"这一项目之中。另一方面，东巴古籍文献还被联合国教科文组织评为"世界记忆遗产"。

3.我国有些少数民族，例如朝鲜族，有着本民族的书法艺术；还有些历史上的少数民族文字，例如契丹文、西夏文，也有着对应的书法。但由于它们未被列入非遗名录，故未能采访收录。这是本书的一个遗憾。

二、《书写的工具》

纸是文字的载体，而墨、笔、砚则是文字书写的工具。它们的出现，都是人类科技史和文化史上的大事。正因为文房四宝的发明与使用，文字的广泛书写才变为可能。在我国的非遗宝库中，有着大量笔、墨、纸、砚的制作技艺。单是造纸技艺，国家级非遗项目就有二十一项之多。由于工作周期有限,我们未能对所有项目的传承人进行访问,相信通过我们所选择的这些项目,已经足以展现出我国笔、墨、纸、砚制作技艺的发达与丰富。我们还访问了两个很有特色的非遗项目——蒙恬会和龙亭蔡伦造纸传说。蒙恬,这位传说中毛笔的发明人,被制笔工匠们视为行业神,千百年来对他的祭祀从未停歇。蔡伦,他造纸的故事也被蔡氏后人世世代代流传下来,至今他们仍然以自己的祖先为傲。此外,我们还特别收录了论文《维吾尔族桑皮纸制作技艺》。

三、《文字的传播》

为了让文字能够更广泛地传播,我们的祖先发明了和造纸术同样伟大的印刷术。有了印刷术,才有了真正意义上的书籍,才有了知识与文化的普及。本书着眼于那些复制、保存与传播文字的非物质文化遗产,还关注了那些基于文字的传播而产生的艺术现象和文化习俗。这一类型的非物质文化遗产十分丰富,项目数量也相对较大,例如雕版印刷术,国家级非遗项目就有七项之多。由于工作周期有限,我们未能收入所有的项目。此外,还有三点需要说明:

1.贝叶经制作技艺是一种特殊的傣文书写技艺,用铁笔将傣文刻写于贝多罗树叶之上。西双版纳地区气候潮湿多雨,纸质文献无法长期保存,经过特殊处理的贝多罗树叶却可以长期保存,而不会霉变。因此,贝叶经制作技艺更多的是满足文字长期保存的需要,故将该项目收入本书。

2.古琴传统的记谱法有文字谱和减字谱两种。其中,文字谱直接使用汉字记谱,减字谱则是借鉴汉字的笔画和结构而发明的一种独特的记谱系统。作为一种特殊的文字应用,我们也将我国最年轻的古琴艺术国家级非遗代表性传承人——林晨的口述史收入本书。

3.惜字习俗是一种曾经在我国广泛存在的文化现象。它充分表现出中国人对文字的尊重与喜爱,是敬文字、惜文字这种独特文化心理的最好体现。但十分遗憾的是,惜字习俗随着社会的发展,已被淹没在历史中,未能流传下来。因此,我们特别收录了论文《惜字与惜字塔》，作为拓展阅读，以弥补这个缺憾。

因为文字，我们的文明从未中断；因为文字，我们的记忆从未消失。通过文字，我们认识了世界；借由文字，我们记载了自己的一生。

文字在谁手中？又由谁写就？

他们右手握的，是笔，是刷，是刀；他们左手扶的，是纸，是木，是石。

纤纤的笔，薄薄的纸，故事被一笔一笔写就。

一刀刀刻，一张张刷，记忆被一页一页印记。

人类的文明，就这样被载于这如此脆弱，却又如此顽强的文字里。我们应该感谢那些创造者和艺术家，那些劳动者和匠人，也要感谢每个书写文字的人！

让我们记住他们！

目 录

贝叶经制作技艺

贝叶经,傣语称为"坦兰",是用铁笔刻在加工后的贝多罗树叶上的佛教经文。贝叶经起源于古代印度,7世纪前后,随南传上座部佛教经斯里兰卡、缅甸、泰国,传入中国西南地区。除记载佛教经典之外,贝叶经还记载傣族的天文历法、社会历史、法律法规、民情民俗、医理医药、生产生活、伦理道德、文学艺术等诸多方面内容,是傣族传统文化的集大成者、傣族智慧的"万有文库"。

2008年,贝叶经制作技艺入选第二批国家级非物质文化遗产代表性项目名录。

波空论

国家级代表性传承人

波空论（1948— ），男，云南省西双版纳傣族自治州人，国家级非物质文化遗产代表性项目贝叶经制作技艺国家级代表性传承人。

采 访手记

采访时间:2014年11月2日

采访地点:云南省景洪市勐罕镇曼听村委会曼降自然村

受 访 人:波空论

采 访 人:戴晓晔

　　初见波空论老师,感觉他是一个少言寡语的人,在逐渐的了解中,我才明白他的沉稳和踏实都是源于"贝叶文化"的熏陶。波空论老师依照傣家习俗,七岁入佛寺出家,开始学习傣文和贝叶经制作。贝叶经的制作工序复杂且细致,有采叶、水煮、晾干、制匣、剪裁、刻写和装帧等步骤,承载着傣族人民的智慧与文化。波空论老师在还俗后,依旧坚持刻写贝叶经。波空论老师告诉我们,刻写贝叶经早已成为他生活的一部分。在贝叶上刻写经文需要用自制的铁笔,每刻一笔,磨的不仅是铁芯,也是刻经人的心性。

　　在明媚的曼听村,沐浴着温暖的阳光,波空论老师坐在自家的竹楼旁,一手持着自制的铁笔,一手稳拿贝叶,刻写贝叶的沙沙声和远处佛寺的诵经声交织在一起,竟是那样和谐。傣族的传统文化也将伴随着这样的声音,代代传承,生生不息。

波空论口述史

杨宵宵 整理

自古以来，傣族社会的所有历史事件和文化，全靠一片片贝叶做记录。

相传佛祖①涅槃以后，其弟子发现贝叶很宽、很嫩，又很光滑，可以砍下来记录释迦牟尼的话，这样就可以世代相传，所以贝叶经制作也就一直延续下来。

寺庙对于傣族人来说，既是潜心向佛的地方，又是一所学校。每个七八岁的男孩子都要去寺庙出家，在出家的几年中，小和尚在寺庙里不仅要学习傣文、佛经和其他各种知识，同时按照几百年流传下来的传统，他们还需要掌握贝叶经制作技艺。

① 佛祖，指释迦牟尼，傣语称为『古德玛』。

入寺学艺

我出生于 1948 年，七岁入寺庙当小和尚，一开始就学习傣文，一个字母一个字母地学习，半年后，傣文字母几乎就都能认识了。

我八九岁学习傣文的读和写，每天早课和晚课的时候，都龙①都会带我们读经，就像读书一样，中午过后就是自己学习的时间，慢慢地就学会傣文了。

我们念诵的经文内容大致是祈求众生安康幸福。因为自古以来，傣族人在生病、献祭、建新房等场合，都有诵经的习俗。比如，老人去世之后，家人会请都龙来念佛经，相当于给老人超度亡灵。建新房的时候，都龙也会来念诵很长时间的佛经，被称为"请房"。

到了十二三岁，我就开始学习制作贝叶经。那时，寺庙里大概有五六个大和尚，我的师父就是其中之一，名字叫博拉。从砍贝叶到制匣、弹线等工序，都是他教我的。除了学习制作贝叶经必要的工序之外，在正式刻经文之前，小和尚们还要掌握巴利文②和经书抄写。我大概学习了三个月的巴利文，之后开始抄写经书。傣族有八万四千部经书，记载的内容涵盖很多类型，包括宗教、赕佛③、官志、天文、傣族人生活等，其中有关宗教的内容最多。我们最先抄写的经书是《波罗蜜经》，第二部是《赎罪经》。

学过抄写经书之后，大和尚们就轮流教我们刻写贝叶经。四五年之后，我也可以去其他佛寺教那里的小和尚刻写贝叶经了。再过了五年，我就还俗了。

① 都龙，出家人等级之一。小和尚修行到二十岁可晋升为都比，即大佛爷，而佛寺中年长的都比被称作都龙，即住持大佛爷。

② 巴利文，是古代印度的一种语言，是佛陀时代摩揭陀国的通用语言，属印欧语系。巴利文虽然早已不通用了，但是在佛经中保存了下来。

③ 赕佛，民间也称为「待佛」，即祭祀敬佛，是西双版纳等地区傣族人祭祀佛祖的活动。

制作技艺

贝叶经制作工艺主要有四大工序：取贝叶、制匣、刻写、装帧。贝叶经制作需要的材料与工具主要有：贝叶、墨线弓、淘米水、酸角叶、铁笔、漆、金粉等。在制作贝叶经的过程中，每一道程序说难也难，说好做也好做，关键是把握细节。

第一步：采贝叶

采贝叶有一定的讲究，砍叶片的时间只能是每年的十月到次年的三四月。因为这段时间的贝叶相对成熟，厚度比较好，也比较结实。

砍贝叶

从贝多罗树上砍下的叶片，要用刀沿着分叉将贝叶一片片劈开，修割整齐，然后三至五片卷成一卷、捆好。但这时候的贝叶是不

小知识：贝多罗树

制作贝叶经的贝叶采自贝多罗树，贝多罗树也叫作贝叶棕，西双版纳傣族称其为"戈兰"，其形状像棕榈树，只生长于热带、亚热带地区。

贝叶棕高大粗壮，高可达二十多米，直径达五十至六十厘米，叶片长达一米五至两米，呈半月形，宽大、柔韧，古印度用其刻经。大约七百多年前，随着南传上座部佛教①的传播，贝叶棕被引进中国，西双版纳的傣族视贝叶为自己文化发展的象征，甚至把贝叶棕加以神化，认为只有心诚的佛爷才能种活它。

①南传上座部佛教，又称南传佛教和巴利语系佛教，是佛教中的一个派系，现盛行于泰国、越南、老挝、柬埔寨、缅甸、斯里兰卡及我国云南省傣族聚居地区等。

能直接拿来刻写文字的，还要加以处理，而这个处理过程中藏着贝叶经可以存放千年的秘密。

卷成卷的贝叶

第二步：煮贝叶

捆扎好的贝叶要放在淘米水里煮半天至一天的时间，这样表皮比较容易脱落、变白，不易腐烂、遭虫害，可以保存上千年。而且煮贝叶的时候要多加些水，维持贝叶的韧性和柔软度，便于日后在上面刻写经文。

还有非常关键的一步，就是在煮贝叶的时候要多放一些酸的东西来增加酸度，例如酸角叶、柠檬或酸叶等。高酸度能让叶片里面的水分逐渐减少,避免日后遭虫蛀。煮贝叶的时间越长越好,直到叶片呈现淡绿色,就可以把贝叶从锅里取出进行搓洗。洗净后的贝叶大约要晒一个星期,晾干之后才能进行下面的步骤。

第三步:制匣、修整

晾干后的贝叶要打成卷收起来,继续风干一段时间,但这时候的贝叶还是不平整的,需要通过制匣工序把叶片压平。制匣的时候,首先要在木匣上面钉两个钉子,然后把贝叶放在木匣上,让钉子把叶片穿出两个孔,最后把木匣压紧。第一代的木匣子是没有钉子的,后来为了方便装订才自制了有钉子的木匣。根据贝叶的不同长度将其平均分为三段,每段约十五至二十厘米,钉子钉在中间三分之一处的两端。贝叶经装匣、压紧大概十天或半个月之后就可以取出,然后再用刀把它修光滑。

上木匣压平

第四步:弹线

弹线,也就是在贝叶上画线。用专门制作的墨线弓根据叶片的宽窄,按照四行式、五行式、六行式、八行式,把墨线轻轻打在贝叶上。这样在刻写的时候,就可以以墨线为参照,把经文刻写得更加工整。弹线时要在线上面抹上少量的水，以便刻写完成之后，擦去贝叶上的墨汁。

这样，刻经的准备工作就做好了。

> **小知识：墨线弓**
>
> 为了经文能刻写得整齐、规范，寺庙里的和尚往往会制作墨线弓。制作时，选择四片长八十厘米的长方形竹片，将竹片两端固定在两片一厘米厚、四厘米宽的木板上。固定时，对应的四个角形成一个空心长方体，此时选择一个较光滑的面按所需行距拉上弓线，上墨之后就可以弹线了。

在贝叶上弹墨线

第五步：刻写经文

刻写经文的时候，一般将贝叶一排排地放在小桌子上，五片或者六片叠在一起刻写。使用的工具是铁笔。早期制作铁笔的材料大多是大型蕨类植物的叶茎，现在多为柚木和椿木，讲究的铁笔用檀香木或者樟脑木做笔杆，一般的铁笔选择质地结实、防虫蛀的木材就可以。制作的时候，先把笔杆削光滑，笔尖的部位削成棱锥形，之后在笔杆中间打入一根针。早期使用自己手工磨制的铁针，后期使用建房用的铁钉，现在多用缅甸、泰国的缝衣针，这种针硬度好、耐磨性强。

做好之后，把铁笔放在磨石上磨尖，就可以使用了。铁笔在刻写一段时间之后，往往还需要再次打磨，使它重新变得锋利。

第六步：抹墨

刻写贝叶经的贝叶，经过加工之后都呈现淡绿色，所以一部经书刻完之后，字迹一般不能清晰地显示出来。让字迹清晰可辨有多种方法，我一般是抹油墨，先把油墨涂在贝叶上，这样油墨会渗入刻痕之中，之后再用布擦去叶片表面的油墨，字迹就会很清楚了。

用铁笔刻写贝叶经

第七步：装帧

为了让贝叶最终呈现平整的效果，要把涂好油墨的贝叶晾晒一段时间，再装进木匣中，用螺丝上紧。然后在装帧好的贝叶经的侧面涂上红漆，点上金粉，这样又防潮，又能呈现出贝叶经典雅、庄重的感觉。最后，等漆干了以后，将贝叶从木匣中取出来，用细面线穿过圆孔捆扎成册，就完成了所有工序。

抹墨之后的贝叶经

装帧上金粉

刻经要一代代传下去

傣文分为老傣文①和新傣文，原先寺庙里一直使用的是老傣文，每个寺庙里的和尚、佛爷都要学写傣文，并且刻写贝叶经，这作为一门必修的功课要一直传下去。我在寺庙里当大和尚的时候，也带了八个小和尚，教他们识傣文、抄写经书，其中有一个名叫岩应的小徒

① 老傣文，即指傣泐文，后为印刷规范又产生了新傣文。

弟,后来成为傣族武术传承人。以前的佛爷学出来之后,不是专门刻写贝叶经,而是可以著书立说的。

相比过去,现在大和尚的人数少了很多,会读会写老傣文的就更少了,现在的年轻人只了解一些简单的贝叶经制作步骤,能掌握详细制作技艺的人太少了。20 世纪六七十年代,二十多年整个橄榄坝①一个和尚都没有,贝叶经也就没有人做了。直到 20 世纪 80 年代初期,贝叶经制作技艺才又重新沿袭下来。

为传承傣族文化,1999 年我开始重新刻写贝叶经,并参与傣族园的培训班教学工作,教授贝叶经制作技艺。我经常刻写贝叶经,贝叶经已经成为我生活的一部分。自 1999 年以来,我做贝叶经已经十五年了,刻写的贝叶经很多,有经书,也有傣族历史等,但具体多少部,我记不清楚了。现在希望认识和学习制作贝叶经的人越来越多,男女老少都到寺庙里来学习,逐渐也有很多人能认识傣文,

① 橄榄坝,在傣语中叫作勐罕,是位于澜沧江下游的一块四五十平方千米的坝子。「罕」的意思是卷起来。传说,释迦牟尼在此讲经时,弟子们用棉布铺在地上,请佛祖从上面走过去,佛祖走过之后,再把布卷起来,所以此地名为勐罕。

傣族园中教授贝叶经刻写

诵读、刻写贝叶经。

　　我从当小和尚、当佛爷，到后来还俗、结婚成家，一直没有忘记师父的话：刻经这个工作需要一代一代传承下去，如果没有人继承，也就没有人传承了。佛祖告诉我们，有了文字，我们才可以把很多东西记录下来，等我们不在了，后代才可以把贝叶上的故事说给子孙后代听。所以一定要尊重已经写好的贝叶经，要好好保存它们，把它们世代传下去。

参加国家图书馆"我们的文字——非物质文化遗产中的文字传承"展览作品

康朗叫

云南省代表性传承人

康朗叫（1934—2015），男，云南省西双版纳傣族自治州人，国家级非物质文化遗产代表性项目贝叶经制作技艺云南省代表性传承人。

采 访手记

采访时间:2014年11月4日
采访地点:云南省景洪市勐罕镇曼听村委会康朗叫家中
受 访 人:康朗叫
采 访 人:戴晓晔

康朗叫在自家庭院中诵念贝叶经

　　康朗叫是当地公认的贝叶经制作技艺的大师级人物。康朗叫十二岁时入佛寺出家,凭借自己努力钻研的精神,二十岁时就已经是佛爷了。按照傣家的习俗,傣族的大佛爷还俗后,被称为"康朗",表示他是具有一定佛学修养的知识分子,会受到人们的尊重。

　　康朗叫的家中摆放着很多已经刻好和正在刻写的贝叶经,在访谈过程中,康朗叫谈起自己学习、制作贝叶经的经历时,依旧显得神采飞扬。在拍摄贝叶经制作过程时,我们都会被老人专注的神情所感染、感动。

　　康朗叫老人所刻写的承载着傣族传统文化的贝叶经,将作为珍贵的历史典籍被长久地保存下来,为后人学习、研究和继承下去。

康朗叫口述史

杨宵宵 整理

原来我的名字不是康朗叫,用我们傣族话说就是艾叫。我十二岁去寺庙当和尚,名字改为帕叫。后来我二十二岁成为都龙,名字就改为都叫。到了二十五六岁还俗之后,名字才叫作康朗叫。之后我成家立业,结婚生子,在县里干过文书,当过医生,做过木匠,盖过房子,1980 年开始制作贝叶经。我在寺庙当大佛爷的时候有二十多个徒弟,现在已经有三十多个徒弟了。

七八岁的时候,我帮助爸妈养牛。十二岁入寺庙开始学习写傣文,我的老师是傣族的祜巴①,名字叫艾敦。要想学习制作贝叶经,

① 祜巴,出家人等级称谓,住持大佛爷修行到五十岁左右可晋升为祜巴。

小知识:乳名、俗名、佛名

傣族男孩七八岁左右,往往被送入寺庙当预备和尚,被称为"科勇",预备期结束之后,经过仪式,正式成为小和尚,并废弃乳名,由大和尚重新给予佛名。还俗之后,再重新使用原有的名字。改名字的用意,就像入寺庙要换袈裟、削发一样,是区分僧人与俗人的一个标志,以此来突出僧人的地位与身份。

小和尚在寺庙学习刻经

只学习傣文是不够的,还要学习巴利文①,并且要有丰厚的学识。因为贝叶经记载的内容很丰富,除了经书之外,还记载医方、送魂悼词、歌词、叙事诗等。

学习刻写贝叶经之前,首先要学习贝叶的加工。每年十一二月,大佛爷早上都会叫我们爬上树去砍贝叶。之后用刀把砍下的贝叶修整整齐,二三十片捆起来,放

① 西双版纳的贝叶经有巴利文和傣文两种。在佛教传入之前,傣族就有了自己的原始文字。随着佛教传入,小乘佛经所用的巴利文辅音字母被傣族所接受。13世纪傣族高僧雅坦孙洛又创造了15个傣泐文辅音字母和11个元音符号,傣族文字从此趋于完备并固定下来。

康朗叫刻写的经书

在加有酸角的淘米水里煮。这样做的目的是让贝叶变浅，像这样要煮一天，直到叶片变成淡绿色，就可以取出来用自来水清洗，晒三四天，一团一团地捆成卷。再过十多天，把大的、宽的、平的贝叶留下来修整，小的叶片就扔掉。挑选、修整之后，把可以用的叶片压平整，十天或半个月以后就可以开始弹线、刻写了。

康朗叫刻写贝叶经

十三岁左右，我开始学习刻写贝叶经，每次五个人或者十个人一起学习，每人有十张左右的贝叶，大佛爷坐在桌子前面教，小和尚站成一排学习。

刻写的工具是铁笔，写的时候要掌握好力度，眼睛要看好叶片，一个一个字地仔细看，这是老师教我们的。我刻出来的贝叶经，有《维先达腊》《佛寺记事》《玛哈蚌》《村寨记事》。其中《维先达腊》讲述了佛祖释迦牟尼在成佛前经历的各种故事，有大部、中部和小部三种版本。内容基本一样，主要说的是佛祖成佛前在树林里修行，先后化成各种动植物，如老鼠、大青树等，最后修炼成佛的故事。

贝叶经可以单面刻写，也可以双面刻写，不过双面刻写的难度比较大，现在能掌握这种技艺的人已经不多了。

首先，双面刻写对笔的力度要求很高，下笔不能太用力，一不小心就会弄破贝叶。对于解决两面刻经的问题,我通常是在弹线时想些办法。以常见的五行式贝叶经为例,我一般以贝叶经上的两个孔为参照,正面在孔的一边弹三线,反面则是在同一位置弹两线,这样正反两面的经文位置错开,避免了刻透叶面的情况发生。同时,弹线时线之间的距离要固定好,不能宽窄不一,那样既不好看,也不利于刻写。两边穿线的洞大小也要一样,不能一边大,一边小,或者形状太尖,那样穿的线受力不均,容易脱落。

康朗叫刻写的贝叶经正面　　　　　　康朗叫刻写的贝叶经背面

其次,铁笔和压经用的夹子也很重要。铁笔上的圆木一定要用好的、质量重的木材,这样才能将字写得好看。

刻写好之后,用布将植物油抹在贝叶经上,然后用糠把贝叶擦干,再拿出去晒大约二十分钟,用抹布擦干净,实际上过去是用树叶擦的。弄好后就装订成册,最后再用小刀修一下,涂上金粉或者漆。涂漆的作用是防止虫蛀,也有漂亮、美观的作用。

上金粉、红漆后的贝叶经

段其儒

云南省西双版纳傣族自治州文化馆原馆长

段其儒（1954— ），男，汉族，云南省墨江县人，毕业于安徽师范大学美术系，曾任西双版纳傣族自治州景洪县文化馆副馆长，西双版纳傣族自治州文化馆馆长、研究馆员，至2014年退休。

段其儒多年致力于西双版纳少数民族文化的调查、研究和保护工作，足迹遍及西双版纳各少数民族村寨。他还负责西双版纳州申报云南省和国家级非遗名录的具体工作。2009年6月，他被文化部评为『全国非物质文化遗产保护先进个人』。2009年12月，获『云南省政府突出贡献特殊津贴』。他撰写相关论文三十余篇，著有《傣族慢轮制陶》《傣泐传统文化与贝叶经制作技艺》。

采 访手记

采访时间:2014 年 11 月 3 日
采访地点:云南省景洪市勐罕镇曼听村委会曼降佛寺
受 访 人:段其儒
采 访 人:戴晓晔

段其儒接受国家图书馆中国记忆项目中心采访

段其儒老师是西双版纳傣族自治州文化馆原馆长,也是研究西双版纳民族文化的资深研究馆员。在此次拍摄过程中,段老师给予我们很多学术上的帮助与支持。段老师不仅对贝叶经的历史渊源、流传演变和制作方法非常熟悉,也与传承人、当地寺院的佛爷建立了深厚的友谊,得到大家的尊重和爱戴。所以在西双版纳的拍摄过程中,我们与传承人、佛爷相处得很愉快、融洽,在传承人家中吃到了地道的傣家美食,还在佛寺中拍摄到小和尚出家、大和尚还俗等珍贵的影音资料。

为了更好地保护和传承贝叶经制作技艺,在段老师的主持下,西双版纳傣族自治州文化馆举办了多期贝叶经制作技艺传承人培训班,先后培训了六百余名学员。段老师表示,贝叶经承载着傣族人民的历史与智慧,更传承着我们中华民族珍贵的传统文化,保护与传承贝叶经制作技艺,需要我们每个人的努力。

段其儒口述史

杨宵宵 整理

"绿叶信时代"与"贝叶文化"

关于傣族在树叶上刻写文字的传统，曾经有过一段叫作"绿叶信时代"的传说。据说，在贝叶经没有传入西双版纳时，傣族人民的祖先发明了文字，就把文字刻写在树叶上，用树叶来表达情感、记录文明。后来因为树叶不能长时间保存，这种刻写行为也就没有在民间普遍流传。用树叶刻写文字、传达男女之间情感的行为被称为"绿叶信"，一直到 20 世纪 50 年代初当地还保留着这种形式。

根据傣文史料和贝叶经记载，贝叶经跟随佛教的传播，从印度通过泰国、缅甸传入西双版纳地区，并被傣族人接受、传承发展下来。傣族人民的祖先通过使用和保存，发现贝叶是一个记录文字和文化比较好的载体。西双版纳气候炎热，雨水较多，纸张容易发潮、发霉，另外纸张生了虫子很容易被蛀坏，所以不能长久保存。而贝叶经很适合在西双版纳使用和传承，因为贝叶经除了怕老鼠咬以外，不怕虫蛀，而且即使有的地方保管不好，产生了霉变，只要放在太阳下边晒一晒,再把霉菌擦干净就好了。

　　20世纪80年代以后,有部分学者提出贝叶经的称谓问题。因为从他们研究的史料和现存的贝叶经来看,贝叶上刻写的其实并不都是经文,傣族祖先曾经在贝叶上刻写了五百多部叙事长诗,还包括傣族的天文历法、文学典籍、医药医方等很多方面的内容。像著名的傣族民间传说《召树屯》[①]早期也是刻写在贝叶上的,这些算不算贝叶经呢?它实际上不是经文,而是民间传说。所以有的专家就把在贝叶上刻写的文化称为"贝叶文化",只是现在人们一般还是习惯性地把刻写在贝叶上的东西统称为"贝叶经"。贝叶经还被称为傣族人民记载自己文化的一种"百科全书"和"运载傣族文化的神舟"。

傣文的演变

　　在贝叶经没有传入西双版纳以前,傣族人民的祖先就创造了自己的文字,只是文字体系还不够完善。后来随着佛教的传入,用巴利文刻写的贝叶经也一起传入了西双版纳,傣族人民的祖先就吸收和借鉴了巴利文中的文字,充实了傣族自己的傣泐文[②],最后形成了自己的文字体系。

　　在1949年之前的西双版纳,傣族人民一直使用的就是傣泐文,这也是我们通常所讲的老傣文。西双版纳傣族自治州成立以后,在国家文字委员会的帮助和建议下,又产生了新

①《召树屯》,傣族民间叙事长诗,讲述板加王子召树屯和孔雀神女婻婼娜相爱的故事,反映了傣族人民的生活,歌颂了忠贞的爱情,后改编成电影《孔雀公主》。

②傣泐(lè)文,一种源于印度字母的拼音文字,在西双版纳地区使用,起初仅用于宗教活动,后来逐渐流传到民间。古时傣族称西双版纳为「泐」,「傣泐」的意思就是在泐地的傣族。传说,傣历639年(1277年),一位名叫督英达的和尚用铁笔把经书以傣泐文的形式刻在了贝多罗树树叶上,成为后来的贝叶经。

傣文。新傣文因为印刷更规范，字体更美，所以后来就被广泛使用。但使用之后，民间普遍反映新傣文在表达傣族文化上不够清楚，就像汉族用白话文翻译文言文的时候，有的翻译精准，有的却表述不准确。

我们一般说的两种傣文，是德宏傣文和我们西双版纳傣文，学术界把它们称为德傣和西傣。①二者在文字产生的早期可能有一定的渊源，但后来可能因为文化和地域不同，又出现了一些差异。

①有关德傣和西傣的分类，学术界还存在其他的解释。例如，有学者按照地区将老傣文分为四种：西双版纳地区的傣文，又称傣那文；金平地区的傣文，又称傣绷文；德宏地区的傣文，又称傣端文；耿马、澜沧等地的傣文，又称傣

贝叶经制作是有讲究的

刻写贝叶经重要的前提就是必须懂傣文，要有一定的傣文书写基础，所谓基础也就是字要写得漂亮。

接下来是贝叶经加工工序，首先要从贝多罗树上砍下叶片来煮。砍贝叶也有一定的讲究，只能在每年的十月到次年的三四月份砍叶，其他季节贝叶的质地不是太好——有的太薄，有的太脆。之所以这几个月份砍贝叶，是因为西双版纳气候和内陆地区不一样，没有春夏秋冬之分，这段时期刚好是贝叶的成熟期，砍下的贝叶比较结实，厚度比较好。砍叶以后，将叶片按照宽四至六厘米、长五十厘米的尺寸剪裁并放入铁锅中，之后再用一块布捂在锅上，就可以煮贝叶了。煮贝叶的水是发酵好的淘米水，再加入酸性植物，如柠檬、生酸角、酸藤等植物的果实或叶子。煮贝叶的时间长短不一，因人而异，有的三五小时，有的则需要更长时间。煮好的贝叶拿出来之后要晒干，几片叠在一起，捆成一卷，放在自己家竹楼下边，需要用的时候就拿出来压平，准备弹线。

刻写前的弹线工作是为了确定刻写的行数，叶片上的行数由叶片宽度决定，最多有七八行，但现在的贝叶没有以前那么宽大，所以刻写的行数也逐渐减少，一般是四至六行。

刻写贝叶经的工具是铁笔，一般需要一根质地比较结实的木棍，直径一厘米半，长二十多厘米。刻写贝叶经时，这支铁笔非常关键，必须要锋利无比，所以要把它削尖成六棱锥形或者八棱锥形。削尖以后，再在这个木棍的前端插进一根两寸长的缝衣针，并在磨石上把笔尖磨尖。最后在笔杆上刻上一些图案或造型，铁笔就制作完成了。刻写的技术很有讲究，用力掌握不准往往就只能在叶片的一面刻写，反面不能再刻。检验刻写贝叶经师傅的技术好不好，就要看他是否能在两面刻写，而且两面字迹互不渗透。

刻好之后，用固体黑烟加上菜油或花生油，把叶片抹黑，这样字迹就显现出来了。接下来用锯木屑和细沙子，擦去油渍，最后再用干净的布把这些油渍全部擦干净，这样贝叶上所刻写的文字内容就非常明显了。

最后一个工艺是装帧，把刻好的贝叶放在特制的木夹上进行修整。修整用的工具是一大一小的两个木夹。小木夹由两片木片制成，在木片两边一定的距离钻两个洞，并且在贝叶的对应位置也钻两个洞。之后把贝叶叠整齐，放进这两片木片当中，让孔洞重合，再将两根竹棍插入钻好的洞中，以便更好地固定叶片。

制作大木夹要找十厘米厚、十五至二十厘米宽、长八十厘米左右的两根方形木棒，然后在两边钻两个孔，并放入螺栓。再在两根木棒合适的位置，分别钻两个长三厘米、宽一厘米、深两三厘米的木槽，以便于把装有贝叶经的小木夹装进大木夹中。将装好贝叶经的小木夹放入大木夹之后，贝叶经上的竹棍正好插入预留出的孔内，作用是保证拧螺栓时贝叶不会上下移动。把刻写好的贝叶拧紧之后，再用弯刀或木刨，把木夹四周参差不齐的叶片修刨整齐，最后在贝叶经侧面涂上红漆，并按自己的需要，做出装饰的线条，涂上金粉，就完成了装帧工作。等金粉干了以后,打开木夹,分选刻好的贝叶经,把它们分别拴上线,一部完整的贝叶经就制作完成了。

加工和装饰用的油漆,有的是自己加工的,有的是从泰国或者缅甸买来的。后来随着现代化二业制品的普及,在我们当地也没有必要自己加工制作油漆了,现在都是到商店里去买现成的红漆和金粉。

刻贝叶经的人越来越少

自从佛教传入西双版纳以后,有关贝叶经兴盛时期的情况,史书和贝叶经上都没有记载。但是傣族学者根据史料进行推测,认为最高峰时,西双版纳所刻写的贝叶经可能至少有三万多部。

后来由于"大跃进""反右"运动,西双版纳也相应地受到一点儿冲击,但这个冲击还不是太大。最致命的冲击是"文革",贝叶经被当作"四旧"和文化垃圾进行焚烧、销毁。不过,也有一部分深爱自己民族文化的傣族学者冒着生命危险,把部分贝叶经悄悄地保留下来。他们怕自己保留的东西被人发现,又悄悄地把它们转移,所以有一部分贝叶经流失到了缅甸和泰国。

"文革"结束以后,落实了宗教政策,很多民族民间传统文化又得到了恢复。但由于农村生产关系的变化,"文革"期间受到冲击的佛爷和还俗的师傅们,很多都急于从事商品经济,很少有人再回来刻写贝叶经,只有一百多人继续从事贝叶经制作。再后来,随着外来文化的涌入,以及贝叶经材料的减少,刻写贝叶经的人越来越少。另一方面,从傣族传统上来讲,贝叶经一般是不卖的,而是捐献给寺庙。比如我需要刻写一部什么样的经书,请哪一个师傅刻写,刻写好了我给他一定的报酬,然后我再拿去捐献到寺庙里。所以面对原材料和经济收入匮乏的局面,最后只有二三十位深爱自己民族文化的师傅,不管经济效益如何,一直在坚持刻写,一直保存和传承着傣族民族文化。

贝叶经传承队伍又多了六百人

随着国家开始进行非物质文化遗产保护,我们西双版纳傣族自治州人民政府感觉到:如果不加强保护的话,传承了上千年的民族文化马上就要面临失传的危险。在州政府的主持下,我们将贝叶经制作技艺申报国家级非物质文化遗产项目;2008 年 6 月,贝叶经制作技艺入选国务院公布的第二批国家级非物质文化遗产名录。

随着文化部对非物质文化遗产项目保护的经费投入,我们加大了贝叶经的保护力度。因为贝叶经是传承我们傣族文化的一个重要途径,所以为了培养更多的传承人,我们举办了六期贝叶经制作技艺培训班,一共培养了六百多位学员。

学员中有一百多位是曾经会刻写贝叶经的,但由于市场经济的变化,他们忽视了保护民族文化的重要性,改行从商,贝叶经这门手艺就被丢弃了。培训中,我们给他们讲明了保护贝叶经制作技艺是传承傣族文化的一个重要手段。加深认识以后,学员基本上都掌握了从砍贝叶到加工制作贝叶经的完整制作流程。现在传承人不断增多,经过培训以后坚持下来刻写的传承人大约有四五十个。

2010 年,我们得到了文化部六十万元的贝叶经制作技艺专项保护经费。我们就在橄榄坝曼春满佛寺①举办了第一期贝叶经制作

① 曼春满佛寺,位于西双版纳傣族自治州景洪市勐罕镇傣族园,建于 583 年,传说是佛教传入西双版纳之后修建的第一座佛寺。曼春满佛寺在东南亚享有盛名,重大的佛事活动期间,斯里兰卡、泰国、缅甸、老挝等国的僧侣和信教群众都会聚集此地诵经、朝拜。

传承人培训班。第一期培训班是针对橄榄坝地区开展的,学员都是精通傣族传统礼仪和传统文化的学者,一共七十多位学员,其中五十多位是在寺庙里边出家的佛爷和小和尚,另外二十多位是已经还俗、目前负责主持傣族宗教礼仪的师傅。

曼春满佛寺

第二期培训班是在勐海①举办的,一共六十多人,其中有四十多位是佛爷和和尚,其他的是曾经当过佛爷,后来还俗的。但比较来讲,我们感觉第二期培训班的效果不如第一期的效果好。因为第二期在勐海,勐海没有贝多罗树,所以原材料就成了问题,在这里办班就只能凭着课件给学员讲述,没有办法让学员身临其境。因此,我们把后来的培训班地点都选在了橄榄坝的傣族园里边。从我个人的感觉来看,傣族园是我们西双版纳种植贝多罗树最多的地方,是传承人刻写贝叶经从来没有中断的一个核心区域。我们可以从采叶、选叶、煮叶、制匣……一直到完成,都进行实地教学。

① 勐海,位于云南省西南部、西双版纳傣族自治州西部。

最后一期是在景洪市的勐龙镇,这一期的效果非常好,我们集中了本镇的一百七十位佛爷和和尚、波章①,又从勐海的勐景莱佛寺专门选派了十五位佛爷和小和尚一起参加培训。这样看来,保护和传承贝叶经,不光在国内得到了傣族人民的拥护和支持,影响还扩大到了缅甸。

我们在办第六期培训的时候,有些波章和康朗都来和我交谈:"哎呀,段老师,我们非常感谢文化馆,感谢国家文化部,感谢国家拨出专款来保护我们想保护而没有钱进行保护的非物质文化遗产。这个培训班真是太好了!"可见在傣族学员当中,已经有保护贝叶经和传承制作贝叶经的意识了。

"赕坦"——献经书的日子

按照傣族传统的习俗,傣族有个特定的日子,傣语叫"赕(dǎn)坦",翻译成汉语,就是专门向佛寺敬献经书的日子。在"文革"以前,西双版纳的很多傣族佛寺都沿袭着敬献贝叶经原件的习俗,这种习俗对传承傣族传统文化和丰富傣族民族文化起到了很大的促进作用。

敬献的经书不局限于经文,还包括药方、民间故事等。比如在日常生活中,某个人得了什么病,吃了什么药把病治好了,如果这味药很有效,值得传给子代后代,那么就会请人把药方刻写在贝叶上,送到寺庙里边。

傣族医生会把自己认为值得介绍给别人的经验、医方刻写在贝叶上,送到佛寺里。傣族的知识分子都会请人把自己喜欢的民间传说刻写在贝叶上,送到佛寺里。再比如有亲人去世的时候,傣族人也会刻写一部很长的贝叶经送到寺庙,以祭祀亲人。我们传承人康朗叫老先生今年就刻写了一部贝叶经,是关于佛祖的故事,讲释迦牟尼行游,由他的儿子拿到我们这个曼降佛寺①里来。所以经过一代又一代的积累,大大丰富了寺庙里傣族文化的收藏。

后来受到"文革"冲击,贝叶经有的被销毁,有的流失国外。赕坦这个习俗虽然还在流行,却很难见到向寺庙敬献贝叶经原件了,因为原件很难买到,所以就只有请人把写好的经文送到复印店里边复印。寺庙每年也都会对送到佛寺的经文进行挑选,因为这些用 A4 纸复印的经文保存价值不高,敬献活动结束后,佛爷们也就把它当作垃圾烧掉了。所以现在寺庙里保留的贝叶经也越来越少,只有在橄榄坝、曼降村、曼春满村②、曼乍村③几个村寨,每年还有几部敬献的贝叶经原件。

一般在傣族人举行赕坦活动的时候,每一个信徒向佛寺捐献的贝叶经,都要被佛爷念完后才能珍藏。不管花费二十四小时还是

① 曼降佛寺,位于云南省西双版纳傣族自治州景洪市勐罕镇东南,属于坝区。
② 曼春满村,位于云南省西双版纳傣族自治州景洪市勐罕镇东南,属于坝区。
③ 曼乍村,位于云南省西双版纳傣族自治州景洪市勐罕镇东部。

曼降佛寺

两三天,佛爷哪怕轮番念经,也一定要把这部贝叶经念完才行。按照传统,一般有贝叶经的情况下,佛爷们都会把贝叶经带去诵读。但因为现在贝叶经比较稀有,所以有些寺庙即使有贝叶经,也作为一种珍藏放在佛寺里边,轻易不拿出来,诵读时都只用抄写在纸上的纸本经。

贝叶经制作的群体主要是寺庙里的僧人,小和尚在出家的时候都要掌握制作贝叶经的技术和方法,不过还俗以后这些技艺也就被带到民间,所以民间也有很多制作贝叶经的群体。傣族基本上是全民信奉南传佛教的,刻写好的贝叶经一般都不保留在家里,而是送到寺庙里。因为傣族人都认为寺庙是神圣的地方,是傣族文化的集中地。过去寺庙里专门有一栋楼叫藏经阁,专门收藏记录传统文化经典的贝叶经。

贝叶文化的传承

由于地域和气候的原因,西双版纳部分地区气候比较凉,不适合种植贝多罗树,但是景洪市的橄榄坝作为西双版纳种植贝多罗树的中心地带,可以作为贝叶供给处,给其他区域输送贝叶。最近十几年以来,政府加强了对贝多罗树的栽培,像景洪市区里有些街道就种植贝多罗树作为装饰。现在这些树都已经长大,叶子可以用于刻写贝叶经了。但是因为能刻写的人还不够多,所以这些贝叶老了以后砍下来还没有被充分地利用起来。

对于贝叶经制作而言,原材料的供给不是问题,加工制作需要的工具也都方便制作、购买,关键还是传承人队伍的建设。如何动员更多的人加入刻写贝叶经的队伍,如何把贝叶经制作技艺更好地传承下去,这才是我们保护贝叶经的关键。

我们用文化部非遗司下发的第一笔保护经费,买了一百一十棵贝多罗树苗,发放给景洪市的很多佛寺。现在有百分之九十的贝多罗树都已经成活,十年以后,这些树的贝叶就可以砍下来,作为刻写贝叶经或者记载傣族文化的材料使用。第一期保护周期完成以后,文化部非遗司领导对保护傣族贝叶经制作非常重视,又给了我们第二笔一百三十万元的保护经费。我们又用这个经费,继续按保护规划开展了很多工作,包括数据库建设、拍摄贝叶经制作工艺流程光碟、撰写专著等。

贝叶经是我们中华传统文化不可缺少的一个组成部分。我们中华民族是由五十六个民族组成的一个大家庭,我认为贝叶经不光是我们傣族人民的,还是我们整个中华民族的。所以保护贝叶经的传承,也就是保护我们中华民族的传统文化。

金石篆刻

篆刻艺术，是书法、章法、刀法结合制作印章的艺术，也是汉字特有的艺术形式。《说文解字》云："篆，引书也。"引书，即运笔书写。玉、石、金、木、牙、角等，都可以作为篆刻用料。

殷商时期，人们用刀在龟甲上刻字（现代称"甲骨文"），已具有较高的艺术水准。周代以铜制"玺"，这是中国印章最早的名称。秦朝统一小篆为规范用字，并规定"玺"为天子所专用，大臣和民间私人用印统称"印"，印章"凭信"的实用功能日趋明显。汉代印章兴盛，史称"汉印"。明清两代，石材被广泛应用，印人辈出，流派纷呈，篆刻成为以篆书为基础，利用雕刻方法在印面中表现疏密、离合的艺术形式。

西泠印社于清光绪三十年（1904），由浙派篆刻家丁仁友、王福厂、叶舟、吴隐等人共同发起创建，是主要从事金石篆刻创作与研究，兼及书画创作的民间社团。西泠印社秉承"保存金石、研究印学、兼及书画"之宗旨，在艺术创作、学术研究、文物考古、出版交流等方面均取得辉煌成就，成为海内外金石篆刻史上时间最悠久、成就最高、影响最大的学术团体。

2006 年，金石篆刻（西泠印社）入选第一批国家级非物质文化遗产代表性项目名录。2009 年，中国篆刻被列入联合国教科文组织人类非物质文化遗产代表作名录。

陈大中

中国美术学院教授

陈大中（1962— ），男，江苏无锡人，毕业于浙江美术学院（今中国美术学院）书法篆刻专业，获博士学位，书法家、篆刻家，现为中国美术学院教授、西泠印社理事、中国书法家协会篆书委员会委员、日本岐阜女子大学客座教授，著有《陈大中篆刻选》《大学书法》《大学书法楷书教程》《隶书教程》《陈大中书法选》等。

采 访手记

采访时间：2014 年 9 月 2 日

采访地点：杭州西泠印社

受 访 人：陈大中

采 访 人：全根先

　　"我们的文字"项目需要采访一位篆刻名家，因为篆刻属于文字的艺术，又是世界级非物质文化遗产。中国篆刻艺术中心在西子湖畔的西泠印社，而中国美术学院正是离西泠印社最近的高等艺术院校。在老同学的精心安排下，我与陈大中先生在酒席上相识。陈大中先生是中国美术学院教授，又是西泠印社理事。我们采访的地点安排在西泠印社第一任社长吴昌硕先生当年创建的题襟馆，真是莫大的荣幸。题襟馆位于西泠印社的最高处，在此可以眺望西湖的美丽景致。陈先生对我们的采访已有准备，所以采访过程非常顺利。采访结束，他还让学生为我们演示了整个篆刻过程，并提供了西泠印社馆藏珍品的电子图片。陈先生还是一位书法家，其书法作品拙中寓巧、笔势简约，颇具金石气息。

陈大中口述史

张雯影 整理

有印则信，篆书为体

篆刻有很长的历史，用一句话来讲，它由实用艺术发展到今天成为纯粹的艺术，涉及中国整个文字发展的历史。篆刻，顾名思义就是用篆书来刻制印章，我们常常称它为印章艺术或者篆刻艺术。印章艺术的范围比较大，一切可以作为印章的都称为印章艺术；篆刻相对概念比较小，它从本质上来讲是印章的艺术，是以文字为创作对象而进行的艺术创作。

篆刻在历史发展过程中承担的功能和目的不一样，所以它的发展过程也有几个不同的阶段。今天我们还在继续使用印章，有的公章用宋体字、楷体字，我们可以称之为印章艺术，但却不能称之为篆刻艺术。篆刻艺术的前提是篆书，刻是手段。古人也说得很清楚——篆刻，先篆后刻。

印章产生的具体时代学术界现在也没有定论，大致有这样一个背景——当古代的社会政治和经济文化交流发展到一定程度的时候，国家、政府和民间经济行为需要凭证，这个时候印章就产生了。官府的告示、政策、号令需要权威性，那么拿什么东西来证明呢？就用印章盖在下面，官印就产生了。而私人之间的经济往来等各种行为也需要凭信，于是私人印章也产生了。所以印章在古代还有一个名称叫"印信"，印就是刻有图案或文字的物体，信就是凭信的意思，以这个物体作为一种凭信。目前学术界根据实物来断定，"印信"是在春秋到战国这段时间产生的。因为在此之前，无论是考古，还是流传下来的古籍，都没有出现过印章实物。传世的最早的印章还是春秋战国时期的。很多图录里面也有一些商代的文物，既不是文字印，又不代表官府、个人，上面有很多图像符号，在当时有什么确切作用，是不是纯粹作为印章来使用，还不能判断。一般来讲，断代的话，还是以官印出现的时代为起点。第一个证据是，故宫博物院曾经做过《故宫博物院藏印选》，对于不能断代的文物比较慎重、严格，不会具体说明是哪一个时代。他们标注的现有印章实物中，最早就是春秋战国时期的。第二个证据就是，文字学家在甲骨文里面并没有发现"印"或者"玺"这样的文字，那么由此可以推测，那个时代可能并没有这样的东西。

篆刻是我们今天给它的新名字，在古代就叫印章。

今天我们讲的篆刻史，是指后来的文人艺术发展阶段——从唐代初见端倪，到宋代文人介入印章艺术，再到明代出现了文人印，清代更加兴盛，一直到今天。大家喜欢把这一段叫文人篆刻艺术史，把在此之前的那段叫作古代印章发展史。古代印章也是用篆书刻或铸出来的，我们一般称之为"古印"阶段。篆刻有另外一个含义，就是文人介入以后，以篆书来创作，就被称为"篆刻艺术"，这是比较晚的定义了。

古代的印信为什么用篆书？这跟当时的文字背景有关。出现印章的年代，是春秋到战国这段时间，当时国家的官方通用文字，就是大篆。篆书有大篆、小篆之分，以篆书这样的通用文字刻出的印章,就叫作"篆刻"了。如果印章的刻制出现在隶书流行的时代,我想这种艺术的名称可能会变成"隶刻"。

铜印章

很多学习、从事篆刻的人,一辈子大部分时间用篆书来创作印章作品。用隶书、楷书、草书、行书刻印的人也有,我本人也经常会刻一些楷书印,但是主要还是用篆书刻。因为篆刻产生时的通用文字就是篆书,篆刻的产生跟篆书本身的形式有必然的联系,大家就形成了一个思维定式——习惯性地用篆书来刻印。到楷书出现的年代,人们用的印章还是习惯以古代的篆书进行篆刻,没有马上改变过来。当然在唐宋的时候,有一些地方上的印章也会带有一点儿楷书的感觉,但这不是主流。大家可能想问:在文字的发展过程中,诸如篆书、隶书都慢慢地被历史封存掉了,而楷书成为流行的通用文字;既然楷书也能刻出一种艺术感觉来,为什么篆刻没有被其他字体的刻印方式取代?我想这跟中国人的思维审美定式有关。

从制度到艺术:
篆书表现力的延伸

今天来分篆刻种类的话,根据历史的发展

过程、背景和政治制度来区别，可以分成四大阶段。

第一阶段叫"古玺"。古玺主要是指秦始皇统一中国之前，秦以外的六国根据自己的文字做出来的印章。

秦统一中国后，也统一了度量衡，那么印章制度肯定是要统一的，秦始皇就将秦国原有的印章制度作为整个中国的最高印章制度，而其他六国的印章制度全部被废除。这种印章制度在汉代之前就发展到最高的阶段，基本上定形了，所以第二阶段我们称之为"秦汉印"。秦汉印制度到汉代得到了很大的发展，并且达到了高峰。汉印风格一直延续到魏晋南北朝，魏晋南北朝的印章制度具有很大的继承性，所以我们还是把它归为汉印的范畴。

隋代以后，由于政治制度的变化，印章制度也发生了很大的变化：一是体积变大了，二是文字也发生了改变。在汉代的时候，文字一般用小篆。到隋以后，就出现了一种把文字盘曲起来的篆书，后来经过不断发展与规范，成为一种新的印章文字。我们称之为"九叠文"。这就开辟了隋唐到宋元，甚至明清的九叠文印章制度，这是第三阶段。为什么会出现这一类呢？因为汉印尺寸比较小，一般都是边长二点二至二点三厘米的正方形那么大。而隋唐的官印要大得多，小的有五六厘米，到明清时候大的有十几厘米。印章变大了以后，篆书不能把里面的空白都填满，那么在这么大的面积里面，篆书这样细的文字会留出很多空白，所以就把它盘曲起来，这就形成了隋唐宋元明清官印。

第四阶段就是我们后来的篆刻艺术"文人篆刻"，或者叫"流派印章"。这个跟官印没有什么关系，它虽然学习了汉代官印或者秦汉官印，但是最终发展成为文人艺术。所以这也是一个比较大的分类。

若再细分，则每个朝代的印章也有不同。比如，唐和宋是不一样的，明和宋又是不一样的，它们之间有风格上的区别。而文人印里也会出现各个流派，但从制度上讲基本上都差不多。

流派：不同的人对美的相同追求

当篆刻艺术进入文人印阶段的时候，必定会产生流派。文人以篆刻艺术表运内心感情、思想、审美和个人学术追求，不同文人的审美情操、情趣不一样，学术的追求也不一样，对美的认识都会有不同的追求，这种不同的追求在作品中体现出来就是风格的差异。当志同道合的人能够对某一个东西有共同的追求时，就产生了很多创作上的相似性，而这种相似性的结果就是流派。

流派的产生相对来讲还是比较晚的，我们对于文人印流派产生年代的界定是明代中后期，也就是隆庆年间。一直到现在，对于文人印的发展，流派起了非常大的作用。明代最早的流派大致有三个。一个是以文人印的开山祖师文彭①为代表的"三桥派"。为什么叫三桥派呢？古人有名有字，文彭号三桥。后来又有何震②，字雪渔，所以他主导的流派叫"雪渔派"。还有苏宣③，他的号是

① 文彭（1498—1573），字寿承，号三桥，长洲（今江苏苏州）人，"三桥派"篆刻创始人，文徵明长子，国子监博士，著有《博士诗集》。

② 何震（1522—1604），字主臣，长卿，号雪渔，徽州婺源（今属江西）人，"雪渔派"篆刻创始人。与文彭齐名，并称"文何"。另著有《续学古编》两卷。

③ 苏宣（1553—1626？），明代著名篆刻家，明代五大家之一，字尔宣，一字啸民，号泗水、朗公、新安（今安徽歙县）人，取法汉印，潜心文字结构，形成雄浑朴健的风格，开创了泗水派篆刻，与文彭、何震齐名于印坛。篆刻作品五千余件，摹刻成《雪渔印谱》四卷传世。

苏宣印

何震印

"泗水"，所以称为"泗水派"。

那个时候的流派跟后面的流派还稍微有一点儿差异。明末的流派在艺术追求上的差异性和排他性不是很强，主要还是以师承关系，就是人际关系的紧密度，或者地域来划分的。某一个地域的人，大家称之为一个派，比方讲"三桥派"，主要以苏州这一带为范围。其实在这里面很多人在风格上是不太一样的，要我们今天来划分，他们不是一个流派，但是明代人却认为他们是一个流派，主要是从地域的角度，或者感情的角度去划分的。

但是到了清代以后，流派的特征就逐渐以风格追求为支点了。比如清代初期很著名的"浙派"，他们在印章的审美追求和刻制手段上具有很大的相似性，甚至有一些作者的作品，如果把名字掩盖掉，都分不清是谁刻的。以艺术的追求、审美为标准来划分的流派，在这个时候才真正开始出现了。

流派现象一直到晚清的时候还是很明显的，比如说吴昌硕①的"吴派"，他的很多学生都学他，有明确的风格特征为依据；比如像黄士陵②的"黟山派"，他在广东有很多学生，可以说跟他是一脉相承的。20世纪80年代改革开放以后，篆刻艺术得到了复兴，同时整个文化背景都发生了变化。我们今天的篆刻家所见到的资料之丰富，是古人不可想象的。所以我们今天的学习，就不会像古人那样跟着老师，从单一的角度和方向来认识审美追求，而是多角度、多层次的。古玺也好，秦汉印也好，唐宋官印也好，明清流派印也好，都成了我们的范本，所以大家的学习对象可能是各种各样的，可以进行全面的学习。在当今的学习过程中，不是以流派为支点，而是以整个古典篆刻为对象。因此在今天，流派的特征反而得到了消解，原因就是大家所看到的东西资料太多

① 吴昌硕（1844—1927）人，晚清书画家、篆刻家，"后海派"代表，杭州西泠印社首任社长。集诗、书、画、印于一身，被誉为"石鼓篆书第一人"。名俊卿，字昌硕，号缶道人等，浙江孝丰县（今安吉县）人。

② 黄士陵（1849—1908），字牧甫（一作穆甫、穆父），号倦叟等，安徽黟县人，篆刻"黟山派"开宗大师，晚清篆刻家。

了,不会有谁再盯着某一个时代或者某一位大家进行专门学习了。当然也有个别的篆刻家会盯着某一个人学习,但是要像明清那样形成明确的流派,基本上是不太可能了。

流派让彼此之间风格相区别、发展更明晰。现在篆刻艺术的发展,跟古代的篆刻艺术发展确实有很大的不同。在今天,如果说流派不是一个很明显的标志的话,那么时代风格倒成为一个篆刻艺术很明显的标志。也就是说,整个社会都会有相对共同追求的目标,这已经不能称之为流派了。为什么呢?因为流派具有排他性。也就是说,我跟你不一样,或者你跟我不一样,如果大家都差不多的话,那就不存在流派了。所以今天在南北之间,由于当代的资讯交流非常便捷,不是那么封闭,就不太容易产生像古代社会那样地域性很强的东西。你在浙江做出来的事情,明天上海就知道了,后天北京就知道了,那么大家马上就可以互相借鉴学习,在这个过程中地域性就会被消解掉。

由于交流、借鉴、互相学习得多了,流派的特征会渐渐弱化,但是会产生一个时代特征,就是追求个人风格。这个时代特征是相对于古人而言的,跟古人的刻制方法或者风格追求有点儿不一样。今天的人比古人更追求个性和解放。虽然我们也在强调继承传统,但是我们对传统的那种坚守跟古人是不一样的。现代人或者当代艺术家,对古人的态度是非常明确的,就是古为今用,着重在用,而不是模拟,跟他一模一样。在他身上学了东西以后,总想把自己的时代性、个人的特征在印章当中表现出来。那么在这个时候,个性的张扬成为时代的主题,每个人都希望自己跟别人不一样。跟别人不一样,这就是流派消解的一个原因。因为流派的共同基础就是我跟你差不多,大同小异才能形成流派。现在的人个性都比较张扬,不希望跟别人一样,甚至也不希望跟古人一样。那么在这个时候,就出现了一种非常活跃的创作局面,每个人都在探索新的东西。

从"文革"到现在,形成了哪些代表性的流派还很难说。古人讲"盖棺论定"，或者"待五百年后人论定"，也许五十年、一百年以后的篆刻家，对我们这个时代会有一个比我们更清晰的定位。在这个时代，我们有的时候反而不能讲得很明确，这就是当局者迷。

我在篆刻的时候，更关注呈现在作品里的文字的造型艺术性。因为我们的书法与篆刻都是视觉艺术，也就是说它是靠眼睛来感知的。视觉能感知的东西是造型，是空间，是结构，那么我的追求就是如何让从字典、字帖或印谱里所学来的文字，有一种新的结构方式或造型方式，而这种造型方式是我独特的感悟和追求。我的追求有时候会跟别人的追求相似、重叠，但这是大家不约而同地走到一起，而不是由于流派意识走到一起的。

在今天，我能见到的印谱，别人也能见；我能见到的文字资料，别人也能见到；我能借鉴学习，别人也能借鉴学习。有可能我们同时学习同一个对象，那么虽然我跟别人在个性与审美追求上有所差异，但是我们的基础是同一个，所以我们的作品之间会出现很大的相似性。这种相似会消磨掉自己的个性，也就是说你不是那么强烈地具有个人特征。这个也是正常的，艺术既是具有个性的，也是具有社会共性的。如果只有个性而没有社会共性，是进不了社会的。只有你认可而别人不认可，你会被限制进入社会，继而被淘汰。所以，和别人的相似，也许正好是大家互相认同的一个前提。

我倒是不担心大家的风格趋同，我觉得这种担心没有必要。假如你的视野更开阔，这种"独到"与"不同"，你会替同行们做到。你如果坚信自己的个性跟别人是有差异的，那你的作品里一定会体现出这种差异。如果你的作品里体现不出差异，那说明你本身并不具有艺术的个性。不要担心自己的作品风格被消解掉，或者没有特征，而要担心自己的思想和追求有没有个性，如果这个前提没有了，其他的担心都是多余的。

百年西泠护珍存

我们这个民族，特别是文化人，对古典的东西非常迷恋和尊重。有一句话叫"继承传统"，在中国，传统的东西、老祖宗的东西要加以保护。西泠印社是篆刻艺术与篆刻家的组织，成立时的宗旨是"保存金石，研究印学"——研究的是古代的印学，保存的是古代的金石。

晚清的时候，列强侵略中国，中国的文化遭到摧残和破坏。一些有识之士提出，在民族与文化面临生死存亡的时候，我们要保存中华的文脉，当时的印学、印章艺术就是文脉之一。靠个人力量保存是不够的，而当时清政府内忧外患都对付不过来，没有时间、精力和经费来做这些事情。民间的仁人志士，如杭州的丁辅之①、王福庵②、吴隐③等几位著名篆刻家，他们决意把印学保存下来。而杭州又是浙派篆刻重镇，于是在 1903 年、1904 年，他们在杭州孤山商议做这个事情。他们花了十年召集同好，1914 年正式成立西泠印社，邀请了当时著名的篆刻家吴昌硕先生来做首任社长。因此西泠印社的渊源可以追溯到 1903 年，那时候大家在筹备，联络各位同道，商议如何来做这个

①丁辅之（1879—1949）原名仁友，字辅之，号鹤庐等，浙江杭州人。近代篆刻家、书画家。他幼承家学，擅画花卉瓜果，曾同王福庵供职于沪杭铁路局。

②王福庵（1880—1960）原名提，寿祺，字维季，号福庵，浙江杭州人。近代书法家、篆刻家，所篆《说文部首》字帖、《说文作篆通假》为学篆范本。

③吴隐（1867—1922）名金培，字石泉、石潜，号潜泉等，浙江绍兴人。近代篆刻家，习镌碑版，治六书，书工篆、隶，篆刻宗浙派，研制「潜泉印泥」。1900 年刻竣《古今楹联汇刻》，辑有《遯盦印存》丛书二十五种，《印汇》一百五十二册等。

事情，他们非常慎重，没有推选社长。西泠篆刻到现在已经一百一十多年了，成为举世闻名的印学团体，社员里除了中国人，还有日本人、韩国人。

西泠印社成立以后，每年春秋有两次雅集，每五年一次小庆，十年一次大庆。抗日战争时期日本人打到这里时，雅集中断了，1956年重新恢复了活动。西泠印社从成立到现在，经历了好几代社长。1949年之前共两任社长：第一任社长是吴昌硕先生，第二任社长是马衡先生。马衡是宁波人，也是当时的故宫博物院院长。战争中印社停止活动，1949年后恢复活动，当时马衡先生已过世，就选举了第三任社长张宗祥先生，他是位大学者，也是浙江省图书馆的馆长。"文革"时期印社又停止了活动。"文革"结束后，1979年选举了沙孟海①先生为第四任社长。1993年沙先生过世后，赵朴初先生任第五任社长。之后启功先生是第六任社长，现在饶宗颐先生是第七任社长。

这一百年里，西泠印社做了非常大的贡献。第一，保存金石。金是指青铜器等金属，石就是刻在石头上的文字等。

在西泠印社汉三老石室里有座《汉三老碑》，是《汉三老讳字忌日碑》的简称。这块三老碑曾经历很大的波折。中国古代的碑主要保存在北方，如河南、山东的碑很多，而江浙非常少。这座汉代碑出现的时候，非常轰

① 沙孟海(1900—1992)，原名文若，字孟海，号石荒等，鄞县沙村人。作为20世纪书坛泰斗，沙孟海于语言文字、文史、考古、书法、篆刻等均有造诣，曾任浙江大学中文系教授，浙江美术学院教授、西泠印社社长、中国书法家协会副主席等职。

西泠印社

动,被称为"东南第一碑"。据说日本古董商买下它,想带到日本,当时浙江、上海的文化人就联络大家捐钱,把碑买下来,放了西泠印社。这是保存金石的一个契机。当时的文化人都有种关心民族存亡的使命感,面临着亡国、亡种、亡文化,要把古人的文化继承、保护下来,让后人去发展。

除了"三老碑"之外,印社还收集了很多流落在民间的秦汉古玺印章、文人印章、印谱等。其中很多明清印谱现在存世量非常少,甚至是以孤本保存下来。这些是怎么得来的呢?有的就像"三老碑"一样,被发现后大家集资筹款购买下来;有的是很多社员自己买下来以后,捐献给西泠印社。其中最著名的有几位:20世纪50年代,张鲁庵①先生把自己收集的从明代到清代,可以说是中国最好的几百本印谱捐给了西泠印社;平湖的葛昌楹②先生,兄弟两个也捐出了很多收藏资料;以及后来捐献了大量物品的社员,名字多到难以细数。

①张鲁庵(1901—1962),字炎夫,号幼蕉等,浙江慈溪人,西泠印社社员。他精篆刻,善制印泥,与北京徐正庵之印泥并誉『南张北徐』,博集历代名家印谱与历代印章实物。经家族三代,他藏书逾十万余册,四十万卷,尤好印章,举凡古玺、汉印以至明清以来著名篆刻家的作品,无不着意收集。他共辑有《晏庐集印》《宋元明樨象玺印留真》六卷、《传朴堂藏印菁华》十二卷、《吴赵印存》十册等。

②葛昌楹(1892—1963),字书徵,号竺道人等,浙江平湖人,收藏家。

西泠印社在保存金石资料方面起到了非常大的作用,甚至连故宫博物院、上海博物馆都达不到这么高的水平。

西泠印社另一个贡献是研究印学,这是它的第二条宗旨。一般的博物馆研究员只是在理论上做流理,并不具有太多实践创作能力。而印社社员都是篆刻、书法领域的高手,当时要加入西泠印社成为社员必须有社会认可的水准。这些人在一起切磋印学,对艺术的发展起到很大作用。而这样一个高水平团体变成一个研究会,研究印章怎么刻,怎么发展,古人是怎么样做的,我们应该怎么样……也不是一般的团体能达到的。所以从保存金石、研究印学来讲,这是西泠印社这一百年来做得最为成功,也是最为世人称道的一件事。

你刻出的不是物象，而是你的气象

篆刻的美，是线条美、结构美。它不像绘画，有具体的造型和形象。比如画人物、山水、花鸟，都有一个参照物象在，大家能感受到画的人物很有神采、山水画山清水秀，或者花鸟画得很传神。文字是书法的载体，我们都是读书人，从小都练过字，哪怕写个铅笔字、钢笔字，老师也会要求：肩架结构停匀，横平竖直，中规中矩……这是判定文字写得好或不好的标准之一。相对来说，书法比绘画的审美更难一点儿，但还是有一个经验，就是只要读过书的人都写过字，虽然写不好，但是基本上知道好的字是什么样的标准。

但是篆刻就比较神秘。第一，篆书不是我们的通用文字，大家对它的审美能力没有多少基础；第二，篆刻又把篆书改造了，在方寸之间进行艺术创作，审美就更难了。所以在中国传统的书、画、印的视觉艺术里，印章的审美最难，它难在跟我们的日常生活隔阂很大。

要想达到篆刻的审美水准，首先要了解篆刻和篆书是怎么回事，篆刻跟篆书之间有什么关系。很多人认为，篆刻就是把篆书刻出来，其实不是。如果仅仅是把篆书刻出来，那个叫刻篆，比如在一块石头上刻篆书的碑文。而篆刻要有加工，有一定的篆刻的创作手法。我们刻篆书，只要把篆书逼真地传达出来就可以了。篆刻不是，要把篆刻逼真地传达下来，你还需要把它的线条和质感，根据你的审美追求，通过一定的技法表现出来。有人要书卷气，有人要金石气，有人要一种文雅的或苍茫的感觉。作为一个审美者或一个观众，如果对篆刻的基本内容不太了解的话，可能就不知道从哪里开始入手。

篆刻审美大致有三：第一个是章法，第二个是字法，第三个是刀法。

在章法方面，印章的字数是一个字、两个字、三个字，甚至五六个字。那么这些字与字之间的关系是怎么展开的？是用均衡、变化、对比的方式，还是折中的方式？

第一，章法原则。了解了章法的均衡、对比等方式，那么再看实物就能判断了。

第二，字法。字法有大篆和小篆两种字体。那么得分清楚，哪是大篆，哪是小篆。无论大篆、小篆都有一定的结字方法，也就是方的、长的或扁的；每个字里面有疏密关系，也就是骨肉停匀，或是强调一种对比冲突……

第三，刀法。作者在篆刻作品里要传达的是书卷气、篆书的书法趣味，还是要传达破残的金石气、年代感？在这里面我们就会发现，不同人有不同的追求。所以了解了篆刻的各种方法和手段，就初步掌握了欣赏篆刻的基础。一个从来没接触过也不了解基础知识的人，要欣赏篆刻是非常难的。在生活中，常常有人会把印章店里的普通印章跟艺术家的放在一起对比，觉得好像印章店里的还更好一点儿。为什么呢？因为印章店里的人没有多高的艺术追求，只是把文字刻得美观、工整。然而工整和美观是审美的最低"纲领"。普通欣赏者会觉得印章店刻得挺好，而某个大师的作品，由于强调了章法的对比冲突和变化，反而让人一下子看不懂了，会觉得刀法这么乱、这么碎，又断断续续，大师是有意的，还是因为他刻不好，才把线条刻断的呢？

如果刻一方"花好月圆"和一方"古道西风"，二者意境是不一样的，但是我使用的章法、字法、刀法是一样的，这并不影响这方篆刻的完美度。篆刻不像舞蹈，舞蹈表现古道西风跟花好月圆，一定是不同的方式。但是篆刻艺术可以用同一种表现方式，而别人看到的是你对篆刻艺术的追求和刻出来的气象，而不是你对具体内容的追求。

在书、画、印三门艺术里，篆刻审美的门槛要高一点儿，也要难得多。

我在章法和字法上面追求不均衡的方式，以产生冲突对比的效果；刀法上，尽量追求不要变化。这也是一种相对论，如果在章法、字法上变化较大，冲突较多，在刀法上变化也很大，就会造成"一味在变"的效果。这就不符合艺术综合原则，而走向了一个极端。而刀法的简约，正好可以衬托出章法、字法上的变化。如果刀法也变化太多，大家接触的都是变化的东西，反而会有一种混乱的感觉。老子讲"少则得，多则惑"①，我们平时东西看多了，反而看乱了，"五色令人目盲"②，就是这个道理。

方寸留白，更有想象空间

从前，印章尺寸是有规矩的：古代官印有制度，每一级官用多

印石上的文字

大的印章是固定的。现在没有这些规定了,可以自由选择。私印的尺寸取决于个人艺术创作的需求,灵活性更强一些,就像写大字、写小字都无所谓。

篆刻时,根据印章的大小,字体具有一定的调整空间,这跟文字刚产生时的书写习惯有关。

我们今天见到的商周金文就是大篆,文字本身的各个部位,并不像楷书那样严格地有自己的位置。比如楷书"大海"的"海"字,三点水肯定是在左边,"每"在右边;比方说"鹅","我"是在左边,"鸟"是在右边。而在古代不是这样,在金文里面,三点水可能在左边也可能在右边,甚至可能在下边,这样的情况是非常多的。这就给后来的篆刻家提供了一个可能性,根据印章的章法来调整文字各部分的位置。当你看到篆刻中文字的构造被改变了,并不是刻不下或空间安排不了,而是艺术家往往有意识地造成这种改变。

西方美学讲,有陌生距离感才是美。日常生活中太相似的东西我们会司空见惯,并不觉得稀罕。有时候改变创作对象的某一个部位会产生一种新奇感,而新奇感本身也是吸引观众、读者的一种手法。

我的创作中偶尔也会改变字体位置,但不常用这样的手法。文字作为一种通用的交流工具,有严格的规定,如果随意改变,文字会产生很多歧义。如此一来,本来一套标准规范的文字就变成不规范的了。所以一般来讲,我不赞成多改变,只有在极少数的艺术处理情况下才可以变动。此外,对文字学精通或进行过专门学习的人,会懂得这个改变的方式,而一个初学者对文字学和篆刻艺术并不是很了解,建议不要做这样的尝试。这是相对有难度的,还是要慎重为妙。

印章发挥空间是有局限的。第一,它是正方形或者长方形的,这就限制了不能随便刻,必须在方寸之间进行创作,而不像写字、画画,爱画到哪儿就画到哪儿。第二,它对文字有要求。文字要统

① 邓石如（1743—1805），名琰，字石如，号完白山人等，安徽怀宁人，清代篆刻家、书法家。他尽摹所藏秦汉以来金石善本，长于篆书，著有《完白山人篆刻偶存》。

一，不能这个字是这个风格，那个字是那个风格。第三，章法要统一。第四，刀法要统一，不能左半边这个刀法，右半边那个刀法，那就杂乱无章了。

与绘画相比，篆刻是比较抽象的。绘画有具体的形象可看，篆刻主要还是看其中的趣味。比如刻一方"小桥流水"，能让人在里面看到小桥和流水的景象是不可能的，只能在线条、字法上体现出韵味，让人可以想象到它所描述的优美景色。

印上留白

清代大篆刻家、皖派创始人邓石如①说过一句话："疏处可以跑马，密处不容插针。"意思是，线条笔画之间紧密的地方连针都插不进、风都吹不进，而空白的地方可以跑马。

跟传统绘画一样，篆刻也是有留白的，这个留白通过对文字疏密收放的把控，以及对比、挪动的方法制造出来。齐白石在留白上是最有特征的，他的篆刻作品往往有大片大片的留白。

篆刻的审美是需要一定的门槛的。学篆刻的人学一点儿画，对于艺术审美的培养肯定有好处。但是，不会画画也没有问题，有很多篆刻家不会画画也很成功。

一块石头，开启文人篆刻时代

篆刻使用的材料比较广泛。一般来讲，金、银、铜、铁、木、石都可以，竹木、象牙、水晶等在历史上运用得非常多。在古官印里，金印也有，银印也有，铜印也有，玉印也有；在民间艺术家的篆刻里，竹子的也有，木头的也有，石头的也有，象牙的也有。大部分篆刻家要亲自动手刻，有些材料要么太硬，要么就太难刻，相比之下还是石头相对容易刻。中国的四大名石——寿山石、青田石、昌化石和巴林石，它们的（摩氏）硬度都只有二点几，篆刻家用一把铁篆刻刀正好刻得动，可以自如地发挥自己的艺术手法，在篆刻过程中想体现出金石味也好，书卷气也好，都比较容易。而像象牙、玉石、金属这样太硬、太拧的材料不好刻，个人的追求和艺术表达会在很大程度上受到限制，因此主要还是用石章。

中国的石头还是很多的。寿山石是福建的，巴林石是内蒙古的。青田县的青田石和临安的昌化石都是传统名石，都是浙江省产的。浙江的篆刻艺术从古至今都很兴旺，有地域之便的缘故。从前物流不方便，别的地方的人想学，却不易弄到这些材料。我想这是造成其他地域篆刻艺术发展落后于浙江的一个原因。

从明代末年到现在，浙江一直是篆刻大省，现如今进入全国篆刻展的作者人数也是排在第一或第二的位置上。篆刻人口众多，水平也很高，可以说，"浙派"虽然是清代的事情，但是今天浙江篆刻界在国内仍处于举足轻重的地位。

篆刻材料的变化有的时候不是篆刻家的意志所能决定的，比如在古玺、秦汉印时代，官印制度属于国家制度，不同的职务、身份，印的材料是不一样的。

①李文甫，又名李石英，明代金陵（南京）人。《广印人传》载："善治牙印，文彭所作牙章，多出自李手。又善雕篆边，所镌花卉，毕玲珑有致。"

秦汉时规定，皇帝、皇后用的印是玉质的，也有一部分是黄金的；亲王、诸侯王用的印是金的；大臣到一定级别，比如两千石以上的官员用银印，将军、丞相等用银印；中下级的官吏用的就是铜印。印章的材料是不可以随便更替的，这体现在制度上：《汉书》《汉官仪》等就明确记录了印章的材料、制式和大小。到文人印的时候，文人把篆刻作为一种艺术，可以随意地选用适合自己的材料，使用的材料就多了，但也主要以石章为主。

在文彭以前，文人印一直没有大兴，不是文人不刻印，而是文人靠自己的能力刻印很难。大部分文人都是在金属、玉、竹木材料上面做印稿，请工匠刻。文彭早年也是这样，他在南京当国子监祭酒的时候，请李文甫①给他刻。晚年时他偶尔遇到一个卖石头的，那时候石头买了不是刻印用，而是做工艺品的。卖石头的人跟买家发生了纠纷，价钱谈不拢，文彭做和事佬，把这些石头买下来，回来请人磨成方形，刻成了章。

文彭印

文彭治印文寿承氏

文彭是当时的文坛领袖，国子监祭酒相当于现在的教育部部长或者文化部部长。他的学生、门客多，他这么一刻，追随的人很多，大家都这么做，刻石头就形成了风气,明代的文人印开始蓬勃发展。所以篆刻的发展跟材料的变化关系很大。

中国的篆刻史如果没有出现石头这种材料的话,也许篆刻艺术会一直在工匠的手里,而文人只能参与其中某个过程。

从封泥缄信到朱泥传印:媒介的优化

印章要靠印泥来盖,就像写字要靠墨。印泥也有好坏之分。

隋以前是很少用印泥的,那时候的印章还是盖在封泥上。我们在电影里看到,古代写信和文件都是用竹简,卷起来拿绳子一扎,在接头的地方拿一块专用的木板固定,上面有一个方块的空洞缺口。人们就把当时的一种紫泥填进去,把这个绳子打结处封闭住,然后盖上印章。这是为了防止有人不经允许拆开。印章打在泥上有凹凸感,白文一盖泥就变成了朱文,朱文一盖泥就变成了白文,这样就可以看得出来。

盖印泥

盖印泥

隋唐时,纸张大量使用,人们通讯就使用信封了,直接在文书或信封上面盖章,作封缄用。于是之前的封泥就用得少了。把印章盖到信封上,需要有痕迹。最早还没有印泥的时候,我们猜想是用墨涂在印章上,盖出来就是黑的。这样慢慢就出现了印泥。

"印泥"里有个"泥"字,成分里面有一定的泥料。这个泥料不是普通的泥,而是我们现在讲的朱砂或朱磦。选用朱砂、朱磦粉碎成末,在里面掺入艾绒。单是粉末的话,不容易聚合,会散掉。放了艾绒,一是可以把泥凝结在一起,二来它具有一定弹性,不会在盖泥的时候一下子盖得太多或者太少。此外还需要专用的印油,比如蓖麻油,经过炼制以后做出来。印泥制作是一门很复杂的工艺。

我们用的印泥都是买来的。中国有好几种著名的印泥,以前印泥做得比较好的,苏州有姜思序堂①,上海有西泠印泥厂,杭州有西泠印社。漳州印泥也很著名,漳州有三宝——片仔癀、漳州印泥和水仙花。

①姜思序堂,苏州老字号商铺,以精制国画颜料享有盛名,因姜图香这一宗支的堂名为『思序堂』,该铺即以『姜思序堂』命名。

印泥的生产本没有地域限制,历史上大多是南方生产。制作印泥的朱砂等材料很多地方都出产,产品可以销售到全国。苏州、杭州、上海、漳州都有几百年的印泥生产历史,名气大,质量也可靠。由于地域的不同,南北方所用印泥在颜色上会有一点儿差别,也有审美上的差异。江南文人好清雅,不喜欢浓郁的印泥颜色,一般用朱膘比较多;北方人豪爽,喜欢鲜亮的红色印泥,用朱砂比较多。近些年来,这种差异性不太明显了,用朱膘的人越来越多,也许大家觉得,颜色太鲜艳有一种艳俗的感觉。

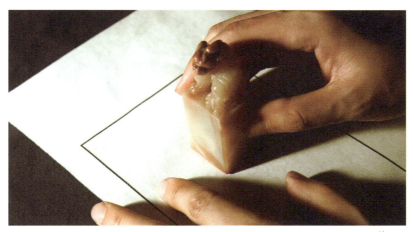

盖印

从古至今,江南一带的篆刻家是最多的。明代的几个流派,三桥派、泗水派、雪渔派都是在江南。到清代,皖派在安徽,浙派在浙江。可以说几百年来,篆刻的发展一直集中在江苏、浙江、安徽、上海这一带,对印泥的大量需求,导致这些地区印泥生产的聚集。以前篆刻在北方并不很发达,到近代,北洋政府铸印局的总技正,也是西泠印社创始人之一的王福庵就是杭州人。他在北方也培养了一些学生,于是北方篆刻也开始兴盛起来。但是印泥生产大多是在家里开作坊,技艺秘不外传,如果没有人教,很难在短时间内学会。所以印泥一直是南方的传统产业,北方做印泥并不多见,这是有历史原因的。

印泥是印章的呈现工具

完成的印

篆刻家自己不做印泥，很少有篆刻家会做印泥。前面提到给西泠印社捐献了很多名贵印谱的张鲁庵，他倒是一辈子研究印泥，叫鲁庵印泥，成了非常好的品牌。

印泥对于篆刻家的意义在于，刻完印，大多时候别人看不到石头和印面，作品要准确地传达到纸上给人家看到，通过印泥盖出来，再变成印谱印刷、流传。所以印泥确实是篆刻非常重要的工具。可以这样说，如果没有好的印泥，篆刻艺术的发展会大打折扣，因为无法忠实传达出作者所要表达的艺术效果。

同一把刻刀下，流淌着不同的风格

篆刻是一门书法与雕刻相结合的传统艺术，除了印石和印泥以外，还有一个重要的工具——篆刻刀。执刀如同执笔，在篆刻家手中，刀有"铁笔"之称。

就像没有毛笔写不了字，没有刀也刻不了印。

印刀大致有几种，一种是钝刀，刀角度比较大，又叫"昌硕刀"。因为吴昌硕先生当年就用这种刀，是一种双口刀。这种刀很主流，现在学校里学生用的都是这种刀。一种是薄刀，比较薄，角度比较尖锐，以前黄牧甫他们用的刺刀就是这种。平口刀，是相对于钝刀来说的，有些刀刃薄一点儿，有些厚一点儿。还有一些不太主流的刀，比如斜口刀，斜口有的斜到四十五度，有的斜到六十度，这种刀现在用的人并不是很多。

刻印

这些刀在书画社都有卖，比如荣宝斋①、朵云轩②、西泠印社等。

三种刀刻出来的字各有区别：薄刀、锋利的刀，刻出来的线条比较光洁、挺拔；厚的刀，刻出来的线条浑厚、苍劲。工具就是有多种可能性，但作用不是绝对的，篆刻的最终效果还是取决于个人的手势和方法。刀的种类跟字体、笔画变化没有关系，甚至跟个人风格也没有关系，因为风格是作者靠自己手的运动方式产生的。

有些人拿很钝的昌硕刀、钝角刀，也可以刻得非常细腻。我刚

① 荣宝斋，集书画经营、文房用品、木版水印、装裱修复等于一体的老字号企业，始建于1672年。
② 朵云轩，开设于1900年的笺扇商号"初营苏杭雅扇、诗笺信纸、文房四宝、书画装裱等，后又发展出木版水印、书画中介等业务。

学篆刻的时候用的就是斜口刀，从 1982 年以后我就再没用过它，改用昌硕刀，而且一直只用这一种刀。你用哪一种刀顺手，用惯了就可以了。

在篆刻过程中，刀法的运用大致会分成两类：一类叫"冲刀"，一刀下去，一次性完成一根线条的过程；还有一种叫"切刀"，像切菜一样一刀一刀刻，一根线通过无数刀来完成。

执刀

明清之后，篆刻艺术出现很多独具特色的流派，其中，皖派以冲刀见长，浙派以切刀取胜。

这两种刀法代表了两种美学概念——冲刀酣畅、爽快，切刀迟疑、顿挫，看上去也比较生涩，是另外一种凝重的美感。

两种刀法体现出两种线条质量的美。很多篆刻家根据自己的审美选择性地使用。除了极少数的篆刻家一辈子只用冲刀，或者只用切刀，一般篆刻家两种刀法会交替使用，在不同风格的作品，或者在同一方印不同的局部，相应地使用不同的刀法。

篆刻者选择的刀法取决于风格和审美的需求，而不是字本。如果所刻内容没有很明确的审美指向，刀法可以随意选择。反之，比如刻"花好月圆"，相对来说还是要使用流畅、细腻、爽利一点儿的刀法，生涩、沉闷、浑厚的刀法跟"花好月圆"的情景不太协调。再比如有些诗句壮烈、豪爽，如果用文雅、细腻的刀法表现，也会有悖于主题。

每个人的风格都是习惯性积累和特有样式的重复。在其一个阶段或很长一段时间里，经常做同样的事情，百炼成钢，进而会被社会所认可。如果每天改变风格，等于没有风格。所以风格主要指向形式和技巧，它跟文字的内容、主题之间的关系并不是很大。一方印的章法、字法及刀法中，章法和字法是审美观方面的，而刀法是一种技巧性的东西。经常运用，形成了一种定式，慢慢又区别于他人，那就形成了自己的风格，这跟刻了什么关系不大。

刻刀

我的篆刻以冲刀为主，辅助一些切刀。我需要的线条变化不是很大，尽量爽利些，所以用冲刀。但是一味地爽利会流于简单，所以稍微补充一下切刀，让它丰富一点儿。我偏向于凝重、朴拙的篆刻风格，所以选择的字体中大篆比较多，古拙凝重，历史感强。好的诗句、文辞等有文化内涵的诗句都可以入印。

决定差异的是个性，不是材料和工具

刻印之前，需要写印稿。印稿的写法跟写字差不多，在石头上写反字，反字盖出来才是正的。篆书写得好的人，可以把反的字写得跟正的字一样好，这要通过练习，聪明的学生半年或一年就写得很好了。

印稿还有一个窍门，就是"水印上石"。在纸上写好正的文字，把它蒙在石头上打湿，字会印到石头上，这就是反字。如果印得清楚就能直接刻；如果印得不清楚，但是已经有个样子了，再拿毛笔描一下，这样得到的反字就比较好写印稿了。

写印稿

写好的印稿

现在的学生用这种方法的比较多。如果有些学生写反字能力强，有把握，就直接写反字；有的篆刻家胸有成竹，甚至可以不写印稿，直接在石头上刻。

篆刻还有很多辅助工具，比如写印稿需要毛笔、墨和纸。

篆刻用两种纸，一种做印谱用，一种做设计印稿用。

盖印、做印谱,我们通常用"连史纸"①。这种纸比一般的宣纸薄,质地更细腻,所以盖印章时能够准确、传神地表现出印章原来的精神面貌。一般的宣纸,特别是厚的宣纸不适合做印稿,因为它会抵消掉印章里刀法的微妙之处。连史纸福建产的比较好。

印稿纸可以用宣纸,也可以用普通的白纸。

说到篆刻的地域性差异,古代官印制度是全国统一的,没有差异,有代表性的文人印篆刻家基本上都在南方,北方的篆刻家学的也是南方的篆刻。一般来讲,北方的篆刻家风格豪爽、粗犷,南方文雅、细腻。如今随着交流的普及,这样的差异会越来越小。

> ① 连史纸,又称『连四纸』,原产于江西铅山、福建连城。连史纸采用嫩竹做原料,碱法蒸煮,漂白制浆,手工竹帘抄造,纸质洁白均匀,书画皆宜,有『寿纸千年』之美誉。

刻印

南北方风格的差异并不是工具和材料决定的。全国使用的毛笔、石头和刀基本上都差不多,最后刻出来的文字也是共通的。主要还是审美追求导致了章法、字法、刀法上不同的表现,而篆刻者的审美追求,跟其性格和所处地域确实有一定的关系。因此文人艺术主要还是"个性决定差异",材料和工具起的作用并不是很大。

白文

朱文

篆刻好的印章印在纸上，会出现"白文"和"朱文"两种。白文就是印章盖出来字是白色的；印章盖出来的字是红色的，有印泥的，就叫朱文。

白文刻法就是把文字刻凹下去，盖印泥的时候就盖不着字。这样印出来的底是红色的，看上去文字就是白色的。

朱文刻法就是把印章上的文字凸显出来，把文字周围的空间全刻凹进去了。这样盖印泥出来，留下来的文字就是红的。所以白文又叫"阴文"，朱文也叫"阳文"。

有的作者喜欢刻白文，有的作者喜欢刻朱文，这也是出于个性选择，二者难度差不多。

刻出白文作品需要的时间因人而异，也因印而异。有的时候相对而言白文花的时间少一点儿，因为它只需要把文字刻掉，而朱文需要刻底。有的时候我自己刻朱文比白文还要快，这个跟每方印章的慎重度和难度有关。

一个篆刻家，首先是一个篆书家

印谱是学篆刻的人必须要看的。没有印谱，学篆刻者也就是刻刻而已，称不上艺术。只有对古典的规范和大师的精品进行揣摩学习，经过变化创新，才能成为好的篆刻家。中国印谱很多，从各个朝代的官印、私印，到浙派、皖派等流派印，再到吴熙载①、赵之谦②、吴昌硕、齐白石的作品，都可以作为范本。

并不是拿着篆体的文字，就能够轻松篆刻。篆书不能直接作为篆刻的文字来用，它需要经过一定的改造，所以才叫篆刻，否则的话就叫刻篆了。篆书是我们刻印的素材，但是到了印章里，由于字数和风格追求的不同，它会在一定程度上被改造结构。这种改造的方式不是从篆书里学来的，是从印谱里学来的。

临摹印谱，看古人怎么布局结构，学的是

①吴熙载（1799—1870），名廷扬，字熙载，后以字行，改字让之，号让翁等，江苏仪征（今扬州）人，清代篆刻家、书法家。吴熙载少时即追摹秦汉印作，后直接取法邓石如，发展完善了『邓派』篆刻艺术。
②赵之谦（1829—1884），字撝叔，号悲庵等，浙江绍兴人，清代书画家、篆刻家，『海上画派』的先驱人物。赵之谦以书、印入画，开创『金石画风』，以『印外求印』的手段创造性地继承了邓石如以来『印从书出』的创作模式，开辟了篆刻新境界。

改造的方式。如果拿着篆书字典，看到的仅仅是一些篆字，它们没有经过加工，所以学习篆书、了解文字以后，还要学习印谱。学印谱的过程，就是学章法、字法的改变和刀法的表现。印谱不是篆刻学习者的束缚，其重要性有时甚至超过篆书字帖。

书篆上石

篆书和篆刻之间紧密性很大，因为它们共同的素材是文字。

学篆刻的过程是先学篆书，再学印谱。这样，对文字了解，对印谱也了解。很多人是这么做的。

老话讲，七分篆三分刻。篆书是篆刻的前提和基础。篆书写得好，未必刻得好；篆书写不好，肯定刻不好。

普通篆刻爱好者如果不会写篆书，可以省略篆书阶段，直接从印谱开始，进入篆刻阶段。可以把印谱里面改造过的篆书学过来，直接接受改造过的东西，按照印谱的规则，做一方相对来说合乎规矩的印。我见到过很多篆刻者，印谱学得非常好，印刻得也非常好，但是他不会写篆书，这并不影响他刻出作品。

但要想成为一个优秀的篆刻家，首先也得是半个篆书书法家。必须从头到尾学，篆书的过程不能省略。明代何震就说过，我没有见过不会写字而能刻好印的人。为什么呢？刻印是先写，写好了以后才能刻好。如果篆书功夫不行，刻出来就会走样，在创作中自由发挥有一定的难度，这样篆刻家的发展前途会受到限制。篆刻家不写篆书，水平很难提高。刻只是手段，而学写篆书是前提。

要成为一个篆刻家，需要的时间是很长的。学习篆书，要学习印谱，还要掌握刻字的手工艺，这个过程比成为一个书法家要更麻烦。

一要花很长时间去临摹篆书的字帖。篆书要写得像模像样，这样对以后的篆刻是有帮助作用的。

二要临摹印章。任何人不学习就想做一件事情是不可能的，会刻了，但是不一定刻得好。我见过很多刻印章的人，他们从来没有临过古人的印章或印谱，也没临过书法。他们要刻的时候，就在字典里把字查出来，用铅笔或者毛笔描到石头上，再刻出来。不能说它不是印章，但它不是我们传统美学意义上的篆刻艺术。

三要掌握动手技能和篆刻的工艺性。从学习书法到真正实现操作，因人不同。有的人上手快一点儿，手感好，一两个星期就可以把一根线条刻得比较直，比较符合我们的要求；有的人一两年都很难刻出一条像模像样的线，每个人的手感不一样。

字如其性格。临摹古代印章范本，势必要带有他人作品的特征，对艺术家来讲，这就是一种限制和束缚。但是篆刻家又是主动的，因为选择什么样的范本，篆刻家也有主动权，他的限制又是有限度的限制，也就是说这个限制是自己选择的。范本里有吸引他的东西，他会去追求。模仿任何事物，不是百分之百学习过来，学习的时候也可以有选择。比如说哪一个角度，只学古人的七八分，而把更多彰显个性的空间留给自己。艺术家也是很主动的。

我们常讲，艺术家是戴着脚镣跳舞的高手。又要有限制，又能够不被这个限制所束缚，这才是高手。

刻一方印章的时间，主要还是看字数。正常四个字的印章，刻工细一类的，一天或半天就行了；刻写意一类的，一个小时肯定够了。

古人经常讲，篆是非常小心的，叫"小心落墨"，就是写的时候得非常小心。刻相对来说比较简单，大胆走刀。有一个著名篆刻家，吴昌硕的学生赵石①说，他有的时候写印稿要花两三天，甚至有时要花两三个月的时间才能满意，刻则一挥而就，一个小时、半个小时就刻完了。篆是前提，是准备，不能不小心，不能不认真对待；到刻的时候，因为在之前基础上已经有规划了，可以大胆发挥出来。

我有一方印章花两年才刻好，前期很长一段时间都没有动手刻，而是一直在考虑怎么刻，修修改改，变换设计，这个不算是制作过程的时间。就像装修房子一样，可能图纸画了两个月，装修也就是一个月。

手与刀之间，你的天分在发挥

篆刻流程都差不多，学习的流程也差不多。就算流派不一样，在刻字的手法、篆法、章法上有所区别，但整个流程都是差不多的。每个师傅的独门绝学也在这些范围之内。

第一，找个好老师，这是最重要的。为什么呢？入门正。好的老师，一定会有相对简易通俗的方法，不会把技艺弄得很神秘、很难。我们中国的艺术，讲得越神秘就越有问题。为什么呢？书法、绘画、篆刻这样的传统艺术门类，入门都不是那么神秘的，它有一定的程序性。找一个好的老师，虽然他教的层次和顺序浅显易懂，但是方法是实用、方便的。

第二，好的篆书基础对提高审美和文字运用能力都有好处。

第三，要会用刻刀，手的稳定性要好。手的稳定性不好，永远学不好。我们也见过很多人刻了十年都不能完整地刻一条像模像样的线条出来。手的功夫，因人而异。

一个人成事受天赋的影响。每个艺术门类都是这样的。

学篆刻的人需要敏感和天分。第一种是技巧上的天分，有些人还没有认认真真临印谱的时候，他的刀感就已经非常好了，他可以一天之内就把刀运用得非常熟练。第二种天分，他看印谱，一下子能看到里面的东西，这是一种敏锐的审美天分。第三种天分，要有想象力，这个就是创造上的天分。

如果动手的天分没有，手不灵巧；审美的天分没有，好坏看不出来；创造性思维没有，也不行。三者一个也不能少。

想要进入篆刻这个门，首先要评定自己。

如果没有动手天分，但是有审美和想象创造的天分，能做理论家；如果有动手、审美的天分，但缺乏创造力，那可以做一个不错的篆刻家，但不可能成为优秀的篆刻家。所以每个篆刻家能走到哪一步，跟天分是有关系的，教育只是为后天成为更好的自己提供一个机遇或一种场合。

有些人适合干这个，有些人不适合干这个。失败者就是没有找对适合自己干的事情，成功者就是找对了适合自己干的事情。一个水性不好的人老想去当游泳冠军，可他下了水就游不动啊。教育重要，但先天条件也很重要。没有天分，再努力也没有用。

不同的传承方式，成就不同的你

目前篆刻界人数非常多，也非常庞杂，有佼佼者，也有平庸者，这跟任何行业都是一样的。在艺术金字塔尖上的人毕竟是少数，就算是中游的也是少数，任何艺术的发展都需要有强大的社会底盘，需要有众多的爱好者来支撑。如果一门艺术爱好者很少，那么也不可能产生很多高明的艺术家。

对艺术界来讲，我觉得没有必要去做人才甄别的工作。因为无论是高明的专业的艺术家，还是业余爱好者，他们的艺术追求都是一样的，都是源于热爱。如果不热爱，是不可能做这么一份工作，这并不是一份很轻松的工作。而且在这个行业里，大部分人并不可能做到有利可图。爱好才是他们进入篆刻艺术行业的原动力。社会上有那么多爱好者，或者说在爱好者里有那么多平庸者，我觉得这是很正常的。有很多很平庸的人，经过多年的追求会成为佼佼者。现在很多著名的篆刻家，也都是在当年那一部分平庸的人里面成长起来的。这都没有关系。

社会现在这么重视篆刻艺术，或者说参与者那么多，是值得高兴的，这反映出篆刻艺术在民间和社会上具有强大的艺术吸引力，这是一件非常好的事情。

我们学校（中国美术学院）在 1964 年就开办了书法篆刻本科专业，这是全中国第一家进行篆刻专业教育的美术院校。"文革"的时候停办了，1979 年恢复招生，到现在已经快三十年了。这三十年里也培养了几百个本科生、硕士生，还有一小部分博士生。近几年，各大专业艺术院校、综合性大学都开办了书法篆刻专业，据不完全统计，已经有上百家大专院校开设了篆刻专业或课程，每年培养出来的学生人数非常庞大。

专业院校毕业的博士生、硕士生、本科生，由于各自教育程度的高低，所从事的职业也不太一样。有的在大专院校做专业老师；有的去各地画院做专业书法家、篆刻家；有些到高中、初中，甚至小学做美术老师，现在高中、初中和小学阶段，都有学校开设了这方面的课程；还有篆刻专业毕业生从事社会教育，比如少年宫需要这样的老师；还有些大学生毕业后自谋职业，开办书法篆刻学习班，给社会提供教育服务，这也是社会需要的。不是所有的人都想做专业篆刻，想在业余的时候陶冶情操，或者学一门技能，那么不一定要到大专院校正规地学习，在社会上学习就可以。那么这一部分创业者，为篆刻的社会教育提供了一种服务渠道。

篆刻艺术是人创造的产物，它势必带有人的特征。而任何人都带有社会的特征，所处的环境、群体、社会背景，都会影响你的追求。

大专院校出来的学生，接受的是大专院校教育，会带有大专院校所要求的学术性。什么先学，什么后学，哪些是赞成的，哪些是反对的，哪些是要继承的，哪些是要抛弃的，这些都是非常清楚的。大专院校的篆刻专业有五六个，甚至十几个老师，每个老师在发挥自己的教学个性的时候，也有一个严格的共同标准，就是教学大纲。不能自说自话，得按照教学大纲讲，服务学生是老师的主要职责，也就是说，要培养出一个合格的大学生，而不是培养出一个像自己一样的大学生。大学课程的重要性要高于教师的个性。所以在教育的初级阶段，个性是很难培养出来的，再优秀的学生，由于课程的需要，也不可能展示出太多的个性来。很有可能学生最终学成，也不是非常个性化的。因为他首先要进行全面的学习和继承，如果某些方面比较符合他的个性，他就会更深入地发展；某些不符合他的个性，相对来讲他就少下点儿功夫。

而社会教学就不太一样，很可能教学的老师只有一个人，或者一个老师教一个班，带四五年。学生跟的只有这一个老师，所接受的都是这个老师过滤后的知识、这个老师个性当中所带有的东西。相对来讲，他也会产生一种跟大专院校学生不一样的审美宽度，但他的追求会狭窄一点儿。

猛一看,人们会觉得社会教育出来的学生个性比较强,而大专院校学生个性并不是那么强。但是长久发展,大专院校的学生由于接触面广,可以在更多的实践样式里面选择出最适合自己的,一旦形成个性,便是真正的个性;而社会教育中的学生受到老师的影响比较深,一开始看上去比较有个性,但是他所接受的东西也许只是老师教给他的东西,并不是他个性当中的东西,以至于他真正的个性想要得到发挥反而更难,因为他没有参考和选择性。大学教育为什么成功率高,就在于大学的教学制度和教学章程保证了学生成才的更多可能性。

现在大学里的师承关系并不是很明确,跟我们传统的师徒相授有很大的区别。这里面涉及一个很大的要素,就是双向选择。

传统的师承关系,一个老师或者是师傅看上了这个学生或者徒弟,觉得他是可造之材,愿意培养,就收他为徒弟。而徒弟觉得喜欢这个老师,能学到东西,愿意拜他为老师。这个双向选择是很明确的。而大学里面,学生是通过统考进来的,也就是说学生在考试之前跟老师不认识,老师对学生也是不了解的。老师对学生是通过学生的考试作品来取舍的,那么这个取舍的标准呢,不能按照老师个人的爱好来。

传统的师承关系就是,这个学生的刻法老师喜欢,老师把他收了。不喜欢的学生,刻得再好老师也不要。为什么?老师教不了啊,学生跟老师不一样。而大学不允许,学校教育就是要公正、公平,那么就进行统一考试。不管学生是什么风格,取法哪个朝代的篆刻风格,只要他的水平达到了大学生的标准,就得把他录取进来。哪怕他的审美追求跟老师不同,甚至是相左的,老师也不能把他踢出去。所以学生进校后的师承关系更多是制度上的,而不是个人关系上的。这两种传承方式,中国也好,外国也好,都有这样的区别与特征。

传统社会人们学篆刻,如果师傅没找好,风险就很大。而大学正好提供了化解这种风险的可能性。能成为大学老师的人，首先要被大学制度认可，很差的、徒有虚名的人不可能留在大学里面，这就保证了大学的师资。当然每个学校师资的水平有高低，这是另外一回事。但是，能够通过中国的大学制度，在学校里做老师，基本上他是符合这个学校要求的，所以学生进来跟这样的老师学，不会有多大的风险。那么学校收的学生会不会有风险呢？学生也是通过考试，在很多考生里面择优录取，甚至有很多学生是考了许多年才能考进来的，而不是说所有的人、不分良莠全收进来。这是一种社会的筛选，学生进来时已经具有一定的专业基础了。

篆刻发展取决于爱好者，而不是干扰

高科技的发达，书写工具的进步，使人们到了提笔忘字的程度，我认为这不能算是篆刻面临的挑战。有人爱玩手机，也有人不爱玩手机。那么有人爱篆刻，也有人不爱篆刻，这是同样的道理。在没有手机之前，电视机也可以挑战篆刻；在没有电视机之前，电影、报纸、小说同样可以挑战篆刻。爱好篆刻的人，再多的诱惑也不会动摇；不爱好篆刻的人，就算再没有诱惑，他还可以睡觉啊！再说，古代也有歌舞，也有酒楼，每个时代有每个时代的干扰，我觉得干扰不是问题。所以不必担心电脑、手机等事物的存在使篆刻受到挑战。爱好就是最好的"老师"。我觉得，篆刻能不能发展，取决于篆刻的爱好者，而不取决于社会有多少干扰。

篆刻比较小众，它不像舞蹈、音乐、绘画等艺术门类容易被人看懂。篆刻当今最大的问题是，它只局限在专业人员手中，大众接触篆刻的机会并不多。如果能让民众比现在更方便、更容易地接触到篆刻，就能给很多并不知道自己有篆刻天赋的人提供很好的机会。有些人接触了几次觉得没兴趣，就放弃了；有些人很偶然地接触了篆刻，就能坚持几十年，成为篆刻家。其实这跟成为音乐家、画家相比，机会是一样多的。

如果能在小学、中学美术课里增加篆刻这一项，也许一个班里也没有一个人喜欢篆刻，但没准儿几年后就会有学生喜欢上篆刻。全国有那么多小学，爱好者基数自然就会大了。

篆刻变成一个小众的门类，其实并不是我们决定的。就像你没有学过钢琴不是由你决定的，而是你从幼儿园、小学时代就没机会接触。我想，有很多人这辈子不能成为音乐家，并不是他不想成为音乐家，而是他没有这个机会。如果我们的基础教育中经常出现书法、篆刻、绘画等，有些孩子会发现，虽然他不愿意画，但是他挺喜欢动刀的。他慢慢有兴趣，老师又鼓励他，有意识地引导他，没准儿小小年纪就培养了这个兴趣。

而大学中的篆刻教育做得比较好，面也铺得很广，全国各大美院、很多综合性大学都开设了篆刻专业或者副科。

各国篆刻者：同样的范本，不同的刀笔追求

全世界很多国家都有印章艺术，伊朗、伊拉克、古埃及都有过这样的东西，因为不论对于哪个国家的政府和民间来讲，印章都是需要的。但是篆刻艺术就不一样了，篆刻的前提是篆书，只有中国有这样的文字，所以篆刻只能是中国的。

日本、朝鲜在汉唐时与中国有文化交流，把中国的文化学习、借鉴了过去，篆刻也随之传到了他们的国家，到今天也成为这些国家很重要的艺术。日本、韩国现在还有全国的书法展，美术展里也会出现篆刻作品。这就是中华文化在亚洲的影响和延伸。

在日、韩等国现在的日常生活中，篆刻依然承担着古代凭信的功能，在这方面跟中国是一样的。他们的篆刻基本上继承了中国传统篆刻艺术的特征，如果说有所区别的话，大抵是在刻的手段上带有各自的民族性。

日本篆刻在刀法上跟中国篆刻有一点儿区别。

中国人在审美上讲究含蓄美、书卷气、金石气，这要求篆刻的人在刻的过程中体现出毛笔书写的味道。明代的朱简①曾经说过，篆刻"论笔不论刀"。评价篆刻的好坏，看刀笔的交融。明明是刀刻出来的，却能体现出笔意和笔法，这就是高级的水准和审美。在中国主要是文人书法家、画家承担着篆刻家的作用。

① 朱简（1570—？），字修能，号畸臣，安徽休宁人，明代篆刻家。朱简善诗文，精研古篆。以赵凡夫草篆为宗，自成一家。

而篆刻传到日本时，有很多学习的人并不是书法家，对他们来讲，刀法的体现更重要。所以他们对毛笔趣味的追求并不是很重视，而是更重视对刀味的追求。

韩国比日本更忠实地继承了中国的篆刻美学。在历史上，朝鲜半岛跟中国文化交流的密切程度超过日本，它在服装、艺术、制度和礼仪等方面都是原汁原味继承下来的，比如拜孔庙。

中国美术学院从 20 世纪 80 年代初期就开始招收日本的留学生，中国现代书法篆刻在日本的传播已经有三十多年。而古代篆刻一直是向东亚各国传播的，因为这些国家之间没有交流上的隔阂，所以传播非常容易。

我们学校与日本、韩国的大学都保持着友好关系，经常会有韩、日学生来这里攻读本科、硕士、博士。他们来之前在本国已经学过篆刻了，用的印谱、字帖跟中国学生没有两样。国度虽不同，但范本一样，接受的也是同样的教育，这就有沟通的基础了。

我本人也有日、韩的博士生、硕士生和本科生；我们学校也有学生到日、韩进修，而社会上的篆刻家要想得到这种教育是比较难的。

传承不需要历史复印机，需要区别于古人

非物质文化遗产保护是近几年的事情，但我对篆刻没有保护和传承上的担心。

第一，传统作坊式的工艺对工具的难度要求很低，不像织锦，还需要机车、架子、各种各样的材料。篆刻运用的材料很简单，就是毛笔、印刀、石头、印泥、纸，这些到处都能买到。

第二，现在篆刻的爱好者人数远远超过历史任何时期，篆刻事业也更繁荣。科技的发展解放了人，现代社会给人提供了大量的业余时间，越来越多的人有足够的时间接触和学习篆刻。

第三，越来越多的大学以篆刻为专业招生，升学又成为一部分年轻人努力的方向。就像数理化一样，只要大学存在，就有人学数理化。虽然篆刻没有数理化的受众那么多，对艺术爱好者来讲，它还是比较主流的。它虽小众，但不偏门。

人和社会一样，都有一个血脉关系：从哪里来，想到哪里去。一个人要学习，不能没有范本。这个范本你模仿了，不管你主观上愿意还是不愿意，它都会传承下去。但是每个人都不会甘心于模仿别人，都想要有所表达，而这是一种不同于古人的表达。

传承与发展的关系就在于：没有传承，发展等于空中楼阁；没有发展，传承就跟复印机一样，而历史不需要这样的复印机。

人类天性都有好表现的一面，如果没有这一面的话，人们可能连这个事情都不愿意去干了。有志气的篆刻家不会希望自己一辈子照着别人的样子做。人各有志，虽然你的志跟我的志不一样，但志一定要有的。有志的人一定会在前人的基础上弄一点儿自己的东西出来——区别于古人的东西，这就是对传承最好的发展。

张耕源

西泠印社理事

张耕源（1938— ），男，祖籍江苏省张家港市，退休于中国美术学院，国家二级美术师，现系西泠印社理事、西泠印社肖像印研究室主任、中国书法家协会会员、中国肖像印研究会会长、浙江文史研究馆馆员、民进中央开明画院顾问、杭州民进开明画院名誉院长、中国工程院院士书画社特聘艺术家等。

张耕源出版个人专集有《梓人印集》《耕源印存》《世界名人肖像印》《中国篆刻百家——张耕源》《中国美术家——张耕源》《张耕源印谱——随园印语、名人肖像印》《张耕源作品集》（书、画、印综合画册）等。

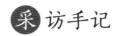采访手记

采访时间:2014 年 9 月 5 日—6 日
采访地点:杭州张耕源家中
受 访 人:张耕源
采 访 人:全根先

决定采访张耕源先生,是在西泠印社采访陈大中先生时,由西泠印社的工作人员推荐的。在去杭州前,我在篆刻方面还是做了一点儿功课的,然而与张先生的接触,拓展了我认识篆刻的文化视野。张先生继承了中国历史上原有的肖像印艺术,将其发展、提升到前所未有的高度。我们的采访在张先生宽敞明亮的工作室中进行。张先生广博的专业知识、丰富的人生经历、从容的语言表达,使我如沐春风。我喜欢与张先生在喝茶时的闲聊,畅谈古今人物故事;师母开心地玩着微信;家里泰迪犬撒欢儿的样子;还有楼下房中不时传来的悠扬佛曲声。

张先生应邀参加了"我们的文字"大型展览的开幕式,并在国家图书馆做了学术报告。在与来自各地的非遗传承人合影留念时,我注意到,他非常谦逊地站在第二排不太显眼的位置,平静、祥和、低调,颇具大家本色。

张耕源口述史

张雯影 整理

一辈子爱了很多种艺术

我叫张耕源。我有两个名字，一个名字是父母起的，树根的根，水源的源。后来我自己添了一个笔名，根改成耕田的耕，水源的源，取陶渊明的诗"桃花源里可耕田"的意思，也算是一种心境上的向往吧！

我出生于 1938 年，全面抗战爆发的第二年。我出生在父母亲逃难的过程中，已经搞不清自己具体在哪个地方出生的，后来就到重庆了，抗战胜利之后再回到江南。

我的父亲在抗战胜利前两年就死了，我的父母亲都是小学教师。我 1946 年回到江南，从小学到中学都在浙江。我的老家是江苏省张家港市。但很遗憾的是，我一生中加起来只有一年时间在家乡生活，其他的时间都是在外漂泊。家乡父老对我很是关爱，在家乡给我建了艺术馆，这说明我们家乡经济发达的同时，文明方面抓得也比较好，是闻名全国的文明标兵城市。他们给我建了这样一个艺术馆,我也很感激。我 1949 年到杭州,说起来杭州是我的第二故乡,我也算是一个杭州人了。

我 1954 年进了美院,那个时候叫"中央美术学院华东分院",后来又改成"浙江美术学院",再后来改成"中国美术学院"。我先进附中学习,1958 年美院毕业,留校工作。一直到我退休,一辈子都在中国美院的环境里成长和工作。

我今年虚岁七十七岁,退休十多年了。我在学校从事的工作有几个方面:曾经搞过木版水印,就是荣宝斋的那一套传统国画复制技术;后来从事专职美术工作,包括印谱的编辑、书画创作等。学校对我很好,给我一个工作室专职创作。

学校起初提供给我正规严格的学院教育,工作之后又提供了很好的专业条件,所以我打下了深厚的专业基础,直到退休之后进行自由创作,晚年又遇到了好时代。

我所从事的专业门类比较多,有书法、篆刻,有中西绘画,在中国画方面搞得比较多,主要是花鸟,人物、山水也有涉猎。所以人家现在对我一个总的评价就是"通才多面手",这种类型不多了。虽然我这几十年算是没有白过,但是觉得自己仍然做得很不够。因为我接触过很多前辈大师,从黄宾虹①到潘天寿②、陆维钊③、沙孟海……这些大师级的人物,其中一些曾亲自指导我,使我耳濡目染,这是很幸运、很难得的经历。但是我也觉得很惭愧,跟前辈、大师比,我现在差得还很远。我的努力方向就是尽量能够传承他们的学问,不要辜负他们对我的教导。

① 黄宾虹(1865—1955),初名懋质,后改名质,字朴存,号宾虹,别署予向,安徽歙县人;近现代画家,山水画一代宗师,与齐白石一起被誉为『南黄北齐』;代表作有《富春江图轴》《松雪诗意图》《设色山水图》等,著有《虹庐画谈》《画学编》《金石书画编》等。

② 潘天寿(1897—1971),字大颐,自署寿者,浙江宁海人;现代画家、教育家,曾任中国美术家协会副主席、浙江美术学院院长等职,代表作有《露气》《雨后千山铁铸成》等,著有《中国绘画史》《中国书法史》《治印丛谈》等。

③ 陆维钊(1899—1980),原名子平,字微昭,晚年自署劭翁,浙江平湖人;现代高等书法教育的先驱者之一;曾任中国美术家协会浙江分会理事,精书法,擅山水、花卉、治印;晚年独创非篆非隶亦篆亦隶之新体——现代『蝶扁』,人称陆维钊体。

刀笔功夫之外，与文字结缘

讲起来很有趣，我最早接触金石篆刻是在乡下。那个时候我们学校全部搬迁到乡下去，在那边造房子，似乎要永久扎根在农村。所有的教师、员工全部投入工地建设中。上面的指令是，造房子就是你们的专业。后来政治环境起了变化，管制放松了，我有了空闲的时间，我就想，不能浪费生命，应该做点儿什么了。我以前搞过木版水印，在运笔和运刀方面打下了扎实的基础，从篆刻开始另辟蹊径，应该是有利的。于是我跟版画系的一位老师学篆刻。

版画系老师叫洪世清，是我们学校一位很有才气的老师。他的篆刻曾经得到齐白石、刘海粟①的赏识，又是黄宾虹的学生。我跟他在一起劳动，接触比较多，搞"四清"运动的时候也在一个工作队，所以跟他学篆刻就比较方便，他帮我打下了很好的基础。"文革"结束之后，20世纪70年代末，整个学校迁回原址，各方面都得以恢复。当时我们尚保存着很优良的学术环境，许多老一辈学者都健在，像诸乐山②先生，他是吴昌硕先生的弟子，我请教他很多；还有陆维钊先生，他是中国第一届书法专业研究生的指导老师，他的成就很高。包括沙孟海先生，王伯敏③老师……我这就是所谓的"问道"吧，他们虽不算我的业师，却是我非常亲近的追慕学习的楷模。故而抓紧一切机会，遇到能够请教的老师，我都尽量地请教。我体会到自学的主动性很重要，有了自学的意念和欲望，并坚决地付之行动，就可能有所收获。很多跟我同期

① 刘海粟（1896—1994），名槃，字季芳，号海翁，江苏常州人，现代杰出画家、美术教育家，曾任南京艺术学院名誉院长、中国美术家协会顾问等职。

② 诸乐山，原名文萱，字乐三，号希斋，浙江安吉人，精于书法、篆刻、绘画，师从吴昌硕，曾任中国书法家协会名誉理事、西泠印社副社长、浙江美术家协会副主席、中国美术学院教授等职，著有《希斋印存》《诸乐三画集》《诸乐三画辑》等。

③ 王伯敏（1924—2013），浙江台州人，美术史论家、画家、诗人，曾拜在黄宾虹、徐悲鸿两位艺术大师的门下，著有《中国绘画通史》《中国美术通史》等。

的人并没有这个意识。主观能动性很重要,我是具有上进心的。

我以前在中国木版水印描摹刻版方面积累了基本功,特别是在用刀上是有很多优势的,所以我接触篆刻之后,各方面的进步特别快。当时"文革"刚结束,全国书法、篆刻有一段时间搞得很热,社会上活动也很多,西泠印社也恢复了学术活动,当时我还不是社员,但是他们也开放性地吸收了一些社外人员参加展览和活动,我自然都积极参加。那段时间对于我的提高帮助很大。

那个时候杭州夜校很多,培养了一批又一批的后续人才,我也积极投入到教学工作中去。其实在这个过程中,教学相长,我既教了人家,对自己也有帮助。当时整个社会风气是求知若渴、自觉奋进,我自己懂得珍惜时间、珍惜机遇,艰辛而乐此不疲,十年就这样走过来。后来我加入了书协、西泠印社,也在其中承担一些工作,这对自己也是个磨炼。在这些高端的学术社团里,我接触到了很多高手,交了很多朋友,大家互相促进、共同提高,因而获得了丰硕的成果。

如今我已记不清学篆刻的时候刻的第一个字是什么了,但是进入的门路我是记得的。除了学习秦汉古玺印是必需的入门基础外,最早临摹齐白石作品比较多。因为齐白石作品的个性风格很强烈,大刀阔斧,接近我的性格。后来再学邓散木①,他的图章章法很巧妙,很吸引人,用一种带有装饰性图案的方法来分朱布白,我下了不少的功夫钻研他的作品。随着学习的深入,思考的面也拓宽了。我觉悟到齐白石是天才,他的东西很难学,可以说到现在为止,学齐派成功的很少,包括他的入室弟子都不尽如人意。虽然有时候他很率性,比较急就而欠严谨,但他的精品,神完气足,后辈是望尘莫及的。所以这是条险途、畏途。后来我调整思路,不把学习齐白石作为主攻方向了。而邓散木的篆刻作品带有

① 邓散木(1898—1963),原名菊初,字散木,别号一足等,上海人,中国现代书法家、篆刻家,艺坛有『北齐(白石)南邓』之誉,擅书法、篆刻、诗文,行、草、篆、隶各体皆精。

工艺制作性格,显得刻意而不自如。不满足于学习邓散木,最终我选择的是学习吴昌硕。到现在为止,我的基本格调是从吴昌硕的风格来的。吴昌硕是西泠印社首任社长,是近代诗词、书法、绘画、篆刻等各方面都非常有造诣的人物,也是近代海派的代表,又是浙江安吉人,我对他感觉格外亲切。

我请教过很多次的诸乐山先生是吴昌硕的入室弟子,诗、书、画、印走的完全是吴昌硕先生的路,无形当中也给我很大影响。沙孟海也是吴昌硕的弟子,他的路子走得更宽,在吴昌硕的基础上,他走出自己的风格。还有陆维钊先生,他曾经对我说,他的根基是扎在吴昌硕的艺术里的。以上方方面面的原因,再加上我自己的艺术取向,更坚定了我学吴昌硕风格类型的想法。

但是我性格中存在某种不安分的基因,我学某一种路子,并不单纯客观模仿,而是追求他的精神和源头,学其意而不摹其形。这也是陆维钊先生对我的教导,至今印象深刻。有一段时间我临陆先生的字,依稀有一些貌似,他看了并不赞许,"不要学我现在的字,我的源头是吴昌硕他们,更早的话就是古代文字了,你要学,学那些,以后再根据你自己的情况变化和创造"。我也是遵循前辈们的教导,尽管我长期学吴昌硕,其实只是学吴昌硕的气息,而不是他的模板。

篆刻是综合性的一个学科,它包含的学问有很多,要学篆刻,文字学是基础,标准的文字学字典就是汉代许慎的《说文解字》。要把中国字搞通,特别是古代文字,要懂得"六书"①,还得会背、会翻译。

我开始学文字学是在"文革"末期,那时会议、报告很多,一般人大量的时间都耗在这上面。那个时候我已经失去耐心了,听不进报告内容,也不听小组讨论中千篇一律的发言。我拿了张报纸,把报纸上的字逐个写成小篆。小组

① "六书"之名首见于《周礼·地官·保氏》。东汉学者许慎在《说文解字》中将古文字构成规则归纳为"象形、指事、会意、形声、转注、假借"。"六书"反映了古人对汉字结构的认识论和使用方法,是最早关于汉字构造的系统理论。

长看到后,觉得我挺用功专心,还做笔记。其实我是开小差了,通过这种方式来学古文字。

篆刻的文字以小篆为基础,小篆是秦统一文字之后产生的,它是古代文字的基础。大篆是秦以前的文字,风格跟小篆有很大区别。秦代是文字发展史上很重要的分水岭。现在遗留下来的甲骨文、铜器铭文、石刻、碑刻等,统称为大篆;而秦始皇统一文字后,官方法定文字为小篆。古器物留存的文字比较质朴浑厚,可能是由于时代的关系。也许当时人们在书写、刻字的时候对线条的理解不一样,加上这些器皿经过那么长时间的沉淀,锈蚀剥离,自然而然就显得浑厚苍莽,有特别的沧桑之感。

秦汉"易"字演变过程

大篆的特点,第一是用笔线条浑厚,第二是单字结体①错落多变,第三就是同一个字有时有多种变体。因为那个时候有很多小国家(诸侯国),每个小国家有自己的文字和风格,像地域性方言那样,十分复杂,所以形成了大篆不统一这个特点。要学大篆,必须由小篆追溯而上。小篆是篆字最标准、最基础的范本,有了小篆基础,追根溯源,学大篆就比较容易入门,一下子从大篆入手的话会很困难。

① 结体:书法术语,指汉字书写的间架结构。笔法、结体和章法是书法技艺的三个要素。

我刚才讲到《说文解字》，这本书被认为是一个标准字典，好比现在的《新华字典》，学小篆就是要依据《说文解字》。但是这里也有一个问题，汉代以后随着文字的发展，有很多新的字出现了，之后的篆字它没有办法收入。跟现代文字相比，《说文解字》的内容不够用。书法、篆刻界一直在探讨这个问题，解决的办法有几种，具体讲起来就很专业了。

我前面提到开着会私底下翻译报纸上的文字，就是在学习《说文解字》。汉字的偏旁部首是怎么样的？组合起来是怎么样的？有些特殊的字不一定照偏旁部首来组合，那就要背下来。我实际上是在小篆上下功夫，基本把握之后，再慢慢学金文、石鼓文、甲骨文等，这些文字就很难背出来。如果专门研究文字学的人，可能需要把所有的文字背出来；我是搞艺术创作的，到时候可以依赖工具书，比如《甲骨文编》《金文编》……没办法的时候就查书。

后来我就职的部门被撤销了，我服从组织调动，脱离了木版水印的技术工作。当时能够专职搞创作，从事印谱编撰和书画创作。这是很值得庆幸的。

回顾我从事木版水印的阶段，积累了很多基本功。我从事的工作有两个门类：第一是临摹，用很小的毛笔把原画稿上的所有效果，认真地拷贝、描摹下来，这个对于用笔的训练极为严格，不只是要求像画工笔画那样临摹，而是像照相机一样毫厘不差地复制。这个功夫是很难的，一般人都受不了。第二是在木版上用刀法把画稿如实、细致地刻下来。到最后水印的时候，决定质量的就是这些细节，前面的复制临摹工序不能精细的话，后面就没办法出效果。

之后的质量检查也是非常严格的。做到这些，需要精益求精的精神。那个时候我们工作很敬业，制作的作品得到荣宝斋老师傅、老先生们的首肯和赞扬，被誉为复制现代水墨画的全国最高水平。

脱离木版水印专业也有几十年了，近年杭州成立了十竹斋①艺术馆，重新拾起木版水印的传统，并征得我们几位同事的支持帮助，把这项事业做得风生水起，并推向欧美各大博物馆和大学，要与日本浮世绘一比高下。这真是值得庆幸的。

篆刻最难在于"道"

出于先天优势，我一开始就扬长避短，选择了篆刻、刻印。进入篆刻领域之后我才知道，光凭这一点儿笔头功夫是远远不够的，篆刻是一门高雅且历史积淀深厚的学问。

篆刻的难处，首先在学问。先要精通文字学，这等于学了一门外语。古代的文字跟现代的文字有很大的时代间隔，相当于另外一种语言文字，全都要背出来。光背出来还不行，还要写得好，要通过毛笔运用技巧形成书法，写得好，印章才能刻得好。另外，篆刻跟绘画、书法、文学等人文科学渊源很深，比如它与绘画的构图、章法等学问相承相通，而它本身的发展历史、材料嬗变、操作技法等也包罗万象，所以篆刻是一门综合性艺术。

一方印章作品就像一面镜子，反映出作者的影子——学问、修养、性格，以及创作时的情绪，在作品上面都如实反映。一个有阅历的人看印章作品，会看出作者本身很多的信息。像我这个年龄，经过那么多的实践，别人的作品一拿出来，我心里对作者就能有大致的估量。

艺术作品是对创作者的极大映射。通过时空的运用、结构与情绪的展示等，作者的性格和心胸就一目了然。艺术作品不光是技艺的施展，也有品位、风格和特点定位，这种审美取向是由作者的学

① 十竹斋，由明代胡正言创立于南京，集绘、刻、印于一体。在十竹斋水印木刻的制作过程中，画家与刻印工人密切合作，使画家的创作意图通过工匠之手准确、生动地体现出来。2014年，十竹斋「木版水印技艺」入选第四批国家级非物质文化遗产代表性项目名录。

问、修养等方面决定的，掩盖不了，做假不成。绘画也好，书法也好，篆刻也好，一件作品的审美品格不仅仅是一笔一画传达出来的，更是整体给人的感觉和触动，这就是所谓的艺术魅力。

说到底，篆刻之难，在于人的学问、修养和品性。

学艺术分两个层面：一个是物质的层面，所谓"技"；一个是精神的层面，所谓"道"。技术层面功夫的积累是绕不过的，而对道的领悟是起决定性作用的。能由技近乎道，那就能取得最终的成功。

学艺术没有捷径，特别是学中国传统艺术，只有下一分功夫，才会有一分收获，这是一个基本定律。但是在整个过程中，它跟学道、学佛一样，有渐悟跟顿悟之分。通过不同形式的积累，不同的因种下去，渐进中出现了果，这就是渐悟；一步一步积累之后，突然之间觉悟了，这就是顿悟。顿悟建立在渐悟的基础上，你不断下功夫，不断积累，可能一时间进展不大，但是到一定时候，受某一个事件的触发，突然之间领悟到了什么，你就会上一个层次。中国书法、绘画、篆刻等领域的历史中，都有很多这样的例子。也有些人，对自己本行之外看似无甚关联的事物，在某个现象或节点突然开窍，似是柳暗花明又一村。例如，张旭从公孙大娘舞剑器而悟到气势，黄山谷从长江船夫荡桨悟到笔法的跌宕……他们并不是先知先觉的天才，世上不存在无根之木、无源之水。所以对于初学者，千万不要称他们为天才，"你三天就能学会"，这是骗人的。中国艺术跟中国功夫是一样的，它是讲积累的，也是讲悟性的。

没有什么能够阻挡我创造

我进入篆刻领域是由天时、地利、人和的综合因素决定的，不是因为老师要求我去学而学的。学木版水印，对我刀笔运用的基本功有很好的训练，而且这个工作对国画是一种剖析式的解读。印一张画,必须先要深入分析、解剖原画,才能领悟到它的艺术特色,这个读画的过程细致入微,也是一般学画的人不易达到的。我们选择了印制一幅作品后,这幅原稿会在我们手上被细致地解读几个月甚至几年的时间,还要亲手临摹数遍,必要时请老先生来讲解辅导,这无疑为我后来进入国画领域打下了坚实的基础。其间我也得到了很多大师级先生的帮助,比如潘天寿,他的画特别适合做木版水印,他又是我们院长,我们印他的画,是秉承院党委的特别指示而定下的方向,潘老本人也很高兴,有时候他会来亲自指导,甚至把珍藏的进口西洋红给我们用。这些机遇也是一般人难以想象的,是我一生中极大的幸运。

我做木版水印的工作是组织上分配的,当时没有讨价还价的余地,但是在分工负责的关口我有自己的一个小算盘,我为什么选择临摹稿子和刻版?还是那个想法,我要通过它们积累基本功。现在我可以说出来,当时是不能说的,自己有私心杂念,要受批判的,但是我觉得我这个想法没错。

有一次在上海我看了个展览,是日本浮世绘大师葛饰北斋①的成就展。浮世绘跟我们木版水印有点儿像,应该说是从中国的木版水印年画发展过去的。浮世绘在世界上已经产生了很大的影响,包括欧洲印象派绘画大师莫奈等,都热衷收藏浮世绘。葛饰北斋当时也有自己的小算盘,他从一开始做纯复制的工作,慢慢就进入了个人创作阶段。为了提高自己的绘画水平,他从生活中汲取素材,创作出自己的画稿,像浮世绘那个海浪就是他的代表作。他在日本绘画史上的成就非常高。他的展览对我触动很大,我应该向他学习。一个人不能一辈子做复制性的工作,必须有所创造。这个想法对我以后的发展是个伏笔,在那之后一旦有条件,我就争取做创造性的工作。

① 葛饰北斋(1760—1849),日本江户时代的浮世绘画家,他的绘画风格对后来的欧洲画坛影响很大,代表作有《狂歌绘本·东都名迹概览》《富士三十六景》《琉球八景》等,出版书籍有《略画早指南》《北斋漫画》《三体画谱》等。

老先生们的话

　　我学习书法时,临摹吴昌硕的石鼓文、篆书,拿给沙孟海先生看。沙先生看了之后指出,有一些收笔的地方很尖,这些尖不好,尽管吴昌硕有时候也有尖,但是不要去学他这个,还是应该回峰收笔。篆书,特别是大篆,它要求线条圆润、厚重;收笔尖了,线条就显得很单薄。我学篆刻,请教诸乐山先生很多。他在我们学校主教篆刻,我拿作品给他看,他看到我的白文的印,就讲了一句:"白文印也有边的。"他这个人话不多,但是话都在点子上。这个我不理解,但是我也不敢让他具体解释,我想老先生这样说,我不理解就慢慢领会。我想了一段时间还是想不明白,后来另外一次机会,我再给他看作品,他又讲了那句话:"白文也是有边的。"他一共讲了三次。我再不理解就不行了,我就拼命地揣摩。我想他的意思是,印章应当有边,朱文的印有一条明显的边,白文的印没有明显的边,只是石头的边。但是石头的边要跟里面的文字有机地联系和配合。石头的边有的宽、有的窄、有的光、有的毛,各种变化形成一个总体的章法。所以当诸先生第三次讲的时候,我问诸先生,是不是这个意思。他回答说:"是这个意思。"有时候老先生一句话,深入浅出,有很深刻的含义,真正要领会他的话,的确也要下番功夫,如果你没有到这个程度,没有具体的实践经历,还真是领会不了。

　　陆维钊是我很敬佩的大师,他的教导我总是奉为经典。有一次我把近期作品订成一本拿给他看,他翻啊翻啊,翻完了说:"三分之一不错,三分之一勉强还可以,三分之一不行。"他还说:"齐白石也是这样,三分之一很精彩,三分之一马马虎虎,三分之一不行的。"陆维钊先生晚年的字很有创造性,尤其是"蜾扁体"独步书坛,赞誉如潮。我就临习他的蜾扁体,到现在我还在学他。他说:"你不要学我的字,我的根基是在吴昌硕他们。"这里有两个含义：一是他谦虚，觉得自己创造的书体还不够成熟；另一方面是他觉得我这个小青年功力还不到，我应该学古人的东西，学他这个我还不到火候。我听他的话，一段时间没有临摹。直到老年，自认为功力具备了，才又重新拾起。有人评论说，你写的与陆维钊先生有点儿不一样。我想，这就对了，想必陆先生也会欣然。

类似这样的往事很多，老先生们有的是比较直接地指导，有的是带有启发性地、提纲挈领地指导。我庆幸当时好多老先生还健在，能够学到很多东西。之前对老先生们还很畏惧，经过"文革"，我们一起下乡劳动，关系反而拉近了，我们这些后辈跟他们在一起，消除了心理隔阂，关系很亲切了。

当时我们这一辈绝大多数都没有"拜师"这个概念，反正是学校的教师，当然是师长。我们学校那个环境，不大可能专门找一个老先生，拜他门下。学校跟社会环境不一样，你去拜了这个老先生，其他老先生会有什么想法？年龄相仿的人又会怎么想？很难。我曾经也想过，但是我胆小，担心拜了这个老师，老师不接受怎么办？现在回过头来，有的老师主动认为我是他的学生，像诸乐山先生，到后来他就认为我是他的学生。也包括方增先[1]，周昌谷[2]也教过我，后来他在外面讲我是他的学生，我非常高兴，我都没有拜过师，但是他认为我是他的学生，说明老师看得起我。我觉得没有正儿八经的拜师仪式也有一个好处：少一些顾虑和限制。有的人拜了师之后，带来的副作用就是老师对学生的控制，你必须忠于老师的风格等，反而给你的学习设置了藩篱。我这样所谓"转益多师"了，反而比较自由，规避了不利因素。

[1] 方增先（1931— ）浙江浦江人，中国画坛具有影响力的"新浙派人物画"的奠基人与推动者，曾任上海美术馆馆长、中国国家画院中国画院院长、出版画集《方增先人物画》《方增先水墨画诗意画》等，专著《结构素描》《人物画的造型问题》等。

[2] 周昌谷（1929—1985）号老谷，浙江乐清人，现代浙派人物画代表人物之一，草书、篆刻也有精深造诣，历任浙江美术学院教授、中国美术家协会理事、浙江美术家协会副主席等职，代表作品有《两个羊羔》《荔枝熟了》《春》等，著有《意笔人物画技法探索》《妙语与创造》等。

我的孩子们开始也学画,搞搞印章、书法,后来都改行了。现在她们慢慢地又回归了,大女儿在写字,小女儿在我的一个画室画工笔。她们跟我那个时候完全不一样,她们生活无忧,想做就做。我对她们也不寄予很高的企望,跟普通学生一样一视同仁,谁有兴趣都可以来学。

西泠印社办了一个名家工作室,陆续把西泠印社一些名家用工作室的形式推出。另外,中国美院的继续教育、成人教育等,也是课堂教学的一种形式。还有一种,就是有人来拜我做老师,他们拿作品来,我给讲讲。这种教学方式面对的是有一定篆刻基础的学生,对他们的指导,不是具体技法上的指导,而是点拨一下常人发现不了的精妙之处。我不能完全指导他们,我主张他们自己去闯。我经历多,懂得也比较多,但我的意见只给他们参考,不是灌输给他们,真正的要他们自己去领悟。

篆刻我主张自学,基础我不大会讲,让我从头像教小学生一样也不可能,我的精力和时间也不够。但我会介绍一些书和影像资料,篆刻的基本知识书里都有。我还会介绍他们先通过入门培训班去学习,等达到一定程度后有疑惑时,我再启发一下,也是尽力而为吧。

篆刻功夫在临摹

古印主要包括两大系列:秦以前使用大篆的叫"古玺",秦以后就是"汉印"系列。古人在大篆、小篆方面成就很高,这种成就不完全是主观形成的。当时,做印的都是工匠,并没有学者或文人,古印是适应帝王、官府和私人的需要而产生的。那时候做印的是作坊。那个时代的铜器、兵器、砖瓦等器物表现出来的独特气派和风格,反映的是非常伟大的时代精神,它在各个艺术领域都形成了很高的审美趣味。印章那么一个小东西,自然也受到时代的影响,它所体现出来的是一种非常宏大的气势。

那个时代的很多铜器、石刻和砖刻，现代人做不出来，为什么？我们不具备它们最辉煌的那个时代的特殊气质，差距就在这里。并不是说我们的工不细，我们的意不到，而是整个社会的审美变迁，古印一直到现在仍是我们的楷模。即便是一个很有成就的篆刻家或大学者，在这些古物面前都得拜服。就像图书馆那些古籍善本，给人一种无形的神圣感染，一看就被打动，震慑于它的美。现在我们的印刷做得再好，但是都没有那种气息。

篆刻要从技法的学习上入手。以前老先生一直这样教导，学古印，必须要通过临摹。我们学习古印，一方面在技术层面打基本功，一方面体会它的气息。前辈也好，晚辈也好，现在的篆刻学习者也好，都要经过临摹这样一个过程。临摹还要动脑子，否则即使临过古印三千，也不等于能够得到多少有用的东西。

有些人想显示自己功力深厚，说"我临了几千方古印"，或者"我几岁就开始刻印了"。临摹在于实际的功效，不需要用某个数字来吓人。数字再多，也不能代表你现在刻得好不好。大家看的是你现在的水平，看你临摹的方法和指导思想对不对，看你真正得到了多少。

临摹和刻印同时进行，一面临摹，一面进行自己的创作。临摹包括几方面内容：一是古印的临摹，二是从清代到民国，再到中华人民共和国成立初期的"流派印"。"流派印"是相对于"古印"来讲的，是文人介入之后形成的流派。流派印有很高的成就，它已经属于文人而不是工匠的范畴了。文人有很多理论和观念，也有自己的个性和风格。流派印是有标签的，吴昌硕就是吴昌硕，邓石如就是邓石如，人家一看就知道这是他们的标签，是他们特有的东西。这就是真正的个性化的艺术品，而古印里往往只有时代的共性。

我一开始学习齐派，后来学习邓散木，再后来学习吴昌硕，这些都是有标签的。我学习古印的同时，又进入了流派印与名家印，临摹学习跟自己创作是交替进行的。初期阶段临摹多一些，后来临摹会少一些，甚至没有。但是没有不等于不学习，我通过另外的方式来学习，就是观察、分析、读懂它，再结合我的创作。不是具体临刻,而是去研究它。学习是不能间断的,一直到老。好比写碑帖,好多老先生一直临写到晚年,写到写不动为止。

肖像印是独特的篆刻艺术

在篆刻具体技法上,我还是有一些特殊性的。技法只不过是制作印章的方法而已,每个人具体操作的手段都不一样,刀法、章法、文字应用等,每个人都有自己的方法。每个人有自己的创造性,他可能也教学生一些技法性的皮毛。你的方法你自己觉得很好,但是有的人不以为然,不承认你。

说到我独特的东西,就要谈肖像印了。肖像印很有趣,开始我也并不知道历史上有人搞过,更不知道西方早在五六千年前就有了。

有人认为肖像印不是篆刻,篆刻必须是刻篆字的,在这个问题上我就跟他们发生了争论,肖像印的起源是肖形印(或称图像印),肖形印这个门类甚至早于文字印。这不光是我的观点,其他人也这样认为。印章很可能起源于铜器,在做铜器模子的时候,通过印章的形式把图案花纹依次加进去,产生连续,二方连续、四方连续等。印章最早的来源很可能是这样。国外也有印章,古埃及、古巴比伦、古印度都有古印章。他们的印章形式有金字塔式,有戒指式,也有滚筒式——以做成滚筒状的印材入印,筒轴处装一个把手,印的时候就滚过去。这些明显是为了做器皿用的。中国最早的文字是从图像里出来的,即"象形文字"。文字本身跟图像是密不可分的,现存最早的印章文物也是带有图案性质的。可以推测,图像印章早于文字,起码跟文字印章是同期发展的,而且这种图形印一直发展到现在。

从古印到现代印章有两大类:一类是文字印,一类是图像印。图像印在古代有很多种图案,人物、动物、植物……它们统称为肖形印。现在则有生肖印、佛像印、四灵印等,有很多人在搞,它们跟文字印是同时存在的。

肖形印(图像印)刻画的对象是笼统的、典型的形象,比如刻一个战士在作战,我们并不知道这个战士姓什么叫什么,他只是一个战士;刻一个农夫在耕田,我们也不知道这个农夫是哪里的人,姓什么叫什么;刻动物,我们也不知道刻的是哪一只……但是肖像印与肖形印的区别就在于:它刻的是一个特定的对象,刻谁就是谁,刻卓别林就是卓别林。因为这个有名有姓有故事的人打动了我,使我产生一种表现欲,想给他树碑立传,或者想批判他。有何不可呢?比如说我刻了希特勒,我要批判他,让后世的人记住他。我刻画的是历史,所以我称之为"历史的表现"。

到现在为止,我没有把肖像印作为篆刻来命名,我只是称之为肖像印,属于印章的范畴。篆刻是文字印,也属于印章的范畴。

认真说来,肖像印也可称为篆刻。一个朋友查考了篆刻这个名词的注释,篆刻的"篆",最早的写法是一个玉字旁,也就是斜王旁,加一个"彖"。它的内涵是什么呢?就是在玉器上面刻文字或者花纹,后来因材料的变更才演变为竹字头的"篆"。所以"篆刻"是个广义的概念,也包括在铜器、玉器等器皿上面刻文字和花纹。文字的演变伴随着材料的发展,由金属、玉器发展到竹、木,于是"篆"字的偏旁改变了,变成一个竹字头。从原始含义考证的话,它本身就是个广义的词,并没有说一定得是刻篆字的印章才叫篆刻。再说印章不光是刻篆字,元代曾风行刻楷书,还有把蒙古文、八思巴文结合起来的叫元押、花押,它们本身就不是篆字。一直到现在,人们对它的评价还很高,很多人在学习。沙孟海也曾将正楷甚至是宋体字入印;陆维钊先生用了很多楷书印;孙正和晚年大量的创作是楷书入印,而且世人评价很高。我曾经问过陆维钊先生,为什么大量用楷书印?他说他觉得现在的篆书印刻得不好,他情愿用楷书印。

虽然也有人持不同看法,这也不足为奇,有不同的看法是正常的,一个新鲜事物出来,众人有理解的,有不理解的,有支持的,有反对的。我坚信,肖像印是有特殊意义和光明前途的。

为什么下这个论断呢?首先,它经过了实践的检验。自从肖像印的活动展开之后,以香港《文汇报》为依托,中国肖像印研究会在香港注册,正式以组织的形式来确认、肯定了肖像印。

不久西泠印社成立了一个学术委员会,叫肖形印研究室,其中包括肖像印的创作、研究。研究室让我来牵头。这两个组织都在开展活动。肖像印研究会在上海世博会的时候办过一次大的活动,为一百九十多个参展国的元首、政要,以及联合国重要官员,刻了一套肖像印。我给秘书长潘基文刻了一枚,由联合国副秘书长贝南在开幕式上接收并转交给潘基文秘书长。潘基文看了之后非常高兴,回馈信息:刻得很像,很有趣。

这次活动影响比较大,也比较成功,是继奥运会的中国印标志之后,中国篆刻界对世界影响比较大的一件事。中国印 logo(标识)跟世博会会标有一点共同之处:以形象取胜而不是以文字取胜。

后来,西泠印社肖像印研究会又组织我们刻了辛亥革命一百位先烈肖像,以及建党九十周年先烈肖像。

中法建交五十周年时,我们去法国参加艺术展,其中有一个展厅就是肖像印。展览的地点是卢浮宫,我们的布展很有美感,几个大的展板,还有一整面墙上密密麻麻的都是作品。我们把小印章放大到一整面墙,很有气势。一位法国文史专家看了很兴奋,她说,他们本来想刻历届总统,后来觉得政治家尚不足以代表法兰西文化,法国文化的代表是历史文化名人。后来她指定了五十位法国文化、历史名人,交给我们创作。

展览期间,很多法国的观众对这个很感兴趣。他们感到题材很亲切,看到戴安娜,大家很喜欢;看到拿破仑,人们很崇拜。能让人们直观地产生共鸣,这是艺术品非常重要的一个因素。一个作品拿出来,人们无动于衷、莫名其妙、云里雾里,那这个作品基本上就失败了。我们的作品一拿出去,很直观,任何人都看得懂,马上产生共鸣,大家都感觉很好。这是我们第一次走出国门的骄傲成绩。

想给老先生们刻像,就有了肖像印

我最早开始搞篆刻,就是我们在乡下造房子那段时间的后期,以及学校迁回来那一段时间,差不多是 20 世纪 70 年代末。那时候客观条件比较宽松了,也有空闲时间,可以搞点儿自己的东西。80 年代初,我突然想到,一些老先生像潘天寿老师已经不在了,但是像陆维钊、诸乐山等好些老先生还在,我很敬仰他们,我就想把他们的形象刻下来。当时我没有他们的照片,完全是凭自己的印象,有三分像吧,也稍微带有一点儿漫画性质,因为我也会画漫画。最早的作品就是这些,后来在省里展出了,很多人觉得很奇怪。省书协叫我展出本身也是气量大,能够包容创新的东西。但是那时我的作品很不成熟,我自己也是尝试尝试,玩玩而已。

林乾良老师觉得很有意思,他也是我们西泠印社的老社员了,号称"印迷"。他说:你这个很好,你给我刻一个,还要刻上"印迷之像"。我就给他刻了一个,他现在还保存着。后来,西泠印社的报刊《西泠艺报》当时的主编蒋先生说:我在艺报上给你连载,你有多少作品,我每期给你登。这就督促我不断地刻西泠印社社员肖像,老先生也好,已故社员也好,以老先生为主。我这样想,老先生时间有限了,先刻他们吧,小先生时间还长,慢慢刻。

就这样搞了大概前后三年的时间,影响很大,一直到现在人家还在讲西泠印社肖像印。其实有很多早年作品,我自己都不满意。但是因为出现得早,再加上媒体连载的力量,就像以前《三毛流浪记》一样每天连载,影响很大。后来印社跟我反映,很多人就冲着你的肖像印来买报纸,总是问:"艺报有没有出来?""这一期有没有社员肖像?"西泠印社社员肖像系列进行了一半,我做不下去了,第一个原因是量太大吃不消,当时社员就有三百多个,还在不断地发展。

第二个，并不是所有西泠印社社员都是影响很大的，只有部分重量级的人物在历史上站得住脚。我觉得搞不下去就停掉了。但是肖像印的事业没有停，我就想刻历史文化名人。这个量就更大了。我的选择原则是，对人类历史文明进程起过推动作用的，或起过反动作用的，我都刻，给他

刻肖像印

们树碑立传。这个系列刻了很多年，一直到现在还在继续，有生之年能够刻多少是多少。我认为这个很有价值，一开始我都是刻正面的，直到选取蒋介石这个题材，他虽然是反动势力的代表，但是对中华民族也曾起过一定积极作用，这个也不可否认。我们应该持客观的历史态度对待历史人物。所以我也刻了两枚，以前刻了一枚不满意，最近刻的一枚效果非常好。后来我干脆刻希特勒，这一方非常好，我自己非常满意。我对它的评价在边款上面反映出来，我说这个人是个魔王，对人类犯下了滔天罪行，但是人类不能忘记他，如果把反面人物都忘记了，一天到晚记

着英雄好汉的话,历史是不完整的。后来我办了一个小的肖像印的展览,我给它起一个名字,叫作"历史的表情"。要反映历史,就是通过艺术手法,从这些历史人物的精神状态、人生经历,以及一瞬间的表情,看到历史的进程。

这个工作我是做不完的,我希望我的学生、后辈能一辈一辈做下去。我另外一个愿望,就是刻浙江的历史文化名人肖像。浙江是文化大省,深厚的历史积淀用什么来体现?很重要的一方面就是历史文化名人,国际性的、民族性的、站得住脚的人物,他们是人文历史的代表形象,是浙江的灵魂。做出他们的肖像印集,作为礼品送给国际友人、贵宾等,意义非凡。

我开始时并无意把肖像印当成事业,只是玩玩而已。人们搞艺术有时候就是一种兴趣,一种玩劲儿。后来玩出名堂来,特别是有争论和分歧了,我就钻牛角尖,钻进去,考证、研究。肖像印的艺术语言,是一种类似于音乐的世界性语言,它没有文化程度的隔阂,也没有语言的隔阂,不同的人都能很快接受,都能进入艺术欣赏的世界。中国印(中国篆刻)现在被列入世界非遗(人类非物质文化遗产代表作名录),肖像印也一定能够在国际上获得一席之地。

我刻文字印的同时,没有放弃以前钻研过的艺术门类,属于我的我是不会轻易放弃的,只要我精力够,我会多管齐下地研究。木版水印这个专业在美院基本上被取消了,我不放弃也不行,但是也给了我时间去研究其他的艺术门类。

我并没有用肖像印代替文字印,我同时在搞文字印,继续钻研自己特长的领域。只要时间精力足够,我做过的事情不会轻易放弃。一般搞文字印章的人接触的面没有我广,我是中西绘画艺术都接触的,雕塑、油画以前学习的时候都搞过,我对世界潮流、世界绘画历史、雕塑历史等都是有些了解的。我曾提出,古今中外肖像题材一直都是存在的,外国的油画、雕塑很多都是肖像,题材有表现帝王、名人等,在家里或者宫廷里挂起来。国外肖像作品的艺术品位和历史评价是很高的,中国的肖像题材尽管没有外国那么多,但是像历代帝王肖像、《韩熙载夜宴图》等都是肖像作品。所有的艺术门类都在表现肖像,为什么印章刻出肖像就那么大惊小怪呢?应该是顺理成章的吧!

肖像印"真容"即现　　　　　　　　　　　　　　纸上肖像印

我开辟了新的艺术形式,这个跟我以前学西画有关系。我曾在素描上下了整整四年功夫,人体素描作业最长的要花费五十个课时左右。我们的教育体系照搬苏联学院派的传统,他们的教学路子是很严谨认真的。当然它有它的缺陷,但是论基本功的扎实,那是毫无疑问的。为什么现在很多人在人物造型、刻肖像印等方面都存在差距?因为他们没有这个经历,基本功不够。我看到一个人物也好,一个景物也好,一个图片也好,马上能够准确地把握住,把它的形象特点抓住。有了这个根基,我就突发奇想,把它用到刻印上去。这是自然而然想出来的,并不存在其他的原因,也不会跟文字篆刻发生什么冲突。

古代没有职业书法家、篆刻家

所谓工艺美术跟艺术创作的区别,我觉得没有绝对的分界线。

印章最早是工艺品。工艺品是实用性的，在实用的基础上加以美化，带有很多共性的东西。人们做印章都有一定规格，并不强调个人的创造，只要符合这个规格做出来就可以。像刺绣、丝绸、陶瓷种种工艺品，它对技法和质量有一定的规格要求，作者能够达到这个标准，且精致漂亮，就成功了。

艺术品就不是这样，它强调个人风格、技法特点、创造力，以及风格流派……但是，中国很多艺术品在原始的发生期，并不是作为创作进行的。印章是这样，书法也是这样。书法是文字的书写，开始并不是作为创作来搞的。我的前一辈，像沙孟海先生、陆维钊先生，他们的观念中并没有纯粹的书法。再像启功先生、赵朴初先生等，他们也主张学问第一。文人或搞艺术的做学问是主要的，至于写写刻刻，只不过是表达的工具和行为，并不是追求的目的。

当时潘天寿先生在浙江美术学院（今中国美术学院）创办全国第一个书法篆刻班，请的老师的观念也是这样，后来陆维钊先生、沙孟海先生办全国第一个书法研究生班，他们对学生的要求也是这样——你们首先做一门或几门学问，再来谈书法创作。历史上是没有纯粹的书法家的，要么是诗人，要么是官员，要么是某一个领域的学问家，包括"书圣"王羲之也不是纯粹的书法家，他是右将军、文学家、诗人。书法创作这个说法是后来提出来的，是"文革"之后提出来的概念。

艺术和工艺，在印章刚产生的时候并没有分别。直至明代末年，印章材料由金属演变为石材，这给文人介入印章领域提供了非常便利的条件，文人可以自己直接刻印了。而之前印章都是工匠刻的，哪怕像赵孟𫗧这样的大师起稿子，还是要请工匠来刻。再到后来文彭等人就自己刻了，一条龙制作下来，就会产生自己的想法、个性和创造性了。所以篆刻作为真正的艺术创作，讲起来是从文人自己刻印之后开始的，到明末清初，大师辈出，流派纷呈，形成高潮；延续到中华人民共和国成立初期，已经是高潮迭起，此后可以说没有什么大的进展。

国家为了扶持工艺美术,设立了很多荣誉称号,如"中国工艺美术大师",但是真正成为艺术大师,就不只是专业水平的问题了,需要有文化含金量、创造性、自己的风格,要在古人和传统技术的基础上有所发展,带领事业队伍前进,这样才能称之为"大师"。篆刻到后来已经发展成文化的艺术,与历史上的工艺属性有了质的变化。篆刻大师要获得社会的公认和历史的检验,绝不是随意说说就算数的。现在很多工艺美术项目,还没有进入这样的层次,就大师帽子满天飞。这是不够严肃的,弄不好会成为历史的笑话。

应该为了爱艺术而学艺术

有的专业,人们可以为了谋求职业去学,纯艺术本身就不是职业,不要抱着谋职业的目的去学。出版社、大专院校、研究机构等,对艺术专业人才的需求很有限。现在对艺术专业人才的超额培养我是存疑的,艺术院校学生"毕业即失业"的现象已经非常严重。所以我认为,艺术院校招生应该限量,挑选一些真正有才能、有决心、甘于寂寞的人,而不是进来谋求职业的人。现在大量的人抱着功利心,比如看到能赚钱,我以后也要赚这个钱,这个本身就不对。另外,我觉得像篆刻这样的艺术最好是业余搞,自己有一个谋生手段,不愁于经济窘迫,这样才能去搞艺术。经过时代与市场的淘汰和选择,真正从事艺术事业的人其实只是很小一部分,而且可能他的一生都是很潦倒、寂寞的,他的成就也许要到百年后才被历史认可,这样的例子古今中外都不少见。

旧社会搞篆刻的人有不同的谋生手段,有的开小店,有的靠依傍人家生活,比如到大财主家里给他刻个一百方,等等。吴昌硕开始的时候也是给人家刻刻画画,到后来被捧起来就很风光了,经济上也翻身了。但更多的篆刻大师活着的时候穷困潦倒,没有地位,但他们对艺术的杰出贡献,最终由历史来评定。

篆刻、书画等传统艺术历来都是小众的。所谓小众艺术就是帝王、权贵、富豪等群体消遣清玩的事情,广大的老百姓是无缘接触的。这跟贫富悬殊的古代社会制度有关系,接触这些艺术要有财富和实力,所以高雅艺术要达到全民普及,在相当长的时间里不大可能。

民间爱好者写写画画好比大妈跳广场舞,自娱自乐,增添生活情趣,未尝不可,但是真正高精尖的技艺,的确是象牙塔里的东西。这个状况会不会改变,取决于社会发展的程度。如果永远贫富悬殊、等级森严,那么高雅艺术曲高和寡的局面难以改变;如果真是世界大同了,对于阳春白雪的需求广泛迫切,群众也都有足够的能力和鉴赏水平,小众艺术也许会实现普及的理想。这是一个美好的向往。

中国的印章从日用品发展成了艺术

篆刻这个名词有一个演变过程。以前的印主要不是刻的,多是金属翻铸,金银铜铁都用过,所以叫"铸印",后来也叫"治印""图书""刻印",慢慢形成约定俗成的叫法——"篆刻"。它是比较广义的,印章只是其含义中的一部分。

总的来说,篆刻属于书法范畴,通过特殊的工具和材料表现中国文字的美。到现在为止,篆刻还是属于书法界,它的组织形式也是属于书法家协会中的一个专业组织,而篆刻家一般也可以称为书法家。因为他们表现的都是中国文字,只不过使用的材料和工具不同,技法上有所区别。再说,印刻得好,前提是字要写得好。

"金石"跟"篆刻"从学术上讲是两个概念,金石学是中国考古学的前身,主要研究金属和石材上保留下来的文字,运用文字学、考据学等研究方法,对青铜器、石刻碑碣等进行考证和注释,以达到证经补史的目的。篆刻是艺术创作，它建立在金石学的基础上，用石头和刀进行艺术创作。篆刻离不开金石学，但很多人以金石代替篆刻，其实是不对的。有很多金石家不一定会刻章，也有篆刻家金石学的修为并不高。

在一般人心目中，金石学学术含量还是很高的，而篆刻里技法性、艺术性和创造性的成分比较多。所以"金石"和"篆刻"不能混为一谈。西泠印社最初的宗旨是"保存金石，研究印学"，很明确地把二者分开了。比如说它收藏保存了东汉《三老石碑》①，付出了很大的代价，这就是保存金石。

篆刻的含义很广泛，后来把刻印章定名为篆刻，但是并不一定是刻篆字才叫篆刻，篆刻实际上是代替了"刻印"的名称。刻印的内容有很多：有图像印；有用少数民族文字刻的印，像元代的八思巴文；有楷书印；现在有人用蒙文、藏文，甚至东巴文字刻印；至于外国人用外文入印，更是天经地义。

① 《三老石碑》，为东汉建武年间《汉三老讳字忌日碑》简称，通计二百二十七字，碑文记录了一位名通的汉代地方官『三老』祖孙三代的名字和祖、父辈逝世的日子。字画浑厚道劲，书体介于篆隶之间，堪称国宝，被誉为『浙江第一石』，现保存于西泠印社汉三老石室。

篆刻在全球范围内还是一种很独特的艺术。很多国家古代都是有印章的，也保存有大量的实物，后来慢慢消亡了，或者变成纯实用的工具。国外如今正在使用的印章都没有发展成为艺术，唯独中国从印章的实用阶段发展出一门艺术。1949 年之前，普遍使用石章。现在，我们用的公章都是印章，这也属于实用性的。所以中国的印章分两条路走：一是实用性的，如单位、团体用印；二是个人创作、收藏用印，属于艺术品。中国成功"申遗"的就是艺术类的印章。

中国是印章的发源地，它的辐射范围已经达到了日本、韩国、越南，以及东南亚各国等，甚至欧洲、美洲都有学篆刻的。篆刻根植于中国的书法,它归根到底是一门书法艺术。文字的书写形成一种书法艺术,这在世界上是很独特的。几大文明古国从前都有文字,后来很多古文字消亡了,都用了拼音字母等符号性的文字,唯独中国的汉字保留着一种艺术的创作与发挥。究其原因,一是中华文字本身很美,又有很强的表现力;再有,就与书写的工具有关系,毛笔、刻刀等工具能够使文字线条的美发挥到极致。种种因素聚合起来,形成独特的文字书写形式,既有强烈的实用性,又有高度的艺术性。很多人都认为,画画看了都还不过瘾,觉得最高的欣赏层次还是书法的艺术表现,书法本身的艺术品位非常高。

印章极具实用性。不管买田、买房子,还是封官授权,都要用印,所以那个时候用印很普遍。而印章制作行业也很发达,人民的生活和政权的运作都离不开它。这个状况一直延续到中华人民共和国成立之前,差不多每个人都有一方私章,主要是正方形的,长方形是中华人民共和国成立之后的事情。每个机关都有公章,铜、木头、塑料的都有,大部分是正圆形。

印章的发展一般分为两个阶段。一个是在元代之前,叫"印章",基于实用目的,主要由工匠来制作。尽管有些也具备很高的艺术价值,但是没有太多创造性和个性。

传统社会等级森严,从皇帝、文臣、武将到各级官府官员,甚至到粮仓保管员之类,所用印章制式有严格区别,包括印章上的钮都有严格区别。少数民族政权或者附属国的皇帝赐印,比如赐给北方民族,印钮上就是骆驼,既带有臣属之义,又体现地域特征;比如给越南的印,印钮上会雕有蛇等形象,这就是皇权制度的一个特征。除了钮之外,还有一条丝带,叫"绶","授予勋章"那个"授"就是从那里来的。官方印章丝带的颜色都是有严格规定的,而私印没有太多限制。钮的格式也比较多,有桥钮、鼻钮等。

元代已经开始有文人介入印章了,印章发展史进入了第二个阶段,一部分文化人以此为一门艺术创作,亲自动手治印。他们在印章里寄托了自己的思想、感情和独特的审美,于是形成了流派和风格,这就是我们所谓的"篆刻"了。

篆刻流派很多。为什么会形成流派？任何艺术的发展都会形成流派,流派的形成,一般都有开宗立派的人,即"开山祖师"。大家承认他创造的风格与模式是超前、独特、高明的,他是祖师,这个人肯定能量很强,水准很高,必然会对后代有很大的影响。后来学艺的人都会不由自主地学习他,在他的基础上再谋求更大的发展。因此他有一批追随者,这样就形成了一个"派";他的艺术风格独特,影响力强大,当世和后世很多人模仿和借鉴,也就是所谓的"流"。另外一点,古代的交通跟现在不一样。现在我们到哪个地方,几个小时就可以。过去由于地理的原因,千山万水,古人信息的交流、学问的探讨都会很不方便,于是也就形成了地域性的特点,容易形成不同流派。

比如岭南派很秀美,这是岭南派的独特之处；浙派、苏州吴门派、福建莆田派、安徽黟山派等等,都是由于地理上的原因,把地名作为派别的名称。这也说明地域性不光是交通问题,还有民俗、民风的差异,也就是各个地方民间习惯、审美上的不同。相同审美的人集合在一起就形成了流派,这是一种志向的投合,都会对艺术风格产生影响。流派的现象不光中国有,国外也有。

一种风格或流派形成之后,必然经历由盛到衰这样一个过程。开始的时候大家都很崇拜,都争着学,慢慢地它成为一种陈旧的教条,对后人产生禁锢,变成整个事业发展的一种阻碍,所谓陈规陋习、推陈出新等,任何事物都会这样。比如明代的印,开始它是一种开拓性的形式,创立了文人治印的局面,对篆刻史贡献很大。但是到了后来,它就僵死了。我们现在有时候否定某一种风格,或者某一个人时,往往就说其像明代人刻的印。"像明代印"这就是贬义,是在骂他了,说明他到后期是僵死了。后来就出现了邓石如,他用书法入印,用书法的意味和笔法入印,层次和品位就提得很高了。邓石如的"邓派"影响很大,一直延续到现在,包括吴昌硕、齐白石等人学习的吴让之(吴熙载)也是邓派的延续。

再举个例子，浙派的出现。当时篆刻的状况有一些时弊，已经趋于守旧、僵化，钻到牛角尖里去了。那么就由丁敬①他们提出复古，打着复古的旗号学汉印，宗法汉代，意思是你们现在这种篆刻方式都太新派了，忘记古人了。实际上是借这个旗号来强调他们创造出的新的浙派强硬、刚烈的风格。后来就出现了"西泠八家"②，延续了浙派的精神。西泠八家各自的风格是有区别的，总的精神是借着复古的旗号进行创新，走向新的高度。这才是浙派的精神。丁敬有首论印诗最能说明："古人篆刻思离群，舒展浑如岭上云。看到六朝唐宋妙，何曾墨守汉家文。"还有黟山派黄牧甫、浙江的赵之谦，他们"印外求印"——把印学之外的很多东西，诸如古器物的学问都融合进来，拿来入印。在那之前，人们根据六书及《说文解字》的套路走，之后慢慢吸收了很多不同的古文字，大大丰富了印章的风格和内容。后来就提出"印外求印"，到印学范围之外其他的学问中去求印。像权（秤砣）、量（斗），甚至诏版（圣旨）、铜镜、兵器、碑刻、钟鼎等器物上的文字……极大地丰富了印章文字。

① 丁敬（1695—1765），字敬身，号砚林等，别号石叟等，浙江钱塘县人，清代书画家、篆刻家。丁敬嗜好金石文字，工诗善画，尤精篆刻，擅长切刀法，为"浙派篆刻"开山鼻祖，"西泠八家"之首，著有《武林金石记》《砚林诗集》《砚林印存》《寿寿初稽》等。

② 西泠八家，指丁敬、蒋仁、黄易、奚冈、陈豫钟、陈鸿寿、赵之琛、钱松，他们的篆刻艺术风格又被称为"浙派篆刻"，是清代以杭州为中心的篆刻流派，其治印宗汉法且常参以隶意，讲究刀法，善用切刀表达笔意，直接开启了近代篆刻。

这是一个很了不起的改革创新口号，也是迄今为止篆刻的学问中极为重要的一个经典方法，这套理论对中国篆刻贡献很大。又如，吴昌硕为什么有这么高的成就？他也是借鉴了石鼓文、汉砖汉瓦上的文字，加上他以石鼓书法入印，特别浑厚雄壮，登上了阳刚之美的巅峰。

截至"文革"结束时，我国篆刻艺术的发展在历史上有过几次高潮。第一次是明代末年文人介入。第二次是清代，清初到清末，形成了篆刻史上的最高峰。清代以后到民国，延续前代的传统，起码能够维持强势,出现很多大家,如吴昌硕等,有很多创造性的东西;再往后衰微一点儿,好在还有民国遗老,继承了一些精华;到"文革"时产生了断层。

众所周知,"文革"对文化是大摧残,"文革"结束后文化出现反弹,搞篆刻的人数之多,热情之高,可说是史无前例的。专家也好,初学者也好,大家都非常投入。这种发展局势是古代所没有过的,有点儿群众运动的气势。

这种反弹现象只是从形式和规模上创造了空前的历史,这反映出大众对知识回归的渴望和重新探求。但是就整体艺术水准上讲,这段时期的艺术水平远远不如古代。当然我们这个时代的篆刻艺术也有可取之处。以前搞艺术往往条条框框比较多,现在从事篆刻创作的人大多年纪轻、胆子大、束缚少,加上信息量爆炸,他们思维活跃,也出现了很多大胆的创新和探索。这种状况是好是坏,历史会做出判断和结论。

当今的篆刻艺术突破了从前文人篆刻象牙塔的模式,变成一种群众性的行为。要达到前人的艺术和学术高度,成为无愧于时代的代表人物,需要下狠功夫,可能需要几代人的努力,相信最终还会出现真正的篆刻复兴。

他们篆刻艺术不如我们,因为缺少文人气

日本的篆刻是很发达的,他们有专门的篆刻组织,也有很多"山头"和流派,从事的人数比较多,跟西泠印社交流的频率比较高,跟我们关系也比较密切。日本这个民族有个特点,意识到自己技不如人就会很谦虚,他们到西泠印社是抱着一种朝圣的心态,对我们以前的社长沙孟海先生很恭敬,连连鞠躬的,哪怕对我们小一辈的也都非常客气。

日本的篆刻发展模式跟我们不一样，因为我们有书协这种组织形式，在书协总的领导之下，各地也有很多印社，差不多都挂靠文联、文化局或地方书协，都还是有组织、有领导的活动方式。日本有点儿像我们以前的师傅带学生那种性质，一个师傅是一个"山头"，他下面一批学生，有好也有坏。师傅带学生，就没有其他方面的干扰，没有官方的介入，受的束缚比较少。但是学生受师傅的束缚很厉害，绝对不敢越雷池一步。所以日本人一些书法、篆刻展览很奇怪，一个老师第一张领头，后面的学生作品也一模一样，一百张都是一个样。这就是它很不好的地方，说到底他们并不理会艺术是怎么回事，只是把它当事业来做。这也是它一直赶不上中国的原因之一。

除了日本，韩国相对自由一些，他们传承的大体模式也是师傅带学生。

新加坡也有专门的篆刻组织，他们的篆刻界领军人物也参加西泠印社。尽管新加坡中华文化保存得比较好，但英国文化还是占主体地位，中华文化有点儿受限制。所以新加坡篆刻家不是很多，创作也不是很出色，整体篆刻艺术水平还不是很高。

中国台湾的传承模式有点儿像日本，在这种传承模式下，老师的表率作用很大，几个领军人物也是西泠印社社员，但都不是顶级水平，个人创作风格不是太强烈。所以领军人物很重要，如果能有一流的专家到那边传艺的话，就会起很大的作用。

外国学习篆刻基本上还是照搬我们的东西，因为他们本国文字跟汉字还是有距离的。尽管日文与汉字关系紧密，但是它的结体并不美，想要进入印章甚至书法，创造美的形式感是有困难的。韩国更不要说，韩文符号性更强，尽管他们也搞片假名书法篆刻，以及韩文篆刻书法，但是不成规格。日本用草书形式写他本国文字，倒还不错，但是进入篆刻就很困难。所以到现在为止，他们的书法、篆刻都离不开汉字。既然如此，他们汉字的书写水平就决定了印章的水平，他们的书法就跟中国差了相当大的距离，篆刻自然就更上不去。日本篆刻已经形成自己的风貌和模式，拿来一眼就看得出这是日本的，日本篆刻的文化内涵不够。中国书法艺术讲的是出于自然，书为心声。这个方面他们很欠缺，形式上在做，也想表达磅礴气势，但是一看就做作，还缺乏个性，这是他们很大的缺陷。

全世界爱篆刻的人都来这里"朝圣"

西泠印社是一个圣地，是很特殊的现象，在全世界也是独一无二的，至今已经一百一十多年了。丁辅之、王福庵、吴隐、叶为铭这四位志同道合的创始人，觉得诗有诗社，文有文社，我们都喜欢印章，那我们也结个印社吧。当时没有任何官方的支持，在一些人的赞助下，基本上靠自己的力量，自己买地、买房子、建房子，在孤山上形成了规模。因为依傍西泠桥畔，"西泠"这个名称也很雅，当时就起名"西泠印社"，印社的名字也是以地域命名的。一般人容易将"泠"跟"冷"混淆，二者不是一个意思。"冷"是寒冷的意思，"泠"带有一种幽静和优美。

西泠印社

　　结社以后,需要有一个负责人,就是所谓的社长。这四个人其实每一个人都有资格做社长,但是每个人都很谦虚,都不愿意做社长,觉得自己不够格,所以这个事情一搁就是十年。1913年,吴昌硕声名鹊起,影响很大,大家就公推吴昌硕为首任社长。吴昌硕开始也推辞,但是众望所归,他也就接受了。他在西泠印社碑记里记述了西泠印社筹建的背景和经过,并写了自己的心态,大意是:江浙沪地区书、画、印等各方面学问底蕴深厚,才俊辈出,我不敢为社长,但是大家看重我,我勉为其难。这篇碑记现在还保留在西泠印社,他是用小篆写的,从内容到书法都是非常优秀出色的作品,也堪称文物了。西泠印社被称为"名人之社""博雅之社""天下之社"。"名人之社"指的是印社由名人发起、组织,参加印社的大多数都是名人,当时有学术成就的名人名流几乎都是西泠印社社员,到现在,全国水平最高的篆刻家基本上也都是西泠印社社员。"博雅之社"的意思是它有很高的艺术品位。"天下之社"指西泠印社的胸怀,天下贤士,群贤毕至,我都接纳。这样有一百多年历史的社团在全世界寥若晨星,所以特别珍贵。

　　弘一法师出家之前刻的印章藏在西泠印社。弘一法师断绝尘缘之后,原想放弃文艺活动,后来他还是坚持了书法,借书法来弘扬佛法。至于印章呢,他在出家的时候,基本上把所有印章保留在西泠印社上山的走廊上方,石阶边石壁的一个洞穴内,取下洞口的石头,他的印石就被保存在那里,外面刻了"印藏"两个字。现在这批印章已经取出来另外保存,但刻有"印藏"二字的石头还在原处。

　　从1904年到现在,西泠印社社员只有六百多位,但这些人是中国篆刻的中流砥柱和领军人物。印社把这些名人都吸纳进来,他们的活动都是起带头和示范作用的,这对于广大篆刻爱好者而言,既是高山仰止,也是奋斗目标。印社还是坚持无论社长也好,副社长也好,理事也好,都要经得起专业上的检验。为什么吴昌硕过世之后,有一段时间社长位置是空缺的,而启功过世之后也有一段时间是空缺的?就是找不到社长。不是说没有人当,而是这些人还不够格。这就说明西泠印社人才选拔的规格很高,你要做社长的话,大家都要服，要有真本事，才能做社长。

西泠印社的活动有常规性的、阶段性的和短期的。常规性的活动差不多就是一年两期的雅集，这是延续了从立社以来的雅集传统。雅集的作用就是互相交流，把自己的藏品、作品等拿出来互相观摩。以前不像现在这么方便，有图书馆、博物馆，有定期展览，以前这种接触精品的机会是很少的。大家的私人收藏叫"秘藏"，平常是不拿出来的。如今印社同仁雅集时把自己的宝贝拿出来，还有的人把自己的秘藏捐献给印社，印社在雅集的时候也可以拿出来给大家看，这种精神是很可贵的。大家互相交流，然后喝茶、吃饭，吃饭也是大家自己拿钱，没有公款，所以逍遥自在，自得其乐。这个形式跟兰亭雅集一样，大家都心情舒畅。

印社里有一些收藏比较丰富的社员，把藏品拿出来进行专题性的讲座，或者特殊品类的研究交流。比如说对青铜器物的"全形拓"①，比如一只鼎、一个炉，我们通常传拓只是一个平面，全形拓可以把整个立体的全形与状貌拓下来，在平面上展示。这项技艺较有难度，现在濒临失传。印社有时候会举办这样的交流活动，邀请一些文博领域的专家来演示相关技艺。

① 全形拓，又称立体拓、器物拓、图形拓，是以墨拓技法完成，要求拓技者具备熟悉素描、绘画、裱拓、剪纸等技法、把器物原貌转移到平面拓纸上的一种特殊技艺。

印社雅集的形式一直在继续，一年两次，一次是春季，一次是秋季。春季差不多就在清明的时候，有几年举行了祭祖仪式，祭吴昌硕的墓，祭印社创始人、先辈等，更多的是进行一些创作活动、展览等。秋季雅集往往附带着召开理事会或者换届会等。

常规的雅集形式已经形成一种习惯。另外，印社拓展了展览海选和国际论坛。国际论坛主要着重于国际性的理论交流，有国外的专家参加。海选就是将全国的篆刻爱好者逐级选上来，分赛区，集中到杭州来最后考核，将其中最优秀的几位当场吸收为社员。这是一种创新的形式,给年轻人创造了入社的机会。另外就是举办一些大型的展览等活动,内容书、画、印都有,规模比较大,也受到政府的重视。

篆刻的美,不需要你读懂,而要你心动

欣赏篆刻的观众是有层次的,从内行的、懂行的,到一知半解的,再到完全不懂的,每一个层次的人所看到的都会有很大区别,他们对篆刻的欣赏点和兴趣点不同。篆刻是小众艺术,内行的、真正懂得它的人比较少。但随着社会的进步,人们对文化艺术的需求快速增加,经媒体和各种展览活动的推广,篆刻小众艺术的形象有所改变。媒体经常介绍,大家也开始津津乐道,这跟中国人对文化的一种天然爱好有关系。所谓"内行看门道,外行看热闹",目前很多观众还只是看看热闹而已。

篆刻有一种独特的美。

第一,在形式上,方寸之间,气象万千。它可以在那么小的面积上表现出很深刻的内涵、很强大的气势,很耐看,是一种微型艺术品——这是它最大的特点。

第二,它的色彩很有冲击力。完整展示的话,篆刻是两种色彩:一种是朱砂,所谓中国红,中国人对红色有天生的好感,它很能吸引人、打动人;另一种颜色是黑,这是墨与拓片的色彩。黑与红形成很强烈的对比,又很和谐。黑就是黑白对比,红就是朱白对比,没有丰富或微妙的色彩变化。这样的结合有简洁、爽朗、明快的美,古人的智慧就在于此。

第三,篆刻所表现出的文字美。古代文字有一种与天地自然融合的美感,传说仓颉造字就是上观天象、下观山川万物而感悟出来的。汉字蕴含的是天人合一的大美。我们熟悉现代汉字,对古代文

字也会有一定的审美能力。古代文字在形式上美不胜收、变化万千，很多方面跟绘画等艺术形式都相通。细心的人会仔细看，尽管一下子还读不懂，但是他们觉得文字的表现形式很耐看。美的东西不一定易懂。有很多艺术，它并不一定要求你能懂，而是让你心动，由此它的目的就达到了。这也许是篆刻吸引人很大的一个原因。

我们以前搞篆刻没有报酬，没有前途，到底以后怎么样都不知道，但就是心甘情愿。下班之后，晚饭做好，小孩、老婆都睡觉了，在那么一个小房间里，把电灯的一半用报纸遮挡，就在那个小桌子上刻到十二点。它有一种魔力，好像抽烟上了瘾，就会让人觉得不那么辛苦，不那么难。这个难是难在什么地方呢？入门应该说不是很难。但是你要一步一步把层次提上去，这个就难了。每一种学问差不多都是这样。写字的话，一开始上手似乎就有个模样了，但是真正想进入书法的境界，就不那么简单了。

所有的教育方式，都应让学生更自由

对学生的教学有几种方式。一种是课堂的形式，这个对入门初学的人是有作用的，但是课堂教学有很多弊病。首先，灌输式的内容比较多，老师讲，学生听，听了之后照老师讲的去做，也不容易产生疑问，所以学生的思想往往是被动的。一开始讲一些简单的问题可以这样，但是到一定程度之后，学生应该能够独立思考。如果是比较长期的课堂教学，我希望能够做到没有讲台，没有传和受，不分师和徒，教室就是一个共同学习的场地，这样最理想。

还有一种是师傅带门生的方式。这些学生都有一定基础了，他来找你学，因为他对你的风格是比较喜爱的。篆刻风格流派很多，大的区别讲起来，一种是奔放、写意的，还有一种是很工整、严谨的，大体上分这两类。学生选择老师时会自己区分，他已经具有相当的水平了，老师对他们的帮助，往往就是点拨式的：学生把作品拿来,谈谈自己的想法,老师根据作品的情况分析一下——现在到什么程度,存在什么问题——然后指示往什么方向走,或者介绍去学习哪些资料。这是比较高层次的一种教学方式。总的来讲,老师指导比较多。学生跟老师之间,我是主张教学相长的。有很多学生有思想、有闪光点,作品和观念上有很多很可贵、很新鲜的东西,年纪比较大的老师会受到震动,有时候很需要这些亮点。我觉得应该善于发现学生本身的特点,即因材施教。而每个学生性格、基础等方方面面情况不一样,所以老师不能想怎么做就怎么做,而是考察他们想学习什么东西,根据需求和特点施教,这就是孔夫子的教学方法——因材施教。我觉得这个应该是很科学的,总的目的是让学生少走弯路,老师走过的弯路,要及时提醒学生避免,就会减少学生在精力和时间上的浪费。

这些"周边"成就了篆刻艺术

从印章到篆刻,材料有很大的改变。原来的材料是以金属为主,金属中以铜为主,技法上以铸造为主。古印也有其他金属材质,以及象牙、牛角、玉石等。后来篆刻创作主要是叶蜡石①,即青田石、昌化石、寿山石、巴林石,统称为"四大国石",这四种石头各有所长。顶级的石头现在都很名贵,不逊色于玉器、珠宝,像田黄之类价格都超过黄金了,有收藏价值,也有观赏价值。此外还有青田封门石、昌化鸡血石,现在又引进很多外国的石材。越好的石头使用起来越顺手。石头讲究的是质地,质地要求细腻、纯净、均匀,几乎没有杂质。现在的印石种类出现了很多,浙江的、陕西的、四川的、广东的……这个也是很自然的。以前矿藏开采受到技术、经济等条件限制,开采的点

①叶蜡石,主要由酸性火山凝灰岩经热液蚀变而成,蜡状光泽,具韧性而不崩裂,有滑感,小刀很容易刻动,是雕刻的传统工艺石料。我国所产以叶蜡石为主要成分的致密石料,则用于雕刻印章和艺术品,如产于福建寿山的寿山石、浙江青田的青田石和浙江昌化的昌化石等。

肯定是有限的。随着经济和科技的发展,各地都有矿产,必然可以发现更多适合篆刻的石材。还有很多国家出产石头,如老挝、俄罗斯、印度、印度尼西亚,以及拉丁美洲等国家。印材需求巨大,同时出现了印材炒作、市场混乱的状况,所以现在对印材的鉴定有的时候很困难。

篆刻工具主要就是一把刀。不知道以前到底有多少种刀,文献也没多少记载。现在所用的就一种形式——平口刀,基本上开个面斜过来,形成一个平口。刀的斜度和锋利程度各有不同。一把平口刀,可以有很大的发挥空间。刀法的各种变化能创造出很多效果。每个篆刻家都有对刀法的操作经验。

刀具非常简单,刻边款也是用这一把刀。有些长的线条用小刀比较累,就用大一点儿的刀。我倾向于用大一点儿的刀。

篆刻还有一个很重要的用具,就是印泥。在明代以前是不用印泥的,最早的印是用泥巴的,我们叫"封泥"。以前没有纸张,字写在一片一片的竹简上,一封信、一份公文或者一本书,是用绳子绑的。在递送的过程中怎么保证它的安全?就用一块带有黏性的胶泥,弄一个木框,封在绳子结上,再用印章盖上去。古时候的封泥留存到现在,有些比较完整,有些破损了,很干很硬,都是文物。它是从印上蜕下来的,所以我们盖出来的印也称为"印蜕"①。

为什么篆刻的术语里不叫"阴刻""阳刻",而叫"朱文""白文"?一方印包括两个方面:一方面是印章的雕刻方式;一方面是封泥或印泥,它与印章的凹凸状态相反。这方印是阴刻还是阳刻,说不清楚,如果印章是阳刻,它盖出来的就是阴刻。所以就排除掉这个称谓,我们就叫"朱文""白文"——文字

① 印蜕,印章通过介质(印泥、胶质颜料等)或直接在纸、织物、泥及类似承载物(如火漆)上充分完整压印后,留下与直视印章雕琢面形状相反的痕迹实物,也称印花、印迹、印痕,因古人认为钤印过程"纹理尽合,似蝉虫脱蜕"而得名。

是红的,就叫朱文;文字是白的,就叫白文。到后来纸张发明,很多书面的文件用纸张来做了,就用水印,朱砂颜料调点儿胶,做出水质的印蜕。

到明代以后,才发明了印泥。印泥是油性的,主要材料一是朱砂粉;二是艾绒,艾草干了之后抽出来很长的丝,比蚕丝还要松、还要细;三是油,蓖麻油、菜油等各种油都可以。

印泥的制作很精细、很讲究,好的印泥产量很少,完全手工制作。它的材料是真朱砂,现在很多印泥都用代用品——化工原料,这就不行。真朱砂经过很长时间之后,都能够保留色彩的纯度和鲜艳度,所以做印泥对原料要求很高。

以前福建漳州出产的艾最好,它的艾绒丝长,也很经得起时间的消磨。所以漳州印泥是最早出名的。后来杭州西泠和上海印泥厂等都生产优质印泥。再一个就是油的加工,我以前听老人讲,从前蓖麻油比较少,做印泥就用菜油。把萝卜放进油里,在伏天的太阳下晒三年,萝卜的作用就是把色素吸收,从而使油自然漂白。检验时把油点在宣纸上面油迹不会渗开,达到黏稠、聚合的程度,然后才可以搅和朱砂粉做成浆,掺到艾绒里捣和。

好的印泥跟不好的印泥使用起来的感觉和效果完全不一样。现在对印泥需求量大,原材料筹备很困难,所以现在印泥的质量良莠不齐。

以前的印谱跟古籍一样,从用纸到木版水印,到手拓印面和边款,再到装订都很讲究。好的印谱跟古籍的善本一样,本身就具有很高的文化品位。印谱为什么重要?一个是它保存了以前的杰出印作,而且它是原拓原做,跟机器印刷品性质不一样了。再一个,印章适合于近距离观赏,所以对印章最好的观赏方式,就是拿一本线装书在手上近距离地看。现在人们举办很多篆刻展览,用电脑把作品放大,一放大毛病都出来了,露丑了,雅的味道就没有了。有的风格的印章不太适合放大,只有风格粗犷的作品,可能经得起放大,而我们这个肖像印放大的效果很好。

有些人篆刻的时候用印床,印床的好处是比较固定,特别是很小的印章或者很大的印章,用印床就比较方便。但是它有一个很大的缺陷,就是方向转动不灵活。对印床的使用因人而异。根据个人印风不同,有的工细的就想要用印床,甚至已经形成习惯,丢不掉了。我是从来不用印床的,近来试用凿印法,才需要印床。

印稿的写法不成问题,但是印稿本身是问题。我举个例子,清代有一个篆刻大家叫黄牧甫,他在一方印的边款上记录了一件事情。有一次他一个很要好的朋友求他一方印,而且提出一个要求,就是你的整个刻字过程我都要在边上看。看就看吧,没有问题。朋友在边上,整个过程都在仔细观察。黄牧甫刻好了以后,这个朋友说:我看你刻的过程,在前面写印稿的时候花了很长时间,反复修改、调换、推敲,甚至易稿十多次,直到你满意了;上石头刻很快,没有花多少时间就刻出来了。所以说,篆刻者的思想和手上功夫大部分体现在印稿里。

黄牧甫说他朋友讲到点子上了,于是他把这段故事刻在印章的边款上。这个故事说明起印稿是一个很重要的设计过程,它包含着你文字学、章法、对用刀的设计等方面的修养,它们都在这个时候酝酿成熟,而真正在石头上刻只是制作过程,这是个诀窍。

艺术创作无定法,跟着感觉走

字法、章法和刻法是篆刻三法。

字法是指要有古文字学的基础,对古文字了解、把握多少,能够自如运用的本事。古文字了解之后还要写得好,要形成书法,不是根据看到的字描出来。描出来虽然也是写字,但是需要通过对笔的运用,形成书法艺术。古文字有很多种类,大篆和小篆这两大类里也有很多种风格，包括某一个碑帖，某一个钟鼎，都有自己的特点。所以这一门学问也是浩瀚无边的。

章法跟写文章、画画一样，是布局。架构出起承转合的关系，有很多变化，铺开去写，到最后怎么收怎么归拢，形成一个整体。概括起来，就是"虚、实、疏、密"的学问。为什么我主张篆刻家学点儿画？因为在绘画里就相当直观，叫作构图。笔墨再好，章法不好，画的效果就大为减损。诗、书、画、印融为一体的道理就在这里，懂得绘画之后，对章法就有一种直觉的把握。

篆刻的刀法，以前古代文献中讲得很复杂，有八种、十六种、三十多种等说法，后来慢慢简化成冲刀和切刀两种大类型。冲刀就是刀一下冲过去，向前冲也好，向横冲也好，向自己方向冲也好，刀锋一直就推出去了。切刀像北方的铡刀一样，一刀一刀切下去。从这两类去深化、演变、发挥，里面其实有很多很多变化，跟雕塑等艺术有相通之处。我的体会是刀无定法，把这两大类抓住之后，就没有成规定律了。不要担心古人定的规矩，刀无定法这个概念哪里来的呢？从书法里来。书法里有"永字八法"，说得很复杂，让人莫名其妙。后来有高人提出，笔无定法。所有艺术创作都是这样，创作者基本功熟练之后，在创作发挥的过程当中，头脑不是很清醒、理性的，而是受感性意识驱使的朦胧的精神状态，所谓"跟着感觉走"，这个感觉是长期积累、培养出来的。他自己都"莫名其妙"地一气呵成了，之后再让他重复一下，怎么写出来的，这个笔怎么用的，他自己也难以复制。

人们常说的"七分篆，三分刻"是有道理的。"七分篆"还不光是起稿的问题，这个篆，主要是指书法，就是要有文字学的基础、书写的能力、构图的设计能力。设计稿的重要性占七成，刻占三成。但是这个不是说一定是三七开的，因为有的人包括齐白石，有时候就不写印稿，他把石头用墨打黑，直接在上面刻，就没有起稿这个过程。也有很多人在起稿的时候比较粗糙，我有时候也会这样，稿子只是一个很粗糙的东西，甚至印章很小，稿子却起得很大。我在画稿的时候有一些预想的东西,到刻的时候,会有很多改变,临场有很多发挥。最后打出来的东西跟印稿会有区别,有时候甚至区别很大,这个就没有固定为三七开。

这句话我的理解是,"篆"是学问、见识、修养等各方面,而"刻"是手艺。"刻"偏重形而下的"技"的问题,而占主导的是形而上的"道"的问题,技近乎道,作品才成功。

篆刻有留白,就是我刚才说的虚实。"实"指的是线条实的地方,"虚"就是无线条之处。篆刻的留白概念跟书法绘画很相似,力求方寸之间气势饱满。如果篆刻的文字本身排列比较满,跟书法绘画留出大量的空白会有点儿不一样。在一方饱满的印章里,布局要有一点儿空白的地方,让人看了以后能够透气,这点儿空白包含了很多看不见的学问。

艺术创作,如老将用兵

我得意的作品中有一方《老将用兵》。

我很喜欢这方印的内容,它的出处是潘天寿在《论画》中的一段话。先生讲,国画的布局和用笔如同老将用兵,疏而不漏,看上去很宽松而不经意,其实很严谨。艺术创作到最后炉火纯青的阶段,就会有这样的感受。最典型的是黄宾虹的画,看着他好像是乱涂,东一笔西一笔,这儿一个黑团那儿一黑团,仔细推敲,却非常严谨,到了"不能加一点"的地步。

人家说,中国画有两个人达到了极致,一个是黄宾虹,"加到不能再加了",还有一个是朱耷①,"减到不能再减了"。八大山人的画看

① 朱耷(1626—1705),号八大山人等,出生于江西南昌,明太祖朱元璋第十七子朱权之第九世孙,明末清初画家,中国画一代宗师。朱耷擅书画,能诗文,花鸟以水墨写意为主,山水师法董其昌,存世作品有《水木清华图》《荷花水鸟图》等。

上去也很松、很疏朗，但是他画到最后就疏得不能再疏了，再减一笔都会出漏洞，布阵就会垮掉。而八大山人的画没有漏洞，所谓疏而不漏。

黄宾虹后来的作品也没有漏洞，想加笔墨都加不上去。这是对艺术作品很高的要求。潘天寿先生的话于我很有共鸣，这句"老将用兵"含意深刻，是我想追求的目标和境界，所以我把它刻成印。

我刻印的时候始终保持着一口气，这个气颇似吴昌硕"老夫画气不画形"的气，他就注重气势和韵味。

让篆刻活着，变好

对篆刻和肖像印前景的担忧，不光是我一个人，现在有一些同辈及晚辈都有忧患意识。篆刻发展到现在，人们自然而然形成了这种忧患的感觉，归根结底，它的艺术手段、载体、使用的文字等年代古老、局限性大、不大众化。而且，印章的实用功能已经被淡化，只有在书画上还使用，更多的是鉴赏和收藏。这个领域本身就小众，整个社会对其价值的认识也就比较困难，不像观众对书画的接受更直观一些，画得好写得好，大多数人能够有所感觉；而印章的好坏，除了石头的美观、透明度、名贵程度等方面较容易被感知之外，印章刻得好不好，能欣赏的人的确很少。现在大家已经公开提出，篆刻是小众艺术，印章就是象牙塔里的艺术，是少数人玩的东西，不是下里巴人所能接受的，就要保持高雅的姿态，不能让那么多人掺和。我说这太可悲了，真这样搞的话，篆刻会失去生命力，以及在社会和历史中存在的意义。在历史中慢慢衰落的传统艺术有很多，比如昆曲，最近我还知道一种乐器叫尺八①，是箫的前身，唐代

① 尺八，中国传统乐器，后传入日本。尺八竹制，外切口，五孔（前四后一），属边棱振动气鸣吹管乐器，以管长一尺八寸而得名，音色苍凉辽阔，又能表现空灵、恬静的意境。

有,后来在中国消亡了,因为它太"孤傲"。而尺八在日本传承了下来,如今一些日本人返回中国,把尺八、香道^①等一些从中国传到日本的传统技艺结合起来,再传授给中国人。本来产生、兴盛于中国的传统,到后来由外国人教给中国人,那就很可悲了。那么会不会有朝一日文字篆刻也由外国人来教我们?日本人搞篆刻很起劲儿,尽管搞得不太理想。如果有一天篆刻在中国失去了市场,在日本反而很红火,那就太可悲了。所以我的忧患意识在于,现在还想不出什么办法让篆刻艺术更加普及化、大众化。

① 香道,指围绕香品的选料、采集、配伍、炮制与使用,逐步形成体现华夏民族独特精神气质、民族传统、美学观念、思维模式的一系列物品、技术、程式、制度等。香道通过眼观、手触、鼻嗅等具有仪式感的形式,对名贵香料进行全身心的鉴赏和感悟。

肖像印并不能挽救这个危局,虽然它已经为篆刻的推广开辟了另外一条途径,但这并不能挽救文字印章,也不能代替文字印章。文字印章要发展,看它命(生命大)大不大,命大的话就多活几年,命小的话就慢慢衰落。肖像印、肖形印、图像印等还是有生命力的,起码比文字印章生命力要强、要持久,我坚信将来它能在国际上产生影响,能与西方古印传统衔接,人们从肖像印能够更直接、简易地认识中国印。

有一年在国家图书馆,许嘉璐先生做了个发言。他的主要观点就是遗产应该是活的,应该要做活。所谓活,就是传承中有发展,而且不断前进、推进。这个思维非常好,我看到目前非遗的状况,守成的比较多,有的已经很衰微,甚至失传了。现在把它们发掘出来,能够恢复到古代的水平已经很不错了。现在很多的非遗项目,重在传承,就是能够传下来已经很不错了。我想作为篆刻这一类,它本身是一门艺术,那么光传是不够的,因为艺术的发展历史,只有推进它,它才能活下去。光是把前人的东西接受下来、保存下来,就艺术而言,实际上它是死掉了。

中国篆刻搞了这么多年,对古人的东西的接受和学习也是有相当扎实的基础了,那么一个有志向的艺术家应该着重考虑怎么把艺术推进到一种新的境界。继承跟创新这个主题，一直以来大家都展开讨论，并有许多探索。一些书法家认为，写《兰亭序》，一辈子就写《兰亭序》，写出来的肯定跟王羲之的不一样，能够达到他的百分之八十就了不起了。在这样的观念里，王羲之的《兰亭序》就是一个死杠杠，能够接近它已经很不错了，想超过他的话那是不可能的。那么类推的话，古代的标杆，包括篆刻的标杆也很多，一些人认为都是不能超越，也不可能超越的。我觉得这不客观，今人的主、客观条件跟古人是有区别的，所处的时代背景也是有区别的。古人达到的只是他们那个时代的高度。作为今人要反映出今天的时代精神，今天的高度永远不同于古时的高度，这就是推进。创新应该建立在这个基础上，如果守着古人的东西，那就去穿长袍好了，回到古代去好了。那没意思，历史不可能倒退。

当然在某些方面，我们一下子达不到古人的成就。我达不到，但是我的后辈可能会达到，两代、三代中可能会出现划时代的人物。那么我做的事情就是为以后这个划时代的人物打下基础，我还是有功劳的，我还是在传承创新的过程中间出了力的，还是有价值的。自己能够做，这个是最好的，觉得自己有相当基础了，也有感悟和新的思想闪光点了，那么就大胆地去表现。不管这种表现世人是否接受得了，只要对得起自己，只管创造出来。以前很多创造性的大家也是这样的，当时很多创新的面貌出现，也是被同时代人否定的。比如吴昌硕，当时他的老师和周边很多人，都说吴昌硕就是恶劣印风的祖宗。但是经过时代的检验，众人都认为他的艺术是高雅的。一个人、一件新事物的成就，需要时间的检验。如果他活着的时候就被承认、名利双收是很幸运的，但是很大一部分人都是过世后，才得到世人的承认和崇拜，这叫虽死犹荣。

一个典型的例子是，有一段时间黄宾虹的画送给人家，捐给美术学院，人家都不要，人们说一团黑，那么难看。我刚进学校的时候，看黄宾虹的一个展览，我对他的画实在是没办法接受，就问老师，他的画好在什么地方？老师也讲不清楚，说以后你们自己会明白的。黄宾虹有句话：五十年之后，再来看我的画。五十年过去了，他的作品价值已经过亿元,黄老的预言应验了。

传承跟创新的关系,应该是在传承的基础上创新。首先得要有基础,要把古人的东西好好学透,在学的过程中,慢慢产生自己的思想,最终通过实践,出现新的东西。在这个过程中,斗争、起伏、喜怒哀乐,以及不同观点的碰撞太多了。

我不敢说自己为肖像印开宗立派,因为它还没有成派,它只是篆刻的一个品种。但是我的确尝试搞了一些新的东西,所谓新就是古人搞得很少,或者甚至没有。在这样一个前提之下,我的这些作品可以算是新的。此外它还需要经过社会和时间的检验。但是作为一个创作者,我信心满满,既然认准了这个方向,我会坚持下去,成功了当然是皆大欢喜,哪怕失败了,我也是值得的,因为我的失败可以让后人吸取教训。

肖像印主要新在题材,古代图像印历史渊源久远。我在古图像印的基础上,发展出刻画特定对象的肖像印,我的依据是中外各画种。古今中外都有肖像题材,篆刻为什么不能搞?所以人家跟我争论时,我说其他艺术品类都有肖像题材,为什么唯独印章不能选取这个题材?也没有谁规定不能这样做啊,我试试总可以吧,玩出来以后你们看嘛,有人喜欢就自然会生存下去。

肖像印也的确有人用,一开始他们用在名片和书画作品上,认为这个是保真,自己的头像在那里,就是自己的身份确认,别人不能伪造。

肖像印的用途如果扩展的话,有很多可延伸的东西。我曾经设想过,把名人故居中名人的肖像印,通过电脑工艺制作成一块铜板,摆到故居门口,那不是挺美挺好的吗?此外,商务人士的办公桌上放一个肖像牌子,他也觉得很风光、很好玩。还有些人找我刻肖像印,准备传给子孙的。他说:以后我的孙子可以看看爷爷原来是这个样子, 这个可以作为艺术品和家史保存……各种衍生品的前景很宽广。

　　肖像印也可以为老百姓服务,文化衫印上一个人的肖像印,其他很多实用的物品上面其实都可以用。

　　肖像印用于对外交流效果很好。有一年,足球世界杯在法国举行,而法国恰好得了冠军,总决赛的时候希拉克就在现场观看,夺冠后他开心的样子被拍照登报了。我觉得很有意思,就刻了一方希拉克的肖像印。后来大使馆的人问我,唐家璇外长将访问法国,你有没有什么东西适合作为礼品?我心里有点儿不舍得,但还是推荐了希拉克的肖像印。唐外长把这个作为国礼送给希拉克,后来希拉克还给我回了封信,表示欣赏和感谢。所以肖像印用于对外交流,方式直接、爽快,没有什么弯弯绕绕,让人看了就喜欢。

　　肖像题材受到各个阶层的人欢迎,从国家元首到每一个普通的人都会很喜欢,它融入民间的可行性其实还是很大的。

　　所以我有这么一个展望,对外也好,对内也好,肖像印的市场和势头不会亚于文字印。

金陵刻经印刷技艺

雕版印刷是中国古代四大发明之一,自唐代产生以来,延续于宋、元、明、清。后来西方的印刷技术传入我国,传统雕版印刷技艺受到冲击,但在一些印刷业发达的地区仍然薪火相传。2006年,作为雕版印刷典型代表,金陵刻经印刷技艺、扬州雕版印刷技艺、德格印经院藏族雕版印刷技艺均被列入国家级第一批非物质文化遗产代表性项目名录。2009年,联合国教科文组织批准了"中国雕版印刷技艺"列入人类非物质文化遗产代表作名录。自此,金陵刻经处成为世界级非物质文化遗产——"中国雕版印刷技艺"的保护单位之一。

木刻水墨雕版印刷技艺是中国古老雕版印刷的遗存,在世界印刷史上占有重要地位。金陵刻经印刷技艺包括刻版、印刷、装订三道工序,这三道大工序共有上样、刻字、刷墨、擦印、分页、折页、齐栏、打眼、切边、线装等二十多个小工序,具有深厚的文化内涵。金陵刻经印刷技艺具有极高的艺术价值,版式疏朗,字大悦目,刻印考究,纸墨精良,习称"金陵本"。

马萌青

国家级代表性传承人

马萌青（1963—　），男，出生于江苏南京，国家级非物质文化遗产代表性项目金陵刻经印刷技艺国家级代表性传承人。20世纪80年代，马萌青师从第五代传人周保伦、王金禄。经过三十五年的学习与实践，马萌青已熟练掌握全套刻版与修复的工艺。其刻版技艺高超，现已成为单位雕刻与修补经版的技术骨干，经其修复的经版与古版，受到中国、美国、日本、韩国及东南亚地区法师的称赞。其雕刻的佛像版、面容慈祥，线条流畅，可见其深厚的雕刻功底。多年来，马萌青雕刻了大量作品，其中包括南京栖霞山的『上善栖霞』牌匾、建初寺的『阿弥陀佛』佛像版等，曾接受中央电视台、江苏电视台、南京电视台等多家新闻媒体的采访，为金陵刻经印刷技艺的传播做出了卓越贡献。

采 访手记

采访时间:2014 年 10 月 26 日
采访地点:金陵刻经处
受 访 人:马萌青
采 访 人:丁　曦

　　这次采访有幸结识马萌青老师,使我们得以了解他的励志故事。他小时候因青霉素过敏而导致听力出现异常,马萌青的学艺从一开始就障碍重重——他只能听到八十分贝以上的声音,所以他往往要根据口型来"看"师傅们说什么,认真观察师傅们的动作,反复琢磨刻刀的力度与刀锋的走势。很多人都因为受不了刻版工作的枯燥和苛刻,纷纷离去,反倒是不被师傅们看好的马萌青坚持了下来。听力障碍带给他寂静的世界,让他一头扎进雕刻的世界。三十年如一日的坚持和努力,最终让马萌青成为国家级非物质文化遗产代表性项目金陵刻经印刷技艺国家级代表性传承人。

马萌青口述史

丁曦 整理

我 1963 年 9 月出生在南京，回族。我爸爸在宗教局工作，我妈妈在工会工作。我三岁的时候，正逢"文革"，我父母都在"五七"干校学习，没有人照顾我。有一次我发高烧三十九度，太太（就是外婆）带我去医院打青霉素过敏了，耳朵就听不清楚了。我父母当时不在，太太带我到处看耳朵，后来还是没有办法治好。我慢慢习惯了，到了该上学的年龄，我妈妈不喜欢我上聋哑学校，要我坚持上正常学校。所以我小学在我家附近的户部街小学学习。刚上小学的时候，我一点儿都听不懂，也不认真。父母批评我，要我好好学习，每天要认真写作业。到了二年级，我观察老师嘴型，慢慢就懂了。妈妈跟我说，要学文化，没文化不行。我上五年级时，在路上捡到了六十块钱交给学校，学校老师表扬了我。①小学时候的事，我印象最深，因为我很害怕——别人都能正常交流，只有我不正常。班上有同学看不起我，总是欺负我。进了初中，再也没有人欺负我了，因为我们都长大了。我初中在（南京市）二十三中学习。我最喜欢的课程是语文。教语

①马萌青老师口述到这里的时候，邓清之解释说，马萌青老师从小品德很好，在当时六十块钱是很多钱了，到现在马老师很多同学还会到刻经处来看他。周围人对马老师评价都挺好，他的师傅也很喜欢他，因为他品德好、老实、勤快。

131

文的老师是我的班主任，叫王齐国。王老师放学后会给我补课，说我聪明，对我很好，可惜王老师如今已经不在了。

1981年我高中毕业，在外面打工装修房子，做了三个月。后来刻经处招人，我父亲介绍我到刻经处工作，当时单位一共来了六个人。1981年的时候，刻经处没有专门刻新版的人，只有做印刷和装订的人。当时我们感觉，印刷很难，也很苦。南京的夏天，天气特别热。屋子里没有空调，没有电风扇。我们只好把门关上，脱下上衣。为了避开蚊子，经常用大毛巾擦一擦。现在单位有空调，条件多好。当时对于我们来说，没有工作就没有收入。于是我就开始了印刷装订技艺的学习。老师傅教我们两个月后就走了。我们自己在实践中学习，慢慢地开始喜欢上这里。后来，我们单位没有人刻字，南京宗教局找不到人，就从扬州刻字厂找来两位老师傅。老师傅要求带徒弟，要带新人。于是我们新来的几个人开始学习刻字。刚开始学习刻字太苦了。三个月师傅教我们刻方格，刻久了眼睛疼，感觉很枯燥。有的不到一年就

深柳堂中的马萌青

不干了,去当司机了;有的两年不干了,去当会计了。最后只剩下我一个人学习刻字。

我喜欢一个人自己刻,第四个月开始学发刀,然后学挑刀。一年以后我就开始刻新版了,刻得不好,版子就报废了。刻错一两个字还可以补,如果字多了的话,就报废刻新版。当时我报废了不少新版,经常被师傅骂。王师傅比较急,他觉得自己没有多长时间就要走了,所以希望我赶快把补版学会。补版我学习了五个月就学会了。补版先是把版子铲平,铲平了以后,拿丝棉木,把它用胶敲进去,敲进去以后用平口刀把它找平,然后有样的就贴样,没样的就手写,上完样以后上油,上完油等胶干了以后再刻。刻完了以后拿去印刷,如果还是不好印的话,那要重新来。因为补版很脏很累,所以没有人愿意学。①

① 邓清之老师在解释时回忆起一件往事,刻经处领导希望她跟马老师学补版,当时马老师坚决不同意,他说女孩不能学补版。本来刻字就很辛苦,女孩就少,如果学补版的话,身上会留下茧,所以到现在也没同意。邓老师说,当时很感动,因为她确实是补不起来,补版技艺很多是木工的活儿,女孩子干还是不太方便。

王师傅一开始听不懂我说话,大概适应了三四个月之后,师傅就能听懂了。遇到比较困难的问题,师傅会用笔写给我看,同时也

刻字

要求我用笔回复给他看。当时师傅很严厉，如果刻得不好会打我。刻经处只聘请师傅一年的时间，一年后师傅就回扬州了。师傅走了，我经常去看望他，五六年后工作忙了，就没去看他了。这么多年过去了，我很感激二位师傅。

马萌青刻佛像

我从 1982 年开始学习木版雕刻，已经做了三十五年了，这门手艺早已融入我的生活。我每天都与佛经、佛像相处，那些佛理禅意自然而然地也入了身心。我平日喜欢喝茶，喜欢安静地从事我的雕版工作。虽然我是回族人，伊斯兰教与佛教很不同，但是我认为在做人和做事上应该都有互通的地方，不会冲突。无论是哪一种宗教、哪一种派别，当你做一门事情深入其中时，都会取得很大的收获，会让你内心平静。我不是什么大师，我只是个踏踏实实干活儿的手艺人。既然是个手艺人，那我自然该干一点儿手艺人该干的事。①

①采访结束后，马萌青老师为我们写下了这段文字。

邓清之

江苏省代表性传承人

邓清之（1974— ），女，满族，江苏南京人，大学本科学历，国家级非物质文化遗产代表性项目金陵刻经印刷技艺江苏省代表性传承人，金陵刻经印刷技艺第七代传承人。邓清之自1991年7月进入金陵刻经处工作，师从金陵刻经印刷技艺第六代传承人孙巨扣、马萌青，经过二十三年的学习与实践，熟练掌握整套木版雕刻技艺，并将自己从小所学的书法、绘画与这项传统工艺相结合，所刻的经文卷面工整，佛像线条圆润流畅，在继承传统的同时，寻求新的突破，力图传达一种古老与现代相结合的人文气质，所刻经版广受好评。2003年邓清之所刻版画作品《润》入选第十六届全国版画展，并被中国美术馆收藏。

采 访手记

采访时间:2014 年 10 月 27 日
采访地点:金陵刻经处
受 访 人:邓清之
采 访 人:丁　曦

在金陵刻经处采访期间，邓清之老师为我们讲解了雕版印刷技艺的过程,并协助我们采访马萌青老师。她有着江南女子的温柔气质,内心却很坚定。从毫无基础的实习生到成为省级代表性传承人，她沿着刻经之路走了二十三年,共刻书版约两百余片,超过四万字。近年来邓老师结合自身兴趣爱好,钻研版画的创作。她多次受邀参加国内外各类展览活动,成为金陵刻经印刷技艺对内传承与对外交流的中坚力量。

邓清之口述史

丁曦 整理

恩师早逝，刻字不易

我 1974 年出生于南京，满族。我母亲的工作跟民族有关，我父亲喜欢画画、写字，因此我从小受父亲的影响，比较喜欢写字，一直写毛笔字。我中专学的工艺美术专业跟雕版刻字也有点儿关系，所以就来到刻经处学习雕刻。

我 1991 年到刻经处工作。我的第一位师傅是孙师傅，孙巨扣①师傅。他文化程度不高，但是特别聪明。他新版刻得非常好，带我的时候也挺尽心的。现在回忆起来，我做学徒的时候感觉很枯燥，当时我学了一年以后就正式开始刻字了。第一年一天的工作量是六十个字，到了第二年就是八十个字一天，也就是一块版子要五天刻完。到了第三年工作量又增加了，是一百个字一天。

① 孙巨扣（1959—1994）扬州人，1979 年来刻经处学习雕版，师从第五代传承人周保伦，精通雕版、补版。

孙巨扣

　　很遗憾的是,1994年孙师傅生病去世了,然后我就跟着马萌青师傅继续学习。我刚来的时候,和马师傅交流是有一点儿问题。后来时间长了,跟马师傅感情也很好。我师傅去世后,刻字组只有我与马师傅两个人了。他补版,我刻新版,互相照顾。交流没问题,我就不出声,他看我的嘴巴,也知道我在想什么。时间长了有一种心灵感应吧。

　　我有一阵子因为刻得太急,总出差错,版子刻得有问题。马师傅的任务也很多, 有一些版子也是他帮我来修复,告诉我该怎么做,就是不能这么急,但是实际上他心里也是很急的,因为每天的任务量是非常大的,每天回家身上都很酸疼。

　　现在回想起那时候的我,太着急了。刻字要慢慢来,因为刻字是从刻得不好到好,它是一个漫长的过程,并不是说我刻一年,就能达到那个要求。当时的我跟现在来的学生有点儿不同,他们学古籍修复专业已经有五年的时间,而且也专门请了扬州的老师来教他们,他们来的时候就已经会磨刀、刻画。我十七岁刚到这边来的时候,并不很了解这个行业。所以他们进步是很快的,我对学生们很满意。

机缘巧合，重获信心

1997年，我被调到印刷厂干了三年印刷。因为我们单位的印刷厂需要人手，而刻字的任务越来越少。到1999年的时候，刻经处来了一位日本的法师，他说要刻他们寺庙里保存的一个禅宗的佛经《西源录》。这本《西源录》是唐代从中国传过去的，是手写体。他当时慕名而来，先去了北京荣宝斋，后来觉得不满意，就到南京金陵刻经处。我们主任看到他挺诚心的，内容也是佛教方面的，就接下来了。大概有五六十页纸，对于我们来说，量还是蛮大的，一个人要刻，可能要刻两三年。当时只有马师傅一个人还在刻字。因此我又回到了刻字组，和其他单位的另外两位师傅一块儿完成了《西源录》。

虽然我曾经学过一段时间日语，但那个《西源录》还是比较难刻。第一次刻手写体，自己不知道能不能刻出手写的感觉，而且在两个字中间的那条线上有大量的片假名。手写体其实和宋体有很多不一样，它的笔画更加柔和，拐角那个地方也不能很锋利。我一开始不习惯，适应了一段时间，后来感觉还好。宋体的横那么细，刀尖稍微用点儿劲，那个横就会断。手写体有笔锋，反而不容易刻破。

我们每个人刻一个章节，我刻出来的那个章节反响不错。领导觉得我刻字方面有些潜质，后来就让我留下继续刻字。之前刻字只是为了赶任务，就是觉得挺辛苦的，没有什么乐趣。虽然是学徒，但任务量很大，天天就是赶任务。回来以后，因为《西源录》那个字跟我们的宋体不一样，不好规定每天刻的字数，只要在规定时间内完成就行。因此我觉得刻字很有意思，慢慢地产生了兴趣。

雕刻一块新版的流程是很长的。一块版子完全刻完了，敲过空了，锯过边了，了过手①了，然后去打

① 了手，本意指完毕，这里指雕刻的修补环节结束。

过样了，拿到样儿的那一瞬间是非常高兴的。因为可以看到自己的劳动成果，是好还是不好。刻的时候，虽然也是认真地刻，但心里是没底的，不知道自己具体刻的是什么样子。那种拿到样张时的满足感无法形容。

版子与书

雕版技艺，字字尽心

我们这个刻新版主要就是宋体字，听师傅说是从过去的颜体①字发展而来的。宋体要求横细竖粗，撇要非常锋利，捺要很有型。宋体字是随着雕版印刷的需要而产生的，横细竖粗就适合刻版，快速又美观。宋体还是非常适合的，字体本身没有什么需要创新的地方。像扬州广陵那边都是手写体，跟我们这个字体完全不一样。刻的要求也不一样，刻宋体字的时候要很讲究。我们的横要很细，但又不能破、不能断。竖也是，根据我们的要求，竖要稍微粗一点儿，还不能太粗。因为反复印刷后，字磨损了，笔画会变粗，字就显得扁了。如果一开始竖就刻粗了，后面会更粗，不好看。所以要看原稿，要和原稿保持一致，这个要求还是蛮难的。

刻字的流程基本上都是一样的。先是上样，要将版子润湿，然后将我们自己做的糊精均匀地抹在版子上。上下左右中间全部都要抹齐，还要注意轻重，以免上完了之后版子会拖样。贴的时候，是将纸反过来从中间开始贴。上样的纸一般是比较好的宣纸。纸的夹层多一点儿墨就容易上去，然后用刷子均匀地把它贴上去，并敲打它，使墨均匀地上在木头上。粘上去以后还要将上面的纸浆搓下来。由于宣纸是分层的，宣纸的墨层留在上面，其他的纸层都搓掉。用手去搓的力气要掌握得很好，如果太重的话就会把样儿搓掉。这个过程比较长，因为上样是比较重要的环节。

上样

贴完样之后的工序就是上菜油。我们一般在刻版之前都要上一点儿油。因为棠梨木的板子比较坚硬，不上油的话刻的时候走刀会很涩。但油也不能上多，一次涂满就可以。棠梨木是比较硬的木头，不容易刻。上完油的版子放在避光处风干两天后再刻，会稍微好刻一点儿。

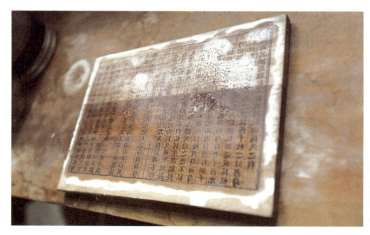

上样后涂油晾版

　　接下来就要刻字了。我们刻字用的刀一般大概有十几种。最主要的就是拳刀。它是根据我们每个人的手形定做的。把子一般都是比较坚硬的木头，刀头都是自己配的，一般用它刻主要的字。然后是平口刀，它的刀口是平的。这种刀大概有四五种，有大号的、中号的，还有小号的，还有极小的平口刀，主要用在补版的时候，多数用它来铲底，修边时也会用这种刀。修边铲完底之后，可以用

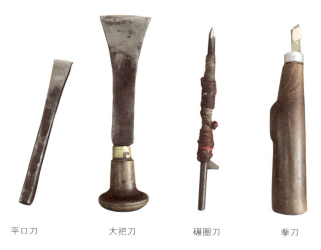

平口刀　　　　大把刀　　　　碾圈刀　　　　拳刀

这种大号的来切,就是我们平常用的大号的平口刀。还有一种是我们用来钻孔的小的刀子。碰到有句读的地方,我们就拿它来碾,这个用处也很多。中间这种凿子,有大号也有小号,一般是用它来铲底。当一块版刻完后,中间有很多空白的部分,用木锤敲击凿子,这样比较快,一点儿小的地方就用小的,全部凿完以后,再用平口刀把边铲一下。等到一排字刻完时,我们也用这种小的平口刀来铲底。

用小号平口刀雕刻空白处

　　刻字的第一道工序是拖线,就是把书中的栏口和边上的线一起拖出来,这道工序在刻字中是非常重要的,一定要把线拖好,才能刻字。一般来说,我们单面拖三次,然后反过来再拖三次,力气小的要拖个五六次。然后,进行刻字的一道程序叫作发刀,就是刻字的左边,主要是刻深一点儿,这样有利于后期的挑刀。刻字最主要的是不能刻破,也就是我们所讲的笔画不能刻断,所以发刀这一道工序在整个刻字中占很重要的位置。慢慢地把字的左边都刻出来,所有笔画都刻一遍,这个字就发好了。挑刀这道工序是把字的右边刻掉,手要快,刀可以倾斜一点儿,保证每一个笔画缝隙里的木屑都被挑掉。刻横的时候要小心,不能刻破。整个字是横细竖粗。刻的时候要注意边上的边线,也就是我们拖的线。根据上样的字形来刻,刻一遍要看一看刻的效果。刻得比较成功的版子是不能刻破的,字形和原稿一致。这样我们就说,它刻得比较好。刀走得要快速一点儿,笔画多的字要注意细节部位一定不能破。最后要用平口刀铲掉大块的木屑,还要用细小的刀把边铲一铲。底刻的时候,越深越好,印版面不容易脏。之后按照书的大小来锯边,这样了手工作就全部完成了。然后去打样,打完样以后送到研究室去校对,校对完了以后,回来看有哪些字不对了、笔画破了,然后重新补,补完了以后这块版子才完成。刻新版,每块版子出来必然是会要补的,因为不注意的情况下字都会错一两个,有可能是它的内容刻错了,三刻成四了,这就是内容错了,也可能是笔画错了。

《百喻经》雕版

刻版特别需要全神贯注,否则字就会出错。刻的时候当然不能受外界影响,像我还能听到一些外界的声音,马老师刻的时候不受任何干扰。旁边人走来走去,或者跟他讲话,他一点儿反应都没有。刻字需要非常专注才可以。最早的时候孙师傅对我说,你坐在那儿刻字,你的屁股就不能离开凳子,你离开凳子,今天的任务就会完不成。你起来了,就会去做其他的事情,那你再回来刻的时候,就又达不到刚才那个感觉。因为动了之后你的力道就不一样了,要一气呵成的,你要是今天干活儿,那你一上午都不要动了。

我很尊敬马老师,他对这一行可以说是非常非常热爱。过去我们有一段时间没有什么刻版任务,但是他依然坚持去刻,并且几十年如一日,直到现在对工作还是非常热爱的。所有的版子,我们刻的也好,还是他自己刻的也好,他都愿意去做。比如最后的了手工作,我们都很嫌烦,他却很愿意做,每个人的版子他都拿去敲。记得2000年左右,有个扬州师傅跟我们主任讲,说我们的底敲得不平。马老师听了很恼火,后来我们所有的底都是平得要命的,从此之后我们所有的了手的底都是做得最好的。他内心对这门技艺要求很高,这个也很难得。

传承保护,留住梨香

从清末开始,扬州和南京的雕版印刷技艺传承与发展是平行的。我曾听师傅说,扬州的师傅经常到刻经处来刻字,等到刻完了再回扬州生活。当时扬州的刻工全国有名,技艺也很好。当杨仁山①居士有刻经任务的时候,扬州刻工还会再来。所以说不管是刻字还是刻像,这两边的技法差别不大,师傅传承都是差不多的。像扬州广陵的国家级传承人陈义时②师傅,他的父亲过去也到我们这儿来刻过,基本上技法是一样的。我们的第五代传承人周师傅和王师傅,他们的师傅就有扬州人。不同的是,两边的字样和内容不一样,扬州人他们有写工,写楷体,刻楷体,内容多数是传统儒家经典,还会夹杂着一些小的图画。我们刻的是宋体字,佛经里几乎是不加图的。

我是区政协委员,针对人才培养我曾写过一个提案。现在非遗项目就是冷热不

① 杨仁山(1837—1911),名文会,字仁山,安徽池州石埭人。十岁受读,十四岁能文,聪明颖悟,性格豪爽,喜读奇书,知识广博。下篇武延康口述历史中有详细介绍。

② 陈义时(1947—),江苏扬州人,出身于雕版世家,十三岁起随父学艺,在广陵古籍刻印社从事雕版数十年,国家级非物质文化遗产代表性项目雕版印刷技艺国家级代表性传承人。

均,有的非遗项目很热,宣传得多,学生就多得要命,挤破头都想去学。但有些冷门的,学生就很少,像我们雕版印刷有一些自身的原因,了解的人不多,想学的人也不算多。就像南京举办的青奥会,市里面也叫了南京几个非遗传承人去参会。有的人身边的年轻人就特别多,愿意学。比如剪纸,年轻人觉得很有意思;或者古琴,年轻人觉得很高雅。这样的项目不愁没有人学习,可以广泛挑选。

我希望呼吁年轻人多关注雕版,多学习技艺,学生多了才好从里面挑选适合的人才。某一行学习技艺的人有尖子,那是因为学它的人多,而我们的刻经印刷技艺,这么多年基本上没有什么人过来学习,就是采访、问问,很少人来跟着学。现在有两个学生,传承并不乐观。虽然只有两个人,我们也会按照他们的自身特点把最好的技艺教给他们,看他们自己以后的发展。他们是特别喜欢这一行才过来学的。要想真正发扬下去、传承下去,社会宣传是一方面,经济收入也要有充足的保障。

发挥特长,弥补空白

我们刻字环节中,写样一直没有人做。从我刚来刻经处到现在,一直没有专门写样的人。现在刻经处主任对我的要求就是,因为我本身有毛笔字的功底,写得还可以,下面就准备把写样好好地写一写、练一练,然后要是有人愿意学,也可以教一教。宋体字你说它好写,其实也挺难的,它要求每个字都要一样。扬州有专门写样的师傅,有机会我也想去看看,交流交流。因为没有人教,就跟我和马老师刻佛像一样,我们都是自己边摸索、边实践。佛像方面还是需要有好的画工,才能刻得好,我们现在都是按照古版来复制、雕刻佛像。

我喜欢写字,但是刻和写是两种不同的感觉。其实我好像更喜欢刻,因为刻了几十年了,写也就是这两年才开始。我写宋体写得

写样

少,喜欢在纸上写楷体,宋体写样是工作。不过每个人写宋体也不一样,宋体也可以写出自己的风格来,我现在还在尝试。有的人宋体就写得很宽,有的经版的宋体就写得很细长。观察过去的古版,上样的宋体是有些变化的。每个人写得都不一样,写什么样,刻工就会刻成什么样。刻工是完全按照样子来刻的,一般不会改动写的东西。写样的这个步骤很重要。现在我在努力地想去写一写,这是今后的发展方向。

小知识:印刷

印刷是将已刻成的版子上的字转印到纸上,有放版、刷墨、覆纸、压擦、揭纸等工序。在印刷时,先以帚子将水墨涂刷在经版上,再将宣纸覆上,然后揭下印好的书叶。

刷墨

覆纸、压擦

揭纸

小知识：装订

　　装订分为：分页、折页、撮齐、捆扎压实、数书、齐栏、穿纸捻、贴封面和封底、配书、切书、打装订眼、线装、贴书名签条。如果书分为三册或三册以上，则需要另做函套，函套外再贴函套签条。现在的装订已经不再是完全手工操作了，而是借助机器完成。

分页

配页

配好页的经书

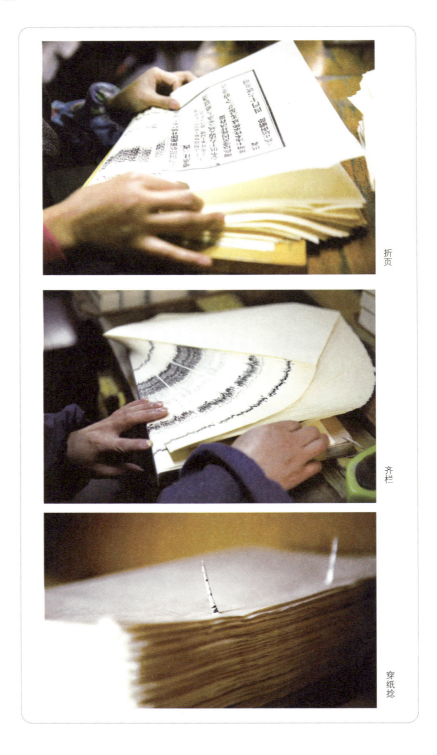

折页

齐栏

穿纸捻

线装

成品书

武延康

金陵刻经处佛学研究室专家

武延康（1948— ），男，生于江苏省南京市，祖籍安徽泗县，大学本科学历，1968年11月在江苏淮安县农村插队，1973年回南京，1975年至1990年在化工厂工作。1990年10月，他调入金陵刻经处佛学研究室，从事编辑与研究工作，退休后被返聘续用。工作至今，他整理了数千片《普慧藏》纸型版，为金陵刻经处编辑重印《普慧藏》做好前期准备工作，编制《金陵刻经处经版目录》《支那内学院经版目录》《深柳大师与深柳堂》《杨仁山与谭嗣同》《太虚大师与祇洹精舍》《杨仁山与江西三杰》《关于许灵虚——兼谈钱塘许氏家族与晚清扬州佛教》等论文三十余篇。近年来，他还编辑出版了《杨仁山居士全集》《金陵刻经处大事记长编》，目前正在编辑《欧阳竟无全集》与《杨仁山居士年谱》。

采 访手记

采访时间:2014 年 10 月 28 日
采访地点:金陵刻经处
受 访 人:武延康
采 访 人:丁 曦

在金陵刻经处采访期间,武延康老师一直都很忙碌,不但要进行佛学研究,还要接待世界各地的来访人员。虽然很忙,武老师还是欣然接受了我们的采访邀请。于是在深柳堂,武老师用了将近三个小时的时间为我们讲述了金陵刻经处的历史和杨仁山的生平事迹。我们有幸了解到刻经处的前世今生,感动于杨仁山居士所做的事业,以及在动荡年代为了传承弘扬佛法精神努力坚持的人们。

武延康口述史

丁曦 整理

金陵刻经处是在清同治五年，即 1866 年，由杨仁山创办。刻经处前后一共搬迁了四次。1866 年创建之初，设在常府街杨仁山的家里，是租用周馥①的房子，那里现在已改建为我们单位的职工宿舍。后来就搬到鼓楼北极阁的山上，再后来因为和别人发生了争端，北极阁储存经版的地方不能用了，又搬回杨仁山的家。那个时候杨

杨仁山

居士的家已经不在常府街了,在现在的大行宫的位置,当时叫花牌楼,也是租用别人的房子。到了 1897 年,杨仁山自己出资买了一块六亩二分的地皮,盖了一座宅院,共有六十余间房子,就是我们目前所处的位置。当时的格局和现在不太一样,首先是大门的朝向,那时候大门是在东面,就是现在延龄巷的位置。20 世纪五六十年代把大门改到南面,即现在的淮海路 35 号。

当时从延龄巷进了大门,就是生产经书的作坊。这个作坊包括三个部分:一个是雕刻,也就是刻版;一个是印刷;还有一个是装订。宅院的中间部分是杨仁山家属住的地方。宅院的西面,就是我们现在所处的深柳堂,一共三间,是杨仁山一个人住的。因为 1897 年六月初四搬到这里的时候,他夫人已经去世,他一个人就住在这里研究佛学,进行讲学、会客。

深柳堂

由此可见，金陵刻经处既是佛经的雕刻、印刷、流通场所，也是私人住宅。

深柳堂，为什么取名叫深柳堂呢？唐代诗人刘慎虚①有一首五律，中间有一句"深柳读书堂"。目前深柳堂上挂了一块匾是赵朴初②居士1954年题写的，他后来任中国佛教协会会长。在1897年的时候，这座房子前面有一个很大的池塘，周围种的都是柳树，所以杨仁山就把这里取名为"深柳堂"。后来，他的学生尊称他为"深柳大师"。1937年12月14日，日本鬼子占领南京的第二天，深柳堂就被日本鬼子放火烧掉了。现在的深柳堂是1943年由汪伪国民政府出资按原样重建的，这个深柳堂已经不是当年的遗迹了。当然金陵刻经处其他的房子还是1897年建造的，只不过后来经过重新修整。因为经版储存越来越多，1984年在原来的经版房位置，建成一座两层的经版楼，目前经版就储存在经版楼里面。

① 刘慎虚（714—？），字挺卿，号易轩，盛唐著名诗人，著有《鹡鸰集》五卷，今已散佚，代表作《阙题》："道由白云尽，春与青溪长。时有落花至，远随流水香。闲门向山路，深柳读书堂。幽映每白日，清辉照衣裳。"
② 赵朴初（1907—2000），安徽太湖人，中国民主促进会创始人之一，卓越的佛教领袖、杰出的社会活动家与伟大的爱国主义者，著名的书法家。

金陵刻经处大门

　　杨仁山全家于 1897 年农历六月初四搬进来，当时所有房子都没有油漆。什么原因呢？因为杨仁山的母亲这个时候已经九十八岁，而且身患重病，她想在去世之前，亲眼看一看她儿子盖的新房子，所以房子刚盖好就搬了进来。搬进来之后，家人用藤椅抬着她在院子里面转了一圈，十天以后，六月十四她就去世了。母亲去世以后，杨仁山把他的儿子们召集到深柳堂。杨仁山一共有五个儿子，有两个儿子在十几岁的时候生病去世了，只留下三个儿子。他叫来了老大、老二、老五，对他们说："我呢，一直想出家研究佛学，但是因为有老母在堂，我要尽儿子的责任，所以不能出家。现在母亲已经去世了，我也没有什么负担了，但是我现在年龄大了，出家人的清规戒律很多，所以还是不能出家。我以后呢，就一心研究佛学，弘扬佛法，世事我就不问了。你们年龄也大了，而且各人都有能力，应该分炊度日了。"这是杨仁山口头表达分家的意思。三年以后，即 1901 年三月十九，杨仁山正式在深柳堂与他的三个儿子订立了一份分家笔据，这在中国近代佛教史上是一个比较著名的事情。他说："你们年龄大了，各人都能自立，从现在开始就分家，但是，我多少年来刻印经书，欠了很多债，一共有三千八百一十两银子，那么这个债务要由你们三个人根据你们每年的收入多少来分认归还。"这个分家笔据上面就写明了老大还一千八百七十八两、老二还一千零五十七两、老五还

分家笔据

八百七十五两，后来三个儿子就分炊度日。杨仁山后代中有一个比较有名，即他的一个孙女叫杨步伟。杨步伟的丈夫赵元任是世界著名的语言学家，常州人。杨步伟后来写了一部书，叫《一个女人的自传》，书中就将当年分家以后的情况写得非常清楚。她说以前大家都在一个灶上吃饭，感觉很热闹，后来分了家以后感觉很不习惯。大家出去买菜都一同去，就是老大、老二、老五的夫人出去买菜都一同去，然后大家商量好买什么菜，不相重复，回来以后各家分灶烧好以后，每家盛一碗给杨老居士送去。杨老居士见此也非常高兴，分家以后的细节杨步伟写得很清楚。

关于谭嗣同

关于深柳堂，我写过一篇文章叫《深柳大师与深柳堂》，2001 年刊登在《法音》上面，内容记述了深柳堂与杨仁山有关的一些人与事。杨仁山的学生很多，比较有名的有：欧阳渐①，他于 1922 年创办了支那内学院；梅光羲②，民国年间的大居士；李证刚，大学者，曾经在清华大学、东北大学、中央大学做过教授；桂伯华，后来到日本进行密宗研究。他们都是中国近代史上很有名的佛教学者。另外还有一个很有名的人物就是谭嗣同③，他也是杨仁山的学生。那么谭嗣同和杨仁山的关系是怎么建立起来的？谭

① 欧阳渐（1871—1943），字竟无，江西宜黄人，近代著名佛学居士，杨仁山居士弟子。欧阳渐于 1914 年在金陵刻经处成立佛学研究部，聚众讲学。他继承杨仁山遗志，于 1918 年刻成《瑜伽师地论》后五十卷，于 1922 年成立支那内学院，并编印《藏要》。另外，他晚年自编所存著作为《竟无内学》，凡二十六种，三十余卷，均由支那内学院蜀院刻印，今则有金陵刻经处新版本流通。
② 梅光羲（1879？—1947），字撷芸，江西南昌人，佛学研究会成员，金陵刻经处第一任董事。梅光羲毕业于日本早稻田大学，随杨仁山居士学佛后，公务之暇，致力于唯识学之研究，卓然有成，佛学著作甚多，以 1920 年出版的《相宗纲要》（欧阳竟无为之作序）为成名作。
③ 谭嗣同（1865—1898），字复生，号壮飞，湖南浏阳人，中国近代著名政治家、思想家，维新派人士，早年曾提倡办时务学堂、南学会等，主办《湘报》以及参加领导戊戌变法。谭嗣同对佛教的研究、实践成果纳入《仁学》之中。

嗣同在 1896 年的年中,即农历六月底、七月初来到南京。为什么来南京呢？因为时任湖北巡抚的谭嗣同的父亲谭继洵,捐资为他的儿子买了一个官"江苏候补知府"。这是一个闲差,谭嗣同就住到了南京。1959 年中华书局出版的《谭嗣同全集》中,有很多文字记载了他当时与杨仁山的交往。他住了半个多月后,感到在这里很寂寞,没有事,因为闲差嘛,在南京候补,他就去拜访杨仁山。找到杨仁山后,就跟杨仁山学佛。谭嗣同在北京的时候有一个佛学老师叫吴嘉瑞,是湖南人,也是一个进士。在北京他拜吴嘉瑞为老师学习佛学,后来到南京以后就拜杨仁山为老师,所以谭嗣同在他的文章中就说吴嘉瑞是他学佛第一导师,杨仁山是他学佛第二导师。他对杨仁山是非常崇敬的,那时他经常到金陵刻经处来。1896 年杨仁山住在花牌楼,谭嗣同经常到他家里。第二年杨仁山搬到这里来以后,谭嗣同也经常到延龄巷来向他请教佛学。

湖南巡抚陈宝箴于光绪二十三年(1897)十月在长沙开设时务学堂,它是湖南维新派培养人才和宣传变法维新的机构。谭嗣同虽然没有在时务学堂任职,但他对此学堂的创办是大力支持的。时务学堂中悬挂有他所撰楹联一副:"揽湖海英雄,力维时局;勖沅湘子弟,共赞中兴。"谭嗣同当时向杨仁山购买了很多测量器具,因为杨仁山经历比较丰富,曾经分别于 1878 年、1886 年两次出使英、法两国,在国外对照相、测量、佛学都非常感兴趣,在回国的时候,带回大量的测量器具、望远镜之类的物品。从谭嗣同给他朋友的书信中可知,他当时为时务学堂买了很多这样的教学仪器、机器图纸和杨仁山居士家自制的地球仪。当时杨仁山次子杨自超闲居在家,后来由于谭嗣同的推荐,前往湖南长沙时务学堂任教习①。

① 教习,学官名,古代以教授他人学习为生的人,都被称为「教习」。

杨仁山不但指导谭嗣同研究佛学,而且热情支持他的维新活动,帮助推销《时务报》,就是一个明显的例子。当时谭嗣同在南京推销宣传变法的《时务报》,但一时找不到可信赖的代售处,杨仁山帮助他打听寻找。光绪二十四年（1898）正月，应湖广总督张之洞和湖南巡抚陈宝箴之邀，谭嗣同携眷返回湖南。离开南京前，他将东关头公馆的一套红檀木家具赠送给自己的恩师杨仁山。（这套家具后来一直放置在深柳堂。1937年12月14日，即南京沦陷后的第二天，深柳堂被日寇焚毁，这套家具也同时被毁。）谭嗣同回到湖南后，就将全部精力投入湖南的维新运动。由于学士徐致靖的保举，同年六月十二（7月30日），准备变法的光绪帝命督抚将谭嗣同"迅即送引见"。六月十六（8月3日），谭嗣同自武昌赴南京领取"咨文"。此时杨仁山命长子自新随谭嗣同一同进京。到了北京，谭嗣同受职任军机章京后，即从北京寄来报单贴在杨仁山家的大门口，末尾署名"受业门生谭嗣同"，以示荣宠未忘师恩。这个事可惹大祸了。为什么这样说呢？维新变法失败后，八月十三（9月28日）下午，谭嗣同、杨锐、林旭、刘光第、康广仁和杨深秀等"六君子"，以"大逆不道"的罪名，被斩首于北京菜市口。因为谭嗣同是杨仁山的得意门生，故不久杨宅即被官府抄家。杨仁山得知变法失败，谭嗣同被杀的消息后，心中很难过，随即销毁与谭嗣同来往的所有信件。据杨仁山的孙女杨步伟在《一个女人的自传》中回忆："在官府派兵围住杨宅抄家之前，当时南京的卫戍总司令是我父亲的好朋友，先来通了消息以后再来搜，所以什么都没有搜到就完事了。"但当时家人是很惊慌的，"晚上祖父和叔叔慌慌张张到家后进来叫我母亲，他们把小孩子都带出去，从后门到隔两家的粮店去躲躲，说有兵来围家里了，我们不知怎么回事，以后家中人心惶惶了好久"。金陵刻经处虽为私人创办，实际上有官方背景，抄家本身就是一种形式，再说也没有抄到有关谭嗣同的什么东西，此事后来也就不了了之。

1911年杨仁山去世后，他的弟子、北京的徐文霨是当时著名的居士，也是北京刻经处与天津刻经处的创办人，编辑完成了杨仁山的遗著。《杨仁山居士遗著》共二十三卷，十一册，于1917年编成。除杨居士生前已刻成流通的几种及《阐教编》一卷遵其遗命缓刻外，皆于1919年由金陵刻经处刻成。在这十一册中没有任何与谭嗣同有关的文字。这是什么原因呢？刚才我已讲了，有关他的文字都被销毁了。而后来在中华人民共和国成立后出版的《谭嗣同全集》中，则有很多文字记载了当年两人间的交往事迹。从这些文字，可以看出他们师生二人的关系是非常密切的。

我在十几年前写了一篇文章《杨仁山与谭嗣同》，其中有很多考证。谭嗣同所著最重要的一部书是《仁学》，是受到梁启超的影响写的，最能反映他的思想。那是在 1896 年八月下旬，吴嘉瑞从上海来到南京。在宁期间，他与杨仁山见面，并一起讲论经义。吴嘉瑞并向谭嗣同转告了梁启超的嘱托，希望他为香港《民报》写文章，演畅佛教的"宗风"。谭嗣同接受了这个建议，用了大约半年时间，于次年一二月间，写成此文，取名《仁学》，共有五万字、五十篇。现在有文章说谭嗣同的《仁学》是在金陵刻经处完成的。但是据我考证，这种说法完全错误。刚才我讲了杨仁山是在 1897 年六月初四搬到这里，而《仁学》完成是在这之前，那时杨仁山的家是在花牌楼，并且谭嗣同也不住在杨仁山家，没有任何资料证明谭嗣同是住在杨仁山家里面。谭嗣同有自己的公馆，地点在东关头，经我考证，《仁学》就是他在东关头自己的住所内或此前一直借住的杨彦槻家完成的。

1897 年上半年，谭嗣同起草了一个《金陵测量会章程》。他与杨仁山成立了一个测量组织，叫"金陵测量会"，地点就设在金陵刻经处。《章程》规定有十条，规则很详细。为什么要设在金陵刻经处呢？因为杨仁山在出使英法期间曾经在西方购买大量测量仪器，杨仁山本人业余对测量和照相很感兴趣。根据杨步伟回忆，上海的欧阳柱也是杨仁山弟子，他开了一个照相馆，照相馆第一套照相设备就是向杨仁山购买的，也是杨仁山从西方带来的。因为这个原因测量会就设在金陵刻经处。但是据我考证，根据当时的一些参加者的日记，像缪荃孙①

① 缪荃孙（1844—1919），字筱珊，江苏江阴人，光绪二年（1876）进士。在学术界，缪氏与当时的赵尔巽、张季直、王壬秋被称为清末民初四才子，宣统元年（1909）任京师图书馆监督。他在南京执掌书院和高等学堂教育连续达十二年。

有一个日记，叫《艺风老人日记》，它上面就没有这个测量会活动的记录。另一个成员郑孝胥[1]的《郑孝胥日记》，也没有关于测量活动的记录。所以测量会成立以后，实际上并没有举办什么活动。后来谭嗣同于 1898 年初返回湖南，这个测量会也就于无形中解散了，但是测量会的《章程》却保存在《谭嗣同全集》中。

谭嗣同在 1898 年农历年初，回到湖南老家，后来光绪皇帝召见他，他才到北京的。他到达北京之前经过南京时就将杨仁山的长子杨自新一同带到北京，后来情况就越来越不妙了。在他被捕前两天，他对杨自新说："你到天津给我办一件事情，我是深受皇恩，不得不报，你不必搭在里面，对老师说西方再见了。"自新起初不肯走，谭嗣同说，你死无名，万一不变你再回来。杨自新就到天津去了。在这个时候谭嗣同在他的寓所里面又写了一封信，这个信是模仿他父亲的口气和笔迹写的，意思就是指责谭嗣同不忠不孝。为什么要这样写呢？那是因为他想自己死后不能连累家人，也就是因为这封信，后来他的父亲没有被杀头，仅被连坐革职，勒令回籍，交地方官管束。受到这样的惩罚，算比较轻的了。等到杨自新再返回北京的时候，谭嗣同已经在菜市口被杀头了。于是杨自新与谭嗣同的朋友大刀王五[2]一同去收尸。半个月后，杨自新才回到南京。以上内容根据有关资料和杨步伟的回忆撰写，杨自新的这段亲身经历当对其女儿叙述过，所以杨步伟的记录不会有误。

[1] 郑孝胥（1860—1938），字苏堪，福建闽县（今闽侯）人，光绪举人。郑孝胥早年参与戊戌维新运动，后历任广西边防大臣、湖南布政使。1932 年任伪满洲国国务总理兼文教部总长等职，1935 年辞职，后死于长春。擅诗及书法，著有《海藏楼诗》。

[2] 王五（1844—1900），即王正谊，字子斌，京师武林名侠，一生行侠仗义，曾支持维新，捐躯国难，成为被人称颂的一代豪侠。

杨仁山与曾国藩、李鸿章

关于杨仁山，我再谈一谈。杨仁山是金陵刻经处创办人，他出生在 1837 年，1911 年的农历八月十七（10 月 8 日）去世。去世两天以后，即 10 月 10 日，辛亥革命就爆发了。家人和弟子按照他的遗愿，就将他葬在刻经处，因为他临终遗言说他的遗体与经版同在，就是说佛经版在哪里，遗体也要埋在哪里，其中的深意就是要守护他创办的刻经处。他的妻子及儿子去世后都是葬在南京中华门外。你们看过的经版楼，在 1984 年以前是十间平房。杨仁山是在深柳堂中去世的，去世以后，他的家人、弟子将他葬在深柳堂和经版楼之间，葬完之后中间修建了围墙。这个墓塔在 1918 年建成，即在他去世七年以后建成，由他的学

杨仁山墓塔

佛弟子安徽石埭人陈汝湜①捐资。这个塔是水泥结构。杨仁山去世以后，这里的深柳堂就不再住人了，它俗称影堂，他的照片挂在里面。深柳堂作为他的纪念堂，后面那个塔院也作为他的祭祀场所，在佛教界俗称"塔院"。

杨仁山有显赫的家世。刚才我讲了，金陵刻经处创办有官方背景。为什么这么讲呢？杨仁山从小就不喜欢科考，他喜欢研究诸子与唐诗宋词，所以他没有参加过科考。他出生之前，他上面是几个女孩，没有男孩，就是说他有五个姐姐。杨仁山的父亲杨摛藻，号朴庵，道光十七年（1837）已经三十八岁了，屡试不第，心中很苦闷。当时杨夫人孙氏三十七岁，已怀孕。一天孙氏做梦进入一座古庙，看见庭院中有一口大水缸，缸口盖以箬笠②，掀开一看，

① 陈汝湜（1887—1933），又名栖莲，字正有，安徽石埭人。他是杨仁山同乡，为其学佛弟子，于1921年创办天津刻经处，又于1913年创办北京刻经处。他在经济上予以很大帮助。杨仁山去世后，陈汝湜大力护持金陵刻经处。

② 箬笠：用竹篾、箬叶编织的斗笠，可遮雨。

杨仁山

见有莲花高出缸口,感到很奇怪。梦醒后,孙氏就与丈夫朴庵先生开玩笑,说:"今年你如果中举,我就生男孩祝贺。"此年,朴庵先生考中举人,不久孙氏果然生下一男孩。双喜临门,全家欢喜,给他取名文会,仁山是他的字,受到父母的钟爱。此事当时乡里传为佳话。第二年朴庵先生考中了进士。当时整个杨家村举行庆贺。我在2001年4月11日,与我们现在的肖主任第一次到杨仁山老家去采访,采访到很多关于他家庭的一些遗闻轶事。我们还听说杨家村前面有一个大的牌坊,是砖石结构,1968年被拆除了。牌坊非常雄伟,上面有很多雕花,是本村族人为杨朴庵建造,叫"进士牌坊",现在虽然已经不存在了,但是我们看到地基还在。

杨仁山的父亲考取进士以后到北京做官,任刑部主事,并带领全家前往,此时杨仁山两岁。在北京住了七年。朴庵先生非常孝顺,他到北京做官的时候,还把他的父亲带着,就是杨仁山的祖父。后来因为杨仁山的祖父很想念家人,而朴庵先生的哥哥、嫂子,还有其他人都在老家,所以朴庵先生决定辞官不做,于道光二十五年(1845)冬天带全家从北京回到了老家石埭。石埭县现在已不存在了,在20世纪60年代已经改成石台县了,石埭原有的部分地盘已经划归太平。石台县是20世纪60年代新设的,杨仁山老家后来属于太平县,太平县在80年代改名为黄山区,目前杨仁山老家属于黄山区。黄山市在屯溪(意为黄山市中心城区是屯溪区),黄山区离黄山市(指屯溪区)有两百多里。

杨仁山回老家的前一年,发生一件事情。据杨步伟讲,杨仁山出生三天之后,他的家人就给他定了亲,对方姓苏,比他大六岁。此时,亲家公写了一封信,寄到北京给杨朴庵,说他女儿得了天花,脸上麻了,肯定不适合再嫁给杨家儿子了,杨仁山可以另娶淑女。家人征询杨仁山的意思,他立刻就回答说,订婚在前,出天花在后,不能毁约,没有同意收回婚约。一年以后,杨仁山还是在老家与苏氏结婚。结婚不久,1850年,太平天国在广西金田起义。1853年,太平军打到安徽皖南,杨仁山父亲带着杨仁山及家里人,大概十个人,开始了十年的流浪生涯。在此期间,杨朴庵曾经任皖南的石埭、太平、青阳、旌德、泾县五县的团练总指挥。杨朴庵是进士,在地方上有声望，任团练总指挥配合清军跟太平军作战。太平军在皖南一直与清军进行拉锯战，打了十年。自咸丰三年(1853)至同治二年(1863)，太平军共计占领石埭县城十四次。最后，太平天国奉王古隆贤①带着四万太平军向清军投降了，这个时候太平天国在皖南的战火才熄灭。在战火熄灭之前三年，杨朴庵带着仁山于咸丰十年六月二十(1860年8月6日)来到皖南祁门投奔曾国藩，此事《曾国藩日记》中有记载。曾国藩军是农历六月十一(7月28日)进驻祁门的。曾国藩与朴庵先生是同科进士，且关系很好，《曾国藩日记》中记载了许多两人间的交

往事迹。而且在杨朴庵带杨仁山从北京回来之前，《曾国藩日记》中有一个记载，说杨仁山祖父七十九岁生日，曾国藩和同仁一起去朴庵先生家给他祝寿。杨朴庵带着杨仁山投奔到祁门的曾国藩大营，给他做军事参谋，受到曾国藩的热情接待。杨朴庵父子来到曾国藩军祁门大营的第四天即六月二十四(8月10日)，清政府实授曾国藩为两江总督，并任命为钦差大臣，督办江南军务。次年，咸丰十一年八月初一(1861年9月5日)，曾国藩的弟弟曾国荃率湘军攻下被太平军占领九年之久的安庆。以前安徽的省会是安庆，不是合肥。七天以后，曾国藩移驻安庆，杨朴庵父子随同前往。曾国藩请朴庵先生总理忠义局务，并主讲安庆敬敷书院。所谓采访"忠义局"，即采访死难于太平天国战事中的"忠义之士"的事迹，记录编辑成文字，以激励后人。而敬敷书院是清代安徽规模最大、办学时间最长的一所官办书院，为清代安徽"省学"。"忠义局"与敬敷书院皆由杨朴庵负责，可见曾国藩敬重朴庵先生的道德人品，故委此重任。可是在朴庵、仁山全家来到安庆的第三年即同治二年(1863)初，朴庵先生就生病了，且病情日趋沉重。朴庵先生生病期间，曾国藩曾多次去其家中看望，这在《曾国藩日记》中都有记载。三月初七(4月24日)，曾国藩派人"送吉林参与杨朴庵同年"，杨家收到后，杨仁山以长子身份至曾国藩处致谢并小叙。这是《曾国藩日记》中唯一一

条与杨仁山有关的记载。《曾国藩日记》中说朴庵先生不能平躺,只能半坐,我估计可能是心脏有问题。《曾国藩日记》:"六月廿五日(8月9日)。至杨朴庵处看病,观其安闲淡定,视死如归,不愧学道君子之自然;病则十分沉重,无可挽回矣!"不久以后,至七月十三日(8月26日),朴庵先生就去世了。曾国藩闻讯,即去杨家吊唁。《曾国藩日记》:"七月十三日(8月26日)。至杨朴庵处吊丧,渠本日卯刻仙逝,甫经小敛。""七月廿一日(9月3日)。作杨朴庵挽职一副。"至七月廿五日(9月7日),曾国藩又去杨家吊丧行礼。当时,杨家"家境贫困,无石米储",但在为朴庵先生办丧事期间,杨仁山以长子的身份代表杨家一概拒收奠仪。《曾国藩日记》:"七月廿五日(9月7日)。至杨朴庵处行礼,渠家本日受吊,不收奠仪。"

朴庵先生去世后,杨仁山继续被曾国藩任用,安排在谷米局任职。谷米局是官署名,为专门储藏粮食的部门。当时清军与太平军的战事尚未结束,谷米局是一处重要的后勤供应机构。

1864年,即朴庵先生去世之后的第二年,杨仁山回了老家一趟,这是他最后一次回老家,以后就没有资料记载杨仁山再回过石埭老家了。这次回石埭故里是为安葬朴庵先生的。杨仁山办完事就返回了安庆。因长期劳顿,杨仁山不幸感染上瘟疫,病了很久,由此正式走上了学佛之路,此年他二十八岁。先前,有一个不知名的老尼,送过杨仁山《金刚经》一卷。他携回家阅读,一时难以理解其中道理,但觉得很微妙,于是珍藏起来;后来又在安庆书肆中购得《大乘起信论》一卷,终因公务繁忙,搁置案头,未暇寓目;此次病后,取阅其他书籍,终不满意,但读《大乘起信论》,不禁爱不释手,连续读了五遍,终于明白书中的深义。于是他常常去书肆求购佛经,有一次在书肆找到一部《楞严经》,就在店铺中阅读起来,竟忘身之所在,等到日落西山,店主催归,才恍然大悟。从此,杨仁山便专心学佛,完全抛弃以前所学。凡有亲戚朋友外出他省者,杨仁山得知后,必委托代觅经典;见到行脚僧,也必询问从何而来?有何刹竿?有无经卷?

同治三年六月十六（1864年7月19日）太平天国首都天京被曾国荃率湘军攻下，太平天国灭亡。不久两江总督府从安庆移驻南京，杨仁山于次年来到南京。来到南京后曾国藩让他负责城防工程，因为南京在战争期间受到很厉害的破坏，一些官府的建筑、炮台都被损坏，杨仁山就负责修复工程，即城市重建工程。

据杨步伟《一个女人的自传》记述，有一个叫周馥的在杨仁山手下做会计。周馥后来官至两江总督、两广总督。他与杨仁山关系非常密切。杨仁山1865年到南京以后住的房子就在常府街，也就是周馥的房子，这个房子在20世纪50年代被拆除了，1989年在原址重建了两幢六层楼房，目前是我们金陵刻经处的职工宿舍，即常府街45号。这个房子1953年由周馥的后人捐给了金陵刻经处。1866年金陵刻经处创办这一年，杨仁山把家属带过来，家也搬到这里来。此后杨仁山一共联络了十五个人，连他本人一共十六个人，创立了金陵刻经处。金陵刻经处的章程是在1868年即同治七年订立的。我们目前认定的金陵刻经处成立的年代是1866年，也就是同治五年，说这一年创办金陵刻经处的是金陵刻经处1949年之后的第一任主任徐平轩①。他根据什么理由这么说呢？因为这一年杨仁山刻印了一本佛经《净土四经》，他就将这部佛经的出版年代作为金陵刻经处创始年。严格说这不是很精确的，为什么这么讲呢？因为1866年刻印了这部书，1867年、1868年没有出书，1868年的八月十五，杨仁山等十六位居士订立《金陵刻经处章程》，同月同日发布的文件还有《募刻全藏章程》与《募刻全藏疏》，总共三个文件。严格地说，1868年才是金陵刻经处创办的年份，应该以它的章程制定的那年作为创始年。

三个文件中，《募刻全藏疏》文章写得特别漂亮。金陵刻经处的创办人还有妙空②法师，创办金陵刻经处妙空法师与杨仁山两个人是最出力的。《募刻全藏疏》是妙空法师署名的，但实际上并非妙空本人所撰写，而是由赵烈文①代笔，并且是妙空委托杨仁山请赵烈文撰写的。当时杨仁山与赵烈文同在曾国藩手下共事。赵烈文文笔很好，且思维敏捷，当天就写好了。这件事情的原委在赵烈文《能静居日记》中有记载。目前出版的《能静居日记》是根据原件影印的。影印件中就有金陵刻经处的《募刻全藏疏》，原稿上改动的笔迹还在。赵烈文是曾国藩的重要谋士，其远见卓识洵非曾幕中一般人可比。他曾在同治六年（1867）预测清王朝维持不了五十年，果真不错，五十年不到清王朝就灭亡了。赵烈文全家信佛，光绪年间赵烈文捐资在金陵刻经处刻印了许多种佛经。

① 赵烈文（1832—1893），字惠甫，号能静居士，江苏阳湖人。
② 刘瑞芬（1827—1892），字芝田，安徽贵池人，以谙练外国事务著称，著有《养云山庄集》。
③ 龚定瀛，字熙亭，湖南湘乡人，生卒年不详。其早年在湘军中任职，随军征讨。1879年代理盐城知县，1882年署任高邮知州，同治、光绪年间经常捐资金陵刻经处刊刻佛典。

同治七年（1868），《金陵刻经处章程》等三个文件颁布以后，次年刊刻的第一部佛经是《楞严经》。也就是从此部佛经开始，金陵刻经处版的经书尾页始出现"某某年金陵刻经处识"的牌记。

同治四年（1865），即聘请杨仁山来南京主持城防工程的当年，曾国藩被朝廷调往徐州主持镇压太平军。曾国藩离开南京后，两江总督由李鸿章代理。李、杨两家也是世交。李鸿章的父亲李文安与杨仁山的父亲杨朴庵是同年进士。光绪十二年（1886），李鸿章嗣子李经方与杨仁山随钦差大臣刘瑞芬②出使英国，同被派往伦敦。光绪十六年（1890），杨仁山内弟苏少坡随出使日本的大臣李经方东渡日本，在清政府驻日使馆中任职。光绪十九年（1893）秋，李鸿章任直隶总督。杨仁山胞弟杨文润供职该处河工，将其父杨朴庵先生的《敬修堂重订文稿》呈请李鸿章作序。此时杨朴庵已辞世三十年，李鸿章也已官居显位，为文华殿大学士、直隶总督，世袭一等肃毅伯。他在文中犹自称愚侄，由此可见李、杨两家的关系也非一般。此外，金陵刻经处十六个创办发起人中，有很大一部分人都是曾国藩幕府中人，他们或在曾国藩创办的金陵官书局中供职，或在湘军中供职，如龚定瀛③就是湘军将领。因为以上原因，所以我说金陵刻经处的创办有官方背景。

杨仁山与曾纪泽、刘瑞芬

①曾纪泽（1839—1890），字劼刚，号梦瞻，湖南湘乡人，曾国藩之子，清代著名的外交家，与杨仁山为至交。

　　杨仁山曾作为清政府派驻国外的外交官，两度随外交使团出使国外。第一次是光绪四年（1878），曾纪泽①作为清政府派驻英、法两国的钦差大臣，携带的使团成员中就有杨仁山，他的身份是随员，官阶比参赞低。根据《曾纪泽日记》，可知使团成员都是经过精挑细选的。曾纪泽说，当时深相倚信而又通洋务者，实无其选，只好从平时办事认真、性情敦厚笃实的人中挑选，由此可见杨仁山的生平为人。光绪八年（1882）二月，杨仁山三年任期已满，又因老母亲思念，曾纪泽批准他销差回国。此次出国，他携带长子自新。杨自新被曾纪泽派充英、法两国画图留学生。杨仁山回国后，仍以刻印佛经为事业。本年，他去苏州寻找藏版之处，在元墓山香雪海看中一块地方，终因经费不足未购成，从此打消了这样的念头。

　　杨仁山第二次出国是在光绪十二年（1886），跟随清政府派驻英国的钦差大臣刘瑞芬，其外交官的身份仍然是随员，任期三年。这次出国携带次子自超。杨步伟在《我的祖父》中回忆："光绪十二年，刘芝田又出使英、法，派人再三邀请再往，这次祖父到英后则专心考察英国政治和工业各方面，颇悟欧西各国致富致强之根基，无非以实学为本，并劝刘上种种条陈给清政府，但都未得采用。祖父见世道人心更每况愈下，就决定不再在政界中周旋了，保举自然仍不接受。其时祖父就对曾祖母和祖母说两子都已成名就事，家有薄产，可以温饱，从此我可以不问家事和国事，专心尽力研究佛学了。"光绪十五年（1889）三月，法国巴黎铁塔建成，开展览会，刘芝田派杨仁山代表清政府出席大会。此年夏天，因三年出使期满回国，仍与前次出使一样，推辞不受褒奖，继续经营刻经事业。他曾告诚学人："斯世竞争,无非学问。欧洲各国政教工商,莫不有学。吾国仿效西法,不从切实处入手,乃徒袭其皮毛。方今上下相蒙,人各自私自利,欲兴国,其可得乎?"又因为世事人心愈趋愈下,便发誓不再与政界往还,专求出世之道。于是,托人从日本购得一部小字藏经,闭户诵读。自此,杨仁山更加注意收集藏外古德逸书。

杨仁山是一位中国近代具有广阔胸襟、世界眼光的佛教学者。其思想的形成与他两次随团出使有很大关系。在国外工作、生活期间,他考察欧洲一些国家的政治、经济、文化、科学技术、人情风俗;学习西方的科学技术;参访国外的佛教学者,互相探讨佛教义理,寻觅济世良方。而西方现代科学技术提供的巨大生产力及其强国利民作用,以往在国内只是耳闻,现在却得以亲见。

① 刘世珩(1875—1926),字聚卿,安徽贵池人,刘瑞芬(芝田)之子,近代著名藏书家。

刘瑞芬是安徽贵池人,与杨仁山是同乡,因石埭与贵池同属于池州府。他是咸丰十一年(1861)投奔到曾国藩军营的,比杨朴庵、杨仁山父子迟一年,与杨氏父子算是老朋友了。当时刘瑞芬以熟悉国外事务著称,后来任广东巡抚。他的儿子刘世珩①,是1897年杨仁山与谭嗣同创办的"金陵测量会"的成员。刘瑞芬的《养云山庄集》中收有景仰杨朴庵的诗作,以及光绪年间为石埭岭下杨氏重修家谱作的《序》。《序》中言:"余与杨氏近同桑梓,饫闻世德久矣。"杨步伟在《一个女人的自传》中回忆:"后来在1964年的纽约世界博览会的中国馆里,我还碰见了刘芝田的四世孙女,居然还叙起旧来。"可见刘、杨两家为世交,其交情非同一般。

杨仁山与南条文雄

杨仁山第一次随曾纪泽出使英、法期间,在光绪七年(1881)六月的一天晚上，与使馆中的朋友陈远济、左秉隆，以及日本净土真宗著名佛教学者南条文雄[1]首次在伦敦聚会。次日，南条文雄又来到清政府驻英国使馆，与杨仁山等聚谈，所谈内容广泛，涉及佛教的许多问题。与前晚一样，此晚的谈论至深夜乃散。本年，杨仁山还致函南条文雄。信中回忆十三年前与妙空法师同发宏愿募刻佛教全藏，而如今斯人已逝，自己肩负的担子更重，预计刻完全藏之期，更为遥远，言语间，充满感慨。当时南条文雄还年轻，正在英国牛津大学留学。后来他从牛津大学毕业，回到日本，从事佛学研究与教学工作。直至 1909 年，杨仁山与南条文雄一直有书信来往。《杨仁山居士遗著》中有《等不等观杂录》八卷，其中卷七、卷八收录了两人的来往书信二十八封，但这并不是两人通信的全部，因为很多信件已经遗失了。杨仁山请南条文雄在日本陆续购得佛典三百种左右，其中很多都是当时中国大陆已经失传的隋、唐古德遗著。杨仁山根据南条文雄寄来的佛典，重新校勘，然后再由金陵刻经处雕版、印刷、流通。如杨仁山亲自校勘出版的《成唯识论述记》《入楞伽心玄义》《六妙法门》等，都是当时中国失传的佛典。后来在 1905 年至 1912 年间，日本藏经书院开始编纂《续藏经》[2]，编纂负责人是中野达慧。因为他知道南条文雄与杨仁山有多年交往之谊，故请南条文雄写信给杨仁山，希望代为搜寻藏外及未刊之书，以供《续藏经》编纂之用。杨仁山接到南条的来信，即回复说："弟近年来渐形衰老，眼昏手颤，艰于作书，而代笔者又无其人，以故远方来信，往往不能作答，实出无可如何耳。"但他对编纂《续藏经》的工作极为支持，认为是"极大法缘"。同

[1] 南条文雄（1849—1927），日本净土真宗僧人，日本近代佛教史上的重要人物之一。其留学十余年后担任东京大学、文科大学讲师，以新的文献学方法及资料研究佛学，使日本的佛学研究更加兴盛。著有《南条文雄自叙传》《怀旧录》等。

[2]《续藏经》，即《日本续藏经》，编刊工作起于明治三十八年（1905）四月，完成于大正元年（1912）十一月，包括第壹辑第壹编、第贰编甲乙，共计七百五十一册，分装一百五十一函。《续藏经》广泛搜集了中国与日本历代未入藏的佛教典籍，内容上至六朝遗编、唐宋章疏，下至清代学者的著述，还包括部分疑伪经典，但有关禅宗语录则收录不多，共收经典一千六百六十部。每编均自立门类，合计共分作经部、律部、论集部、密经轨部、大小乘释经部、大小乘释律部、大小乘释论部、诸宗著述部、礼忏部、史传部等十门六十三类。全书印成后不久，存书被焚，故流传的印本不多。近年有影印本出版流传。

时,他明确表示,国内同志收藏内典者,遇有可入《续藏经》之本,亦能代借。后来,杨仁山在朋友处借到了几十种日本没有的佛典,寄到日本,收入藏经书院编纂的《续藏经》,其中就有普陀印光[①]法师提供的《拣魔辨异录》,此书乃清雍正皇帝下旨编辑而成。杨仁山协助日本藏经书院编纂《续藏》,这在中日佛教文化交流史上是一件很重要的事情。《续藏》出版以后,书后的捐资人名中第一人就是杨仁山,说明杨仁山不但为编纂该书收集资料出力,还出资助其刊印。可惜杨仁山最终未能目睹该书出版,因为1912年9月《续藏经》即将刊成之际,杨仁山已去世一年了。南条文雄在《日本续藏经序》中,回忆了与杨仁山相识的经过,互相寄赠佛教典籍之事,以及杨仁山刊刻经籍的艰辛。

①印光(1862—1940),陕西邰阳人,俗姓赵,名圣量,字印光,别号常惭愧僧。印光曾住浙江普陀山法雨寺二十余年,朝夕唯阅藏念佛,不求闻达。

②锡兰,即今斯里兰卡。

③达摩波罗 (1864—1933),是锡兰佛教居士,1891年在印度创设摩诃菩提会,以振兴佛教为己任。

祇洹精舍

为了培养佛教人才,1907年至1909年间,杨仁山在金陵刻经处内办了一所佛教学校,叫祇洹精舍。祇洹精舍的创办,与杨仁山一贯重视教育有很大关系。但直接原因则可溯源于光绪十九年(1893)杨仁山在上海与锡兰[②]佛教居士达摩波罗[③]的相识。达摩波罗希望接受西来佛法而发扬光大的东方,能对佛教发源地有所贡献,如派遣人才到印度弘法。此外,祇洹精舍的成立与杨仁山对当时佛教界现状很不满意有关。他在许多文章中都对当时佛教界提出了严厉批评。他在《般若波罗蜜多会演说〈一〉》中说:"近世以来,僧徒安于固陋,不学无术,为佛法入支那后第一隳坏之时。"我曾在南京图书馆见到一本小册子,关于1910年在南京举办的南洋劝业会的《指南》,内容介绍南京的名胜古迹、风俗人情等。其中谈到当地民俗以新年大年初一见到僧人,尤其是见到尼姑为最晦气。由此可见当时僧人在一般民众中的印象不佳。对于当时佛教界的颓废景象及僧徒文化素质的低下，杨仁山深感忧虑与不安。根治此弊，他认为必须振兴教育，开办僧学堂。

祇洹精舍

光绪三十三年（1907）春，杨仁山与学佛同仁共同商议建立祇洹精舍。当年秋，佛学学堂"祇洹精舍"正式在金陵刻经处开办。当时，陈三立①在江西督办南浔铁路，施其薪金于金陵刻经处，成为办学经费的主要来源。另外，月霞②法师也协助募化办学经费。祇洹精舍的学习课程计划分三门：佛法、汉文与英文。佛学是根本课程，汉文是研修汉语佛典的基础，英文则是与外国人交流的工具。杨仁山认为，具备这三门学问，才能肩负向印度及世界弘传佛法的重担。祇洹精舍的章程与当时其他学校的规章制度全不相同。他在与释式海③的信中说："教习各尽义务，不送修金；虚礼浮文，

① 陈三立（1853—1937），字伯严，号散原，江西义宁（今修水）人。陈三立曾与谭嗣同、梁启超等同仁办湖南时务学堂，戊戌变法时参与新政，后因变法失败，与其父陈宝箴同被革职。1937 年冬，他愤恨日军侵略，绝食逝于北京。他曾出资赞助居士办祇洹精舍。后来又是佛学研究会成员，著有《散原精舍诗文集》。

② 月霞（1858—1917），俗姓胡，名显珠，号不波，又号慈舟，浙江台南人。

③ 释式海（1870—1932），俗姓蒋，名永标，法名宏济，湖北黄冈人，著有《维摩经讲义》。释式海于诗文书画无不精通，有佛学、诗文、杂评、传记、讲演、摘记等，后人辑为《观日山房集》行世。

一概不用。来本塾者，人人自知分所应为，无主客之分，平等平等，各尽其心而已。"经过一年的筹备，至光绪三十四年（1908）九月，一切校务工作已准备就绪。此外，向镇江、扬州诸大寺院召选的僧徒也已到达。十月初，正式开学，杨仁山作《祇洹精舍开学记》，指出办学的目的是"兴遗教"，并表达了自己兴教办学的决心。祇洹精舍开学后，杨仁山任佛学讲席。此外，聘请的教师有：谛闲①，教授天台教观；苏曼殊②，任英文教习；李晓暾③，任汉文教习。后来在十二月上旬，苏曼殊因患唾血症，离开祇洹精舍去日本疗养。于是，杨仁山另聘邓秉钧④教授英语。其中，李晓暾是进士，祇洹精舍停办后，他一直留在杨仁山身边，协助从事文字工作，直至杨仁山去世。

祇洹精舍是在1907年秋开办，至1909年秋结束。第一年是筹备期，即筹款、聘师资、订规章等。正式开学上课仅两个学期，即1908年的下半年与1909年的上半年。它的学生陆续有进有出，有的学了一学期就离开了，第二学期又有新的学生进来。根据资料记载，共有二十几个学生，目前能考证出姓名的仅十余人。其中多数为僧人，如仁山⑤、智光⑥等，居士仅邱晞明⑦与谢无量⑧。他们之中的不少人都是中国近代佛教史上赫赫有名的人物，属于民国年间佛教界的

① 谛闲（1858—1932），俗姓朱，名古虚，号卓三，浙江黄岩人。光绪三十四年（1908）谛闲受杨仁山聘请，入金陵刻经处任祇洹精舍学监并讲授天台教观，1919年创立观宗学舍，自任主讲。1928年，改并为弘法研究社，并发行《弘法月刊》，弘扬天台教义，著有《大乘止观述记》等，后人辑有《谛闲大师语录》。

② 苏曼殊（1884—1918），名元瑛，改名玄瑛，法名博经，号曼殊，广东香山（今中山）人。苏曼殊先后加入华兴会和中国同盟会，后加入南社，能诗文、善绘画，通英、法、日、梵诸文。

③ 李晓暾（1879—1919），名世由，别号晓庐，湖南邵阳人。

④ 邓秉钧（1881—？），字高镜，号伯诚，湖南常宁人，佛学研究会成员，著有《华严新疏》《法华析疑》《墨子哲学》《墨子新释》。

⑤ 仁山（1887—1951），别号天晴，俗姓顾，江苏金坛人，著有《瑜伽师地论注释》《法海波澜》等。

⑥ 智光（1889—1963），法名弥性，号以心，别号仁先。智光受焦山记莂后，法名文觉，俗姓孙，江苏泰县（姜堰）人。

⑦ 邱晞明（1885—1939），名之恒，易名樸，江西宜黄人。

⑧ 谢无量（1884—1964），原名蒙，字大澄，号希范，后易名沉，别号蒉庵，原籍四川梓潼，近代著名学者、诗人、书法家，著有《中国哲学史》《中国文学史》等。

领袖人物或骨干分子。譬如太虚①大师,是民国时期佛教界的领袖人物。祇洹精舍第一学期结束后,在1909年上半年,太虚大师来到金陵刻经处,时年二十岁。印顺法师所编写的《太虚法师年谱》载:"春,大师以华山之策发,栖云之怂恿,就学于南京祇洹精舍。凡半年,于古文及诗颇多进益。"太虚大师虽然在祇洹精舍仅学习了半年,但对其一生佛教思想的影响非常巨大。我十几年前写过一篇文章《太虚大师与祇洹精舍》,其中有比较详细的考证。后人于1956年编辑出版了《太虚大师全书》,共三十三册。太虚在其中很多文章中讲述了在祇洹精舍半年的学习对其思想的影响。

① 太虚(1890—1947)人,俗姓吕,本名淦森,法名唯心,字太虚,浙江崇德(今属桐乡)人,现代高僧。太虚1912年与同门仁山在南京创办中国佛教协进会,后并入中华佛教总会,被推为会刊《佛教月报》总编;1918年在沪建觉社,出版《觉社丛刊》(复易名《海潮音》);1922年在湖北创办武昌佛学院;1924年于庐山开世界佛教联合会;1928年于南京创办中国佛学会。

祇洹精舍仅办了两个学期就停办了。原因有二:一、经济不支是其主要原因。当时陈三立任江西南浔铁路总理,薪水比较丰厚,他捐钱支援杨仁山办学。他是杨仁山好友,1900年来到南京,1929年离开,在南京生活了二十九年。后来因江西铁路公司人事关系复杂,陈三立辞职不干了,收入也就没有了。二、生源匮乏,则是另一个重要原因。杨仁山1909年在给友人的信中说:"在校僧徒,程度太浅,英语不能接谈,学佛亦未见道。"由此可见,杨仁山对在学僧徒的整体文化素质并不满意。因此,所谓"无学生"是指缺乏具有较高文化素质的学生。

在中国历史上,以在家居士的身份私人集资创办僧学堂以培养教育僧人,杨仁山之前实无先例,充分体现了杨仁山勇于开风气之先的革新创造精神。

杨仁山创办祇洹精舍有两个显著特色:一、是为培养佛教人才而兴办的高等级的僧教育学堂;二、杨仁山是第一个具有世界性眼光者。因此印顺法师在《太虚法师年谱》中说:"为佛教人才而兴学,且有世界眼光者,以杨氏为第一人。"

关于祇洹精舍与后来佛教的关系，太虚大师说："祇洹精舍虽然办了不久即停顿，其影响后来的佛教事业实大。民中发起中国佛教会的欧阳渐、梅撷芸、李证刚等居士，僧中如仁山、智光等法师，都是精舍中人。故二三十年来能引导许多居士信佛，其原动力实有赖于杨居士。"

佛学研究会

宣统二年四月十八（1910 年 5 月 26 日），南洋劝业会在南京举办，为期六个月。在展览会上，杨仁山设立佛经流通所，将南京、扬州、常州、苏州、杭州等地所印佛典，择要聚集一处，以供莅会者购阅。杨仁山并作《南洋劝业会开设佛经流通所启》。

十月下旬，展览会将结束时，杨仁山到会发表演说。他说："地球各国，皆以宗教维持世道人心。使人人深信善恶果报，毫发不爽，则改恶迁善之心，自然从本性发现，人人感化，便成太平之世矣。"

杨仁山认为，刻经事业须设居士道场，朝夕丹铅[1]，感发兴致，然后才能成功。感叹昔年与金陵刻经处共举刻事者乍成即歇，扬州砖桥江北刻经处虽刻经不少，而人亡业败。又以为佛学重在钻研，加之在南洋劝业会举办期间，海内名流聚集，因有佛学研究会的设立，地点即设在金陵刻经处。该会发起人为梅光羲。成员有欧阳渐、狄葆贤[2]、欧阳柱[3]、梅光远[4]、蒯若木[5]、李翊灼、余同伯[6]、陈

[1] 丹铅，指点勘书籍用的朱砂和铅粉，亦借指校订之事。
[2] 狄葆贤（1873—1941）字楚青，号平子，别署平等阁主，江苏溧阳人。狄葆贤"戊戌变法"时期拥护维新运动，变法失败逃亡日本，曾创办《时报》《民报》和有正书局，晚年笃好佛学，著有《平等阁笔记》《平等阁诗话》等。
[3] 欧阳柱（1858—1932）字石芝，号一居士，广东新会人。
[4] 梅光远（1880—1940）字斐猗，江西南昌人，为梅光羲的胞弟。
[5] 蒯若木（？—1945）以字行，名寿枢，蒯礼卿（光典）之侄，安徽合肥人。
[6] 余同伯（？—1913）以字行，名钧，江苏苏州人。

宜甫①、陈樨庵②、沈曾植③、夏曾佑④、陈汝湜、陈三立、邓伯诚、张尔田⑤等人，公推杨仁山为会长，并以佛学研究会为护持金陵刻经处的组织。研究会每月开会一次，每七日讲经一次，听者多欢喜踊跃。杨仁山因作《佛学研究会小引》，阐述该研究会的宗旨是志在恢复"本师释尊之遗教"。针对当时佛教的衰敝，提倡信解行证的结合，以期通过研究佛学，真正明白佛教的本意，因而坚定信仰，正确修行。这与办祇洹精舍的宗旨是一脉相承的。两者不同之处在于：祇洹精舍的学徒多为僧人，而佛学研究会的成员全是居士。佛学研究会成立后，各地多有"投函问法"者，均由杨仁山授义，李晓暾执笔代复。

① 陈宜甫（？—1952），以字行，名义，江苏丹徒人。
② 陈樨庵（？—1919），以字行，名镜清，安徽石埭人。
③ 沈曾植（1850—1922），字子培，号乙盦，晚号寐叟，浙江嘉兴人。
④ 夏曾佑（1863—1924），字穗卿，号碎佛，笔名别士，浙江钱塘（今杭州）人。
⑤ 张尔田（1874—1945），原名采田，字孟劬，号遁堪，浙江钱塘（今杭州）人。

杨仁山居士去世

宣统三年（1911）夏秋之交，杨仁山生病了。他想到自己近年来年老多病，于是召弟子陈宜甫来到病床前，对他说："我这次生病可能不能恢复了，但刻经处须有人负责，我想将刻经处托付给陈樨庵、欧阳竟无及你三人。陈樨庵在上海，你写信去；欧阳竟无就在刻经处，你去与他面谈，听他们的意见如何。"陈宜甫与欧阳竟无洽谈后，都同意杨仁山的意见，于是一同去见杨仁山。杨仁山见此，很高兴，对二人鼓励说："即使我这次生病痊愈了，刻经处仍由你们三人负责，我就专心念佛，不问他事了。"

到了八月十一（10月2日），杨仁山建议召开佛学研究会临时会议，定在十七、十八日（10月8日和9日）在南京举行。会议的内容有三项：一、讨论维持、保护金陵刻经处的办法；二、报告刻经处托付三人之事，由会议追认，以示公意；三、杨仁山辞去会长，另选佛学研究会新会长。当时会中的主要成员散处北京、上海等地，时间紧迫，一时难以聚齐。陈宜甫建议会议延期举行，杨仁山对自己的身体状况很了解，说："不能延期，延期就来不及了。"于是电报通知，众人如期集合，到了八月十六（10 月 7 日）傍晚，北京、上海的会员都到齐了。乃订于次日（10 月 8 日）下午二时在碑亭巷杨仁山弟子蒯若木住宅开会。当时将近中午，杨仁山口授会场应议内容，陈宜甫站在一旁记录。临去会场时，陈宜甫又去请示，杨仁山说："我这里没事了。你可早点去布会场。"当时杨仁山神志自若，毫无变异。到了下午三时许，会议尚未结束，杨仁山家人奔告说："老居士已西去矣！"会场众人皆大惊失色，急忙驰归。

① 魏家骅（1863—1933），字梅郇、梅苏，晚号贞士，江苏江宁人。
② 张勋（1854—1923），原名张和，字少轩、绍轩，号松寿老人，谥号忠武，江西省奉新县人，中国近代北洋军阀。

杨仁山逝世七年以后，1918 年，墓塔建成。墓塔周围建有围墙，围墙上开有花窗。它位于深柳堂后，经版房前。墓塔后部的围墙上，镶有青石碑一块，上面刻有沈曾植撰、魏家骅①书《杨仁山居士塔铭》。

杨仁山弘法四十余年，校刻经版二万余片，刻成经典两百一十一种、一千一百五十五卷，印刷流通经典著述百余万卷。

张勋来深柳堂吊唁

杨仁山去世后的第四天，即 1911 年 10 月 12 日，对面巷内张公馆的主人、时任江南提督兼江防大臣的张勋②，在卫兵的簇拥下，来到金陵刻经处吊唁，并在深柳堂居士的棺位前磕头行礼。平时，张勋与杨家素无往来，大约因为杨仁山在南京几十年学佛有名，并在官绅两界有很大的影响，张大帅觉得应尽邻里之谊吧。此时，辛亥革命已经爆发，张勋的辫子兵在南京城内到处搜捕革命党，并乘机搜刮民财,城内秩序很乱。

杨步伟在《一个女人的自传》中回忆:"张虽然和我们作为邻居很好,不过他是知道我们家向来和革命党有往来的,一不讲情面就会来查甚至捉去的。正在没有办法的时候,在祖父死的第四天,他公然自己还来吊孝。他来时大家怕极了,等他磕了头以后,大伯自己出来谢孝,就对他说,我们家有几个青年妇女怕打仗,想到上海去避避。还有二姑母庵内三个小徒弟也是大户人家的小姐,大帅是知道的,他们也想一同到上海。不知总署后小车站能不能上车了。张很快地接嘴说:那容易,我叫一个卫兵招呼好了,你们还可以带几只箱子走。大家听见真出乎意外(不过中国人向来把人情看得重得很)。我在孝帏里面想偷偷地看看他是怎么一个人,我母亲捉了我的衣服不让我去看,所以这一个大名鼎鼎的张勋我始终没有看见过。第二天一大早他的卫兵来了,说快走吧,城里城外要开大炮了。如是我母亲就带了我们一共二十四个人动身。"

金陵刻经处董事会

杨仁山去世后的当天晚上,佛学研究会同人仍在蒯宅集议,讨论组织金陵刻经处董事会,推梅光羲、吴璙①、欧阳柱、狄葆贤、叶元鋆②、梅光远、李翊灼、王宗炎③、李晓暾、蒯寿枢、濮伯欣④十一人为董事。旋开成立会议,定刻经处办事简章,承杨仁山居士遗意,规定三人各负专责:陈樨庵负责刻印经典图像、流通及处务,欧阳竟无负责编校经典,陈宜甫负责外来交涉事项,事关全体者,三人共同处理决定。

组织金陵刻经处董事会,乃杨仁山生前遗愿。杨仁山在安排弟子三人负责刻经处的

①吴璙(1856—1936),字康伯,号公璞,江西新建人。
②叶元鋆,字子贞、子珍,安徽怀宁人。
③王宗炎(1865—1936),字雷夏,号燕樵,泰州人,祖籍河北正定。
④濮伯欣,字一乘,江苏溧水人,杨仁山弟子。

同时，又考虑到必须还要有监督机构，于是又有组织董事会的决定。董事会人选之资格，非佛学研究会可比。"须平时有功于刻经处者，或捐有巨款者，或弘扬佛法不违背先祖之宗旨者，方有董事会之资格。"①

编印《大藏辑要》

杨仁山见日本编印的《续藏经》多至一万余卷，"似驳杂"，乃加以选择，详订书目，编辑《大藏辑要目录》，共收三藏要典及各家著述四百六十种、三千三百余卷，准备陆续刻印。

杨仁山逝世后，他的学生和信众继续募刻《大藏辑要》，共分四十八愿，每愿五百元（银元），有一人认捐几愿或一愿的，也有几人认捐一愿的，共集资两万四千九百元。刻经至1922年，愿款告罄。此后，至1938年，仅刻经三十余种。从1912年至1938年，金陵刻经处共刻印经书两百余种。由于金陵刻经处印刷经典、佛像流通只是按纸墨印工计算成本，本着弘法的精神不求利润，管理的费用也是信众捐助，这样一旦断绝了经济来源，刻经活动便难以为继了。实际上至1922年，募集的刻资用完后，金陵刻经处的刻经业务便基本停止了。

董事会维持时期

董事会自成立以后，各董事即分散在上海、北京、山东等地，各有职业，且开会的旅费也须本人负担，所以很难聚齐开会。其中部分董事对刻经处很关心，另有部分董事对刻经处的事务不闻不问。又编校、流通与交际三个主任的职务均系义务，其他会计和管理印刷、流通等职员薪水及办公费均属低微,向来靠外缘资助。刻、印工人的工资,各有刻经的捐款或流通经典价款(印件工资算在成本内)开支。陈樨庵在世时,杨仁山弟子陈正有热心护持,每月送来津贴,月送陈樨庵三十元(有时还特别加送),送会计李石庵和管理刻印流通的李可园各五元,以安定他们做好流通弘法的事业。又以杨仁山之孙杨咏裳(桂芬)赋闲在家,陈正有介绍他在南京造币厂供职,以消除他与刻经处的矛盾。鉴于以上情况,1919年秋天陈樨庵去世后,散在各地的董事中很难物色出合适的继任人选。当时杨仁山长子杨自新在北京,即与在北京的董事及陈正有、徐蔚如等商量,没有结果,因想推出的人,都不允担任。另外,梅光羲当时任山东高等检察厅长,常因公事到北京,也关心继任人选,后又因事到沪,与在沪董事商议,仍然没有结果。最后,在沪的董事约齐到玉佛寺,把董事中有经济力量的人提名写成签条,放在签筒内,于佛前抽签决定,最后抽出由梅光羲当选。

梅光羲当选为流通处主任职务后,因他有山东高等检察厅长公务,不可能来南京就职,乃委托刘小楼代表他在刻经处供职。刘不久辞职,又另委萧屏阁继任(萧氏个人尔后在花牌楼开一照相馆),二人的薪水均在山东高等检察厅挂名职员支付。此外,梅氏聘请杨自新为新建监狱工程的监工,也是挂名给薪,又垫款一万数千元作为刻经处的流通周转金。其他职员的薪金和应照顾者都进行了妥善安排。当时刻经的款项有陈樨庵在世时专款存储的募刻《大藏辑要》四十八愿愿款。这样,刻经和流通的业务便都顺利进行了。

1926年梅光羲辞去刻经处职务,各董事经过积极联系与磋商,推选蒯若木继任流通主任管理处务。蒯氏也因有公职在身,不能来刻经处就职,委托徐子洁为代表在宁负责。蒯氏有经济实力,因此徐子洁得以从1926年秋冬间任职至1941年秋辞职。虽然他任职期间很少有人捐款刻经,刻经的业务自《大藏辑要》愿款于1922年冬用完了也就逐渐停顿,但流通业务尚能如常进行。直至1937年12月中旬日本侵略军占领南京,流通业务才停止。此时,支那内学院已迁至四川江津,设立蜀院,继续讲学、刻经事业,但遗留在内学院中的数十万册书籍及房舍全部被毁,原院址沦为平民的棚户区,致使抗战胜利后,支那内学院无法在南京恢复。南京沦陷之时,刻经处自负责人徐子洁至普通职工,有的避难在城内难民区,有的逃往外地,这段时间刻经处无人看守。因日军中有随军传教的佛教徒,熟悉刻经处的性质,招呼日军未十分骚扰,但深柳堂被焚毁了,刻经处的内部环境也被糟蹋得不成样子。之后在难民区的部分职工陆续回到刻经处,有些职工又复逃回自己的农村老家。随后汉奸成立伪政府,人民仍生活在惊恐之中,徐子洁因感环境的恶劣与内部的矛盾,自南京沦陷后就不再回刻经处,乃于1941年秋辞职,蒯若木改委陈方恪继续为代表任职。

陈方恪(1891—1966),字彦通,江西义宁人,陈三立第四子。其兄弟五人,长兄衡恪(1876—1923),字师曾,曾留学日本,为书画大家;二兄隆恪(1888—1956),清末留学日本,诗人,中华人民共和国成立后任上海文保会顾问;三兄寅恪(1890—1969),著名史学家,留学日、英、德诸国,曾任清华大学、中山大学等校教授和中国科学院社会科学部委员;五弟登恪(1897—1974),留学法国,曾任武汉大学教授。陈方恪本人学识渊博,对诗词、音韵及版本目录之学造诣很深,在民国时期的文坛上声名较著。他长期居住南京,经历颇为复杂,早年生活奢华浪漫,又染上阿芙蓉癖①;1931年至1937年,任上海正风文学院教授兼教务长,南京沦陷时担任伪职;1939年,担任南京龙蟠里国学图书馆馆长,又任汪伪政府教育部编审委员;此间,又加入国民党军统,在金陵刻经处设置军统秘密电台一部;1946年秋,因抗战时期在沦陷区掩护军统电台、协助进行策反工作,以及被日军逮捕、严刑拷打未出卖地下组织等立功表现,受到国民政府军事委员会有关方面要员的接见、表彰,并发给军统地下工作者证明书;1950年,至南京图书馆古籍部工作,其后以无党派民主人士的身份,担任南京第一届政协委员及文联理事。

① 阿芙蓉癖,出自《己亥杂诗》的词语,阿芙蓉指鸦片。

在南京沦陷期间,刻经处所藏的日本《续藏经》被人窃卖一部分，杨仁山收藏的书画文物，也都被窃卖无余。何逸林在《推阐逊清名哲杨仁山先生》一文中言："抗战期中，金陵沦陷八载。先生本宅（经坊）曾蒙异国学子数度问津，坚询经版存何处，以看守者早将满藏经版之屋（计三大间）妥为封闭，并将坊内通至藏版处所之曲径饰以障碍物，未至发觉引渡。"

蒯若木在生前护持刻经处尽心尽力。1945 年冬，他去世以后，因断绝了经济上的援助，刻经处每况愈下。至 1945 年底，刻经处已负债一千数百万元。陈方恪乃于 1946 年夏将金陵刻经处房屋所有权状向银行押借一千五百万元，至 1947 年春，押款到期，因无法将贷款和利息归还银行，他本人前往上海筹款，一去不返，流通事务委托其亲戚俞旷生代理。又拖延了半年，利息已积至一千余万元。在此情况下，杨缘生、杨雨生、杨立生等被迫将刻经处所有空余房屋全行出租。"收取押租，凑集成数，代偿银行押款。"债务既清，陈方恪仍居沪上，"迭经询问，辄以有俞君在宁代办为词"。1947 年 7 月，陈方恪夫妇在南京寓所吸食大烟，被破门而入的警察厅便衣警察当场抓获，做完笔录后均关押在看守所，8 月初始出狱。出狱后，陈方恪即去上海，同月 17 日他致函陈宜甫请求辞职，并举荐俞旷生、谭仁宝二人接替其在刻经处职务。杨缘生、杨雨生、杨立生等以陈方恪自从代表蒯若木负责以来，并未尽责，为求保存其祖创事业不致毁于一旦，乃于同年 10 月印发《为金陵刻经处敬告十方书》，对陈氏所负巨债提出质疑，列举他到职不久即将家眷迁入刻经处，并分借房屋给友人携眷居住，实开此前未有之例，竟视刻经处为私有。且数年之中账目从不公开，款项收支公私不分。现债务既清，陈氏仍逗留沪上不归。并曾一再婉讽陈氏"引退让贤"，乃终无明白之表示。该文最后敦请十方弘法护教人士共同努力，"俾刻经处赖以不堕"。随后他们在 11 月初又发函给刻经处董事，陈述刻经房房产解决经过，敦请董事会商议维持刻经处办法。终于促成陈方恪在当月辞职，由陈宜甫继任。

成立金陵刻经处护持委员会

陈宜甫继任流通主任后,因内外矛盾重重,业务停顿,工作无法展开,致使经济更加困难。出租房屋的房客和借住的住户,大都有地方恶势力直接或间接为他们撑腰,不但不付租金,且有借故讹诈的纠纷,停顿的局面也无法维持,最后不得不将留下的少数员工全部遣散。再加上房租收不到,无法交房地产税,积欠既多,税局追款越来越紧。陈宜甫一人在这样的环境中,局促于斗室,看守残局,毫无办法。

到了 1952 年 3 月 15 日夜,看守刻经处的陈宜甫于贫病交加中去世。此时 1911 年选出的第一任董事会董事中仅余濮伯欣、李证刚二人(后来李于此年 12 月 31 日病逝,享年 72 岁)。正在此时,杨仁山外孙女程净华(信佛独身,杨仁山居士晚年一直由她在身旁服侍)的世交丁宁(在南京龙蟠里图书馆工作)知道了住在刻经处的濮伯欣已在独立进行活动,图谋将刻经处的经版送给该馆,濮自己则进馆工作。丁宁因世谊关系,对刻经处事业非常关心,即将这个消息告诉程净华,建议从速设法挽救,以免导致金陵刻经处从此消亡。

杨仁山的孙子杨立生、杨雨生兄弟及程净华得知濮伯欣的企图,不忍看到先人创办的佛教文化事业遭到破坏,以刻经处是十方公有的财产,且与上海佛教界素来关系密切,即于 1952 年春由杨立生(时寓居在上海其婿鲍正鹄家中,鲍是杨仁山曾外孙,为复旦大学教授)与杨雨生(当时住南京)分别向上海和南京佛教界反映,请求援助。徐平轩当时也在上海,受立生、雨生兄弟之托,又由他向时任中国人民救济总会上海市分会副主席兼秘书长、华东民政部和人事部副部长的赵朴初居士反映。此时上海抗美援朝分会佛教支会同时得到南京佛教界反映(当时中国佛教协会尚未成立),决定予以支持,推请徐平轩往南京调查了解情况。徐到宁后,即向南京市人民政府宗教事务处反映情况,并同杨雨生数次前往住在刻经处的濮伯欣处征询意见,此时他拒不承认是旧董事,且态度暧昧。徐回沪汇报后,杨雨生因濮进行迁移经版的活动情形紧急,后也赴沪与乃兄杨立生面商催请赵朴初居士速派人往宁接管刻经处。赵据情与佛支会联系,该会当即召开缁素①会议,杨雨生应邀出席报告情况,会议决议推举徐平轩为刻经处主持(后改为主任)。徐在 1919 年陈樨庵去世时,及 1947 年蒯若木的代表陈方恪去职继任者乏人时,都曾被邀,但因当时环境复杂、矛盾重重故坚辞未允。徐平轩回忆宿望未酬,今有党和人民政府的宗教政策为依靠,决定来宁。下车后径往南京宗教事务处投递上海佛支会的介绍信,请予指导和关照,并请示具体进行办法。1952 年 5 月 5 日,徐平轩在宗教处负责同志的陪同下来刻经处任职。自此以后,金陵刻经处就在江苏省人民委员会宗教事务局暨南京市人民委员会宗教事务处领导下,会同南京市佛教界共同负责一系列的整顿恢复工作。同时上海市佛教支会又另函请上海市委统战部转函南京市有关部门给予支持和领导。

上海市抗美援朝分会佛支会为了加强护持刻经处,于 1952 年 6 月 7 日邀请佛教界缁素大德讨论护持事宜,组织成立金陵刻经处护持委员会,推比丘②圆瑛、应慈、持松、妙真、大悲、清定、苇舫、亦幻、达圆、雪烦、雪悟,比丘尼闻现、心一,居士赵朴初、李赞侯、李明扬、冷御秋、蒋维乔、方子蕃、游有维、李经纬、郑颂英、沈彬翰、林子青、倪正和等二十五人为委员,并推选赵朴初为主任委员,亦幻、游有维为副主任委员,林子青为秘书主持各项事宜。赵朴初主任委员几次亲临南京视察指导工作,并向有关部门反映情况。他对刻经处的关心无微不至,一直到 1957 年刻经处成为中国佛教协会领导下的事业单位时护持会的工作才结束。另外,吕澂③先生不仅是旧董事会

① 缁素:意思是黑和白,因僧尼穿黑衣,而白衣是平常人穿的衣服,所以用来借指僧人和俗人。

② 比丘:梵语「bhiksu」的音译,一般意译为「乞士」,俗称「和尚」。

③ 吕澂(1896—1989),字秋逸,又作秋一,江苏丹阳人。其早年在金陵刻经处佛学研究部学习,1922 年后投身于佛学研究,协助欧阳竟无辑印《藏要》三辑,为《佛教百科全书》撰写中国佛教条目,自订《吕澂佛学论著选集》(五卷)。

的董事,且与刻经处有深切的历史渊源,他于 1952 年秋到宁协助刻经处解决问题,此后一直关心刻经处的事业和发展。

徐平轩主任主持恢复工作

徐平轩在金陵刻经处上任伊始,就大刀阔斧地开展了整顿工作。首先进行的工作是整理经版和经籍。当时经版杂乱地堆放在经版房地上,地面潮湿,灰尘厚积,蛛网密布。经过清扫尘土,修理经版木架,整理经版入架,共计四万七千四百二十一块。

第二项工作是恢复刻经处的刻经、流通业务。自 1922 年《大藏辑要》愿款使用完后,刻经业务就基本停顿下来,到了 1953 年,刻经业务才又恢复。首为能海①法师刻《四分律比丘戒本广颂》,而后刻《俱舍论》《大唐西域记》《大毗卢遮那成佛神变加持经义释》《如幻三摩地无量印法门经疏》等。补刻齐全《玄奘法师译撰全集》七十六种、一千三百四十七卷。徐平轩来到刻经处的当月,就恢复了流通业务。

第三项工作是房屋的整理和扩建。刻经处原有土地六亩二分,房屋大小六十余间,后来业务衰落,房屋出租、被占及在空地上搭盖的棚户,竟达三十多户。在这种情况下,要全面恢复业务,几乎不可能。于是动员租户、占户、借户、棚户及杨氏后人搬家,付给搬迁费、代觅房屋和解决纠纷。

第四项工作是修治庭院,栽培花木。整治后的刻经处已是绿荫遍地,鲜花不断,四季如春了。至此,金陵刻经处的内、外部环境已大为改观,呈现出一副欣欣向荣的景象。

① 能海(1886~1967),四川绵竹县人,俗姓龚,名缉熙。清末国家多难,能海立志从戎,于光绪三十一年(1905 年)考入陆军学校速成班,与刘湘、刘文辉等为同学;三十九岁于四川新都宝光寺出家为僧,20 世纪 50 年代任中国佛教协会副会长及全国人民代表大会代表,是近代著名的爱国高僧。

同时在刻经处设立文物展览室。展览室内陈设有十八个玻璃立橱，橱内放置工艺精湛的佛像版十八块，它们是光绪年间杨仁山亲自主持雕刻的，当时选用上等棠梨木板材，邀请名刻工将名人所作佛菩萨像临摹上版雕刻而成，具有重要的艺术价值和文物价值。每一块佛像版配以一幅水印像，使人更能感受到它强烈的艺术效果。此外，还陈列有唐人写的汉文和藏文经典，五代、宋、元、明、清历代刻藏及藏文、蒙文经典，还有巴利文的锡兰（今斯里兰卡）、缅甸、泰国、柬埔寨等国的贝叶经。

当时，中国佛教协会决定将北京、天津、上海、扬州、常州等地的佛经、像版，陆续运往金陵刻经处统一管理。徐平轩不顾年迈体弱，多次亲赴外地操持调运工作。此项工作从1953年开始，至1962年结束。

"文革"中的金陵刻经处

"文化大革命"开始后，在1966年9月，金陵刻经处被宣布为封建迷信单位，强行解散，职工停发工资。当时刻经处成为"白下区红卫兵司令部"。刻字工人也被批斗，最后遣送回乡。甚至德高望重的吕澂先生也不能幸免，被拉到刻经处批斗。佛学研究室的研究人员郭元兴[1]被遣送回原籍江苏睢宁县，其他研究人员游侠[2]、李安[3]、田光烈[4]等均被送往南京郊县江宁青龙山农场劳动改造，每月每人发给家属生活费十一元。经版几乎被焚，文物掠劫

① 郭元兴（1920—1989），江苏睢宁人，1980年回金陵刻经处工作，后在中国佛教协会研究部从事研究工作，著有《佛教与长寿》《高僧法显行迹考》等。
② 游侠（1902—1987），别名陈百城，字子默，浙江平阳人，著有《欧阳竟无先生的法相学》。
③ 李安（1908—2005），字仲康，浙江东阳人，著有《论佛法的知行观》《吕澂先生在佛学研究上的贡献》《童蒙止观校释》等。
④ 田光烈（1912—2007），以字行，名应矩（原名应福），别名惕忱，祖籍江西，出生于贵州遵义，任中国佛教协会理事、中国佛教文化研究所特约研究员，著有《玄奘哲学研究》《佛法与书法》等。

殆尽,金陵刻经处内一片狼藉。对此情景,徐平轩忧心如焚,他提起笔给中国佛协写了最后一份述职报告,报告如实反映了刻经处遭受破坏的惨状。

当年进驻刻经处的黄宁平有一篇回忆文章,刊登于 2004 年 10 月 30 日的《南京日报》。他说:"红卫兵住进金陵刻经处没多久,周恩来总理办公室从北京发来了加急电报,电文大意是'金陵刻经处所藏经版是祖国珍贵的文化遗产,希望红卫兵小将们妥善保管好'。红卫兵们对周总理的指示还是坚决执行的。很快,散乱在外面的经版和文物都得到了妥善处理,数个存放经版的房间都加了锁,进行封存。"

金陵刻经处再次恢复

1973 年 4 月,赵元任、杨步伟夫妇从美国回国探亲。5 月 13 日,国务院总理周恩来,人大常委会副委员长、中国科学院院长郭沫若,在北京人民大会堂会见了赵元任、杨步伟及他们的亲属。谈话间,杨步伟提出了恢复金陵刻经处的要求。周总理当即下达了"保护恢复刻经处"的指示,并交当时也在场的赵朴初居士具体经办。会见结束后,赵朴初居士陪同赵元任、杨步伟夫妇到金陵刻经处拜扫杨仁山墓塔,并执行周总理指示,收回了深柳堂三间房屋。由于当时历史条件限制,恢复工作进展甚微。后来又经赵朴初居士多次呼吁奔走,至 1979 年底,刻经处下放人员终于得以召回两三人,在深柳堂筹备恢复刻经处的工作。1980 年 10 月,管恩琨[1]任刻经处副主任,金陵刻经处的恢复工作全面展

① 管恩琨(1926—2016),山东五莲人。1980 年,其受聘于中国佛教协会,任金陵刻经处副主任,主持金陵刻经处的恢复建设工作;1988 年,受聘为金陵刻经处主任,著有《清风明月在》。该书记述了金陵刻经处恢复过程中他的亲身经历,保存了大量难得的历史资料。

开。同年 11 月,在中国佛协第三届理事会上,赵朴初会长提出:"周总理生前交下来的任务,我们有决心继续争取在近期内完成。"此后,赵朴初会长凡是来南京,都要亲临金陵刻经处视察指导工作,这对刻经处的恢复发展至关重要。

首先,在各级政府关心支持下,落实宗教政策,收回了刻经处的全部房产,于 1984 年扩建了经版楼,维修翻建了深柳堂、祇洹精舍等所有房屋,并开始将散乱如麻的十几万片经版清理分类。经过艰苦努力,终于在 1981 年重新印刷流通了第一批书籍,共计九种。其中有《净土四经》《金刚经》《杨仁山居士遗著》,以及为纪念鲁迅百年诞辰而印行的鲁迅于民国初年委托雕版的《百喻经》等。赵朴初会长为此撰写了《金陵刻经处重印经书因缘略记》,以志庆贺。此后,金陵刻经处经过数年努力,将十几万片凌乱不堪的经版整理得井然有序,按部类书名分别上架,经统计,共有经版十二万五千三百一十八块,从而完成了刻经处恢复工作中最关键的一项任务。可惜的是,1961 年从常州运来的两万九千四百块经版因当时刻经处无空余房屋存放,暂时存放在南京毗卢寺斋堂,结果全部毁于"文革"之中。

自 1981 年印行了第一批经书后,金陵刻经处历年来陆续印行了大量典籍。2006 年,其所保存的中国传统的木刻水印工艺"金陵刻经印刷技艺",入选了首批由国务院批准、文化部确定的国家级非物质文化遗产名录。2009 年,联合国教科文组织将金陵刻经处、扬州广陵古籍刻印社和四川德格印经院三处传承的"中国雕版印刷技艺"列入人类非物质文化遗产代表作名录。现在,它正乘着改革开放的东风,愈益焕发出勃勃生机,必将对中国佛教文化的发展起到更大的促进作用。

木活字印刷技术

活字印刷技术是中国古代四大发明之一，为世界瞩目。至今，在浙江瑞安仍有一批能工巧匠以"梓辑"之艺在运用、传承着木活字印刷技术。据《太原郡王氏宗谱》载，元代隐居在福建省安溪县长泰里的王法懋，将木活字印刷技术运用到编修族谱的事业中，并将工艺代代相传。明正德年间（1506—1521），王法懋的部分后裔迁入浙江平阳浦尾、翔源、仙姑洞一带。清乾隆元年（1736），王法懋第十四世孙王应忠一脉由平阳翔源迁入东源，"梓辑"之艺就此传到东源。王家不仅自家传承，也通过联姻和收徒将技艺传授给外姓亲友或求学者。除了王家之外，瑞安亦有多户家庭以"谱师"为职。

以宗谱为代表的瑞安木活字印刷品，古朴大气，古韵十足。从字模的制作到最后家谱装订，整个流程纯手工操作，每一道工序都有很高的技术含量，需要谱师们倾注大量的精力。

2008年，木活字印刷技术入选第二批国家级非物质文化遗产代表性项目名录。2010年，中国活字印刷术被列入联合国教科文组织急需保护的非物质文化遗产名录。近些年，政府与民众深入协作，共同保护，瑞安木活字印刷技术传承和发展的前景正在逐渐明朗。

中国木活字印刷文化村展示馆

林初寅

国家级代表性传承人

林初寅（1934—　），男，世居浙江省瑞安市曹村镇西前村，国家级非物质文化遗产代表性项目木活字印刷技术国家级代表性传承人，木活字印刷大师、修谱专家。

2008年2月，林初寅荣获浙江省非遗项目『木活字印刷术代表性传承人』称号；同年6月，荣获『国家级非物质文化遗产代表性传承人』称号，文化部为其颁发了证书（证书编号为031400）。

自林初寅祖父林上德始，林家开设『林问礼堂』谱局，以技艺和修谱之精闻名乡里。1948年，十四岁的林初寅就随父林时生（育卿）、兄林晓初学习修谱和木活字印刷技术，『梓辑』技术精熟。『文革』期间，修谱工作受到打击，林初寅被迫转业当代课教师，后进农机厂工作，退休后重新开始修谱，并培养了多位木活字传人。林初寅用自己的房屋开办木活字印刷展示馆，积极宣传优秀的民族传统文化，代表作品有《林氏大宗谱》《陈氏大宗谱》等。

采 访手记

采访时间:2014 年 6 月 6 日
采访地点:浙江省瑞安市曹村镇西前村
受 访 人:林初寅
采 访 人:范瑞婷

林初寅(中)和国家图书馆中国记忆项目中心工作人员合影

　　林初寅老师看上去特别和善，祖传的木活字及工具都在林老师的居所里。他们家祖辈一直是做木活字的,经历"文革"仍保存了祖上传下来的木活字。

　　林老师说现在会做家谱的人不少,包括他自己的儿子和孙辈,但是能刻好字模的人很少,因此这门技艺的重点是写好字、刻好字。他一直跟我们强调,当地政府要求把木活字印刷技术传下去,这也是他个人的愿望。

耿晓迪 整理

林初寅口述史

代代相传的手艺

我是 1934 年 4 月 8 日出生的,老家就是这里,西前村。我十四岁中学毕业以后,就跟爸爸学木活字印刷,在外面边做事边学,到过浙江的平阳、台州、余杭,还有福建等地,主要是永嘉、鹿城这一块儿。我学到十六岁就开始自己在外面做家谱了。

我们家的木活字印刷技艺是祖传的。我们太祖是举人,他的木活字印刷技艺是从福建传过来的,太祖、祖父、父亲都是做家谱的,传到我这是第五代。我太祖妈是瑞安东源人,来自那边姓王的人家,她嫁到我们曹村林家这里,跟我们太祖结婚。从那以后,两家一起做家谱,到平阳①或者福建做活。说起来,东源的木活字还是从福建传过来的。

我们家自己不懂农业生产,只好去搞这

①平阳,这里指的是古代的平阳,元代升为州,明代为县,属于浙江温州府,清代沿袭下来,归属浙江瓯海道,位于今平阳县和苍南县一带。

197

个，专心做这个。我爸爸没有种田，不搞农业，他一贯做家谱，我十六岁都不会种田。我家里兄弟三人，我哥哥和我跟着爸爸学，有困难的话，爸爸会负责的。我爸爸没有带其他人，就在家里传，带我们兄弟俩，我爷爷就是带我爸爸，就这么一代一代传过来。过去都是传给自己家里人的，只传给男孩，所以做家谱的就我们一家，这一条线从太祖到我这里，没有传过别家，堂房的亲戚也没有做木活字的。不过到我这里，倒有一个外姓，是我老婆的外甥，叫他来我们这学了好几年，他也会做了。可是前年（2012）他亡故了。在曹村镇，过去是不带学生的，平阳做木活字的都带学生。我们现在带的几个学生都是平阳县的，也有本村的。我现在带的一个学生是我的一个曾孙。

我哥哥也做木活字的生意，我们两个在外面分开做，我弟弟没有做这方面的事，家里其他人也没有做这个的了。我哥哥四十多岁就死了。过去做生意他是最忙的，他一个人下面有三十多个学生，主要在平阳、福建那边做活儿。现在我自己做，我的三个孩子也都会做，已经传给他们了。我家老大甲正过去跟我哥哥一起在外面做过木活字的生意，他今年（2014）快六十岁了，老二甲化四十多了，老三甲介也四十多了，他们都在外面做生意，就没做木活字的事。我其实还有两个女孩，一共五个孩子。木活字技艺我只传给男的，没有传给女的。到现在还是传给男的，因为女的将来就出嫁了。

"文革"的时候就不让做家谱了，有些宗族的谱都烧了，烧了好多。我们把做的家谱都藏起来。家里有两担做木活字的字模和工具，那时在我们镇有人要在大字报上写我，叫我们家上交一担字模和工具，一定要上交。这时，哥哥回来了，就交了哥哥手里的那一担。他那担是新雕的一担，就上交了。其实还有一担的事，别人就不知道了，我们就统一口径说只有一担，就交了一担。

留下的那一担是祖代传下来的，也是字模最多的，就是我自己用的那担，它是我父亲传给我的，有四万多个字，我当时藏起来，到现在还存着呢,就这么传下来了。"文革"的时候不让做家谱,我就转业到农机公司去工作，退休以后再拿出字模和工具开始做木活字印刷的事。

刻字排版的门道儿

刚开始学的时候是有些困难的,我在父亲身边看,看了一阵以后他就教我怎么印刷。学会印刷后,就学纸怎么定框、牵支、装订,慢慢地一步一步地教起来。

过去带学生要带三年。三年学什么呢?头一年学写宋体反写字;第二年学怎样刷印,看手法怎么搞;第三年要学雕刻,字模要怎么雕,一个一个把字雕起来。有时候梓辑①还差一个字,就要自己现场雕。过去可以做家谱的人,大部分自己都会雕的,我自己这里的字模就是手雕的。不过 1988 年以后,学习的时间就不严格要求了。现在国家重视传统文化,要传承这个技艺,传承的内容里就有雕刻,是要考试的。

①梓辑指运用木活字印刷编修宗谱的一整套工艺。

刻字的时候,先请木工师傅把棠梨木做成最大五分(十一毫米见方),小的三分(长七毫米、宽五毫米)的字块。这个还挺困难的,木工的活儿一定要准,不准的话,字块歪了就不能用了。用细的小的毛笔在字块上先反写,因为字是要反雕的,印出以后就是正的,先反后正。写好后把字块放在一个盒子里,固定牢,再用雕刀来雕。先把横雕好,再雕直(竖),再雕点。

这个挺困难的,学了好长时间,要不然记不住怎样写反字。当时我在爸爸身边,他要雕字的时候,叫我们也拿起个字块来雕,教你在哪儿雕。初步雕出来的字模不太好看、不标准,以后慢慢就好了。我们雕的这个是宋体字,宋体字一定要有宋格(老宋体的字体格式)，过去全部是宋体字。有的字是土话里的字，在电脑里找不到的，但在木活字里头都有，而且我们现在还在进行补充。有些名字用的是古代那些字，我们也要刻出来。

木活字材料有讲究：一个是纸，安徽的宣纸；一个是木材，就是棠梨木；再一个，过去的牵支、牵线啊，用的是银朱，是红色的。原材料就是这几种。棠梨木的优点是纹细，里面没有丝，它雕起来很脆，字也没有丝，有些地方可以自己挑起来。别的木材有些地方你雕不起来，有些有洞孔。再有，棠梨木纹细的话，水刷上去不会浸水，其他树的木材会浸水的，这样字就看不清了。不过本地产的棠梨木现在很少了，也买不到了，有也是价钱贵。原来深山里有，现在在哪个地方也搞不清楚。其他可替代的就是枣树，红枣树，但不如棠梨树。

最难的就是排版。排字的时候是这样的，我们做好字模后，把那个字模，按顺序摆起来。我们那个"君王立殿堂"（指捡字口诀①，即布字诗），里面的讲究就比较多，一百多个字都是从古诗里选。举些例子，比如"王"字边的字，就从"王"这个字开始排顺序，这些字里有带"点"的字，比如"主""玉"等，就放在一排；同样的，字里有直的话，比如"平""干"，就放在一排；有"钩"的，如"到""列"等放在一起。这样呢，字模就按这个方法排列起来了，你就会看到字在哪个地方，你就可以找到了，要不你从哪里找啊。这个功夫最厉害，你想二十几个版填上去后，有四万多个字模，哪一个字在哪一版都得知道。四万多个字里，找的最多的是生日用字，这是每个人都要用到的，其他常用的就是名字用字，学找字就学这个，按诗来找。

过去这个字诀要背熟，不背熟你就找不到这个字，这个诗叫"布字诗"，每天就学这

① 捡字口诀：君王立殿堂，朝辅尽纯良；庶民如律礼，平大净封疆；折梅逢驿使，寄与陇头人；江南无所有，聊赠数支春；疾风知劲草，世乱识忠臣；士穷见节义，国破别坚贞；台史登金阙，将帅拜丹墀；日光升户牖，月色向屏巾；山迭猿声啸，云飞鸟影斜；林丛威虎豹，旗炽走龙蛇；饮酌罗暨畅，瓦缺及丰承；玄黄赤翼韵韬略精；井尔甸周豫，特事参军兵；卷食虽多厚，白目；毛齿骨革角，发老身手足，叔孙孝父母；来去上中下，杂字俱后落。

一百多个字,按照诗来背。每天在这里搞,看这个字在哪里,那个字在哪里,这个是比较困难的内容,要不会是找不到字的。

印家谱的讲究

家谱不是一个人做的。每一个祠堂,每一个宗祠里面起码有四到五个人做,最忙的时候,经常二十多人一起。人都是雇来的,有些没有生意的就来帮我做,我给发工资。

做家谱有开印仪式,开印时先印红纸贴在神案前,写着某年某月开印,开印大吉。赠吉言丁财两旺、合族荣昌,有的家族还给祖公摆起香案,告知祖先,有的敬请祖先,要放鞭炮。一般都由族长来主持拜祖公,就是每一姓里辈分最大、年龄最大的那个人。这以后还要发一个利是[1],就是开印了,他包一个红包给我们。到中途,家谱都印好了,要牵红支了,要请族长把银针扎入指尖滴点儿鲜血,用笔蘸血画第一条红支,表示祖公血脉相连,兄弟画横线,代数是直线。牵线的时候,还要请祖公,摆起来拜祖公。具体选哪个日子举行,就是看黄历,看哪一天好,希望子孙满堂。到完谱的时候,完成仪式就比较大了。有的地方家谱完成仪式要办三天,要做功德的,请道士啊、师公啊。一般起码要两三天,大部分是三天,有些丁不太多的就只有一天,不过即使只做一天仪式,也是一定要做的。完谱一定要做道场,要祭祖,写祭文。平阳地区有些家族会做七天的仪式。

拜祖先的时候,族长跪在宗祠里,读祭文。祭文内容要把这个家族全部写一下:祖公哪里来,家族的来龙去脉,最大的族长到小的晚辈的情况。通过祭文把这个情况告诉祖公。祭文一般是我写,这是有一些参照的,可以参照老的祭文,依着新的变化把里面的各族历史源流等改一改,每个姓都有些变化。

[1] 利是,也可以写成利市、利事,就是红包。

　　我们做家谱是到每个宗族或家族里的大祠堂、宗祠里面做，不在人家住的房屋里工作。我们跟头家联系好，就住在宗祠里面，吃啊、用啊也由雇主家负责。每做一个姓的家谱，按照每丁，也就是一口人多少钱，有多少丁，就拿多少钱，过去几毛钱一口人，看你宗族的人口有多少，有的宗族一千多，有的两千多，几百的也有。工钱可以在我做好家谱后结算，也有的人家和我们比较熟，费用大一点儿的，由宗族内选好总理首事来管理修谱事务，他们作为代表，由他们把所有丁钱从各户收起来，待修谱完成后，计算好，交给我。当然还要看家谱要做多长时间，过去的话，一千多人丁的家谱，需要两到三个人一起工作三个多月。

　　做家谱的一个重要工具是字模，我们要有四万多个字模，大的小的四万多字。字模都放在筅箱里面，挑着它们出去干活。木活字就码在印版里，一个一个字排的。木活字排版不像现在的电脑，电脑比较快，木活字就很慢，一般两三个人，一天做七版到十版，最多十版一天。专注的两个人一起工作，最起码开七版，已经是很快了。也可能多一版是补了再印的，比如印散了的，就得再开。

　　印制家谱，就是把版排好，把谱里面的一代一代开好、摆好，里面搞牢，不能歪，不能动。调整好后，用水刷一遍，可以让板子不干。干了的话墨放上去就没有了。刷好水，然后倒墨上去，把纸拿来放上，再拿干的棕刷在上面慢慢刷，把字刷出来，不要左右大幅度刷。刷出字来以后再把纸翻过来，放好，然后在纸上打圆圈，每一个名字上面一个圈。再画红线，爸爸、爷爷是直的一线，横过来是兄弟，三个兄弟、四个兄弟要画横线，这就是牵红支（画支系）。弄好后，要校对，看看有没有错。

　　过去的墨和现在的墨不一样，过去的墨是一块一块、一条一条的，要放到缸里面捣了。墨是有胶的，放进水里过一段时间就化了，化成水再用来印。

　　过去欧系家谱是怎么回事呢？欧系是欧阳修做的，欧阳修这部是直的，他的辈分没有牵支，前图后甲，前图是先把全族名字誊好，把支插上，后甲是把一个一个名字刷印，但每个人的生卒事迹是另外刷印。一个姓里面，比如一个辈分，从这个辈分上要合族全部做好，再印下辈，一个一个辈分搞好，不好找祖公，很难找。苏洵的是五代一提，九代一提，一代一代那么传，兄弟辈分看出来谁是谁，这个叫爷爷，这个叫太太。五代兄弟里横过来就是同辈，是兄弟，直下来的是辈分。①

　　一个族啊，不是只有一本家谱的，比如有五本或六本。五本或六本家谱内容都是一样的，因为家里要做家谱的话，要替祖公做一本家谱，存在宗祠里面，叫总谱，有总谱、房谱（一房的谱叫房谱）、家谱（这里指的是各家支选印的家谱），后两个的内容都能在总谱里找到。如果要做五本的就分五本，六本的就分六本，分开配好然后折叠起来，一张一张地折叠上，叠平，然后订起来。不像现在那个纸都是直接订起来，这个程序比较容易一点儿。不过它有一个切边的工序，切纸的时候一点儿都不能歪的。

　　现在做家谱有两种，一种是木活字，一种是铅字，都是繁体字，不过大部分都是木活字做家谱，因为铅字重，没办法挑到外面去工作。过去都是人工挑着工具，到人家宗祠里做，有时候对方会派人来挑过去。铅字的话，就挑不动了，要用车子开过去，也不用雕刻，直接用电力铸起来了，用机器做了。

　　木活字和铅字比较起来的话，木活字横细，就是横过来的笔画细，用不了很长时间就要换，比如刻着某年某月某日的字模，因为每天都要用到，用得就比较快，字模就坏了，细的横笔画印出来就会空心。所以木活字的字模不是长期的，经常要重雕。但铅字的话，如果一个字不要了，就化了再继续铸。现在有木活字，也有铅字，两种都存在，再加上电脑，就有三种。铅字对木活字没有什么影响。不

① 北宋文学家欧阳修和苏洵分别创立家谱体例格式。欧阳修采用史书体例和图表方式，先列明世系图，再另页写明每个人的生卒事迹，即本书口述中提到的「前图后甲」；苏洵制家谱的体例采用世系图，世代直行下延，人名纵横线条相连，关系清晰；温州、浙江南部、福建北部地区的家谱多使用这种体例。

过,用木活字印出来的东西保存时间长。我家里有的家谱最早是乾隆时候的,是老祖宗存下来的。

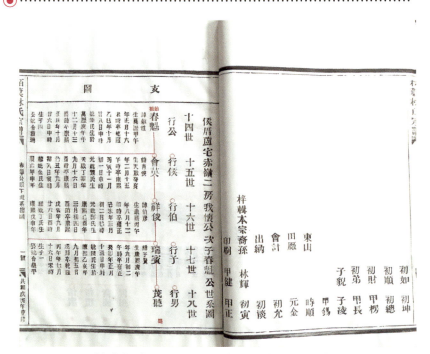

林初寅木活字印刷作品(瑞安市非物质文化遗产保护中心供图)

传统技艺在今天

我们的木活字是全世界最早的了,其他地方没有。现在学习木活字是要考试的,考雕刻,考不过还要复考,就是一定要把木活字传下去。我们现在就带着几个学生。我带两个学生,一个还在上学,是我的曾孙名林昭麒,他还在读高中,回来时每天就抽一至两个小时学雕刻。另一个是有工作的,每个礼拜天都来学,就是有空来学一学。我自己的孩子都在外面,他们都会做家谱,只是雕刻还不理想,雕刻耗时间,他们太忙,没时间。

现在木活字家谱少了,大家都搞铅字的。铅字毕竟好弄,电脑打印就行。木活字印刷太慢,价钱搞不上去,工资搞不上,而且家谱不一定常年都要做,利润不高。现在雕木活字的人也少了,我们这老一辈的人还能雕一雕,其他的人雕不起来的。但我认为木活字的优点在于古代的写法,传统的古代的书、古代的经,都要用木活字印,其他的书不要。

现在除了做家谱,我们也印《三字经》《百家姓》。木活字协会①搞了一个公司,不过还是以家谱为主,在浙江省的生意也是以家谱为主。还有庙里需要的经文,如《金刚经》《阿弥陀经》都印,古代的书现在也要印了,公司和瑞安日报社是这么订的合同。

① 指瑞安市活字印刷协会,成立于2009年,由木活字印刷从业人员组成,首批会员一百人,归属瑞安市文化新闻广电出版局主管。

小知识:木活字字模制作工序

字模制作:棠梨木料切割成木条,再将木条分割成一个个十一毫米见方,或长七毫米、宽五毫米的木块,并打磨光滑。

字块

字模

描字：用毛笔蘸墨以老宋体在字模上写反字。

描字

刻字：把字块放进专用的字槽内，卡牢。用刻刀把字雕出来，雕刻顺序为，先刻横笔画，再刻直笔画，再刻撇笔画，最后挖空白的边角。

刻刀

刻字

装订好的家谱(林初寅作品,瑞安市非物质文化遗产保护中心供图)

王超辉

国家级代表性传承人

王超辉（1955—　），男，浙江省瑞安市平阳坑镇东源村人，是东源村王氏第二十三代木活字印刷技术传人，国家级非物质文化遗产代表性项目木活字印刷技术国家级代表性传承人。1974年，王超辉跟随王铨坤先生学习「梓辑」技艺，在浙江瑞安、杭州、青田、泰顺和福建一带编修族谱，声誉显著。王超辉长期担任中国活字印刷文化展示馆演示员，并带徒传艺，积极传承木活字技艺。2001年以来，中央电视台及省级新闻媒体多次报道王超辉及东源活字印刷术的事迹，其代表作品有《包氏大联谱》《王氏大宗谱》等。

采访手记

采访时间：2014 年 6 月 8 日
采访地点：浙江省瑞安市平阳坑镇东源村
受 访 人：王超辉
采 访 人：范瑞婷

　　王超辉老师身上有一种手艺人的沉稳，就像他手中的一个个木活字块。"君王立殿堂，朝辅尽纯良……"听他念着捡字口诀，恍惚有种来到私塾的感觉，到处都是朗朗的经典诵读声。王老师能从一桌子几千个活字中，迅速找到家谱中需要的字，特别神奇，他说只要把捡字口诀牢牢记住，就能做到。

　　木活字的字体用的是老宋体。王老师强调，这是老前辈留下来的，是真正的文化传统。他说他特别喜欢文字。木活字块用的是棠梨木，需要用毛笔在棠梨木上反着写字，然后再刻。王老师写的字非常好看，能把反着的字写得这么好，可见其功力。

　　他说现在年纪大了，刻字时间长了眼睛花，一天最多只能刻五十多个大字。现在做这个的年轻人，很多不会刻字，而刻字是做好这个行业的一项基本功。

王超辉（左二）与国家图书馆中国记忆项目中心工作人员合影

王超辉口述史

耿晓迪 整理

勤苦学艺

我是 1955 年生的,是平阳坑镇东源村人。我从 1974 年开始做谱,跟着我堂房兄弟王铨坤,他就是我的老师。一开始,我是做学生的,我带着衣服、被子,跟堂兄到外地祠堂里面搞家谱。当时做谱就带着字模之类的工具到当地去,到当地的祠堂。我早上要挑水、做饭、扫地,还要帮助老师挑着装木活字的担子,事情很多的,和现在的学生不一样。挑着担子的时候是很多的,以前交通不方便,有的时候要先坐船到一个地方,再挑起来工具担子走路。有一次我就挑过三十里路,就算四十里路也得挑,很难挑。做学生很苦的,要烧柴、做饭、烧菜、扫地啊,做很简单的事,一开始就学排版印刷的很少。

以前的学生和现在两样啦,在 1949 年以前,都是要学三年,为什么是三年?比如学磨墨,不是直接用墨汁,需要磨,光磨墨就要学一年。一天磨啊磨啊,在墨盆里面一点儿一点儿磨起来,磨一点儿放在碗里面，墨的水多水少是很难把握的。我当学生的时候，学磨墨，我堂兄会用笔蘸一下我磨的墨写字，他会说，这个可以了，或者太淡了，或者太浓了，1949年以前就是这样子学的。现在我也用墨汁，风天的时候，墨汁打上去马上就干。墨汁太多印起来就会糊，墨汁太少印起来就有点儿白，不清晰不好看。

当时学的时候，边跟着老师做边学。首先跟老师学习反字，天天坐在这里看。这个字是不是反的？有的一下就看出是反的，有的一下看不懂。就这样看个五六天，基本就知道反字是怎么回事了。这个字反的是这样子，有的是那样子。第七天就开始排版了。刚开始排版的时候，一天排一版，第二天我就排过两版，第三天就能排三版，第四天就可以排四版，一天快一点儿，一天天进步，后来到第十天的时候，我基本所有的字都找得到啦。学了一个月以后，我基本自己可以一边排版一边印刷，就是这样慢慢地学起来。学到两个月的时候，我可以马上自己排版自己印刷。第一年只排版印刷，刻简单的字，笔画比较多的字就刻得不好。刻字是要慢慢练起来的，第二年正式学刻字，第三年还要学刻字，一年一年地练，越刻越好。

当学生学排版，背好一百六十个字的口诀，我们学的时候就开始背，首先要学三天至四天，最多不超过五天，如果学五天还记不住的话，说明这个学生肯定脑力不好，不能学木活字的，学起来没有多大用。我们记三天，天天在晚上睡觉的时候念一下，早上起床的时候念一下，念过几次，这一百六十个字基本就记得住了，肯定是好记的。像我们当地五六十岁的老人家，比如一位老太婆，她也不认识字，佛经字这么多，天天念，天天念，学得也是很多的，肯定锻炼脑力，如果没有脑力就没有用的。

我们常用字有天干地支，天干就是甲乙丙丁戊己庚辛壬癸，地支就是子丑寅卯辰巳午未申酉戌亥，还有一二三四五六七八九十，皇帝国号，姓氏用字，这就是内盘的字。其他常用的字，数量很多，就放在送盘。用的很少的字盘叫作外盘，所以字盘分内盘、送盘、外盘。内盘就是最常用的,基本都是人的名字啊、地方名啊,这样的字模多。

我是到三十岁的时候,觉得自己刻起来的字已经是不错了。其实技艺学到一定程度后,刻字刻得已经挺好了,我就自己做了一套工具。我是在 20 世纪 80 年代,就把自己木活字用的这么多的字模都刻出来了。我当学生的时候,起早贪黑,加班学习,非常辛苦,所以我学了一年后,老师说你可以了,就出师了。

1975 年,我在宗族里面做了几个任务,就自己在外面单独做活儿了。我出师后,帮别人做家谱,后来也帮老师做,自己也有接任务,亲戚朋友知道我搞家谱了,也找我,一年当中接一个家族、两个家族的活儿,有空的话就帮助别人,一直到现在都在搞家谱。我基本上做家谱多。做家谱我们地区的风俗和你们地区是两样的,我们基本十年做一次, 或十几年做一次, 温州地区很多都是要做家谱的,宗族里面都有祠堂,对宗族的历史也是很喜欢的。有的人生了儿子啊,生了孙子啊,儿子上大学啊什么的,现在有的在做什么官啊,就特别喜欢做家谱。我们做家谱,也印佛经,但不做其他的。因为字模一个人刻起来比较标准,印起书来才好看。我随便印起来,字刻得不好也是有的,印起来不好看。佛经就没问题。我现在做过活儿的地方很多,以前基本是温州地区一带,有一次我去过杭州,后来比较远一点儿,到过福建那边。从 1975 年起一直到现在,全部都是我自己跑到外面接任务,搞家谱,到现在有四十一年了。

我初中没毕业,没有毕业证,所以考其他的不好考。如果我毕业了,我考其他的就好考。初中以前是两年半,我只读过两年,加上小学五年,就读过七年书。“文革”的时候书是比较少的,我读过《毛主席语录》。但我特别喜欢文字,以前我自己水平不高,有的字不认识,什么意思也不懂,常常查字典。以前在外面跑,看到一些文章,也会想想这个文章写的是什么意思啊。大概 1999 年,我在各地方工作,有地方庙、路亭要修建,需要写文章,我也参与写了,写过很多。我边排版印刷,边学习文字,天天学,学起来很有用。以前也会写名人事迹,就是这个老人家干事情干得比较好的,给他写传记,还有报告啊,一切关于写字的业务我都会。

木活字技艺

木活字就是我祖先王法懋①开始做的,明代的时候,他的后代从福建安溪迁到浙江平阳,清代的时候迁到我们东源村,一直做家谱,就传到我这里。早几年前平阳是有做家谱的,后来没有了,都传在我们这地方了。以前在外面搞家谱,到温州地区,随便那边的什么地方,都是我们东源的老前辈传下来的。

早二十年前,村里都是做木活字的,现在做家谱也用铅字。木活字速度太慢,成本太高,赚不来钱,没办法就用铅字,比较方便点儿、快一点儿,一天可以赚得三百块钱。搞木活字一天两百块钱都赚不来。木活字得慢慢印,有的字模不清晰了,印的时候笔画也断了,得慢慢再磨起来,印一张纸就得五六分钟,太慢了,就是时间很久赚不来钱。而且木活字有的字模会高低不平,不好操作,木活字难度太大,受春夏秋冬的天气转变影响,就春天的时候比较好,到秋天、冬天就是干风了,墨水打上去马上就干,不好印的,就是用油墨也是一样的。

这边早二十年前就用过铅字,大家都买过铅字,用过铅字。字模是用机器压出来的,用的人就到店里买字模。铅字呢,用的是油墨,方便,字体和电脑打出来的一样标准,是繁体字,就是它笔画细点,老人家眼睛花了看不清楚。有的人说,这个铅字太瘦,不好看不好看,这个字模太瘦小了一点儿,看不清楚的。我们

① 王法懋,王氏第十一代先祖,生活于元代初年,隐居乡间,用木活字编修家谱,以此为业,并代代相传。其后代在明天启年间迁至浙江平阳。清乾隆年间,居住浙江的王家后人王应忠举家迁至瑞安东源村。

木活字比较大一点儿，老人家老花眼也可以看得清楚。咱们木活字用的是老字，老宋体①，字模比较大一点儿，看着比较好看一点儿。我们两套东西都在外面用的。

① 老宋体，是发展于北宋的刻书体，在明代被刻书业广泛采用并获得进一步发展，字体横细竖粗，方正、匀称、古朴、庄严，便于雕刻，清晰醒目。

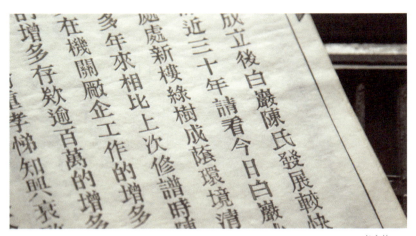

老宋体

我喜欢老宋体，老宋体是以前年轻的时候学起来的，学到现在，老宋体字看着清楚，记得也清楚。我喜欢写老宋体，也是比较习惯嘛，因为年轻的时候天天看这个看得很熟悉，就会习惯了。老宋体是以前老前辈留下来的，是真正的文化传统，家族里面也讲究一个古老文化嘛，我们木活字也是古老文化。老宋体有一套顺序，以前老前辈印家谱都是古文，文章做起来是很好的，都是木活字印刷，现在有的人用铅字印，用的白话文，是不相称的。我们用木活字印谱，现在做的文章是和以前的老古文一样的。

我喜欢木活字，看得习惯，比较好看一点儿，咱们祖上就一直用木活字。木活字印起来质量比较好，字体比较好看，大家会要求用木活字，都喜欢木活字。有的人觉得木活字难度太大，速度太慢，赚不来钱。有的人做生意就靠自己的嘴巴赚钱，不是靠手工赚钱，说铅字好，木活字不清晰不好看，有的顾客就信他说的了。其实就是木活字难度太大，但它是一种古老的手工传统，是比较好的，印出来的产品能保留三四百年。

木活字有两种字号，大的是十一毫米乘以十一毫米，小的就是五毫米乘以七毫米，咱们这个字模的大小，从过去就传下来，大小基本差不多的，我就用一个一号、一个三号两种，字是按照国家标准，也就是正方形的，不标准就不好看了。我的堂兄留下来的字模样子最标准、最好看，我们也按照我堂兄的标准刻字模。有的人操作的字模是扁扁的，印起来是什么字体也看不清楚，字模就应该是正方形的嘛，不是扁的也不是长的。

雕版和木活字，其实是两种不同的印刷方式，以前的雕版成本太高，后来改成活字，活字比较方便嘛，两百个字拿来拿去都要用。雕版的话，字又挖不出来，需要另外再刻，成本太高。活字一百字，就是一百字都要用的，这个字不要，换掉就行了，雕版不好换的。

做咱们这个工作，工具选材有讲究，刻字有刀法。选材就是用的棠梨木，现在买来的棠梨木就是一块很大的木料，木料放在机器里锯开，锯成一摞板一摞板的，然后让做木工的老师锯成一条一条的，再扣起来慢慢地锯下去，锯成一块一块的，有时一根木条能锯出五十个字块出来，都是师傅纯手工锯的。棠梨一定要几十年或一百年的，木头越大越好，小的你做不好嘛，有什么用呢？都是皮。没有可以替代的材料，就必须用棠梨木，其他的材料用是可以用，质量不好嘛。我这个字模办起来可以用到五十年，其他的木料二十年不到字模就坏了。用其他的木料是可以用，就是看看可以的，用不行。木料不好的话，打上墨打上水在上面刷，不到一两年，字模就用坏了，木料一定要硬，一定要细。如果不细的话，刀不好刻的，如果不硬的话，打上水，刷子在上面刷，木头就不行了，木料一定是用棠梨木最好。

　　刀法和写字是一样的,横竖撇捺。首先用横刀打好,横刀这个刀法用起来,刀太竖是不行的,比较弯一点儿它才能横刀打过去,字要刻得下面比较大一点儿,上面细一点儿,这样字刻好后肯定质量好,刷墨的时候不会刷破纸。横刀是打在横这一笔画下面一点儿的地方,接下来再打竖刀(刻字的竖笔画),竖刀都是从左边打过来的,撇就是上面打一刀,叫打上口,捺是下面打一刀,叫打下口,然后慢慢用刀挑。字模打过一半的,我就会慢慢挑,这样字的粗和细就看得清楚了。先把字的大体结构做出来,比如横竖撇捺这种。刀法就是我们下手必须清楚,这个字刻起来就好看,字模凹进去的地方是光滑的。如果没有打过刀,后面用刀挑的时候,笔画挑起来是不正的,字模凹进去的地方是不光滑的。我们刻字刀是特制的,是自己搞起来的,就是每个人都有自己专门的工具,比较习惯、比较方便。

王超辉木活字印刷作品(瑞安市非物质文化遗产保护中心供图)

　　刻字对眼睛要求挺高的，一个比较好的年龄段就是二十多岁至四十岁，四十岁以下最好，精力比较充沛。刻字要天天坐在这里，对他来说不难。像我们年纪大一点儿的，坐在这里腰也痛，眼睛也花，我戴的老花镜有四百度，要是老花两百度的眼睛看字刻字是没问题的，但是带四百度眼镜的话眼睛会痛。我年轻的时候一天基本能刻差不多八十个字模，现在只能刻五十个。我的字模基本上都是年轻的时候刻下来的，年纪大一点儿，眼睛就不好使了。

　　其他的工具，棕刷自己做，墨刷就是买来的，就跟洗衣服的刷子一样，用这个打墨方便好用，本来以前也是自己做的。不过棕刷的棕毛要一条一条慢慢地抽出来，自己搞起来太麻烦了。刷蜡，就是把棕刷在蜡里面拖一下会比较光滑一点儿，刷在纸上面，不会把纸撕掉，越滑越好刷。棕刷是很尖的，没有打蜡的话，在纸上面刷来刷去，纸就会被撕掉，打上蜡，滑一点儿比较好刷。

做家谱，结善缘

　　以前我们做家谱，在祠堂里面是吃宗族的，粮食都是宗族付的，宗族里面有田，这个田种出来的粮食全部可以供搞家谱的先生吃，费用就是这样子的，就是包个吃，我们饱个肚子，没有说赚什么钱的。现在不说肚子了，是赚钱了，一天可以赚到三百块、两百块这样。

　　现在做家谱，也是要到人家家里、外面祠堂里做。从一开始做家谱，就要到当地的人家家里的祠堂去，因为要去采丁，挨家挨户访问。所以在祠堂里登记人口，一户户人家过去问一下，有什么人出生了啊，上代有没有亡故啊，坟墓在哪里啊，女儿出嫁到什么地方啊，都详细地登记过来。登记过来以后，在祠堂里面排版印刷，搞起来就是这样子。

　　有的宗族不懂做仪式这个事情。开印的仪式就是，首先要写几个文字,左边和对联一样,类似"人文鹊起,重修大宗家谱……"这样,中间写某年某月什么日,今天重修的是什么姓、什么宗谱,后面再写上"开印大吉,子孙繁衍,儿孙永昌",一共五十来个字,把这样的纸印起来,贴在祠堂门的上面,这是固有的形式。有的宗族会放起鞭炮,就是开印了,有的摆酒啊,有的拿个红包,就算是有一个开印的仪式。谱搞好的时候叫完谱,还要摆酒,在我们瑞安下面的地方,酒摆起来二三十桌,摆得越多越好。平阳、文成那里有做道场的,就是请道士过来,念经做法事的比较多。还有写祭文、祭谱的,瑞安、乐清外面可能没有这些,不同的地方不一样。文成和我们这边最关键的就是做道场,做三天三夜的都有。圆谱有个祭文就可以,在祠堂里面,分土地祭、祠堂祭、祖公祭几种。祭文是我自己写,祠堂里面的福礼①办起来,讲究也是很多的。完谱做道场,道场里面就是念经、做法事,在祠堂里面有个祠堂祭,写篇祭文祭奠祖公,等我基本读完了,接着道场就开始,也敲起来,敲下去基本就到中午十一点多了,然后就是摆酒了,就算是结束了。仪式还需要很多纸包祭祖公,因为上辈人很多,这里要十二包、十四包,纸包多得一车拉不过来。纸包就是人亡故烧的纸,上面要写上祭拜的祖公叫什么名字,上辈夫人叫什么,也会写上是谁烧给祖公的,祖公是阴我们是阳,要把名字祭给祖公。

我二十多岁开始到现在一直做家谱,有些人家不懂如何做仪式就问我:先生这些事情你说一下。我说:你放心,你东西准备好,我们就开始。"仪式开始"是从我的口中发出来的,第一道就是"放炮三声",我马上就喊出来,鞭炮放好了,就"鸣锣三道",这个锣锵锵敲起来,我说"古律一照",家族里的人马上就照我的话弄过去,做好之后我点香,大家拜祖公。敲锣的时候叫他停下,听我读祭文。有的地方很多人都不懂,他真的不懂仪式,有的宗族里面的老人家就和我说:先生我这个风俗不懂的,你一定帮助我,你说是就是。这样子的情况很多。我们这边、平阳那边是懂的,其他地方像青田、温州也都不懂。

我们搞家谱也是很厉害的,这是一种名声。印家谱的时候,祖公红线画下去,上辈人兄弟多,下辈少,有的人没有下辈,红线就没有了,到此就停止了,如果到一个人停止了,上辈又亡故了,下面一定要把他顶起来的,要进谱。下面红线顶上去,他哥哥的儿子啊、弟弟的儿子啊,一代一代接下去,这样子的见过很多,很有讲究的,有的地方有这种风俗的。我们在鹿城做家谱,有人会提醒我:先生你小心点儿啊,如果他有上辈的,但没有继承下去的人,你一定要让他继承下去。我说:我知道,我知道。不接下去的话,老人家也是很怕,我们要尊重当地的风俗。有的老人家不懂的,我们会跟他说一下,这地方的风俗就是这样子,按照他们的地方风俗办事。有的地方,人死掉就算了,我们也不要问。

薪火相传

现在政策很好,文化部叫我们带徒弟。瑞安市非物质文化遗产保护中心一定要保护和传承木活字技艺,我们保护中心里每个传承人带两个学生,一定要带出来。如果不带出来的话,传承人有一定的责任,我应该担起责任传承下去。我热爱传统,而且我也是国家级的传承人,肯定要把木活字传承下去。

我现在带三个徒弟,都是年纪轻的。文化局领导说过,年龄不要超过三十多岁,我带的几个学生都是二十多岁的。我的儿子也搞家谱,他文化水平是高中毕业,肯定会学起来嘛。搞家谱他自己就看过铅字,这个字是反的正的看得比较清楚,学起来比较方便一点儿。在外面不管是搞铅字,还是搞木活字,如果这个字没有了,你有什么办法?肯定要刻起来嘛,刻比较方便一点儿。

除了我儿子,我还有两个徒弟,都是本地的,都是搞家谱的。早几年前,我搞家谱生意,我带过五六个人跟着我一起,他们有三四年都是跟着我的,也属于那种边做边学。他们刻字也是跟我学的,他们现在也是叫我先生。

现在我教的学生两个要考刻字,有一个考上去了,有一个不及格,再回来继续学。

考试由文化局领导派考官过来,两年一考,考生自己把字写出来、刻出来、印起来,再来看及格不及格。考试的所有步骤由文化局组织,文化局有几个人也会不时过来检查的。考过的发合格通知,没考过的要补考。木活字技艺是搞家谱的人都要学的。

我的儿子和我的学生,他们年轻人跟在我身边都要用木活字印刷,他们都知道怎么印刷。我一直做木活字印刷,有的人二十年前就不用木活字了,一直到现在都没有再用过,大多数还是用铅字的。我带的徒弟帮助我一起做,我常常在外面印家谱,印得多,他们还在帮助我。

小知识:家谱基本制作工序

开丁(采访):谱师挨家挨户对修谱的宗族成员进行采访,对照旧谱,核实信息,更新调整。

采访(瑞安市非物质文化遗产保护中心供图)

誊清（理稿）：稽核收集到的宗族信息，整理并确认族谱内容。

理稿（瑞安市非物质文化遗产保护中心供图）

捡字排版：从字盘中将需要的字模挑拣出来放到印版相应的位置。

捡字

排版

校对：对排好版的印版进行检查，以防出错。

刷墨：先研墨，再下刷，上墨前用清水洗一次印版面，晾一会儿再刷墨，阴雨天刷一次，干燥天多刷几次，用墨多少取决于谱师的经验和技术。

上棕刷：将宣纸对准并覆盖到刷好墨的印版上，棕刷在干蜡上涂抹后找准手劲儿在宣纸上刷动，让纸充分吸收印版上的墨汁。

校对（瑞安市非物质文化遗产保护中心供图）

刷墨

铺宣纸

上棕刷

掀纸：待纸张充分吸收墨汁后，慢慢掀起纸，一张木活字印刷品完成。

打圈：家谱印好后，谱师在每个人名的上方盖红圈，有的红圈里刻有"衍"字。

划支：用红色的线标出血缘关系和辈分承递。横线为平辈，直线表示上下辈关系。

掀纸

打圈

划支

填字：在人名下方盖上红色的"提"字，即五代一提。因为世系图每页只能容纳五代，后代有繁衍的在名字下盖"提"字，转页接续，人名后没有"提"字的，说明没有男性后代。

填字

分谱：将加工好的单页家谱理顺，进行分册。

分谱（瑞安市非物质文化遗产保护中心供图）

草订：上封面，打眼（4个），穿纸捻，打结，谱册定型。

穿纸捻（瑞安市非物质文化遗产保护中心供图）

打结（瑞安市非物质文化遗产保护中心供图）

切谱：将家谱裁切整齐，下图是传统手工裁切，有条件的会送印厂用机器裁切。

切谱（瑞安市非物质文化遗产保护中心供图）

　　装线、贴名签条：书脑一侧打 4 个装订孔，书头、书根各打一孔，用棉线装订，这种装订方法称为"六眼装"。宗谱的名称单独刻印，长 18 厘米到 22 厘米，宽 5 厘米，一般采用红色或土黄色的纸做名签。名签印好后贴在家谱封皮的左上角。如此，一本木活字印刷的家谱就制作完成了。

家谱成品（王超辉作品，瑞安市非物质文化遗产保护中心供图）

衡水法帖雕版拓印技艺

衡水法帖雕版拓印技艺是运用刀具在器物或板材上雕刻文字或图案，再利用纸和墨进行传拓的一种古老传统工艺。它传播着历史文明，承载着历史信息，同时又是中国书法艺术的重要载体之一。

衡水法帖又称"阎庄法帖"，起源于明代永乐年间，由一位姓阎的老汉所创。明代中期，在河北省衡水湖畔开始有十几个村庄刻制法帖，其中以阎庄最具有代表性。由于木版方便搬运，镌刻省时省力，村民们把历代名家的书法墨迹临摹、镌刻在木版上，拓印后装裱成册售卖。全村四十余户人家约有三十户从事帖业，拓印作坊有一百多家。衡水民间的法帖雕版拓印技艺在清代进入鼎盛时期，当时仅北京琉璃厂就有十余家衡水帖庄，最著名的有怡墨堂、墨宝斋等。我国华北、东北等地区都有衡水人开设的帖店。

1990年，衡水市桃城区文物管理所在阎庄征集到一百余块品相较好且有价值的木质帖版。1994年，国家文物局拨专款在衡水市宝云寺内建起了法帖博物馆。2009年，法帖博物馆迁入衡水市桃城区。2011年，衡水法帖雕版拓印技艺入选第三批国家级非物质文化遗产代表性项目名录。

李广民

河北省代表性传承人

李广民（1972—　），男，河北省衡水市武邑县龙店乡人，国家级非物质文化遗产代表性项目衡水法帖雕版拓印技艺河北省代表性传承人。

1989年，李广民在山东临沂当兵，闲暇时会去王羲之故居看老师傅们刻字，从那时起，他对雕刻、书法产生了兴趣。1992年，退役回到家乡，他开始潜心研究法帖雕版拓印技艺，跟随另一名传承人阎长浩老先生学习。2011年，他正式调入衡水法帖博物馆。李广民技艺精湛，尤其擅长擦拓，代表作品有《圣母帖》《兰亭序》等。

采 访手记

采访时间:2016 年 4 月 12 日
采访地点:河北省衡水市桃城区图书馆
受 访 人:李广民
采 访 人:张 宇

　　李广民老师给我的第一印象就是淳朴和谦虚,他身上有着匠人特有的气质。李老师的姥爷杜凯是当地小有名气的书法家,受姥爷的影响,他从小就爱上了书法。无论是当兵还是工作,他都一直坚持着自己的爱好,最后把爱好发展成一生的事业,真是一件幸福的事!

　　虽然看上去寡言少语,但聊起拓印法帖,李老师毫无保留地与我们分享这些年来的经历和自己对衡水法帖传承和发展的看法。2012 年,李老师将自己制作的《蜀素帖》《圣母帖》拓版捐赠给了国家图书馆,让我们心生敬佩。

　　在为我们演示时,他那精湛娴熟的拓印技艺让人在感叹这门古老艺术强大魅力的同时,也意识到非物质文化遗产保护的紧迫性与重要性。希望衡水法帖雕版拓印技艺能够继续保持旺盛的生命力。

李广民口述史

张宇 整理

本人李广民,1972年出生在河北武邑县龙店乡。我们家一共有姐弟四个,最大的是姐,下边就是两个哥,我最小。我姐就在县城工作,大哥在武邑县政府工作,二哥在衡水市的哈励逊医院[1],是一名神经外科大夫。我父亲以前在邯郸工作,后来调到武邑县水利局了。我母亲在家,就是操持家务,抚养我们四个子女。

① 哈励逊医院,全称是衡水市哈励逊国际和平医院,即衡水市人民医院,三级甲等医院。

当兵出身,姥爷启蒙

我姐上了高中,大哥上了中专,二哥上了河北医科大学,我上了高中,还没有毕业就当兵走了。当时部队到我们县城去征兵,去山东临沂服役,离家很近啊,我就上那边去了。那时候我也就十七岁,父母肯定是不愿意的,但是我那时候就好像入了迷似的,就是想当兵。当了三年武警,复员后就回来了。

我姥爷的书法还是比较不错的,我小时候受他影响很大,从小接触书法相当多。我总看姥爷在那写,也跟着去写,但是没有一笔一画特别系统地去学过。姥爷擅长写楷书,有很多人上我姥爷那儿,请教他这个字、那个字怎么写,还请教特别难写的字,我就在旁边看。当时啊,确实不理解,不过现在理解到了,我姥爷写的那个字结构怎么好看。

我大哥的书法也是可以的,他那时候在县政府工作就是凭这个,钢笔字写得相当好,那时候给县委书记写的材料全是他手抄的。

当兵的时候,我除了执勤,就是拿排笔写大字。因为临沂有王羲之故居①,我那时候除了执勤,就去王羲之故居。那时候王羲之故居正处在建设阶段,王羲之的书法,还有一些名人题字,全都刻到那个墙上了。没事的时候我就跟着老师傅们,看着他们刻,说白了就是跟着他们打下手,一点一点地学。他们干得并不是很专业,说实在的,这只是一个普及性的工作。干这个活儿,有时候刻掉的碎屑崩到脸上,时间长了弄得脸特别疼,还有的崩到眼睛上,眼睛发红,特别难受。那个时候,我就已经可以独立刻了。这个怎

① 王羲之故居,位于临沂市,为古典园林式建筑,占地约八十亩。传说,王羲之幼年时刻苦练字后,即到池中洗刷砚台,以至于池水呈墨色,于是人们称之为「洗砚池」。参观修缮一新的洗砚池、晒书台、鹅池、禊亭等遗迹,可一窥当时王宅的晋墨斋、书法展室和碑廊,可使游客欣赏书圣的手迹、碑帖和当代南北大家的书法作品。

李广民姥爷杜凯作品

么说呢？挺精致的做不到，大体还是可以的，但是我刻不到"传神"，观察力不够。

复员回来，民政局给安排工作，我就直接工作了。我先在武邑县塑料厂工作，做塑料模子。那时候做模具，上头的字一般是仿宋之类的，没有书法艺术，所以说，我那时候对这个工作还不感兴趣。后来我调到衡水市第一建筑工程公司去了，去当木工。说实在的，我一点儿基础也没有，干木工就是计件，你干不出活儿来，就没有工资。说实在话，我这个力气还真没那么大，挣不到啥工资。那时候应该也有在塑料厂制模子的基础，也刻过公章，后来就是搞搞刻章，没事就刻这个，有时候比做木工挣得还多。刻章直接就是写反字。冬天不施工，我就去刻章，毛笔一拿出来就上冻，连着哈气刻，所以也真受罪。

在衡水市建筑公司当木工那时候，木工不是有好多松油子嘛，我就特别喜欢松油子，就把那个留下来刻章。一开始刻章、篆刻搞得比较多。

保定莲池和西安碑林

那应该是 1995 年、1996 年的时候，我姥爷希望我能学着更精致地拓一拓，市文物处的王耀宗处长知道我技术不行，给联系了保定莲池①让我去学习。他给我帮忙不少，还给我一箱酒，让我背着酒去那儿，说白了全靠他个人关系。说实在的，我受震撼真不小，跟莲池的老师学习怎么做，看看自己怎么运用。跟着王双喜、王晓华两个老师，他们教给我的比较多。那时候真是很穷，为什么王耀宗处长给了我一箱

① 河北保定的古莲花池是与拙政园、颐和园、圆明园等齐名的十大历史名园之一。莲池园所藏石刻可谓一大景观，仅北塘北侧的碑刻长廊，就长达三十三米，嵌有三段八十二方碑刻。清嘉庆十八年（1813），直隶总督那彦成将珍藏的褚遂良《千字文》、颜真卿《千福碑》、怀素《自叙帖》、米芾《虹县诗》、赵孟頫《蜀山图歌》、董其昌《云隐山房题记》《书李白诗》共七种真迹和旧帖，镌刻在三十八方石头上，定名为《莲池书院法帖》，赠送给莲池书院，为莲池碑刻的发端。迄今，游人仍可欣赏这些格调高逸、技法超绝的书法瑰宝的永恒之美。

酒让我背着去呢？那时候真没有钱，就当学费了。晚上我就在那个广场上睡觉，住露天的地方，那是真艰苦。

王双喜老师说，他们莲池拓这个东西啊，一般情况全是采取湿上法，就是把纸卷成筒，上面有一个点按着，这边有排刷，蘸点儿白芨①水，纸一边往下捯，排刷一边往下扫，来回踮着脚。这跟我们现在的做法不一样，现在我们大部分采用马子云老师的做法，把纸叠好了、闷好了以后再上。

也就是说在保定他们这个扫刷用得比较少，用打刷比较多。扫刷就是拿棕刷蘸水扫，打刷相对来说就省力了，用扫刷手腕子确实累。扫刷做出来的东西，和打刷做出来的东西，有时候对着太阳光一看就能看出（区别）来了。扫刷做得更细致，打刷对着太阳光看，纸上就有棕刷的印，而扫刷的没有。

后来我们把扫刷跟打刷相结合，有时候累了，就是轻轻打一下，再扫几刷，结合起来。这样做对细微之处就比较好。比如蝇头小楷，细微的地方你看不到怎么办？拿这个打刷啊，大概其稍微走一下，再拿扫刷扫，这样就不会漏了。扫的时候纸上面的水分已经不是很多了，假如要是很多，一刷子下去这个纸就废了。

① 白芨，多年生草本球根植物，有广泛的药用价值及园林价值。白芨水略有黏性，一般用蘸了白芨水的毛刷敲锤，有利于赶走宣纸与器物间的气泡，使宣纸附着在器物表面，且拓印后更易剥离。

棕刷

我为什么把打刷跟扫刷稍微结合？你光用打刷拓出来的这个东西也不太好；光用扫刷，小的还可以，要是大的，速度慢人也累，并不能完全保证你拓出来的东西很精致。这样一结合，失败的就比较少了。

他们莲池有莲池法帖，蔡襄①的全集他们也刻。但是，他们拓的工具是他们先前擦拓用的那个东西，不太好，也不太清晰，有时候会浸到那个字口，做大字还不太明显，做小字就不太好了。

回来以后，我的主要工作是在建筑公司上班，其他时间刻章。我自己一边做这个东西，另外也给我姥爷刻。那时候我们建筑公司的领导啊，实际上他也不愿意放我，你别看我力气小，干不了多少活儿，但是我玩机械玩得比较好。他们手工干的活儿我能用机械完成，我还创新研制了好多工具，我的同事们就用我制造出来的工具干活儿。这样他们干活儿也快了，就是因为我给他们琢磨出这个工具。

① 蔡襄（1012—1067）字君谟，北宋著名书法家、政治家、茶学家。蔡襄工于书法，诗文清妙，其书法浑厚端庄，淳淡婉美，自成一体，大"宋四家"之一，有《蔡忠惠公全集》传世。

从保定学习回来我又去西安了，到碑林白给人干活儿，也不要工钱。那时候为什么上西安啊？从莲池回来以后，我拓大的东西，确实觉得很仔细了，但是拓这个小的，特别是蝇头小楷的时候就不行。当时我给我姥爷刻《金刚经》的时候，他对我要求很严，说我拓的这个不行。后来我姥爷就说："你要干这个东西，就得把这个东西搞好！"哪里搞得好啊？碑林！我就上碑林那儿去了。

1997 年，有时候在西安碑林那边干活儿，有时候就在外头给他们刻章。就跟值班似的来回换，在碑林干一段时间就上外头，连干活儿带玩儿。

拓前准备

拓印

字帖

字帖

阎庄再学艺，调入宝云寺

我从西安学了一年半就回来了，就上阎庄跟阎长浩老师学，学到不少东西。阎长浩算是我的师傅，但是没有真正拜师。没事的时候就上他那儿拓拓、干活儿，了解阎庄这个刻法，看阎长浩老师他们的这些老拓片，总结它们的特点。

我们和西安碑林比，用纸用墨不是很讲究，从拓上不如他们精致。但是你要看阎庄老人们留下的东西呢，确实富有阎庄人民的智慧。他们考虑步骤很细也很全面，老人们把这个一页一页排版什么的，全都考虑进去了。那我们现在做这种东西太方便了，用电脑太好弄了，就直接排版了。原来他们排版，其实是在自己脑子里形成的一个想法。

阎长浩老师带着我在他这个村子里头，看了各个农户家里留的东西。他说还有一个阎丙彦老人，挑着挑子到东北卖过法帖。他们整个庄的发展，从这个阎老去世后，慢慢就断掉了。他活着的时候，有几个五十多岁的人们还比画比画、练练，那时候就是以他为中心，他一不在了,人们就各忙各的了。

2011 年,我调到法帖博物馆这边来了。平时就是在宝云寺,有事了就回来。平常接触这方面的东西就比较多了,政府给咱们一个平台,有更多时间可以再去研究这些法帖。这个博物馆是 2009 年迁的,那时候迁博物馆从头到尾我跟着一块干活儿,后来迁成以后,2011 年才把我调过来。

从起稿到雕刻

这个工艺流程啊,一般情况下采取双勾的方法,就是把这个字勾了轮廓再上到木版上。它有一张底稿,底稿可以是碑拓的,或者说哪个书法家写的字。按照这个底稿,早先用的就是小炭条,按照这个轮廓勾了以后,再用毛笔画,直接用毛笔就把这个底稿毁了。用毛笔再勾外头的轮廓,勾完了外头的轮廓再上到石碑上,或者是粘。现在条件也好了,不像以前,古人们往上又打蜡又涂朱,实在很费劲。

有了底稿,就是刻了。刻就是用拳刀往下勒。我们衡水这个法帖,你有时候仔细看这个老版,特别是笔画相交的时候,它全有过刀。也就是这个笔画全是通的,通就是这个笔意相连,比较传神。这等于说一刀就过来了,它不是一点一点的。

把样稿从底稿上取下来,再就是把木版在水里头泡,泡了以后里头的油脂都出来了,然后再蒸一下,它应该不会裂了,把木版打磨平了,再刷糨糊。

糨糊就是咱们平时吃的白面,把里头的面筋洗出来,就是咱们现在裱画的糨糊了。刷了以后,不能立刻上,等着有六七分干的时候,手背这么一颠就知道了。再把这个底稿铺到上面,要是太湿了,这个纸一胀,字就走形了。

然后把这个稿子贴上去,再刷上一层,那时候叫麻油,现在就是香油。大概其均匀地涂上一点儿,这个木头吃了油,它也吃刀,就比较好下刀了。特别是木头里面丝质的这个东西,刻起来不会咯噔咯噔、一下一下的。

我们原先刻的时候就是用拳刀。刻小字的时候刀尖比较尖,刻大字的时候刀不是很尖。刻这个主要就是"陡刀立线",陡实际上并不是垂直,多少有一定斜度,要完全垂直就是错误的。它要是垂直了,刻出来这个木版寿命短,对阴刻来说可能还不很明显,对阳刻来说特别明显。一个比较垂直,一个稍微有一点儿斜度,那个垂直的版只能拓八千次,这个稍微有一定斜度的版能拓一万多次。有斜度的还不变形,垂直的容易变形。

底稿是碑的话,起草稿就是拓下来,也可以临摹,早先人们是临摹,现在就是双勾了。从碑上拓这个字样,用宣纸上在这个碑上,然后用棕刷,把这个纸的字口全部扫进去了以后,等八九分干的时候,就上墨。如果是相当光滑的碑,就要加白芨了,不加白芨肯定挂不住。你看碑的表面稍微有一些粗糙的话就不加白芨了,比较灵活。假如不很粗糙的碑,用的纸不要很厚,那个纸实际上也有分量,也往下坠,纸厚了以后,扫到字笔画里头,干了以后它要往外鼓的。

碑有大小,也有难易度。说实在的,也有拓半天的时候。大的碑就要两个人合作,一般情况两米来高的就用不着,一个人完全没问题。

刀法有切、冲、挑、锥、钝这些。唐山有的收藏家,在刻人物的时候,把曲阳影雕揉进去了。影雕就是有点儿虚实结合的意思,特别是遇到人物的时候,像关公那个大刀,那个刀刃,你要真是拿这个拓片打的话,挺黑,有点儿看不出刀快了。把影雕揉进去,那样看着这个青龙偃月刀特别特别快,到刀刃它有个过渡。

字帖要是阴刻的还比较快一些,阳刻起底子时间就比较长一些了。看字大字小,一般来说阴刻的相当多。普通的就是三十多厘米宽、一米高的一幅字，要刻二十天左右吧。我刻《兰亭序》，阳刻，真是利用零七碎八、两个月的业余时间做成的。

我觉得欧阳询的字真难刻，《九成宫醴泉铭》看着没什么，真要刻出来太难了。我认为，欧阳询的字就像练功夫一样，欧阳询是内家功夫，他这个笔画看着是直的，实际上稍微有点儿弧度，你要是给它刻上弧度了，又完全表现不出来。他的字看着好像胳膊上没什么肉，但是很丰腴，就是这个意思。

刻完了以后就是试版，也有说头帖之类的，就是跟这个原稿对比一下，哪里不行，该修的就得修，完全满意的时候就能拓了。

拓法和效果

拓分几种方式，一般就是蝉翼拓和乌金拓。

蝉翼拓，字口看得清，也就是说，宣纸上的经纬度，也就是纸纹相当明显。蝉翼拓就是上墨比较少，纸的纹路也掩盖不了，这样就相当清晰。总体来说还是蝉翼拓见功夫。我们现在做蝉翼拓比较少了，一般情况下做复制的时候用。用蝉翼拓啊，怎么说呢，淡淡的有个字口，有一点儿痕迹就过来了，它不失真。同样的底稿，乌金拓跟蝉翼拓仔细比较，同样这一个人，勾稿勾出来以后，乌金拓勾出来要瘦，但是蝉翼拓瘦的情况要少得多。

乌金就是乌黑发亮的意思，上墨的遍数比较多，黑白对比就比较强烈了。乌金拓一般都是阴刻使用，阳刻也可以多上墨。

蝉翼拓和乌金拓手法不一样。要掌握用墨的均衡，提前掌握拓包里头墨的量，拓包里头有用毡子的，有垫棉布的，一定要把这个墨吃透，含墨量多少，心中要有数，一点一点拍。所以说最看功夫的还是蝉翼拓。

另外上版之前如果怕掌握不好的话，从别的地方稍微颠两下试试。比如这个拓包上墨后，第一包下去了以后，揉揉这个包，知道这个纸吃多少墨，用几滴墨能拓多大面积。

到乌金拓这一步，一般情况上四遍墨应该是没问题了。平常一般比较黑的，上两遍，横一遍竖一遍，几乎就没问题了。有时候得看要求，稍微高一点儿的就是拓三遍，就完成这个作品了。

拓的手法里头还有擦拓和锤拓。

擦拓，你要对这个碑面的粗糙程度相当了解。你看木版上的字，我可以锤拓出来，也可以擦拓出来，用同样一个拓包，这得看想要的效果是乌金拓还是蝉翼拓。这个作品要比较大的话，就是先擦，擦拓相当快。擦拓就是手腕活动得快，这一包要是弄好了，可以拓五六十厘米，挺费体力的。

我们一般做大碑的时候把擦拓和锤拓相结合。有的人不喜欢擦拓，说实在的，看一些老的碑帖里头的擦拓成分，比较好的擦拓成分相当相当多。

也可以这么理解，擦拓和锤拓是手法，然后乌金拓和蝉翼拓是样式吧。

拓完了以后要装裱了，你可以做成折页，或者其他装订形式，如挖镶装、蝴蝶装、推棚装等。

工具和材料

（拓的手法和效果）根据拓包大小，我们有时候用的拓包很大，（直径）在十一二厘米，用着也不累，比较顺手。我认为要拓大碑还是用大拓包，快。拓比较小、比较精致的，特别是拓小的墓志，就必须把拓包包得比较紧一些。

拓包

拓包

这个拓包的结构怎么分的呢？拓包有用棉花、布单、沙子的，也有用小米和糠的。这个拓包里头是一种组合，外头有包布，拓布里头有几层棉布，也有用毛毡的，包布里头再垫棉布，垫上两三层，根据你手用力的大小，或者拓包的重量。再里头有一层塑料袋，然后就是一层布，布里头就是小米或者沙子之类的，也有用小橡皮泥或者棉花之类的，这样墨不会直接浸到小米、沙子里。

作为拓工，必须得会制作拓包，用别人的拓包不顺手。这个拓包改进不少了，我们以前擦拓的时候，也用过羊毛的毡子，先是卷起来，然后把底下磨成一个弧度，有个倾斜弧度，完全就是凭手上这个力度掌握。2009 年，我在农展馆展示技艺，杜伟生老师还有张平老师，他们谁也没有想到弄这么大这么长的一个东西，我速度能这么快，就是一遍成。

刀一般情况下就是工具钢之类的，刀具全是自己做、自己磨。有时候磨拳刀，根据手的轻重度，一下能扎多深。平常不用，包上就行了。

墨用市面上卖的"一得阁"比较多。吴杜村、彭杜村那边有我们衡水老墨。但现在不做了，在清末和民国的时候他们出的老墨不少，现在

刻刀

能在古玩市场找到,彭杜有些老头们有清理出来的,还有老墨的模子。

木版就是本地比较多的杜木、梨木,取材还是比较广泛的。杜木软硬适中,也比较细腻,它里头没有一丝一绺的东西。现在要做一块比较大一点儿的木版也挺难找到好木材的。江苏沭阳一带的宽木头还是比较多的,要做大的就得去外地进木材了。现在咱们本地就有一些小的。

拓的这个纸第一要拉力大,第二就是尽量不要厚。一般情况下,按照拓四尺大小的来说,一刀纸的重量在四斤左右的话,这纸的厚度就是比较适宜的。再小的蝇头小楷之类的,还要用那个扎花之类的,那种纸还要薄。

纸好买,一般用"汪同和"的这种纸,这纸说实在的,比较细腻,

杜木

梨木

里头也没有那个纸浆疙瘩,相当好用。

刻就是陡刀立线,拓就是黑白分明

在雕刻手法上,下刀一定要准,刻出来的这个字才比较流利。得把这个笔画全部刻到位,假如你没刻到位,你起底子的时候肯定干净不了。

再有就是拓的时候,我们要做到墨不过纸,墨要过了纸,就上到木版上或者石碑上了。墨要是过去了,就要注意了,下纸的时候墨要是干了,说不定就要粘住纸。假如粘住的话就哈气,让它有一定的潮湿度,这样比较好揭。怎么说呢,这就靠你自己掌握了。不过现在这个墨汁啊,有的浓一些的还好掌握一些,墨汁越稀越难掌握。

《九成宫醴泉铭》楷书帖版

我们形容衡水法帖:刻就是陡刀立线,拓就是黑白分明。为什么说黑白分明呢?从阎庄流传下来的这个老东西,蝉翼拓相当少,就是墨色均匀,黑白分明。

这个作品,真正地说要刻好,我平心而论,有时候一天就刻下来了。有的今天刻完了,觉得挺好,再过上半年几个月又会发现毛病。要刻得比较细致有神,你绝对得反复修改,刻很好刻,但是你想刻好、刻传神的话,这个要求不断在提高,你必须得有观察。

我也是有一些创新和改进的,比如我对过版有研究,过版就是说这个东西过到这木版上。我们要说这个大字，你用双勾还不大走样，要是小字，你可勾去吧，功夫再好，也要失真。后来用自己配的药液，把它一翻直接过到木版上来了，或者拓这种东西过到木版上来。

药怎么配？用现在的化学药剂，直接从化工商店就可以买到。它有好几种成分，像丙烯酮啊、环己酮这类的东西，有的人用好几种掺兑在一起。在国家图书馆，那时候他们问这个成分和比例，我说我没有研究过这些，我就是这个东西兑上一点儿、那个东西兑上一点儿，然后试一试，不行再加点儿这个，或者再加点儿那个。

把药液刷到木头或者石材上头，但是不要刷很多，就是来回一扫，扫完以后很清晰地就过到这边来了。实际上就是把这个上头的字一咬，咬下来正好覆到那个上头去，就是这么去覆的。有的刻版的人说把这个版粘在上头，把多余的地方一层层搓薄，那个多费事啊。有人说，就必须尊重传统，你就得拿手去勾，但是勾太慢太慢了，也失真。这就是一个我自己干活比较方便的方法，你要翻版《兰亭序》，那个小字要勾真得两三天，用我这种方法两个小时就能解决。

老帖版：《兰亭序》《道德经》

出去拓碑，用纸很重要，咱们说这个纸要对这个碑，那个纸对这个碑就不一样。还有就是天气也很重要，晴天阴天怎么处理。天气很冷的时候我们也用过酒，也掺过别的，就是挥发更快一点儿。

勤于交流，互相学习

河北省民俗文化节每年都邀请我们去，但是从交流和学习上来说收获并不很大。2009 年，文化部非遗司在农展馆组织的"中国非物质文化遗产传统技艺大展"，那次收获确实是比较大的。上海朵云轩也在我们那个厅，我们学习到很多，像他们的饾版①，还有修版，就是这个笔画坏了怎么办，人家打补丁修，他们修完了和原来的一样。以前我们没有考虑过，所以说从蒋敏②老师那收获相当相当大。

还有扬州的广陵刻版，当时人家也刻木版水印。衡水法帖跟上海的、扬州的这些相比来说，我们这个原理是一样的，但是我们有我们的特点。刻都是同样刻，但他们没考虑到木版的损伤，没考虑它的寿命。假如倾斜到那个角度以后，木版能拓到一万次，假如不到那个角度，也就八千多次，这个寿命说实在的很关键。我们要刻这个东西能用到一万次，他们只是八千次。广陵那边他们不拓，只搞印刷，上海朵云轩它是木版水印，它不拓。蒋敏老师他们说，他们也过刀，我们也过刀，这是共同点，关键就是这个倾斜度，倾斜到什么角度比较合适，才会用的时间长，而且不易走形。

所以衡水法帖其实还是把传拓、雕版等几个方面结合起来的一个项目，不只是拓。

①饾版，民间流行的一种在套版基础上进行多色叠印的美术印刷方法，将彩色画稿按不同颜色分别勾摹下来，每色刻成一块小木版，然后逐色由浅入深依次套印。因其堆砌拼凑，形似一种名为饾饤的五色小饼，故称『饾版』。
②蒋敏，国家级非物质文化遗产代表性项目木版水印技艺代表性传承人，对『饾版』和『拱花版』的制作都有很高造诣，曾在朵云轩主刻过《十竹斋书画谱》等一系列获奖精品。

2009年，中国非物质文化遗产传统技艺大展上周和平（时任文化部副部长）参观衡水法帖

当时展览上，我们带了好多字帖，带多少卖多少。那个小《兰亭序》是五十元一张，大《兰亭序》是三百元，还有《道德经》。确实谁也没想到，真是有多少卖多少。当时有人下订单，那时候技术没有那么成熟，没敢接。从农展馆回来以后我就觉得，必须刻比较细小的东西，攻克这点。后来慢慢琢磨、慢慢试验，就成功了。现在要是他们那个订单再发过来，肯定没问题。

我在全国政协礼堂参加过苏士澍举办的"笔墨纸砚，承载文明"展览，后来常给苏士澍刻他写的东西。

2012年，我去国家图书馆参加"中国传拓技艺展"，那时候就有贾双喜、郭玉海、裴建平，还见了周和平馆长，印象相当深。

那时候就看贾双喜老师拓甲骨，他用的是小拓包，贾老师手法相当快。另外郭玉海老师做的东西相当细腻传神，特别是小物件，用墨色的深浅来体现，郭玉海老师掌握得相当到位，人家真是有这个艺术修养。河南的裴老师扫刷、上纸，他那个扫刷真是一辈子的功夫。还有上海图书馆的邢耀华老师,他是赵嘉福的徒弟,人家确实是大家,他研究碑帖修复,能看了这个碑帖以后断出版本,研究功夫很到位。

2009年,中国非物质文化遗产传统技艺大展上,外国友人对法帖拓印技艺非常感兴趣

2009年,当时我做那个百米册页的时候,折不齐,幸亏杜伟生老师教我怎么折。他说,底下这个东西要有一个角度,过来以后来回翻折,有公式的,一般情况就是按半毫米、一毫米计算,算出来有多少折,前边就不会有错误了。那时候我们折过孙过庭①的《书谱》,还有《毛泽东诗词》,就是这些。

我觉得我最好的作品是给湖南复制那个《九嶷山赋》,它是国家级文物。人家从网上找到我,把高清扫描的图发过来了以后,我把图刻完以后复制。字帖作品,相对来说应该是孙过庭的《书谱》刻得比较好吧。

① 孙过庭(646—691),名虔礼,以字行,唐代书法家、书法理论家,擅长楷书、行书、草书,传世代表作有《书谱》《千字文》等。

耐住寂寞，贵在坚持

我现在的主要经济来源就是宝云寺这边发的工资，另外就是有的人比较爱好这个东西，给他们做复制有一定的劳务费。家里也支持我。

反正我觉得从事这个工作，让人比较成熟、沉稳，说白了就是耐得住寂寞，不浮躁，能让你静下心来。另外我还觉得，有一个什么习惯啊，让你看看以前你走过的路，就是捯后账。

也有人跟我说，我们合作出书。说实在的，我觉得这个技艺啊，其中有些东西用文字绝对不好表现，手把手，口传心授，这是最好了。

我原来在山东那边，跟着师傅去刻碑，那个石沫对眼睛不好，一看快红的时候就歇两天，不刻了，练书法、写字、看书，这么调节一下。年轻小孩就吃不了这个苦，做表演行，我侄女做表演没问题。你要给她一个小碑，这小孩表演一会儿行了，你要让她全部拓完，她就累了不干了。实际上累也不见得，就是说你刻什么东西必须得专心致志，要真坚持，贵在坚持。

我孩子上高中的时候，我也想过，假如他高考成绩不太好，我就让他学古籍修复，还是有发展前途的。我孩子刻还是可以的，他在上小学的时候，刻鸡蛋壳是没问题的。他小时候有这个基础，也有这个书法基础，但是没有拓过。不过目前孩子没有打算从事这个。

我在学校简单教学生们理论知识，就是教给他们上墨。你要说上纸，小孩们也不愿意学，他们愿意上墨，一上墨就有成就感，你要从头教啊，他们全都有点儿沉不住气。一般九岁、十岁的比较多，像衡水职教中心的小孩，乍一看参与的人挺多，但是说真干的人少。

从武汉过来的一个学生跟着学,我后来就说了,你在我这学可以,我教给你,这个生活怎么办?他讲话:"只是一个爱好啊!"目前学校里一些课程,实际上也就是一个兴趣班,普及一下非遗知识。单纯地说,刻、刻完了拓、来回翻版,有时候还要求做得好,又不可能从外头挣钱搭上,说实在的,真的很费劲儿。

只有找一个比较合适的人,把这技艺教给他。另外,我自己也曾经想过,平时我搜集的这些资料,还有这些拓片、模子,最后这些东西怎么办?所以说,只有给这些东西一个好的归宿,哪怕是个人,也是归了人,就算了。你看张云涛老师,那时候喊我们拓过,把北京潭柘寺的对联、碑文全部拓下来,人家就把拓下来的东西全部捐给了国家图书馆,我想这是好事。

包括你看咱们现在这个图书馆,我们衡水有,原来有桃城书院、养正书院,还有文瑞书院、深州书院,这个拓片说实在的我有,全是我自己去拓的。原来这些书院的石碑,像这些资料,最后怎么弄啊?得有个归宿。我宁可送给一个真心喜欢这个技艺,也愿意去研究、去琢磨的这么一个人。

李广民(右二)、桃城区文广新局李新朋(左二)与中国记忆项目中心工作人员合影

白如廷

衡水法帖博物馆馆长

白如廷（1957— ），男，河北省衡水市人，衡水市桃城区文物管理所所长，衡水法帖博物馆馆长。

白如廷从事历史文化、文物保护工作二十多年，为当地历史文化的传承和历史文化保护做出了一定的贡献。将宝云塔、安济桥成功申报为全国重点文物保护单位，深入挖掘阎庄法帖村的历史，为阎庄村古帖艺术建立了专题博物馆，将阎庄村的雕版拓印技术成功申报为国家级非物质文化遗产代表性项目，深入研究挖掘当地历史文化遗产，将当地的『安乐秧歌』『侯店毛笔』申报为河北省非物质文化遗产代表性项目。

采 访手记

采访时间：2017 年 4 月 12 日
采访地点：河北省衡水市桃城区图书馆
受 访 人：白如廷
采 访 人：张　宇

　　白所长和我父亲年纪相仿，初见他就给我很亲切的感觉，像邻家的长辈。他不仅在工作上给予我们支持，积极地为我们协调采访场地，对我们在衡水的衣食住行也关怀有加。作为衡水法帖申报非遗项目等保护工作的重要参与者，他见证了阎庄法帖从被发现、被保护到被传承的过程。他一直怀有对中国传统文化质朴又纯粹的热爱。在得知临时要出差的消息后，白所长依然坚持完成采访后才走，敬业的精神值得我们学习。

白如廷口述史

张宇 整理

我叫白如廷,是衡水法帖博物馆的馆长。法帖博物馆跟我们文物管理所是一套人马、两块牌子,我们兼管着衡水法帖博物馆。我今年(2017)五十九岁,从事文博工作有二十多年了。

普查发现法帖村

实际上这个法帖的发现和征集都是我们文物部门做的工作,1990年,我们在文物普查的时候发现这么一个法帖村。当时普查就是文管所的一项正常工作,然后发现了这样一个宝藏。我们在普查以前,有一个村民拿着一块版,到我们文物管理所来说,你看这个东西有什么价值吗?我们一看,是木刻法帖版。结果经过他的介绍,我们知道了这个村。这个村叫阎庄,是跟冀州交界、地处衡水边缘的这么一个村,离衡水市区比较远。尽管比较有名,民间都知道阎庄是个帖村,可是历史上却没有什么记载,县志里面也没记载这个村过去有制帖的历史。但是它的影响还是比较大的,实际上无论它的规模多么大,历史多么长,过去也没人做更深入的调查研究。

后来通过我们 1990 年这个文物调查，我们到那个村去待了好长时间，走访了各家各户。这个村没有别的姓，都是姓阎的。考察这个村历史的时候，传说这个村是明代时从外地移居到这来的，来了以后一直就这么大规模，四十多户人家，四百多口人。通过我们调查，了解到这个村的制帖历史能追溯到明代，鼎盛时期是清代前期，康熙、乾隆年间就做得比较大了。在北京琉璃厂，光阎庄的就有十多家制帖、卖帖的，怡墨堂最有名，再一个，在东北比较有名的墨宝斋，都是阎庄这个村开设的帖店。有一个人叫阎丙彦，他前几年九十多岁去世，他是村里最后一个参与者，他卖过帖。我们了解到，他到过东三省——黑龙江、辽宁、吉林，还有内蒙古、山西这一带，他都去过。去世前他的记忆都还特别清楚，他说，过了天津是唐山，到了唐山离沈阳还有多远……他讲得特别清楚。

当时阎庄帖店的分工也比较明确，卖帖的专门卖帖，刻版的专管刻版。刻版的一共有三家，刻得比较好的有怡墨堂、墨宝斋、润竹斋。在清代的时候，北京怡墨堂最有名。

他们就是农民搞这个帖，推着小车去，冬天拓，拓完了以后春天就开始卖，卖上一春天，能赚多少钱呢？阎丙彦说："这一春天，卖的这些帖，能买两头牛、四十袋子洋面。"四十袋啊，作为一个家庭的收入来说很可观了，过去地里的收入挺少的，麦子不过是几十斤的产量，四十袋子洋面，也有两百多斤，两百多斤面相当于好几亩地的收入。有人刻，有人拓，然后他去卖，他们家也拓。阎丙彦是亲历者，他十几岁的时候就跟着他父亲到东三省卖帖，周边各个学堂、各个学校他都去过了。

还有一个人叫阎荣章，他们家是刻版的，他也卖帖。阎荣章这个人啊，就是他把整个村子的文化产业带动起来的，他脑袋瓜比较聪明，刻得也比较好，而且比较会经营。

还有一户，阎庄法帖的传承人，叫阎长浩。现在这个传承人呢，一共是两个。一个项目可以有多个传承人，不见得只有一个，这是国家允许的。第一个传承人我们选的是阎长浩，为什么选他呢？一是他懂这个,他当过小学校长,有文化,关于阎庄法帖的大部分情况我们都是从他那里了解来的。还有一个原因,他们家的版刻得最好,他曾祖父、祖父、父亲,都是刻版出身。阎长浩他们家是法帖世家,但是他只会拓帖,不会刻版。他的爷爷、姥爷都刻得不错,在阎庄一说谁家刻版刻得最好啊,刻得最符合原作的那种神韵,刻得比较传神达意的,就是他们家。

小知识:衡水法帖的传承谱系

1.阎世修作坊

阎世修,男,1876年生,河沿镇阎庄村村民。他自幼跟随父亲学习刻版、拓印技术,能熟练掌握各种字帖的拓法和雕版制作工艺,且又快又好,在当地及其周围很有名气,所拓字帖行销大半个中国,向北到北京、秦皇岛、沈阳,向东到德州、济南、泰安至沿海一带,向西到石家庄、太原,以及沿途各村庄学校。阎世修在北京还专门开设了"怡墨堂"帖店,专门从事字帖的销售和收集名家的墨宝。

第一代	阎世修	男	1876年生人
第二代	阎所芒	男	1900年生人
第三代	阎存堂	男	1921年生人

2.阎子田作坊

阎子田,男,1875年生,河沿镇阎庄村村民。他自幼跟随父亲学习雕版刻字和拓印技术,能熟练掌握各种字帖的拓法,且又快又好,在当地及其周围很有名气。所拓字帖行销大半个中国,向北到沈阳、长春一带,向东到济南、泰安,向西到太原、陕西、兰州,以及沿途各村庄学校。

第一代	阎子田	男	1875年生人
第二代	阎世明	男	1899年生人
第三代	阎丙彦	男	1920年生人

3.阎风贵作坊

阎风贵,男,1889年生,河沿镇阎庄村村民,自幼多才多艺喜爱书法,当时正是全村拓印生产旺盛时期。阎风贵从小跟随老艺人学习雕刻帖版这门技艺,刻苦钻研、精益求精,其主要作品有《南皮张氏双烈女庙碑》《赤壁赋》《治家格言》《读书训》。阎风贵草书、楷书、隶书、篆书无所不精,村中帖版大部分由他雕刻。

第一代	阎风贵	男	1889年生人
第二代	阎双任	男	1911年生人
第三代	阎长浩	男	1933年生人

阎庄这些好帖名帖的积累，整个村的村民付出很大的努力，他们跟孔府都有联系。孔府那是圣人诞生的地方，文化氛围比较浓一点儿，全国各地去的人比较多一点儿。他们去那里批发字帖，然后上全国卖。你只要有好的这个名帖，可以换他的法帖，他拿回这个名帖以后又复制，复制完了以后又开始印。他们一路走一路卖帖，一路征集碑帖。过去交通也不发达，他们背着干粮徒步走到山东拓帖去，去了以后在人家那个碑边搭棚子住，在那一待好几天。沧州南皮的双烈女庙碑是民国时期的碑，那是华世奎①写的，他们就上那里拓去。现在人们经济意识强了，我的碑不让你拓，你拓得给我钱，过去这个都是在田野里头，去了以后就打听，打听哪里有名碑。

一拓好几天，拓好几张，有的大碑特别难拓，它干湿程度有变化，尤其到春天风一刮纸也不好上，而且很快就干了。过去这个纸不像现在这个纸质量这么好，拉力那么大，有的就拉破了。所以就搭上棚子，把太阳光遮住，叫它慢慢地干。等干到百分之七十也好，百分之八十也好，他们就开始拓。有的一个大碑拓了半个，那半个作废了，拓不成了，失败率也挺高。

其他的村落也有做帖的，那是零星的了，就是爱好这个东西，买块版子回来拓，但是形不成一种大规模销售的产业，唯独阎庄这个村。我通过了解，整个木版雕刻拓印技艺，这个法帖，从全国来说这么大规模的很少，其他地方几乎是没有。怎么回事呢？南方也刻这个东西，但是它以什么为载体啊？竹子。现在也有，咱们这个门匾上，它是作为一种装饰性的东西，不是作为拓版来卖。因为这个竹子它有弧度，直不了，咱们这都是平平的。南方也刻这个东西，但是它不是这个用途，不作为帖使用，它仅仅作为一个装饰品，刻上字以后挂在门上，像春联，或者为店铺做一种装饰。所以从全国来说，阎庄可以称得上"中国第一帖村"。

物质条件和文化氛围

按现在的说法，阎庄法帖就是一种文化产业，这个文化产业在清代的时候就比较发达了，这就要说说阎庄法帖产生的历史背景和物质条件。我们这有打墨的，有制毛笔的，有制帖的，出去卖帖的话，小学生他肯定买毛笔，过去都拿毛笔写字是吧。一系列产品人家都全了，你买了我的字帖，你还可以买毛笔，你买了毛笔也可以买我的字帖临帖。而且还有墨，打墨的在衡水侯店南边的一个村，它这个墨块现在我们衡水古玩市场上还有卖的，就是过去的老墨，这么多年没卖完的还可以拿出来卖。

这个侯店毛笔的历史呢，它的非物质文化遗产项目申报书是我写的。经过调研，说是在明代的时候，有一个姓王的人，从山西过来的，说是哥儿几个，来到衡水以后在这落户了。他们有制笔的技术，后来他们把规模就做大了。我觉得这个东西的出现，与衡水的文化氛围也有关系，比如重史重教的氛围。再一个，物质基础方面，帖版大部分都是用杜木、桃木、梨木，最好是杜木。我们这个地方地势比较低洼，属于黑龙港流域①，过去的时候黑龙港流域水患特别严重。有历史记载，1963 年闹过一次大水，再早的时候，我们县志记载，原来我们的衡水在旧城村，那是明代永乐年间，夏涝了以后，连续半年水退不下去，一般这个水渠边、坑塘边，杜树长得特别多。

碑帖，为什么叫碑帖呢？碑，石碑，它是石头刻的，但是这个地方是山区，过去交通又不

① 黑龙港流域，包括衡水、邢台、邯郸、沧州四市的五十个县（县级市、区），面积三万四千平方千米。该地区地处暖温带，光、热资源丰富，是国家重要的农业种植区。由于地势低洼，泄水不畅，加之受季风气候和低洼冲积、海积平原地质条件的影响，历来是海河平原旱涝灾害最频繁的地区，也是黄淮海平原盐渍危害最严重的地区之一。

太发达，石头运输很困难，所以说它取材于杜木，而且杜木比较坚硬，这是其一；其二呢，它里边这个纤维特别细，它不像有的木材拉丝，它这个东西不拉丝，刻出来以后字口特别清晰，而且不容易坏。所以说阎庄法帖发展的基础，应该是咱们这边杜木比较多。杜木啊，这个树长得不是特别粗大，一般情况下直径长到三十多厘米。那个木质硬啊，它生长年限比较长，我们帖版大部分都是三十多厘米，那是相当不错的杜树了。

帖的由来

说到中国的制帖，咱们转变一下话题，我讲一讲中国帖的历史。中国给这个帖的定义，就是名人的信札、帛书、摩崖石刻的拓印本，这些都可以称为帖，供人们习字的范本叫法帖。我们在民间还有一个说法，就是说递帖。什么叫递帖？过去老人介绍对象，一说你们俩递帖了吗？意思就是把帖递过去，告诉人家这门婚事同不同意，什么时候结婚定个日子……就是传达我的意思给你，一个告知的意思。

"帖"这个词在春秋战国时期就有了，《说文解字》中就有收录。因为文字呢，它得需要载体，有甲骨文，拿骨头作为载体在上头刻字；也有刻在青铜器上面的文字，叫金文；还有石鼓文，石鼓文就是刻在石头上的。文字的载体有个演变的过程，春秋战国时期又有了绢和锦。到了汉代的时候，这个载体就是木牍、竹简，这个东西传播挺费劲，它不容易携带，一本书得拉一车。到后来我看那个汉代的竹简，它就相当简单了，1964年发现的一个汉墓——银雀山汉墓，出土了大量的竹简，证明了《孙子兵法》的作者是谁，当时都轰动世界了，我看它那个竹简不宽。

实际上大概在秦代的时候，木牍、竹简就成了公文的固定载体。到了汉代以后，东汉蔡伦改进了造纸术，新的载体才出现。从那以后知识的传播比过去要发达得多了，一是纸便于携带，再一个呢，一张纸上能写好多的内容，一本书可以承载好多的内容。纸出现以后，帖的出现就有了一个基本的物质条件，纸对文字传播起了一个很大的作用。

宫廷里收藏很多名人的字画，它不能只放在宫里，宋代(淳化三年，992年)的时候(太宗赵炅)就下令把名人的字刻在石头上，刻下来以后就拓了字帖，然后大量复制，这就是《淳化阁帖》。咱们都知道《兰亭序》吧，最传神达意的《兰亭序》摹本就是唐代冯承素临摹的那个，靠什么临摹? 他真正地拿笔来写，还是覆上纸以后，用笔圈起来往里面填墨? 这里面有争议，有的人认为是把《兰亭序》垫在底下，拿笔圈起来填墨，那么临摹的，实际上那就是帖了。在唐代的时候这个帖就基本形成了。

刻与拓的门道

阎庄法帖一般的情况都是阴刻，也有阳刻，阳刻是为了老百姓的需求。因为过去过年，都讲究挂副对联，阳刻跟写的一样，出来以后底是白的，字是黑的。帖呢，底是黑的，字是白的，整个反过来了。还有为了经济效益，它有字中画，画里藏字，一种挺风趣幽默的东西，看着是个人物，但是里面藏着一首诗，这种有所创新的东西也不少。原来一般是以字帖为主，现在有一些画，还有其他的。

阎庄法帖拓一般是快速的干扑法，把纸整个扫上水以后，它不需要太湿，一闷这个纸就有柔软度了，铺在上面就直接拓了。要说湿扑法那就很慢了，一天拓不了几张，整个碑拿水刷了，等它晾干一些后再拓。这个纸一般湿度在百分之七八十的时候最好拓，不容易坏，墨也不洇。闷起来一道纸以后，盖上东西，那时候没有塑料布，盖上一个锅，就这么拓。

拓法一般就是锤拓,现在咱们这个传承人(李广民)呢,他研究擦拓法。擦拓比锤拓要快得多,效率特别高。但是有一个前提条件,一般这个石头,不太麻的时候,风化不严重而且特别光滑的时候可以擦。碑也好,木版也好,得比较完整、比较光滑一点儿,要是有麻面或者有坑有洼,一擦纸就破了。那个拓包怎么做的,拓包里边应该掺什么东西,装什么东西容易吸墨,而且不容易滞,拓出来比较均匀,这些都有门道。锤拓、擦拓这是两种方法。

拓出来的效果有乌金拓,乌金拓特别黑;再一个是蝉翼拓,拓出来以后墨色特别薄,就跟蝉的那个双翼一样,黑白相间有那种朦胧的感觉;还有赤拓,颜色变了,红色的,用红墨。

拓的颜料挺丰富多彩的,它不是拓出来就只有黑底白字。过去拓一些高级的东西,可以套色的。咱们比方说,你不是拓字,而是拓一个人物,这个人物是黑的,草是绿的,水里鱼是红的,可以拓出来以后跟画一样。人物也可以用这种方法,好几种拓法,拓出来以后也是颜色挺丰富,有黑的、绿的、红的,那也是比较丰富了。

拓法要看卖帖卖给谁,比如说收藏者或者书法家,他们要求这个帖质量比较好一点儿,那拓法上就可以选效果比较黑、比较好的,容易保存和收藏。一般给学生们用的字帖,能看到字就行。

代表作

阎庄法帖的特点,我觉得原来早的时候,它大部分都是启蒙式的,学校里小孩们练习书法临帖用,《三字经》《百家姓》《道德经》这一类东西就是启蒙性的,都是楷书。当然字体的形式,得看你淘到什么版的帖了,拓了以后也有颜体、柳体的这种帖。到后来,通过我们发掘、整理、搜集,了解到阎庄法帖的内容相当宽泛,一般的名家名篇,像前后《赤壁赋》《兰亭序》《道德经》这些,名篇特别多,对这个社会知识的传播就起到一个很大的作用。

衡水法帖比较具有代表性的、比较有名的，一个是《兰亭序》，还有苏东坡的《赤壁赋》。成套的东西很多，因为不成套的东西不好卖，断章取义，一篇文章摘这么一段以后，人们觉得临帖是可以，但是没有收藏价值。你还得讲究收藏价值，还得有卖点，那又有经济效益呢，所以成套的这些东西特别多。

据说 1963 年闹大水的时候，在河套里边冲走了不少版子。民国以后，印刷术不断发展，拓帖挺费劲儿，这是一方面；再一个是成本高，你买本字帖挺便宜，恐怕一张拓片就比一本书的价格要高，所以后来就不怎么做了。民国时期，有的人把版子打成小橱柜，镶在橱板上，有的做风箱了，挺可惜的，糟蹋了不少。1990 年经过我们征集，一共一百多块比较好的，到后来也有征集费了，把残的破的都征集来了，品相比较好，现在依然字迹清晰、不朽也不腐的一共是一百二十多块，现在都在我们文物管理所的文物库房呢，通过专家鉴定，都定为三级文物。博物馆里展的就是从我们库房提过去的，拣着有特点的，字体有隶书、楷书、行书、草书，还有字中画。有王献之的《洛神赋十三行》①，还有这个《秋声赋》②《乐毅论》③。也有碑帖，碑帖不容易写，但是碑帖就保存来说要比木版好得多，因为把一个石头放在屋里，它这个风化的程度比木版要轻得多。木头就是便于携带，随身带着拓版，原来村民白天卖帖，晚上没事了可以拓，拓了以后再接着卖。

① 《洛神赋十三行》，东晋书法家王献之的小楷作品，内容是三国时期魏国文学家曹植的文章。书法作品共计十三行，真迹今已不复存在。最接近真迹的是南宋贾似道所刻石本，因石色如碧玉，世称"玉版十三行"。原石今存国家博物馆。

② 《秋声赋》，元代书法家赵孟頫的书法作品，内容为北宋文学家欧阳修的散文。

③ 《乐毅论》，东晋书法家王羲之的楷书作品，内容为三国时期魏国夏侯玄撰写的一篇文章。

作用和影响

我觉得，法帖对中国文字的传播起到很大的作用，作用在哪儿呢？过去在明代也好，清代也好，一般好的字帖和名人名家的字帖都在宫廷里，来不到民间。阎庄法帖呢，就是淘换到名家字帖以后，通过复制，让这宫廷的东西流传到民间，让老百姓真正接触好的东西。它对推动中国书法艺术、传承中华民族的历史文化起到一定的推动作用，它的历史价值我觉得应该是在这方面。因为过去不像现在，五块钱买一本，过去传播主要是靠这种东西。要没有这个阎庄法帖做得这么大这么强，我觉得民间文化是比较匮乏的，孩子们想得到一个真正的临帖的法帖是很难的。

白如廷讲解衡水法帖

2009 年,我们参加"中国非物质文化遗产传统技艺大展",我们拿的是《九成宫醴泉铭》那一块版子,中国书法家协会主席苏士澍看了以后,说民间刻的这些东西真是不亚于宫廷的东西,水准比较高。

这几年出去参加的展览不少,北京的展览,还有河北省年年搞的文化遗产日活动,我们都去。带着这些版子,带着这些拓品,一个是搞展览,再一个是搞销售吧。2009 年去北京参加展览的时候,我们带了一批字帖去,还是北京文化底蕴深啊,爱好这个的有好多人,日本、越南、缅甸大使馆都给他(李广民)递名片,我们带的作品全卖完了。可是在石家庄搞几次展览,一本也卖不了。前面提过的侯店毛笔,也卖得挺好。我们现在做了一个盒装,里边有墨、毛笔、字帖,这个系列的产品装在一块儿卖。

申报非遗

1990 年征集时我不在这边工作,有一位叫李功的,这个人已经去世了,他和王耀宗,一个副所长,他们俩挖掘、整理这些碑帖。当时也挺轰动,《人民日报》(海外版),还有《光明日报》都报道了。然后,文化部批了十万块钱准备建法帖博物馆,那是 1993 年吧,这十万块钱现在来说不算多,在当时来说建一个博物馆也建不成。当时正好恢复修建宝云寺,宝云塔是全国重点文物保护单位,那是过去衡水老宝云寺的原址。后来把这十万块钱投到宝云寺里面,盖的东西厢房,东厢房一共八间房,给了法帖博物馆。1994 年正式在那开馆了。布展几乎是没钱了,就把这些版子拉去弄几个展柜,上点文字性的东西,很简单,就算一个博物馆。

随着经济的发展,也有慕名而来看法帖的人,对外的影响度比较大了以后,我们桃城区的领导就觉得这个博物馆有点儿简陋了,因为桃城区代表了整个衡水市的文化氛围、文化水准,人们觉得这个博物馆太简陋了。1999年，市里又掏了几万块钱，从整个展陈方面，还有这个展览形式方面，有了一个很大的提升和改善。

非遗项目和传承人的申报都是我做的工作，我把这个拓印技艺的流程全部记录下来，做了一个推荐片，一共三十多分钟，交到

衡水法帖博物馆

衡水法帖博物馆

河北省,之后阎庄法帖入选了首批河北省非物质文化遗产名录。传承人我一开始就推荐阎长浩。村里家家都拓印,那么选谁作为这个传承人呢?在村里,阎长浩他们家三四代都刻版,而且刻得比较好,就是他们家比较合适,没什么大的争议。因为刻版的现在仅此一家,其他家都不做了。

但是阎长浩岁数大了,八十多岁,出不去了。那谁出去参加展览呢?这就有了第二个传承人,李广民。他也是文化世家,他姥爷是书法家,在我们衡水比较有名。他从小跟他姥爷在一块儿练习书法,他书法也不错。关于这个雕版拓印技艺,他是怎么入门的呢?我觉得应该是他当兵以后。他在临沂当兵,临沂不是有王羲之的故居嘛,有鹅池,王羲之练习书法写字涮笔的地方,而且那里碑特别多。李广民呢,对这东西产生兴趣了以后,开始去王羲之故居里学拓碑。他挺善于学,拓的质量挺高,他不但拓平面的东西,而且会拓立体的东西。拓立体比如一个鼎,他会研究这个东西,先拓哪儿后拓哪儿,最后成形一看是个立体的东西。再一个他刻石碑刻得相当好,他个人的作品有《兰亭序》,大小两个尺寸。他刻得比较尊重原作,比较逼真,在北京碑帖市场卖得也比较不错。为什么刻石碑的要匠人,不要有文化的人,匠人就是说,他自个儿不会写字,他就严格按着样子照葫芦画瓢。实际上这样是最好的,尊重原作水准,就怕你会写字,觉得这不好给改改,那人家原作的那种神韵就没了。李广民是尊重原作的,特别好,但是他文化水平也不算很低,他是高中毕业。他善于学习,研究擦拓拓法,到北京搞展览他表演的时候,吸引了好多的全国的拓印技师跟他学习。

最好的保护就是传承

我们在传承方面做得还算可以吧,我们跟衡水的大中院校都有联系。一些爱好这个的学生每个礼拜、每个月到这个博物馆,由非物质文化遗产传承人给他们授授课,教教他们。我们前几年跟釜阳小学建立了传承关系,在那里挑了一部分学生,举办了几期培训班。而且市里、县里、区里都比较重视,拨了专项资金,买了一些纸、墨,做了一些拓版,复制了一些帖版。因为我们征集来的这些帖版,大部分都是三级文物,文物一般不允许再传播、再进行拓印了,一湿一干影响它的寿命,我们花了十多万块钱复制了一批帖版,作为传承的教具供小孩研习。

我们还有一个设想,阎庄村紧邻衡水湖,衡水湖这几年旅游发展挺快,而且北京有一趟专列到衡水,节假日的时间来衡水湖旅游的人不少。我们想把这个阎庄法帖历史文化帖村跟衡水湖的旅游结合起来,别光看衡水的自然景观,你也了解了解衡水的人文历史。我们跟国家争取过钱,钱批了以后准备在这个村建一个小型博物馆、一个传承基地。村里现在有一部分人又开始干这个活儿了,而且他们的工具还相当齐全,是过去的老工具。七八十岁的人还有这个技艺,他知道这个版怎么刻、怎么个刀法,他懂这个。还有就是把村里一些爱好这个的年轻人聚到一起开个座谈会，结合李广民创新的东西，互相交流，提高拓印技术的水准。

现在这个字帖，书店里卖的成本比较低一点儿，要买他们这个，成本就比较高一点儿。一个小册页，我算过它的成本，宣纸、托裱，再折成册页，再加上前后的硬皮，整个算起来将近一百块钱，再加上锦盒之类的，一个盒子得五十块钱，一共一百五十块钱。要在书店里买字帖的书能买多少？所以说这个东西呢，作为一种收藏品还可以。

再一个，现在传媒这么发达，哪家都有电脑，想找什么字在电脑上一搜，就可以下载打印，我连书都不买，就可以按照那个练了。所以这个东西从单纯的经济效益来说，不是很可观。

任何东西要生存下去，得有自身的活力，这是必须的，不能光靠政府。在拓印技艺方面，一个是有所创新，再一个想办法把它的成本降低下来，还有就是多培养传承人，这是很重要的。应该从学生那一代抓起，说实在的，它没有经济效益，但它总会有社会效益吧，这是中国历史文化的精华。当然，写字不是人们安身立命的东西，不像过去它跟吏治都连着的。过去参加殿试的人，毛笔字要是不行，文章的观点再好，写的折子也没人看。过去状元都是书法家，你不写好字，就没有仕途。现在社会也不讲究这个东西，有的跟小孩子写的字一样。我觉得这是一种中国文化的倒退，应该这样说吧。

再一个与社会氛围有关系，现在这个社会急功近利的人比较多，幻想今天我学这个东西，明天我就能挣一百万，那样最好了。现在人心多浮躁啊！这几年我听说好一点儿，河北师范大学有书法学专业，我觉得这挺好！

中国的这个书法艺术啊，在世界上都是独一无二的。一般的文字，功能就是传情达意、知识的传播，中国的文字不光有这种功能，而且有欣赏价值,有艺术功能。从书法艺术上讲啊,世界上哪一种文字,都不能和中国的文字相媲美,中华民族的文化精华就在这呢,它既有实用价值,而且还有艺术价值。所以说我觉得字帖的推广,学校也好,社会也好,都要培养一个重视书法艺术的氛围。

文化的传承非常重要。过去,人们多么敬畏历史文化,多么尊重历史文化,我觉得最好的保护就是传承,把这个东西传承下去,不能让它在我们这代人手上流失。

古籍修复技艺

古籍修复是图书保护的主要措施之一，是我国一项古老而特殊的技艺。古籍修复的历史很长，北魏贾思勰的《齐民要术》里，就有关于图书修补技术的记载，并提出了"整旧如旧"的理念。到了明代，又有了《装潢志》(周嘉胄著)等详细记述古籍装帧与修复的专著。在古代，图书修复与字画装裱技术没有太明显的分野，到了清中期以后，古籍修复技术已发展得比较成熟，并逐渐从字画装裱技术中分离出来，形成了一门独特的技艺。清末民初，随着图书交易的繁荣和古旧书店的兴盛，古籍修复技艺也发展到一个很高的水平。许多古旧书店里都有一两名古籍修复工作人员，他们手艺精湛、工作勤勉。无数残破的古籍经过一代代修复人员的精心修补，改变了破烂的外观，恢复了本来的面貌，使祖国宝贵的文化遗产得以延续流传。

　　国家图书馆的文献修复工作历史悠久、成就辉煌，修复完成的国宝级珍贵文献有《赵城金藏》《文苑英华》《永乐大典》、西夏文献、清代《赋役全书》、部分敦煌遗书和宋元善本。2008年，装裱修复技术(古籍修复技艺)入选第二批国家级非物质文化遗产代表性项目名录。

杜伟生

国家级代表性传承人

杜伟生(1952—），男，回族，北京人，国家级非物质文化遗产代表性项目装裱修复技艺（古籍修复技术）国家级代表性传承人，国家图书馆研究馆员，从事古籍修复工作四十余年，对中国古代书籍装帧及修复技术有比较深入的研究，对西方古代精装书籍的装订和修复技术也比较熟悉。

杜伟生1990年赴英国国家图书馆1996年赴法国国家图书馆参加两馆的敦煌遗书修复工作；1991年，主持中国国家图书馆藏敦煌遗书的修复工作；1996年，主持『纸浆补书机』的科研项目，该项目获文化部科学进步奖；2001年，作为主要执笔者完成《古籍修复技术规范与质量标准》；2002年，参加《永乐大典》的修复工作；曾十余次参加国际会议并发表论文，著有《中国古籍修复与装裱技术图解》。

采访手记

采访时间：2016 年 7 月 14 日至 2017 年 2 月 9 日
采访地点：国家图书馆总馆
受 访 人：杜伟生
采 访 人：田艳军

因为工作关系，我和杜伟生老师接触的机会比较多，对他所从事的古籍修复工作也略知一二。2012 年，我拍摄了由杜老师主讲的九集电视教学片《古籍修复技艺》。2016 年 7 月至 2017 年 2 月间，我又对杜老师进行了十三次口述史采访。和几年前相比，六十五岁的杜伟生老师头上添了些许白发，但面容依旧清瘦冷峻。杜老师走路很快，我们和他走在一起，经常被落在后面；平时他的脾气也很急，说话时语速很快，但一修起古籍来，他便马上平静下来，全神贯注，沉浸其中。从文津街老馆低矮昏暗的平房到白石桥新馆宽敞明亮的办公室，四十多年来，他始终坚守在这平凡、单调的岗位上。一支毛笔、一把剪刀、一盆糨糊、一张桌子，无数如枯叶一般残破的古籍，在他的手下起死回生，重新焕发出生命的光彩。记得一位国家领导人在参观古籍修复技艺展示时问杜老师："怎么才能把书修好？"杜伟生平静地答道："用心修。"

杜伟生口述史

田艳军 整理

学生时代

我叫杜伟生,回族,1952 年 3 月 11 日出生在北京市崇文区。小学一年级我是在通县民族小学上的,二年级以后就读于朝阳门南豆菜胡同小学。在通县上小学的时候,教我们的是一个女老师,叫梁新能,三十来岁。她对学生要求得特别严,越是学习好的学生,她要求得越严格。我记得当时考试的时候,我的几个同学,也就四五个吧,考试成绩得九十八分都不行,得九十八分要罚站。这个老师对我的影响非常大。从那个时候起,我就认识到:做事情一定要做到极致。

1965 年我考上了北京二中,开始读初中。初中没上多长时间,"文革"就开始了。我记得特清楚:1966 年 6 月 5 日,我们学校出现了第一张大字报,内容就是反所谓"资产阶级的教育路线"。斗校长、斗书记、斗老师,学校基本上就瘫了。我 1965 年上初中,应该是1968 年毕业,但就是毕不了业。我们那时候叫什么?初一,一直是初一，到快毕业的时候也走不了，就变成老初一了。

1969 年 2 月，我们可以走了，当时动员上山下乡。说实话，我都准备好上山下乡了。幸运的是遇上了征兵，当时驻在我们学校的军宣队负责征兵工作，我就报名参了军。那一年我十七岁。我十七岁的生日是在部队过的。我们当时的部队是建筑工程兵某团，主要搞工程建设。1973 年，我在部队加入了中国共产党。

由军人转变为图书馆馆员

我于 1974 年 2 月退伍离开了部队，被分配到了国家图书馆的前身——北京图书馆。我是 1974 年 3 月 15 日到图书馆报到的。

来图书馆后，我被分配到了图书修整组。当时我们修整组是工人的待遇，我当时想：工人就工人吧，反正干这个活儿太阳晒不着，风也吹不着，雨也打不着，已经很好了。另外呢，工人挣的粮票比干部还多。当时我每月挣三十三斤半粮票。

图书修整组在建馆之初就有，但是没有建制。那个时候呢，因为采访①的书全是线装书，平装书都很少。书采来以后，如有小的破损，就自己简单地修一修，主要是换一个书皮，订订线什么的。1953年我们这个组才有建制，但没有正式任命的组长。我刚进馆的时候，我们组三十个人，负责人是肖顺华和潘秀玲。当时组里有二十来人是做精装书的。修古籍的人员有肖振邦、肖顺华，再老一些的员工还有好多，我没见过。老师傅呢，我见过李书梦和张世达，再往前的就没见过了。后来肖振棠来过一次，以后就没见着了。听说肖顺华开始的时候不是修古籍的，他是修报纸、做精装书的，后来才修古籍

① 即图书采访，是指图书馆的文献资源建设，它是图书馆的基础业务之一。图书采访是图书采访馆员按照一定的原则和方针寻访、访查和采集文献资源。采访的方式有呈缴、调拨、交换、购买、捐赠等。

的。肖振邦从学徒开始,学的就是修古籍。

到北大进修

　　1974 年我来馆之后,馆里很重视我,10 月份就派我到北大的"古籍整理进修班"进修。在这个班进修的学员有好多来自地方图书馆,有上海图书馆、黑龙江省图书馆、山西省图书馆、中科院图书馆、首都图书馆,还有昌平县图书馆等。当时给我们讲课的是王重民①、郑如斯②等几位老师。学的课程呢,有目录学、哲学、政治经济学,还有古汉语。我的古代汉语知识,就是在这个班上打了一个很好的底子。王重民老师讲那个目录学,开始我听不懂,因为以前没接触过。所以当时王老师说:这个班里怎么还有这个人呢? 连类书是什么都不懂。就是指我,不知道什么是类书,什么是丛书。我那时候刚刚到图书馆来,对这些知识确实没概念。但是后来听老师讲课,听进去之后,觉得那真是了不起。王老师讲课时,他在黑板上到处写, 当然他应该是早计划好的,这儿写几个字,那儿写几个字,然后讲解。他讲完以后,在黑板上画线:这个跟这个是一个系统,那个跟那个是一个系统,非常清楚,而且黑板上没有一个多余的字。那课讲得真好,一辈子我也忘不了!

　　王重民先生学问非常好,而且非常严谨。当时我因为年轻,什么都不懂,有时候就跟王先生聊聊,向他请教。比如这个版本学,我就曾经问王先生:这个版本到底是什么东西? 现在讲得这么神乎其神的。他说:"说白了就是一个比对之学。就是你拿两个本子,一本书你不知道它是什么本子,你把两个本子拿去对一下,

① 王重民(1903—1975),字有三,河北高阳人,我国著名的目录学家、版本学家、敦煌学家、图书馆学家。王重民曾任北平图书馆代馆长、北京大学图书馆系主任、教授,著作颇丰,有《中国善本书提要》《中国录学史论丛》《敦煌古籍叙录》《敦煌遗书论文集》等。
② 郑如斯(1933—),北京大学教授,长期从事中国书史、古籍整理编目方面的教学与研究工作,著有《中国书史》等。

你看它们是不是一个版本。怎么对?就是拿第一叶,一个本子的第一叶的上一半和另一个本子的第一叶的下一半一碰,它能碰上,版框①大小一样,字数一样,那很可能就是一个本子。"我在这个古籍整理进修班里学了一年,1975 年 10 月毕业。我们这个班毕业的学员们,后来基本上都成了各个馆的业务骨干。

跟"二肖"学修书

我刚进馆的时候,是做新书的,就是装订报纸、期刊。1975 年 10 月从北大进修回来之后,我就开始跟肖振邦、肖顺华学修古籍。当时我们这个组修古籍的人有王丽英、郑静文、肖顺华、肖振邦、陈京,加上我有十来个人,肖顺华当时是组长。肖振邦、肖顺华两位是当时资格最老的。肖振邦原先是琉璃厂肄文堂②的店员,肖顺华原先是肄雅堂③的店员。我开始修书,接触的线装书是普通版本的,因为刚开始修书都是修普通书。我记得当时我修的最大的一部书,就是咱们馆藏的齐如山④的一个戏本子。我原来就喜欢这个,小时候呢,礼拜天的时候,经常带着弟弟、妹妹上中国书店去玩去看书。那些戏本子,看着真是让人爱不释手,就觉得古籍里边真有好东西。1976 年的下半年,我就开始修善本了。

我们那个时候修书,平均一天修一本,一年就修将近三百本吧。而且,那个年代还要搞"抓革命、促生产",还要参加政治学习;每天晚上有一个汇报会,一个钟头,下班不能走。那时候我们在老馆,夏天屋里热,坐在外头念报纸,五点下班,六点才能走。再有,中午说十二点吃饭,你要早五分钟到,那食堂里都没人,哪像现

① 版框,也叫边栏,是指书叶正面四周的围线。

② 肄文堂,民国初年开设于琉璃厂的古旧书店。

③ 肄雅堂,清光绪年间开设于琉璃厂的古旧书店。

④ 齐如山(1875—1962),又名宗康,河北高阳人,我国著名的戏曲理论家,长期从事戏曲教育,编辑出版《戏剧丛刊》《国剧画报》搜集了许多珍贵戏曲史料。

在似的。

在金石组当"片子"手

1982年,我离开了图书修整组,去了金石组。为什么去金石组呢？因为我爱人也在图书修整组,她是修善本的,两人在同一个组就不太方便了,所以我就调到金石组去了。在金石组,一开始我主要是搞片子,当"片子手",就是刻那个目录卡片,刻蜡版,然后拿这个小刷子刷印,身上经常弄上油墨。在金石组,我学到了不少东西。比如编目怎么编、题名是什么,因为这类东西跟普通书是不一样的,它有它的特点。所以现在呢,关于拓片这方面的知识,我也知道一些。比如说乌金拓、蝉翼拓,这是从墨的深浅来说的;从颜色来说呢,有墨拓,有朱拓,颜色多的叫彩拓,等等。拓片的知识是非常多的。我跟着金石组的同事学会了拓碑,也学了许多碑帖鉴定方面的知识。

拓片的重要性,不光是它的字,包括它的石花①、它的残缺,那都是信息。所以到后来修这个拓片的时候,我就主张,凡是和字相连的,原来是缺的地方,一定要用白纸补。就这一点,如果我没有在金石组工作的经历、没有碑帖拓片方面的知识,我也想不出来。所以那个时候我在金石组工作,学了不少知识,也长了不少见识。这对我后来的古籍修复工作帮助也是很大的。

① 石花,是指石碑在风化作用下,碑刻表面出现的局部斑驳现象。

老师傅们的修书手法

1987年5月,馆里任命我为图书修整组的组长,开始做管理工作。我来这个组之前，这个组也做了不少的工作，比如说修复《赵城金藏》。《赵城金藏》一共修了十几年；还有呢，肖振邦修了一件从朱元璋第十九个儿子（朱橞①）的墓里出土的一部围棋棋谱。我来之后呢，参加了从新疆出土的一个纸棺材的修复；还修了一件现藏在国家博物馆，也是在新疆出土的，九岁儿童卜天寿②抄的《论语》，这件东西是在咱们这儿修的。

总的来说呢，从修复古书上讲，这些老师傅呢，过去都是在琉璃厂一带卖旧书的书铺子里的店员。这些人呢，文化水平都不高，上过两三年的私塾就算是有文化的了，但他们的修复技术应该是没有问题的。他们大都是从十三四岁就开始做修复工作了。另外呢，他们的版本知识都比较好。再有，就是从修复理念上讲，它就讲究"整旧如旧"，或者说叫"修旧如旧"，书修完后，你基本上看不出修补的痕迹来，这就是最高境界。我们组过去有那么几个老先生，有的我见过，有的我没见过。比如说张世达，还有李书梦，他们过去自己都有书铺子，自己又卖书，又修书。张世达的活儿比较细。当然这几位老先生各有各的风格。肖振邦干活儿就是快，非常干脆。我记得有一次，我跟他一起托书叶③，当时他就快七十岁了，我那时候才二十多岁，说实话，他没比我慢多少。但是呢，因为岁数大了，眼睛不行了，所以有时候那栏④对得就不那么齐了。就是说他这个技术是没问题的，但在修复手法上，他们沿用的都是那些旧书铺的手法，就是比较快，要快。但从修复质量上来讲，他们那时候的修复质量，跟我们现在所要求的这种修复质量是两回事儿。

再比如说，有这样一本书，这本书基本上挺好，就是书口⑤都破

① 朱橞（1379—1428）：明代九大攘夷塞王之一，自幼聪明好学，深得朱元璋的器重。1391 年朱橞被册封为谷王，后自恃迎成祖朱棣进金川门有功，骄横霸道，陷害忠良，于永乐十五年（1417）被废为庶人，宣德三年（1428）在狱中去世。
② 卜天寿（699—？）：唐西州高昌人，生平不详。卜天寿十二岁时曾抄写《论语郑氏注》。
③ 托书叶：即在书叶的背面粘上一张纸。
④ 栏：即边栏，也叫栏线、版框，是指书叶正面四周的围线。
⑤ 书口：即书叶中间折缝。

了，过去有种修法叫"点口"，就是这书不拆，就把这书口用毛笔点点儿糨子然后粘上。这样做呢省事，速度也很快，但这一张书叶就粘在一起了。这种书呢，如果再修的话，因为古书的书叶都比较薄，你这样粘上糨子以后，再打开就很难了，甚至打开之后粘在一起，有一边就得掉。还有一种修书方法，就是"溜衬"。就是这部书呢，书口破了，书口破了以后呢，这个书叶又比较薄，所以在修复的时候就给它铺张衬纸。我们现在的做法呢，是把书叶补好之后再把衬纸衬上，这是比较规范的做法。但在过去呢，为了快，怎么弄呢？就把书口上抹上糨子，之后就把这张衬纸粘上了。这个纸如果用得比较好，问题还不大，如果用得不好，那就有很大问题了。我们修过一本宋版书，是元、明递修①的，这部书的问题，就是书叶和衬纸粘在了一起。因为后面衬的这张纸，跟前头这张书叶的纸性不和，所以时间长了

① 递修，指书版残缺，经过两次或两次以上的修补。用这种经过多次修补的书版刷印的书籍，叫递修本。

以后呢，它里面那张纸就胀了。因为纸都粘在一起了，又不能胀到书外头去，那些地方就都皱了，所以那书就不平了。那部书也就四册吧，我们修了好长时间，就是书叶不好揭，因为糨子比较稠。过去还有一种修书方法，就是有些普通线装书，当时看，它的版本价值不大，这书又很破，就把那个最破的地方给切一下，这样，从外观上看是漂亮了，但它的问题就是破坏了书的原貌，有可能丢掉一些信息。最起码这书原来多宽多长，你给伤了，还改了原书的装帧形式。当然，这些老师傅他们做的活儿应该是好的、手艺是一流的，就是有些做法，现在看起来不合适了，不符合我们"修旧如旧"的原则。

再有就是，对一些脏了的、变黄了的书，从前那些旧书铺子里的老师傅们为了生计、为了能卖钱，常用的处理方法就是"漂"。怎么漂呢？就是首先弄一口锅，做一锅水，水里面放上漂白粉，然后把水烧开，但锅里面的水不能大开，大开的话这纸放进去就碎了，就保持它微微地开。把这书叶呢，拿一个尺子或者一根棍子，比较直一点儿的，先把这书叶打开，竖着拿着，先在这锅里蘸一下，也就在

书叶底下先湿那么三五厘米，实际上底下这一点儿也算漂了一下了。然后把这湿的地方粘在尺子上，再把整张纸慢慢地在锅里拉一下。得一叶一叶地漂，漂的速度和力量要掌握得恰到好处，又要快又要小心，这劲儿用得又要小。你漂的速度如果稍微慢一点儿的话，这纸就烂在水里了。但是你又不能够太使劲儿，你如果劲儿使大了，用尺子挑着漂的这叶纸就断了。这可以说是一门非常娴熟高超的技术。这样一漂，书是白了、漂亮了，但是这种方法现在是绝对不能用的！它伤书啊，对书的损害太大了，这严重违背了文物保护的原则。

英国国家图书馆给我们的启示

1990 年 1 月，我应邀到英国国家图书馆做为期半年的工作访问，主要是帮他们整理敦煌遗书。英国国家图书馆里藏有一万四千多号的敦煌遗书，从最完整的卷子到碎片，它一共是一万四千八百多号吧，八千四百五十号以后，全是我整理的。我主要的工作是把这些卷子打开，然后除尘、压平，有大的破口呢就简单地修一修，就是使它能够扫描了，能够看了，就行了。我主要是做这些事。但是呢，我也看了他们修的敦煌遗书，他们当时不做托裱，就是把那个破边给它修修，补补破洞。卷子的上下都要用纸接出来一部分。因为敦煌卷子没有直的，有的是弧形的、有的是 S 形的，那么你要是想把它拉直的话，你肯定要在经卷的上下都要相应地用纸接出一块来。接好之后呢，再抹上糨子把它绷到板子上，等干了之后起下来，裁齐了，再在经卷的尾部装一个比较粗的管儿做轴，然后卷起来，把它放在一个盒里。这种做法它的好处就是，经卷原件上附加的东西很少。它没有托裱，经卷纸张的薄厚都没被改变，保持了它原有的状态。

英国人的这种做法正好也符合我的理念，对我的启发也很大。他们也想看看中国人是怎么修的，让我修了两个长卷，修完后他们也比较满意。

敦煌遗书的修复与修复原则的确立

1991 年,馆里启动敦煌遗书的修复工程。正因为有了我在英国整理、修复敦煌遗书的经历,有了这样的一个基础,所以这次修复我们就学习、借鉴了英国的经验。

我们这次组织修复敦煌遗书,跟以前组织修复古籍不同。在修复工作开始之前,首先聘请了业内的专家学者,就修复工作进行了论证,再一个就是制定修复原则。当时,老专家冀淑英①先生不主张全部修,她提出了"先救命,后治病"的主张,就是先修那些个破的、一碰就坏的经卷,这是一个。当时善本部的副主任方广锠先生提出,要坚持"整旧如旧",就是我修的这个东西,要尽量保持它的原样,要尽量地接近它的原始状态。还有就是最小干预,就是我能补多少就补多少。比如,它破了一个口,我就补一个两毫米、三毫米的条就完了,就没必要弄一个一厘米的条去补,也就是说,你附加的这些材料越少越好。最后一个呢,就是过程要可逆,就是我现在粘上去的东西,如果发现不合适,若干年后,有了更好的修复技术,出现了更好的材料,我还可以把它拿下来,恢复原状,以便改用更为先进的修复技术。当时就定了这么几条原则。

① 冀淑英(1920—2001)河北河间人,著名的版本目录学家,曾任国家图书馆研究馆员,著有《自庄严堪善本书目》,参与编撰《北京图书馆藏善本书目》《中国版刻图录》《中国古籍善本书目》等。

以上说的是修复原则,我再讲讲修复细则。细则呢,第一个就是能不补的就不补。当时有几个卷子被老鼠咬得很厉害,虽然有破损茬口,但这纸很好,不会再坏,所以就没有进行修补,留着它。再一个,坚决不整卷地托裱,不在整个卷子背面再粘一整张纸,坚决不这么做!还有呢,就是过去没有的技术,或者说,过去没有使用过的技术，你现在也不能用。我在英国修复敦煌遗书时就发现了一个问题，就是敦煌卷子很少有直的，笔直笔直的很少，大都是弯的。这说明什么？说明当时没有上墙①的技术。它没有上墙，上墙肯定要先弄直了嘛。所以我们现在修复敦煌遗书，经卷就不能上墙。我们当时修这些敦煌卷子都是压平的，没上墙。

修复敦煌遗书

　　按照以上的原则，敦煌遗书的修复取得了很大的成功。1992 年 9 月，中国敦煌吐鲁番学会在北京举行了敦煌吐鲁番学国际学术讨论会。我在这个会上做了关于敦煌遗书修复工作的发言。在会议期间，有七位台湾佛光山的尼姑走了过来，跟我合掌、敬礼。我说："我当不起，我就是一个修书的。"她们其中的一位说："您不是修书的，您是在做功德。"我一想，确实也是，因为在佛教界来讲，能够修佛经是最大的功德。所以从这以后，我也说：我们不光在修书，我们也在做功德。

　　这次修复敦煌遗书的成功经验，为以后的古籍修复工作确立了一个很好的范例,就是在启动一个修复工程之前,一定要请专家进行论证,并制定修复原则和修复方案。修复人员你不能总是按照你个人以往的经验和方法,想怎么做就怎么做了,你要严格地按照修复原则,科学地进行修复。制定修复原则和修复细则,在我们这个组是有史以来第一次。还有,以前没有修复档案,从这次开始,我给每个人建了张卡片,一人一个目录柜,每次修书都有一个包括交接手续在内的记录,然后把这卡片存放在目录柜里。这样的话,一段时间内谁修了什么,一查目录,一目了然。

敦煌遗书的修复,还促进了我的研究工作。我写过一篇文章,叫《古籍修复原则》,里面有很多内容就是借鉴了修复敦煌遗书的成功经验。比如说这个安全性原则,我觉得安全性是应该放在第一位的。这里面包括:第一是工作环境的安全,也就是修复车间、操作间的安全。第二是修复措施的安全,就是绝对不能使用不当的修复措施,避免对文献造成二次破坏。第三是修复材料的安全,也就是说,我们选用的修复材料,对古籍来说应该是安全无害的。比如在修复古籍的过程中,不能使用明矾及其他可明显改变纸张性状的化学物质。第四个就是文献信息的安全,就是在修复过程中,自始至终都要注意保证古籍所承载的各种文献信息的安全,比如不能改变古籍用纸的长度、宽度和厚度,不能使文字受到损伤。还有真实性原则、最少干预性原则、可逆性原则、适宜性原则等,这些都是在敦煌遗书修复经验的基础上总结、发展、制定的。

修复《永乐大典》

2002年,我们开始修《永乐大典》,也是按照"整旧如旧"的原则进行修复。《永乐大典》有几个问题:第一个问题是,原来的书皮被撕掉了;第二个,就是有些书有火烧的痕迹,这个火烧的损伤倒并不大,主要是在火烧的时候,救火人员在抢救时,拿这个带齿的耙子搂,把书上搂了几个窟窿,其实这个书本身并没有太大损失。有

①天头，指版框上方的空白处。

②地脚，指版框下方的空白处。

③高丽纸，一种书画用纸，产于朝鲜半岛，高丽为其古称。

④书捻，也叫纸钉，一般用皮纸搓成。包背装、线装书在没有上书皮和订线前，先要订上纸捻固定。

几本比较特殊的，比如书的天头①和地脚②都没了。我修了一本没有天头的。就是用咱们馆藏的那种高丽纸③，乾隆高丽纸，把它破开之后，就用它来当补纸。粘好之后，拿刀子在后面刮，基本上把它弄好了。但是现在看起来还不是很平，因为原书的纸很厚，要是按照过去的做法，我可以把它做成一边平。但是，一边平的话有个条件，就是我要把原书纸的接口处给它做成一个四十五度的斜坡，把这个补纸也做成一个四十五度斜坡，两个合在一块这才能平。但是现在咱不能动原件，那我在后边补上之后，我刮得再薄，它也比原来厚。所以，补的地方，就是接口那个地方，现在还是能够摸出来。

另外，我有一种掏补的方法，是在修复《永乐大典》中第一次使用的。因为在修复工作开始之前，我们开会制定修复细则的时候就讲到了，不到万不得已，这个书捻④是不能动的，就是说这书是不能拆开的。像有的书被钉耙勾了两个眼儿，这种破损情况在修补时，你就不能把书整个都拆了。拆了补，效果肯定会好一点儿，但是为了保证《永乐大典》的原样，我们就没拆。没拆呢，我就采用了掏补的办法，就是先在补纸上涂上糨子，然后把要补的书叶掀开，掀开之后呢，再把补纸塞进去，放到破损的地方，然后再用手按住了，这样算是补好了一面。但每次只能补一面，因为破损的都是同一个位置，你补多了它就粘上了。这种补法看起来比较简单，但是用的时间却比过去长得多。

还有一种情况，就是书叶上面掉的东西，你不能认为这个茬口能对上你就往上补。曾经有一本书里夹着撕下来的一小块纸，上面就有一撇，就是一个笔画，而那叶纸上还正好有那么个窟窿，结果把这个小纸块儿放进去，几乎是严丝合缝。他们就要这么补，让我看看行不行，我说不成。他说这都对上了，我说都对上也不行，为什么呢？粘上之后这字谁也不认识了，根本就没这么一个字，等于你通过修补，又造出一个字来。所以说，补书不是随随便便就能补的。你从外观上、纸型上是看着合适，但是从文字内容上来看，对不对呢？所以说到这儿的时候呢，就关系到咱们修书人的文化素养问题了。我们修书人业务素质要好，而这个文化素质更重要。另外，还要有一个良好的心理素质。

修复《永乐大典》

宋版书最好不要动

现在从全国来讲，从事古籍修复的人员也比较多了。古籍修复这门技术，本身并不复杂，它就是那么几个步骤，掌握起来应该比较容易。一般的，修补半年左右就比较熟练了。当然，你的修复技术要想达到一个较高的水平，要靠长期、扎实的实际工作经验的积累。修书人最重要的是理念、是思想。我们现在很重视修复理念。从我个人来讲，我认为，宋代的东西——宋版书最好不要动。元代的刻本，看实际的破损情况，可以做适当修补。小修小补、可修可不修的那种东西就算了。一般来说,属于文物等级比较高的书,历朝历代都拿它当宝贝,保存状况都比较好,都不会被虫子咬得特别烂,这些书就不要动。明清以下的书坏的比较多,基本上都可以做。如果你真要是动宋版书、修宋版书,那就要好好地斟酌斟酌了。要找一个从业时间比较长、经验比较丰富的老师,由他来带着做。我觉得以后如果有的地方要修一些规模比较大或者难度比较大的书,最好还是由国家古籍保护中心出面,集中全国的力量来做,这样会更好。

"金镶玉"不是最好的形式

现在有一种现象,就是一些个人,尤其是拍卖行特别青睐"金镶玉"①,他们将自己的古籍,不管这书是什么装帧、书品如何,为了外观上的好看,全都改成"金镶玉"。本来,我们修书强调的是"整旧如旧",就是这本书动得越少越好,以最少的人工干预,最大限度地延长书的使用寿命,就是这么一个理念。而这种"金镶玉"的做法,实际上是"整旧如新",并且还破坏了古籍的原貌。因为做"金镶玉",你首先要加衬纸,这样书就要变厚。厚了呢,就要分本,把一册书分成了两册。我还见过最夸张的是在每张书叶里面加三张衬纸,就是为了让书厚起来,实际上,就把这部书的外貌都给破坏了。

① 金镶玉,即金镶玉装,又称"惜古衬"、"袍套装",是古籍装帧形式的一种。

还有就是书皮的问题。你像我们原来做"金镶玉"的话,原来的书皮还留着,把它弄到副页上。有的单位做"金镶玉",就把书皮给扔了,重新换个新皮子,因为改成"金镶玉"后,书变大了,原来的书皮不合适了。现在社会上做"金镶玉"的比较多,一些地方图书馆也推崇这个,一说起"金镶玉",就认为是最好的,我说不是!"金镶玉"的做法是没办法的办法。实际上,"金镶玉"它就是一个衬纸的延伸。过去的古籍有的纸张比较薄，一薄它就透字，看着比较花。咱们现在如果要扫描、复印的话也受影响，背面的字也都给印上了，所以要衬一张纸。

还有一个，就是补书的时候，这个书叶比较厚、比较硬。比如说这个竹纸补完后，补丁周围要鼓一些、高一些，有的能锤平，有的就锤不平，锤不平的时候要衬纸。在衬纸的基础上再延伸一点儿，比如接书背①。书背窄了，要接出一条来加宽，接书背是最常见的。咱们馆里有些宋版书还有接天、接地的呢，就是书的天头或地脚不够长，比例不对，就接出一块儿来。接天、接地、接后背，加在一块儿就是"金镶玉"。"金镶玉"不是什么高深的技术，它只是衬纸的一个集大成，所以我们从事古籍修复要正确地选择修复措施。从文物保护的角度来讲，"金镶玉"这种形式，能不做就不做！

> ① 书背，书叶装订捻、线右侧的部分。

路很窄但是很长

从 1974 年开始，我干古籍修复这一行，至今也干了四十多年了。中间也有机会走，当时就是一犹豫没走了。后来呢，我爱人还说我没本事，走不了，所以我这一辈子就干了这一件事。到今天，我的体会就是，尽管这个修复技术很简单，但它里边包含的内容真是太多了。它涉及版本学，还有古代的造纸技术，还有印刷、美学、伦理学、化学等多方面的知识。你要想研究的话，你两辈子、三辈子都研究不完，所以这个行当也是很深的。因此，你千万不要觉得你自己怎么样，你很渺小，你就那么点儿本事。假如有人说你在这方面比别人强，其实你不过就是比别人多坐了几年冷板凳、多修了几部书而已。

再有呢，就是现在很多新设备、新技术、新方法发展很快。有些老的东西呢,也都过时了。在这个新形势下,你永远要保持一个初学者的心态,否则的话你就要出问题。比如说,有时候你不服老,总觉得年轻人这样、年轻人那样。但有些方面你还得跟年轻人学,老了就是老了。另一方面,你还要往前看。最近我经常说,古籍修复这门行当,路很窄,但是很长。这是我的一个心态。古籍修复它容不下那么多人,它不可能说十万人、八万人一哄而上,都挤在这条道上。这个行当它就是小众的,要想延绵不断地传下去的话,这人就不能多。我们看有很多传统的东西现在都开始没落了,万事万物,它有生必有死,没落是肯定的,消亡也是肯定的。但是宣纸要消亡,恐怕会需要很长的时间吧!咱们的敦煌遗书这些实物已存在了一千多年了,在现在这个保存环境下,我想再存放一千多年也没问题,所以古籍修复这一行还有一千多年的存在必要。

我们现在所掌握的修复技术,绝对不是一千多年前的修复技术,它是在各个历史时期不断地创新发展的,今后也还会不断地发展下去。你要是不认真学习新的东西,老是抱着老的、过去的东西,抱残守缺,你肯定会被淘汰,所以要永远保持一个初学者的心态。

上海鲁庵印泥

上海鲁庵印泥制作技艺，由著名篆刻家、收藏家、印泥制作大师张鲁庵创制，包括研朱、搓艾、制油三道工序。鲁庵印泥主要特点是：具有特定的配方，印色鲜艳雅丽、质薄匀净，细腻而黏稠度高，热天不烂，寒天不硬，永不褪色。鲁庵印泥有"一两印泥一两金"的说法，张鲁庵制作的鲁庵印泥从不公开售卖，多用以书画家互相馈赠。

　　1962 年，张鲁庵临终前，将"鲁庵印泥 49 号秘方"托付给高式熊，叮嘱他务必将鲁庵印泥的制作工艺传承下去，并将此秘方捐献给国家。

　　2008 年，印泥制作技艺·上海鲁庵印泥入选第二批国家级非物质文化遗产代表性项目名录。

高式熊

国家级代表性传承人

高式熊（1921—2019），男，生于浙江省鄞县，国家级非物质文化遗产代表性项目印泥制作技艺（上海鲁庵印泥）国家级代表性传承人，著名书法家、篆刻家，中国书协会员、西泠印社名誉副社长、上海市书协顾问，上海市文史研究馆馆员、上海民建书画院院长、棠柏印社社长。他家学深厚，书法得到父亲高振霄[1]亲授，楷、行、篆、隶皆精，尤以小篆最妙。他青年时就加入了西泠印社，二十七岁时完成《西泠印社同人印传》印谱四册，此后有《高式熊印稿》《茶经印谱》等多种专著问世，对历代印谱、印人流派等有精深的研究。高式熊的书法、篆刻作品多次在海内外展出、发表，广受好评。2008年，高式熊将『鲁庵印泥49号秘方』无偿捐献给国家。

① 高振霄（1877—1956），晚清翰林，1949年之后成为上海市文史研究馆馆员，著名书法家。

采 访手记

采访时间:2014 年 11 月 7 日
采访地点:上海市鲁庵印泥传习所
受 访 人:高式熊
采 访 人:田艳军

　　高式熊先生是我仰慕已久的老一辈书法篆刻家。早在 20 世纪 80 年代的初期,我就拜读过高老的作品,并留下了深刻的印象。高老不仅是一位造诣深厚的书法篆刻家,他还是著名的鲁庵印泥的制作大师。高式熊先生早年曾受教于著名书法篆刻家、鲁庵印泥的创始人张鲁庵先生,并得张先生的真传。鲁庵印泥是书画界专用的一种高档印泥,它的制作工艺极为考究。在上海市静安区鲁庵印泥传习所里,我们见到了德高望重的高式熊先生。这位年届九十四岁高龄的老人思维敏捷,热情、爽朗、谦逊、虚怀若谷。这些年,高式熊先生一直牵挂着鲁庵印泥制作技艺的传承与发展。在谈到他将"鲁庵印泥 49 号秘方"无偿捐献给国家时,老人饱含深情地说:"我是受到了张鲁庵先生的影响,他是一个真正无私的人。我是感受到他那慷慨无私的胸怀才这样做的。"在高式熊先生平实的话语里,我们深深体会到:老人传承的不仅仅是一种印泥的制作技艺,更是我们中华民族优秀的传统文化精神。

高式熊口述史

谢忠军 整理

看会隶书，偷学篆刻

我叫高式熊，1921 年 4 月出生在浙江鄞县，现在是宁波市鄞州区了，大概五岁以后才到上海来，以后一直居住在上海，没有离开过。我父亲是前清翰林，也是一个书法家，我受家庭影响很重。他是光绪甲辰年的进士，属于翰林了，是翰林院编修，他到民国以后就回了家乡，没有出来过，做家庭教师。1949 年以后，大概一直到 1953 年，他就进了文史馆，当时被陈毅市长聘请做文史馆馆员，这个是国家照顾。

我学书法是受我父亲的影响。我没有到学校里面上过学，很惭愧。我九岁开始就跟着我父亲，都是念老的经书，如四书五经这些东西，没有断过，一直到三十几岁才出去找工作。

我练字的时候先以规矩为重，所以我一开始写欧阳询的字，也写《九成宫》①，《九成宫》写

① 《九成宫》，全称《九成宫醴泉铭》，唐魏徵撰文，欧阳询正书。

了二十年。后来长大以后，写过欧阳通①的字，写过柳公权②的字。

我最早的时候写赵孟頫的《道德经》小楷，临了好多年，后来看到文徵明③的东西，我觉得非常好，所以也经常临。文徵明的书法我一开始主要是看看本子，本子看了以后，后来才看到好多真迹，确实有所不同。

我最早是写楷书，学规范，其实楷书的规范是很有必要学的，这就是基础，动作的基础。后来到二十岁以后，就临《云麾碑》④，《云麾碑》是行书了。《云麾碑》之后，又回来再写楷书，《孟法师碑》⑤也写过，《玄秘塔碑》⑥也写过，后来写柳公权，一共这几种楷书。要在楷书的基础上学习行书。因为有楷书基础以后，主要用笔都懂，所以再写行书。我觉得写楷书很重要，这个遵循一步一步的程序，懂一步以后再去写行书，这个比较容易。

隶书我写得比较少，都是看，因为我父亲每天早晨写字，我一早起来站在他桌子前面看他写字，所以有好多字我是看会的，不是练会的。因为每天看他用笔的种种情况，他是每天开始写四张纸，两张楷书，两张隶书，所以隶书用笔方面的确看得多。后来我就刻图章边款嘛，有的时候因为象牙的边款不大容易刻，我就刻刻隶书，写好以后刻隶书。有一个藏家杭州的高先生说："你这个隶书非常好。"他就只写藏本，有本很名贵的明拓本《礼器碑》⑦，还是原拓本，他说这个给我临。这个是不得了的东西，他出版的东西还好，这可是原拓本给我临，让我也大开眼界。因此我看到了真正好的拓

① 欧阳通（625—691），唐代书法家，欧阳询之子，父子并称"大小欧阳"，传世作品有《道因法师碑》《泉男生墓志》等。

② 柳公权（778—865），唐代书法家，以楷书著称，与颜真卿并称"颜柳"。

③ 文徵明（1470—1559），明代画家、书法家、文学家。

④ 《云麾碑》，即《云麾将军碑》，全称《唐故云麾将军右武卫大将军赠秦州都督彭国公谥曰昭公李府君神道碑并序》，亦称《李思训碑》，唐李邕撰文书碑。

⑤ 《孟法师碑》，全称《京师至德观主孟法师碑》，唐岑文本撰，褚遂良书。

⑥ 《玄秘塔碑》，全称《唐故左街僧录内供奉三教谈论引驾大德安国寺上座赐紫大达法师玄秘塔碑铭并序》，简称《大达法师玄秘塔碑》，唐裴休撰文，柳公权书并篆额，现藏西安碑林博物馆。

⑦ 《礼器碑》，全称《汉鲁相韩敕造孔庙礼器碑》，又称《修孔子庙器碑》《韩明府孔子庙碑》，东汉永寿二年（156）立，现存山东曲阜孔庙。

本,所以后来隶书也写得比较多。

小篆呢,从九岁之后,我就写篆书,记得那时候写《说文解字》,就把每个字都抄,每天这样做有一个好处,就是每个字都理解,那时候觉得很苦闷,现在想起来如果不是那个时候用功,现在也不懂。所以这个东西一定要下力气、下功夫,现在想想都有道理。篆书也写了,每天写一张篆书、两张楷书,这是每天的功课。

高式熊先生在进行书法创作

《说文解字》我先临了四遍,这是认识字,每个字的解说、里面的读音,临了四遍以后稍微有点儿了解,后来临过《峄山碑》①《泰山碑》②《石鼓文》③,这些我从九岁开始就没有断过。还有大篆、金文大篆,但主要是小篆,秦篆比较多。我还临了清代的邓石如④、吴让之⑤的东西。小篆呢,我觉得邓石如比较流畅一点

① 《峄山碑》,即《峄山刻石》,公元前219年秦始皇东巡所立,李斯撰文并书。峄山又名东山,与泰山南北对峙,孟子所称『孔子登东山而小鲁,登泰山而小天下』的东山即指峄山。

② 《泰山碑》,即《秦封泰山碑》,又名《秦泰山刻石》。前半部系公元前219年秦始皇东巡泰山时所刻,后半部为秦二世胡亥即位第一年(公元前209)刻制。李斯撰文并书。

③ 《石鼓文》,即刻有籀文的鼓形石,石鼓文为四言诗,为我国最古老的石刻文字。因记述秦皇游猎之事,也称《猎碣》。

④ 邓石如(1743—1805),安徽怀宁人,清代篆刻家、书法家,『邓派』篆刻创始人。

⑤ 吴让之(1799—1870),江苏仪征(今扬州)人,清代篆刻家、书法家。

儿，像乾嘉时候几个名家，如洪亮吉①，更是厉害了，这个我后来才写。

因为我从小就是从正规的汉印入手，后来碰到张鲁庵先生，他家有四百多种印谱，所以东西看得多了。这一点我觉得眼福不浅，看得多了，所以我觉得路子比较正。

① 洪亮吉（1746—1809），清代经学家、文学家，江苏阳湖（今常州）人，著有《卷施阁诗文集》《汉魏音》《北江诗话》《春秋左传诂》《更生斋诗文集》《附鲒轩诗集》等。

② 纸头，纸的俗称。

③ 《金石索》，清代金石学著作，冯云鹏（晏海）、冯云鹓（集轩）兄弟二人同辑。

高式熊先生指导后辈篆刻创作

年轻人如果学篆刻，一般讲，篆刻以篆书为主，篆书从《说文解字》开始。《说文解字》有几千个字，因为我从九岁开始写，不是为了刻印写，是为了要懂这个书而写，每天写，每天写一张纸头②。《说文解字》写四遍，并不是特意为了刻印，我是因为要学篆，一个是读音问题，一个是意义问题，所以以写《说文解字》。这个是父亲教我的，所以这样写。后来因为喜欢，想要刻图章，这个最简单了，我就刻起图章来了。《说文解字》上的字并不是篆文，跟刻字的不一样，篆刻是另外一种字体，我后来在家里看到《金石索》③这本书，书中哪里有图章我就拿来看看，这本书也是清代的，这个东西很有名，现在出的东西的质量跟它是不能比的。后来就有印谱送来了，我又碰到张鲁庵先生，有几百种印谱，那时候慢慢觉得有更多的学习资料了。

我大概十五岁以后开始篆刻，因为感觉好玩，我看到父亲写完字以后用图章，我就手痒了，想去自己搞搞，一开始自己找了本《金石索》，按照里边的印谱，自己摹刻摹刻，就这样开始了。我也没有老师，自己偷偷玩着搞

高式熊先生的篆刻作品

起来的。我父亲的老师、阅卷的老师——龚心钊①先生，他是安徽合肥的大藏家，住在上海，他收藏东西很多很多。我十几岁的时候，他有本印谱，把原拓的印谱送给我，所以从此我慢慢对这些东西看得多了，就这样搞起来。

没有根底的创新是条不归路

现在有的人不大喜欢看小篆，喜欢看那种视觉强烈的变形字体，现在这种想法我也碰到很多了，年轻人我交往得也蛮多，大致上这是他们的一种爱好，和生活环境有关，是因为看的新的东西多了。还有一种想法：他鄙视传统的东西，好像一定要创造新的东西出来。新的东西不是凭空想，你要有根底，现在好多人的想法都是闭着眼睛想创新，这个我看不惯。哪一

① 龚心钊（1870—1949），安徽合肥人，寓居上海，著名外交家、收藏家，光绪三十年（1904）担任甲辰科会试同考官，系清代最后一任科举考官。

个年代的专家不创新？历来都是，王羲之以后，唐有唐的风格，宋有宋的风格，都有风格，都变了，但这个变是自然的过程，是有根据地在变，不能闭了眼睛要跟所有传统脱离，这个事情将来也是个问题。

我受我父亲影响，从小我一直跟在他身边，有他的教学和指导，所以从规范学起来。因为看得多了，受教育多了，所以我的思想也没有乱七八糟的东西，思想有规范。我曾经有一个时期被人家批判："这个东西太不像话，老臭、顽固。"现在不一样了，观念慢慢转过来了，还是作为正规的东西来重视。不能闭了眼睛要创新，创新要有根底，一定要把这个基础打扎实以后再搞新的东西，这叫创新，不能闭了眼睛要搞新的东西出来，那是不行的。所以现在好多的书法家就完了，很可惜，到了后来来不及了，再改也需要有一段时间。

我早期刻过毛泽东的诗词，还以简体字入过印。这个时候我还没有进书画社，还是在上海电影机械厂做录音机电讯工的时候，从事这个工作。书画社出新印谱的时候，就想出简体字，有这个尝试的想法，所以有的时候篆书没有，就隶书、楷书上去，这也是个新的方法。不管简体字入印也好，还是篆字入印也好，它要有印味，它要有篆刻的风味。有的时候，我们不习惯简体字，我们不懂，简体字的资料也没有，所以要搞成篆刻的味道的确费点儿功夫。它是一条创新的路。

我的《书法》情缘

我 1949 年之前一直搞篆刻，1947 年加入了西泠印社，1954 年的时候，在上海维纳氏电工器材厂工作搞机械。1956 年，原厂并到国营上海电影机械厂去了，我做录音工作，一直做到五几年。后来我进入《书法》杂志社，之前就已经与《书法》杂志社有过联系了，经常借调我去搞篆刻的事情，他们知道我从小就搞这个。我经常去，去一个星期、一个月，后来就到《书法》杂志社工作了，我负责杂志的篆刻部分，一直搞到退休。《书法》杂志对我们中国书法发展起着至关重要的导向作用，它的导向非常正，刚办起来的时候我还没进去。杂志一搞起来以后，领导很重视，的确对文化很尊重和提倡，所以路子也比较正，收到赞誉也比较多，搞起来以后，把我借去帮忙过好几次。《书法》杂志开始搞起来的时候，我已经进工厂了，这个时候我在上海电影机械厂，我是做工的工人。他们把我借去，就是去朵云轩①编篆刻的书，就跟方传鑫、潘德熙、顾振乐几个老先生一起写了一段时间。去了一段时间以后，大概到1978年底，到我厂里来要把我调过去，因为我事情太多，一会儿借去，一会儿又借去，我跟领导讲索性调我吧。就这样我被调到《书法》杂志社这边来，做了两年，到整六十岁的时候就退休了。

①朵云轩，1900年创办于上海，初为笺扇商号，初营苏杭雅扇、诗笺信纸、文房四宝、书画装裱等，后又发展出木版水印、书画中介等业务。2008年，朵云轩传承的木版水印技艺入选国家级非物质文化遗产代表性项目名录。

1993年我在《书法》杂志上发表补写的赵孟頫《离骚》小楷，这是我工作上的重大任务，我规规矩矩地在按规矩搞。这个补呢，是因为工作的关系，在上海我们出版社的领导指定，少印的书要补一补，因为我从小就写过小楷，所以就补了两段。

高式熊先生在进行篆刻创作

《书法》杂志举办过中国第一届书法篆刻展。当时我也有这样的想法，我一建议，领导就让办了。第一次搞书法篆刻展，稿子真的不少。

当时征稿没有限制，不仅有全国的，也有国外的，日本、新加坡都有。结果每天的来稿有很多包，数量相当多，多得邮局的自行车送不过来，就用汽车送，把他们麻烦坏了，说："你们怎么这么多东西！"还有两次他们用三轮车和摩托车送。稿子数量相当多，影响相当大。这个展览以后，当时上海的一个篆刻家得了一等奖，得奖之后把他工作也解决了。书法展最出名的是一个百岁老人苏局仙①。这个稿子第一次寄来我看到了，我就把它留起来，不归档，全国的专家来了之后，有上海美协的，也有北京、广东的。我说有这样一个百岁老人，记得一位专家说，那不用讲，一等奖！就这样苏局仙得了一等奖。因为这样一个年龄、这样一个一等奖，采访他的人多得不得了，来不及应付。后来我就跟他家属讲，因为这是我们评出来的，所有去麻烦他的事我们得有限制。他住在上海周浦镇牛桥村，把牛桥的楼也给他修起来，桥也给他造起来，老人在这个过程中非常高兴，也马上成了书协会员。苏老是一百一十岁去世的，身体情况本来还是很好的，后来头上一冷，感冒以后去世了。

印学鲁庵

1941 年，我就碰到赵叔孺②先生，赵叔孺先生在上海也是篆刻大家。听赵叔孺先生跟我讲，有这样一个人，收藏东西也不少，他给我介绍，他说这个朋友有一本印谱，刚刚出了一本叫《黄牧甫③印谱》，这本书你一定要好好看看。这个人就是张鲁庵先生，张鲁庵先生是赵叔孺先生的学生，这个印谱就是他做的。

没有多久，张鲁庵先生自己到我家里来，自报家门，他说他是受赵先生的关照来看我。他送了一本《黄牧甫印谱》给我，这样子来

了以后就认识了。这个张鲁庵先生很奇怪，来
了以后一讲，我们就非常投机。他说："你先到
我家里看看，看看家里收藏的环境。"后来一看
他家藏的印谱，那不得了，所有有名的印谱，像
《十钟山房印举》^①，好多明代的印谱，他都有。
他收藏的印谱有四百多种，图章大概几千方，
这在上海已经很少见了。他自己还会做印泥，
所以跟他见面以后，他送给我一个印泥。而且
他自己还做刀，刀很有特色，有他自己的东西。这样来往比较多了。
后来他讲："你喜欢刻印，印谱就不用买了，我有这么多东西，就是
你的。"所以这个人的肚量真不得了。他每个星期送一包书给我，有
几种书，打好包以后自己派车子送来。看完了，我电话跟他讲了以
后再拿回去，这样我看了一年多。这样子的关系让我大开眼界。东
西看也看得多了，都是最好的东西，这都是张鲁庵先生的帮助。

　　鲁庵的印谱中最名贵的、最出名的就是《十钟山房印举》，山东
陈介祺辑。这本印谱好像花了八百两银子才买下来，他都有的。举
个例子讲，《十钟山房印举》一共一百九十二本，因为它本子大，一
页打一个印，所以本子比较大的。他还有好多呢，尤其明代的印谱，

①《十钟山房印举》，古玺印谱录，清代陈介祺辑，有二十八册、五十册、一百九十二册、一百九十四册等版本。

高式熊先生所刻的印谱

高式熊先生所刻的印谱

都是非常贵重的，全国没有几本。所以我到现在能够刻图章，不能忘记张鲁庵先生，他是真正无私的，当然不是为我一个人，他是非常豪爽的人，他把所有的东西全部交给别人了，不为盈利。他家是杭州的大家族之一，所以他资金没有问题。

鲁庵先生收藏了不少印谱和印章，出过印谱，叫《鲁庵藏印》，《黄牧甫印谱》他也有的，我看到过。本子出版了好多好多，都是他自己做的，都是用鲁庵印泥印制的。

他所有的印谱都是明清时期的，有的是明代的，像《十钟山房印举》印谱是清代的，一页纸只打一个图章，名贵就在这个地方，没有边款。现在做的慢慢都改变了，有的一页纸打四个图章。

从 20 世纪 60 年代开始，我担任西泠印社的理事，后来是副秘书长。西泠印社举办的活动，平时规定是一年两期，春季一期，秋季一期。我 1947 年加入，就是王福庵①先生把我带进去的，因此也去了蛮多，有的时候秋季，有的时候春季。

① 王福庵（1880—1960），著名书法篆刻家，「西泠印社」创始人之一。

① 魏家丽华,即魏家丽华斋,是中国第二批『中华老字号』,所制『八宝印泥』被称为『漳外三宝』之一。

泥学鲁庵

我认识张鲁庵先生的时候,他已经做鲁庵印泥了。1948 年,我已经加入西泠印社了,他和我见面以后送我鲁庵印泥。一开始他是偷偷做的,怎么样做不清楚,他就是自己喜欢。张鲁庵先生根据八宝印泥来做,当时上海最有名的就是"魏家丽华"①,也是漳州最有名的。这个印泥的确是好,好在什么地方呢?第一,颜色好。颜色到现在还在流传。现在好多人都讲,印泥带黄的颜色比较雅,朱砂比较沉厚,所以它跟普通印泥一比质量完全不一样,看印泥是黄的,打出来是红的,这个是漳州印泥的特色。第二,漳州印泥细,当时漳州印泥是用金子来计价的。张鲁庵自己做的成本高,他不管,他说非要超过漳州,人工他不管,他在家自己做,雇了个人研磨朱砂,研磨是可以计时的,预计磨多长时间,几十个小时或者一百个小时,细到一定程度以后再给计工。他是不计成本的,不计工、不

鲁庵印泥所用的朱砂

① 模数，即细度模数，是描述天然砂粒径的粗细程度及类别的指标。

② 李耘萍（1943—），女，浙江宁波人，鲁庵印泥第三代传人。

计料，料也贵呀，他不拿印泥做生意，况且做生意要不讲成本也做不好。所以到一定程度以后，真正好的人家也买不起。

现在针灸用的这种艾绒，药铺里面有卖，像棉花一样，不好用，所以艾绒大家都说一样，其实这里面区别太大了，没有看过东西绝对讲不清楚的。又比如颜色问题，大家现在都讲印泥，喜欢做印，都需要带点儿黄的颜色，比较雅。像漳州的颜色，黄的里边有红的色素，朱砂都是红的，但它有点儿黄的颜色。黄到什么程度？目测讲起来，有点儿黄并带红，现在做的真正是黄的，那就不行。因为现在没有讲，黄到什么程度，没有什么可识别的东西，真正要讲黄到什么程度才好，只有边做边比较。

印泥捣制很累的，是加了艾绒之后再捣。这个捣实际上是调，不是捣，不能用力。朱砂一定要用力把它研细，现在标准的讲法是要多少模数①，它要磨到最细最细，它这个细要像推到眼睛里的那种药粉一样细。

后来印泥还做过科学的检测。张鲁庵在的时候就讲过，他花钱买了漳州印泥以后对它进行分析：把漳州印泥溶解稀释以后，打过滤纸，就是化学里的一种白纸，朱砂粉末能够穿得过，就说明它的细度就到这个程度。像李耘萍②他们讲，一百模、八十模。这个东西究竟用什么过滤，张鲁庵就用滤纸过滤，可以做到最细最细，细了以后打出来有精神，就是这样的关系。

调的时候，张鲁庵先生先把艾绒少量地调一调，染色以后，先把朱砂调好，再把艾绒一点儿一点儿加进去。用镊子调一调，艾绒加进去以后要顺一个方向调，你向左就向左到底，向右就向右到底，不能向左再向右，那么这个丝路就倒了，倒了的话里边的艾绒就要竖起来，不好看，这是个规定。

慷慨亦学鲁庵

　　我在 1941 年春天的时候,跟鲁庵先生学习制印泥。大家熟悉以后,他家我也去得比较多了,我就经常讲:"你这个印泥的确可以,不过你要是死了,断了怎么办? 你的东西要公开。"他说:"我就是想公开,我这个方谁要? 谁来接手? "所以后来他的资料,他就给我看了,我就拿下来。拿下来以后,这个人也蛮奇怪,他也不做生意,他主要也是想捐给公家,我也想捐给公家。当时我拿到印泥方子以后,已经是 1960 年了,他已经癌症晚期了,身体也不好,我去的时候,他问我天天在做什么。我们一起做印泥,就是从朱砂磨起来,一直到印泥完成。做刀,他自己什么工具都有,电动工具也有,具体怎么弄,割开以后磨到什么程度,他到做成为止,我们一直一起搞。

张鲁庵生前使用的朱砂

张鲁庵先生用过的朱砂

　　他是不计成本的,他自己玩,要做到最好,他不卖的,当时在世的时候也是送人的,没有定价。他做印泥以后,自己每做一次都有记录,所以最后他用 49 号印泥,因为颜料的配用问题、朱膘①的配比问题、干湿问题,试下来是 49 号好。

① 印泥的品种较多,其中红色印泥一般分朱砂、朱膘、广膘等。朱砂印泥鲜红带紫,厚重沉着,朱膘印泥略现红黄色,较为清雅。

高式熊先生无偿捐赠了"鲁庵印泥"秘方

我为什么把鲁庵印泥49号方子无偿贡献出来呢？因为我跟张鲁庵做了二三十年的朋友，感受了他的胸怀和对艺术的投入，我们谈得很好，他早就想把所有东西无偿贡献出来。他没有私心，他也不做印泥的生意，他自己有企业，他是自己花钱的一个人。他做这样一个东西更花钱，其实他并不傻，他很清楚。他的四百多种印谱在上海是数一数二的，这个价格不低。那个《十钟山房印举》他买进来的时候就八百两银子，不是八百块钱。所以像他这样的人很少很少。我也是受他的胸怀的影响，看到了他的慷慨，因为他也是这么无私地帮助我的。他说他家里的东西也是我的东西，我要什么东西就拿。我这样子的朋友只有他一个。

鲁庵的秘诀：方子是死的，人是活的

做印泥，方子是一定要有的，配制要有根据，但是制作中主要还得靠人的头脑。张鲁庵的方子当时我都看到了，他对我绝对不保留，样样都讲，最后他讲："方子是死的，人是活的。"这句话做印泥的人应该能懂，因为这不是科学的分析，颜色是讲科学、有数据的，这种分析他没有做。比如量一量多少分量、放多少分量，他没有的，而是最后调的时候一定要靠自己的脑子。比如我在工厂里的时候是搞录音的,录音机要尊重仪器测试,高音、低音的音质统统要对,但是录音师把握这个规律以后,真正要靠人的脑子调,这是很高深的。

鲁庵印泥的制作工序都是一样的,就是把这个朱砂加油调了以后,再把艾绒染颜色,染好以后就调在一起,程序就是这样。艾绒放的时候,一定一点儿一点儿搞,不是一把全放进去的,而是一点儿一点儿调进去,调的时候一定要保持一个方向,不能够向左以后再向右,这样容易乱套。

鲁庵印泥的调制

朱砂是矿产的石料。朱膘是化开的。朱砂石料需要碾磨,需要捣细,要细到一定程度。所以朱砂做印泥的研细问题,不接触的人绝对不知道,张鲁庵曾经把福建的八宝印泥——这种印泥从清代就已经开始用了,很有名气——进行分析,他可以用化学试纸对朱砂进行打勾。打勾什么意思? 就是用试纸测量朱砂的细度,可见这种朱砂达到了多高的标准,就像现在讲朱砂的细度是几分之几一样精细。所以张鲁庵讲，八宝印泥的确是印泥细。印泥细了还有几种情况。印泥都是红的，但是我用石膏印泥制在一起，颜色也不一样，朱膘有朱膘颜色，朱砂有朱砂颜色。朱砂印泥的制作中，要注意调匀。通常泡制过程中，表面会出现一层浮的东西，底下会沉淀一层石子，做的时候，要把它上面浮的那层黄的去掉，中间是红的，底下的石子也是不用的，也要去掉。为什么会有沉淀的东西？因为朱砂印泥包括三种材料，一个是艾绒，一个是油，一个是料，这三种东西混在一起，时间长了以后，油和朱砂都是重的，都沉在底下，如果不注意及时调匀，这个印泥打出来就不匀了。

鲁庵印泥"三件套"：朱砂、蓖麻油、艾绒

所以印泥方面，他一步一做一步一讲，后来我问他，你有什么秘方？他讲得最经典的一点：方子的配合问题是科学化的东西，是一个常识，主要是眼睛看到什么程度、用心到什么程度，这要靠人的感觉。

朱砂是红的，朱膘是黄的，就两种颜色，一般有的人喜欢红的，大红的深红的，有的人喜欢黄的。各人爱好不一样，就像有人喜欢松油烟，这就是爱好不一样。张大千先生用的是朱砂印泥。齐白石的印泥是哪一种不清楚，他喜欢比较红的，吴昌硕的印泥也是比较红的。吴昌硕的印泥就是西泠印社做的，专门有供他使用的一种，颜色带紫，因为他的字画比较厚重，图章打上去以后，太秀气压不住，所以颜色要重。不过，像吴昌硕这样的图章是比较粗犷的、比较厚重的。像上海赵叔孺、陈巨来①、王福庵刻的印章是比较秀气的，用比较厚重的印泥打是要糊掉的，打是打得出来，但要打得准。

① 陈巨来（1904—1984），原名斝，字巨来，著名篆刻家、书画家，著有《安持人物琐忆》。

摄影与试音，玩就玩极致

我的爱好也蛮多的。我没有进过学校，一直在家里跟着我父亲，后来成年以后，朋友多了，爱好也多了，后来也爱好音乐、摄影。其中一种了不起，接触多了以后觉得很有趣，就是摄影这个东西，不光是拿一个照相机，这个里面功底太深了，越搞越觉得深厚。现在遇到机械的问题、技术的问题，不是几句话可以讲清楚的。我最早用的相机是尼康，莱卡什么的我都有，所有的德国名牌我都齐了。

我之所以能在大礼堂听出哪个音不对，是因为我听到的东西多。我从小就喜欢玩矿石收音机，实际上也从小就开始搞了。后来到厂里以后，我待的试音组被调到北京去了，因为我不能离开上海，就留下来了。留下来以后，领导问我要到哪里去，我说我去录音机组。领导马上批准我到录音机组去。我希望在录音机组一边工作一边学，这个真是大开眼界。当时对我们的要求不是装录音机，要求高得不得了。我们一台录音机，那个时候已经几万块钱，不像现在几千块。最好的都听过以后，发现这个东西很耐研究。当时我们试音的时候，我们的录音师用十个扬声器。那种卖几千块钱的录音机我也有，但现在好一点儿的真正配套的录音机要一百万呢，这个事没有底。而且这个要听，如果没有经过那种训练的人就听不出问题。我家里有人搞声音的，来听了之后说声音蛮清楚，这个不是光听着清楚，而是要听出声音里面的质量问题。

现在科技很发达，很多的手工产业都被机器代替了，有人问，印泥的制作有没有将来被机器替代的可能。这个问题问得很好，我早有这个想法，我跟李耘萍也讲过这个道理，谁来讲这个话？只有我跟李耘萍讲，像鲁庵印泥传习所是国家肯定的东西，国家肯定了就好做，它要是私人的话，你把这个艾绒放进去，你给我去测量测量，手法麻烦多了。所以这一定需要领导重视，我们什么事才好做。所以我想国家管了，什么问题都能解决。

高式熊先生在调制印泥

习近平总书记在文艺工作座谈会上的讲话，我读完以后信心十足，我想将来大有希望，要好好奋斗。领导重视了，我们不能自夸有这个本领，但我们比较熟悉这个圈子，只要奋斗就大有希望。

楹联习俗

楹联古称偶语、俪辞、联语，明朝始称楹联为"对联"。楹联因古时多悬挂于楼堂殿宇的楹柱上而得名，是以文字为内容、书法为载体的一种独特的对偶文学形式。楹联以"副"为量词，多以两行文句为一副，并列竖排展示，以自上而下、先右后左的顺序阅读，右边为上联，左边为下联。楹联的特点是对仗工整、平仄协调、字数相同、结构相同、言简意深。楹联应用广泛，除悬挂于名胜古迹、亭台楼阁、厅堂书屋的楹柱上，还广泛应用于节庆、题赠、祝贺、哀挽、陵墓等场合。特别是春节张贴春联，早已成为人们的传统习俗。

楹联习俗起源于民间悬挂桃符的古老风俗。楹联的形成则源于我国西晋时期出现的对句现象，目前所知最早的春联为五代十国时期后蜀末代皇帝孟昶所作。在一千七百余年的历史传承中，楹联与骈赋、律诗等传统文体相互影响、借鉴，经历了北宋、明、清三次重要发展时期，形式日益多样，文化积淀逐渐丰厚。

2006年，楹联习俗入选第一批国家级非物质文化遗产代表性项目名录。

常 江

中国楹联学会名誉会长

常江（1943—　）男，本名成其昌，满族，吉林市人，吉林历史文化名人成多禄之曾孙，清代抗俄殉国的寿山将军之曾外孙。常江1966年毕业于北京地质学院，1967年在青海地质局从事野外地质工作，1984年调回北京地质管理干部学院工作，1993年受聘为语言学教授，任教学部主任兼图书馆馆长，曾任中国地质作协副主席，中国国土资源作协主席（现为名誉主席），中国作协第六、七届全委会委员，2003年在中国地质大学客座教授，国家图书馆特聘教授。

自1984年创建中国楹联学会以来，常江历任秘书长、副会长、名誉会长及中华对联文化研究院名誉院长。常江多次主持全国征联评选，长期担任中央电视台对联节目主讲人，被评为全国『联坛十杰』；各类著述五十余种，学术论文多篇，《中国对联谭概》《对联知识手册》《中华名胜对联大典》（编辑）、《古今联语汇选》（重编）等书籍在楹联界有较大影响。

采 访手记

采访时间：2017 年 5 月

采访地点：国家图书馆

受 访 人：常　江

采 访 人：张弼衎

采访前，我们前往常江老师家中拜访。常江老师的客厅里挂着这样一副对联："昆仑移下此书山，萤光凿壁，白塔听诗，成府开文昌泰运；燕蓟收藏真宝物，洛邑羽衣，松江石砚，其门耀玉彩金晖。"联中描绘了他从青海到北京的学术历程，嵌入了在北京几处曾经的住所，还有全部家庭成员的名字。我边听老师解释，边惊叹于此联的精妙。

我们分四次对常江老师进行了口述采访，在老师旁征博引、风趣诙谐、如行云流水一般的讲述中，我逐渐了解到楹联浩瀚知识的一角，体会到楹联保护的艰辛，也感叹于老师对楹联文化始终如一的热爱和钻研精神。

楹联是我国的传统文化，要使其生存、发展，就必然需要一代代楹联人的推动、维护与创新。常江老师作为楹联方面的专家和权威，长期担任征联大赛评委、楹联电视节目主讲人，常常奔赴全国各地为楹联爱好者讲学、为楹联发展出谋划策。在不遗余力推广楹联文化的同时，他依然笔耕不辍进行楹联学术研究，编写楹联书目，著书立说。

常江老师自青年时期在青海从事地质勘探起，就开始收藏楹联方面的书籍。目前，他收藏的对联书籍有明清的六十种、民国的一百种、当代的一千八百种，可以说是粲然可观。想到孩子们在事业上另有选择且非常成功，不可能继承他的楹联财富，常江老师将所有的藏书几乎都捐赠出去，与天津市和平区文化馆合作成立了中国对联图书馆。多年的楹联文献终于得以安放保存，它们将作为楹联文化、楹联历史的一个侧面留给后人，可以说这是一份真正的功德。

常江口述史

张弼衍 整理

　　一提到对联,有人就会问,对联和楹联是一回事吗? 它们有什么关系呢? 在过去,二者的确不是一回事,"楹"是指中国古建筑里的柱子,包括堂柱、门柱和廊柱。在柱子上贴的对联,就叫"楹联"。后来楹联的范围扩大了,对联和楹联的界限就模糊了。

　　但是对和联是有区别的,比如"李白"对"柳青"、"北海"对"西山",就叫对,不叫联。《滕王阁序》里的"落霞与孤鹜齐飞,秋水共长天一色",也是对。那么联是什么呢? 律诗中的对偶句叫联,律诗包括首联、颔联、颈联、尾联,尤其中间的两联还需要对仗。

　　后来人们把对和联合在一起,它涉及的内容就多了,最后形成了对联这种新的文体。对联是有独立意义、能等分为两部分、以对仗为基本特色的一种韵文。韵文不一定都是押韵的,而是使用韵的。对联中运用了平仄,于是我们把对联归入韵文的范畴。对联的两句是有独立意义的,而一首诗的两句则不一定具有独立意义,比如:"两个黄鹂鸣翠柳,一行白鹭上青天。""花径不曾缘客扫,蓬门今始为君开。"对联的意义是完整的,它形成了对等的两部分。歇后语和谜语也可以形成两部分,但不一定对等,比如歇后语"聋子的耳朵——摆设"是两部分,但不对等。所以,对联是区别于其他文体的。

组成对联的要素

对联的组成有六个要素：四个主要素，两个次要素。第一个主要素是字数相等，这是最基本的要求。如果字数不相等，问题可能就复杂了。一种是根本不会作对联；另一种是故意为之，一般用于讽刺。比较典型的是民国期间的一副对联，袁世凯死了，开追悼会，有人写了一副对联，上联是"中华民国万岁"，下联是"袁世凯千古"。乍一看，这词都是褒义的、夸赞的。仔细一琢磨，上联六个字，下联五个字，于是就有人说，这个"千古"可以对上"万岁"，可是"袁世凯"对得起"中华民国"吗？大家纷纷说，对不起，对不起。这实际上是一种讽刺。所以，作为规范的对联，字数一定要相等。

第二个主要素是内容相关，上联、下联内容要有关系。比如"图书馆读报，动物园看猴"，这也对仗，平仄也没问题，可是这两句搁一块儿没有意义，就谈不上价值了。但也有例外，的确存在内容不相关，却成为精品的对联，这种对联叫作"无情对"。据说清末的时候，进皇家园林游赏需要得到皇帝恩准，因此朝廷大臣们经常去南城的陶然亭赏玩。有一次张之洞①与大臣们在陶然亭聚会，张之洞突然问："你们想想，这陶然亭三个字拿什么对啊？"过了一会儿，大臣托忒克·端方②就跑到他耳朵旁说："对这陶然亭啊，非得拿您的名字对不可。""张之洞"和"陶然亭"，一个是人名，一个是地名，没有任何关系，但是"张"对"陶"，都是姓氏，"之"对"然"，都是虚

320

词，"洞"对"亭"，都属景点，对得非常好，天衣无缝。所以，人们把上下联毫无情感、内容毫无关系的对联称为"无情对"。

这个"无情对"，后来发展得非常有趣。比如，光绪皇帝的珍妃长了一张苹果脸，很端庄，有人就给"珍妃苹果脸"找对子。对的什么呢？"瑞士葡萄牙"，"珍妃"对"瑞士"、"苹果脸"对"葡萄牙"，你看哪个字都对得挺好。还有一句经典的古诗，叫"官门桃李争荣日"，说的是自己的门生都努力争上游，这个对的什么呢？对的是"法国荷兰比利时"，这多妙。

我也做过"无情对"，觉得挺好玩儿。"牛得草"①对"马拉松"，牛得草是豫剧演员，马拉松是体育项目，毫无关系，但是每个字都对得上。"无情对"的发展，使对联的趣味性提高不少。但是正经做对联，上下联内容是要相关的。

第三个主要素是对仗。对仗是对联的重要特征，对仗的使用非常广泛。对仗又分为几类，有正对、反对、串对、自对和借对。所谓的正对，就是指上下联的指向相同，共同说明一个道理，例如"退一步天高地阔，让三分心平气和"，都是在往一个方

①牛得草（1933—1998），豫剧丑角大师，国家一级演员，河南省开封市人，原名牛俊国，牛得草是艺名。他技艺精湛，擅长丑角，唱腔诙谐幽默，自成流派，代表作品有《卷席筒》《唐知县审诰命》等。

②范文澜（1893—1969），初字芸台后改字仲沄（另一说字仲潭），浙江绍兴人，历史学家。范文澜曾在南开大学、北京大学、国立河南大学、北京师范大学、中国大学、辅仁大学、中原大学等校任教，主编《中国通史简编》《文心雕龙注》《范文澜史学论文集》等。1949年后，范文澜著有《中国近代史》（上册）等。曾任中国科学院近代史研究所所长、中国史学会副会长、全国政协常委等。

向说事情。那么反对呢？就是一正一反来说明问题，比如范文澜②曾说，"板凳要坐十年冷，文章不写一句空"；徐特立也说过，"有关家国书常读，无意身心事莫为"。上联是讲应该怎样做，下联是讲不应该怎样做，是一个相反的说法，这就构成了反对。还有一种叫串对，又叫"流水对"，上下联在语言结构上有一定的前后秩序，两句不能互相脱离，更不能颠倒。上下联在意义上有连贯、因果、条件、转折

等关系。比如"到此已穷千里目,谁知才上一层楼",这就是一个转折。另外对联还特别讲究一种技巧,就是自对。所谓自对,就是"于一句中自成对偶",上联可以不跟下联对。比如说有副对联,上联是"石上清泉,松间明月",下联是"山光鸟性,潭影人心","石上清泉"跟下联的"山光鸟性"对不上,对的是本联的"松间明月",这种对法常常被人忽略。我参加过评联,有些初评非常细致,细致到拿着尺子,一个字一个字地比对。我说坏了,这样评联,自对的对联就都给淘汰了,就像这副,"石上清泉""山光鸟性","石"对"山"可以,"上"对"光"可就不行了,"上"是个方位词,"光"是名词。所以,我们在学习对联的时候,一定要了解它还有自对这一说。

还有一个是借对,借什么呢?借别的词的意思,或者借别的词的音。比方我们常说的,"南通州北通州南北通州通南北",对的是"东当铺西当铺东西当铺当东西",这个就是借意对。东、西最早是方位,东和西合到一块儿就变成物件了,此联借东、西的方位意义来和南、北对,借东西的物件意义来和南北对,这就是借意。

第四个主要素是平仄相谐,一般来讲平声和仄声相对,整联就能协调,全是平声或仄声则不容易协调。在汉语拼音中,平声指的是一声二声,仄声是三声四声。总体上来讲,应该对平仄有以下认识:第一,平仄属于格律,格律要服从于内容,对联作为一种文学表达,其内容是主要的,格律不能牺牲内容。比如范文澜的"板凳要坐十年冷,文章不写一句空","板凳要坐"这四个字全是仄声,连在一块儿了,搁到现在参加评联,肯定得不了奖。第二,古诗有律诗、绝句和古风[①]的区别,律诗、绝句的平仄用韵比较严格,古风相对比较自由,可以不按照律诗的路子走。我们也可以把对联看作律句联和非律句联,比如五言的对联,按照"仄仄平平仄,平平仄仄平",或者是"平平平仄仄,仄仄仄平平"来

① 古风,即古体诗,是与近体诗相对的诗歌体裁。这类诗不讲究对仗,平仄与用韵也比较自由。律诗格律严格,每首八句;每句平仄相对;中间两联对仗。绝句的平仄对仗没有律诗那么严格,每首四句。从字数上看,这三种诗歌体裁大致可分为五言和七言两类。

安排,则是律句联。如果不这样做,平仄只要相对也可以。

文体越发展应该越自由,我认为在格律这个问题上,对联的格律应该比律诗宽松。我主张,律诗已经放松的要求,对联就不要收紧了;律诗禁忌的,对联可以适当放松。比如律诗忌"三平尾"①不忌"三仄尾"②,那对联就不要忌"三仄尾"了。

还有一个新旧四声的问题。旧四声有入声字③,但是现在入声字都分到各个声调里了,那当对联涉及入声字的时候怎么办呢?现在楹联界有一个双轨制的共识,就是旧四声依《诗韵》,新四声依普通话的标准。在一副对联里,用旧四声的话,就不能有新四声进入;用新四声的话,就别把旧四声混进来。简单地说,比如"道德"的"德","集合"的"集","黑白"的"白",这些在过去都是入声字,现在变成平声字了。如果在一副对联里把"德"当平声字用,就不能再把"白"当入声字用了。所以,我们一定要把"平上去入"的旧四声与"阴平阳平上声去声"的新四声区别开来,不能混用。

另外,谐巧类的对联或者说"巧联妙对",对它的平仄要求要放松,像刚才说的"南北通州通南北",连着好几个平声字,这就是放松了。有时候巧对能对上就不错了,还要求平仄严格,就太强人所难了。

对联除了四个主要素之外,还有两个次要素——强弱相当、句式相同。强弱相当是指一般情况下,上联和下联所涉及内容的强弱程度应该平衡,不能头重脚轻。比如上联都谈到浩瀚宇宙了,下联才说到胡同里弄,这就是头重脚轻了。但这个情况又不能一概而论。有的时候上联说的太远,下联总得落实吧,比如贴在公园门口

① 三平尾,诗词术语,指一句诗中后三字均为平声。从诗歌的音律上考虑,三平尾的诗句在吟诵时很不协调,破坏了诗歌的音律美,被认为是诗家大忌。

② 三仄尾,指一句诗中后三字均为仄声。对于三仄尾是否合律,仍在争论中,目前尚无定论。但唐诗并不绝对避开三仄尾,即使清代对律诗格律要求严格,仍认为"平平仄仄仄"是拗律句。

③ 古代汉语有平上去入四个声调;到了元代时,古代的入声分化到了阴平、阳平、上声、去声四个声调当中,导致现代汉语的北方方言中没有入声。现在『普通话』即标准现代汉语,以北京语音为标准音,以北方话为基础方言,所以普通话没有入声这个声调。

的对联,上联是"祖国江山好",那下联就来个"公园气象新"。祖国那么大,公园那么小,却并不觉得头重脚轻,因为它就贴在这个公园门口,落到实处了。再比如"退一步天高地阔,让一分心平气和",大概上强弱程度差不多,这就掌握了一种平衡。

另一个次要素是结构相同,包括语法结构相同和断句相同。语法结构相同是指主谓宾结构一致,即上联是主谓宾,下联也是主谓宾,或者上联无主句,下联也无主句等等。另外断句也要一致,比如上联比较长,以"四四七"断句,那下联也得是"四四七"的断句,否则对仗都成问题了。为什么没有把结构相同归为对联的主要素呢?这是因为语法的问题是五四运动以后从西方引入的,古汉语讲究实词和虚词的问题,没有现在语法的概念,所以常常是词性对仗了,语法基本上就通了。因此,我把强弱相当和结构相同这两个概念分立出来,做次要素来讲。

对联的独特性

对联的文体具有特殊性,它集合了很多矛盾,却又能自行解决这些矛盾。可以说,对联比其他文体更有辩证法。我们来看看对联有哪些矛盾,又是如何解决这些矛盾的。

对联有"上"和"下"的矛盾。上联和下联,本身就是分开的两部分,这两部分我们说合二为一也好,说一分为二也好,它们处在一种统一体中,这本身就具有一种哲学的形态。如果只有上联没有下联,大家就会想办法对出下联来,就会总把它当一档事儿。下联对不出而留下的"历史悬案"叫作绝对,这样的情况也不少。此外,上下联是不容颠倒的,颠倒会给人们造成读不顺的印象,有时还会篡改对联本意。因此,上下联应该是一个统一体。

对联还有"出"和"对"的矛盾。可以出上联对下联,也可以出下联对上联。出句和对句的问题在于，只有出句出得好，对句才能对得妙。出句只到刚及格的水平，对句绝对到不了优秀。所以，人们很讲究出句，有些出句也确实能把人难倒。比如中央电视台对联节目中曾出过"山大王大山"，就这么五个字，笔画还特别简单，最后数万来稿，没一个对上。为什么？因为它要求很严：一是这几个字正着读可以，倒着读也可以，叫"回文"①；二是每个字左右对称；三是"山大王"的"大"读"dài"，是个多音字；四是此联中有两个名词"山大王"和"大山"，"大山"②还是名人的名字。这个联难度太大了，所以现在也没人对得上。曾有人对"西单人单西"，"单西"不是词，也许是人名，但不是名人，还是对不上。

还有一个出句，叫"南湖延水中南海"，这个联当时出的时候，觉得并不是很难，实际上太难了。这一联纪念了党的三个革命历史时期，以嘉兴、延安和中南海为注脚。中国共产党诞生在嘉兴南湖，党的第一次全国代表大会在这里举行；延安是中共艰苦奋斗、走向成熟的地方；中南海是中央和国家机关的所在地。此联中的"延"又可以当动词讲，即南湖的水延到了中南海，象征了整个革命历程。这联也是等了若干年，也没有人对得上。当然也可能是因为时机没到，或者说某个特定的词还没有出现。

对联还涉及"正"与"反"的矛盾。刘勰在《文心雕龙》③里说过"反对为优"，他提倡反对，说大家都做正对，正对太多了，反对为优。的确，对联里百分之九十以上都是正对，做反对难度很大。因此，我认为对联是"反对为优，正对为主"。尽管对联中的正对多，但其实无论是正对反对，都能出很高妙的精品。比如杭州西湖岳王庙里有一副正对的对联："正邪自古同冰炭，毁誉于今判伪真。"意思是，正义和邪恶自古就水火不容，现在人们到岳王庙一看，就能分辨岳飞

① 用回文形式写成的对联，既可顺读，也可倒读。不仅意思不变，还能产生首尾回环的情趣。

② 大山（本名马克·亨利·罗斯韦尔'Mark Henry Rowswell'）1965年5月23日生于加拿大渥太华，加拿大籍学者、主持人，相声演员。

③《文心雕龙》，南北朝时期文学理论家刘勰创作的一部理论系统、结构严密、论述细致的文学理论专著。

和秦桧的正邪真伪了。岳王庙里还有一副反对:"青山有幸埋忠骨,白铁无辜铸佞臣。"背后的青山真有幸,岳飞的忠骨埋在这里,而佞臣的跪像是用白铁做的,白铁多么无辜。这两副对联一个是正对,一个是反对,都是精品。所以我们谈到对联的正对、反对时,不能偏废其一,只要符合实际情况,就可能是好对联。

对联里,"雅"和"俗"也是一对矛盾。门联起于民间,后来进入皇宫,故宫所有门前都贴上了对联。而对联源于雅室,文人以对对子作为娱乐,之后对联又从文人的高雅乐趣发展为老百姓的口头文化了。这些变化是对联的一种交叉、交融,没有什么绝对的雅,也没有什么绝对的俗。对联是一种既雅又俗、雅俗共赏的文体。可能有的人会觉得,自己做的联是不是太俗了?是不是能改得雅一点儿?我认为没这必要,就按照创作的原则,该怎么做就怎么做,不要特意分辨出雅俗来。

① 唐传奇,指唐代文言短篇小说,内容多记述奇闻逸事,后人又称为唐人传奇。唐传奇在晚唐时期开始衰落。

对联还有"古"和"今"的矛盾。对联不分古今,古联和今联的差别并没有很大,唐宋明清时期写的对联,跟民国时候写的对联,跟现在的人写的对联,你分不出来。这又是对联区别于其他文体的地方了。比如诗,新诗和旧体诗完全不同,新诗里找不到一点儿旧体诗的影子。又比如小说,唐传奇①跟现在的魔幻、意识流小说,也完全不一样了。有一次我出去讲课,列了几副对联,请学员们按照时间的先后顺序,把这几副对联排列出来,没有一个人排对。因为对联的规律千百年来没有什么变化,古联是什么样的,按照相同的规律,今联还是这样,对联的几个要素不变,这就是对联非常独特的地方。

"宽"和"严"也是对联中的一对矛盾。对联里有宽对也有严对,无论是宽是严,都要求对仗工整,不存在严对工整、宽对不工整的情况。对联应该在宽严之间掌握一个界限,对联若是工整的,对于严的要求就可以适当地放宽,不要严上加严。严上加严是给自己戴上手铐脚镣、作茧自缚,这是不好的。当然对联的要求也不能太宽了,除了字数相等,别的要素都没了,那对联宽严的界限也没掌握好。对联是最讲实际的,宽严要根据对联创作的实际情况来把握。比如说,在某副对联中,需要用到"社会主义"这个词,尽管这四个字都是仄声也要用,要求也就不得不放宽,不放宽对联就没法写了。

对联也有"长"和"短"的矛盾。对联的字数有多有少,分为长联和短联,大观楼长联①就长达一百八十个字。人们常常认为长联难写,那么多的字码到一块儿,还得对仗。长联的确难写,但短联也不容易啊,更少的字数要体现出同样的容量和深意,难度也是相当大的。长联还能自由发挥,铺陈一些,但是短联的每个字都是精练概括、高度浓缩的。举个例子,韩信祠里有副短联描述了汉代淮阴侯韩信传奇的一生,只有十个字。"生死一知己,存亡两妇人。"上联"生死一知己"的背景是秦朝末年农民大起义,韩信起初在项羽部下从军,又改投刘邦麾下,都未得到重用。韩信一气之下,愤然出走,被萧何连夜追回,好言抚慰,并向刘邦极力保举,拜为大将。韩信后来屡建奇功,被封为淮阴侯。然而刘邦当了皇帝,反而猜疑韩信,韩信知道后,便密谋造反②,被韩信一个门客的兄弟举报。吕后③知道后便与萧何商量,引诱韩信到长乐宫中,将他斩首,当萧何发现韩信要逃跑,于是追回韩信,密告吕后,把韩信给杀了。后人说韩信是"成也萧何,败也萧何",所以"生死一知己"概括了韩信与萧何的关系,而韩信与萧何的关系又概括了韩信的一生。下联"存亡两妇人"说的是,韩信

① 大观楼长联,清乾隆年间名士孙髯翁登大观楼所作。全联如下:五百里滇池,奔来眼底,披襟岸帻,喜茫茫空阔无边。看东骧神骏、西翥灵仪、北走蜿蜒、南翔缟素。高人韵士,何妨选胜登临。趁蟹屿螺洲,梳裹就风鬟雾鬓;更蘋天苇地,点缀些翠羽丹霞。莫孤负四围香稻,万顷晴沙,九夏芙蓉,三春杨柳。数千年往事,注到心头,把酒凌虚,叹滚滚英雄谁在?想汉习楼船,唐标铁柱,宋挥玉斧,元跨革囊。伟烈丰功,费尽移山气力。尽珠帘画栋,卷不及暮雨朝云;便断碣残碑,都付与苍烟落照。只赢得几杵疏钟,半江渔火,两行秋雁,一枕清霜。

② 韩信谋反之事疑点很多,也有说法是刘邦与吕后为除韩信,故意诬陷。

③ 吕后(公元前241—公元前180),名雉,字娥姁,秦代单父(今山东省单县终兴镇)人,汉高祖刘邦结发之妻。刘邦称帝八年间,吕后协助刘邦镇压叛逆,打击割据势力,是中国封建历史上第一位临朝听政的女性。

投军之前,家中贫困,食不果腹,差点儿饿死,一位洗衣的妇人把他接到家中,吃住了几十天,他才保住生命。韩信谋反被捕后,被吕后所杀,所以说存亡都在妇人手中。"生死一知己,存亡两妇人",这十个字精练地概括了韩信的一生,如果是长联恐怕要写得很长了。所以,有时候字数多的对联却并不难写,反而是字数少的难写。我们评联的时候,特别注意七言联、五言联,这种短联能尽显功力。

除了以上矛盾,对联中还有"难"和"易"的矛盾等。对联中的众多矛盾是对联本身所固有的,不是后天发展的。这些矛盾也是互相转化、互相融合、和谐共存的。

汉代画像砖「神荼郁垒」门神(常江供图)

对联的起源

对联的起源有三大源头。

第一个源头是民俗,对联是从中国民俗那里演变而来的。民俗涉及古代神话,民俗本身就有神话故事的成分。因此,对联最早作为一种民俗活动,与神话传说联系密切。

"桃木辟邪"的神话就是对联民俗活动的起

源之一。相传鬼城里有座山，山上有一棵覆盖三千里的大桃树，树梢上有一只金鸡。每当清晨金鸡长鸣的时候，夜晚出去游荡的鬼魂就一定会赶回鬼城。鬼城的大门坐落在桃树的东北，门边站着两个神人，名叫神荼、郁垒①，他们两手拿着桃枝，专门捉妖除邪。

如果鬼在夜里干了伤天害理的事情，神荼、郁垒就会立即发现并将它捉住，用绳子把它捆起来，送去喂虎。因此，天下的鬼都畏惧神荼、郁垒。于是民间就用桃木刻成他们的模样，放在自家门口，以避邪防害。后来，人们干脆在桃木板上刻上神荼、郁垒的名字，认为这样做同样可以镇邪去恶。这种桃木板后来就被叫作"桃符"，被认为是春联的发端之一。

我们所知的第一副春联是"新年纳余庆，嘉节号长春"，这副联也是有典故的。后蜀广政二十七年（964）春节前夕，后蜀主孟昶因为平日喜欢舞文弄墨，所以趁新年到来之际，忽然下了一道命令，要求大臣们在"桃符板"上题写对句，以试才华。大臣们各自写好一副，耐心等待审查。孟昶一一看过，均不满意，于是他提笔在"桃符板"上写下"新年纳余庆，嘉节号长春"，寓意新年享受着先代的遗泽，嘉节预示春意常在，能长久过着春天般的日子。这副对联成了最早用文字记载下来的春联，流传至今。

那个时候，也有其他人写春联，可为什么只有这副流传下来了呢？这说起来就有趣了。有时候命运就是爱捉弄人，这副对联虽然寓意很好，但在后人看来，却是一个不祥的预言，简直是一语成谶。

先说这副对联的上联"新年纳余庆"。后蜀广政二十八年（965），北宋率大军攻打后蜀，很快兵临城下，孟昶率众投降。后蜀灭亡后成了北宋的属地，于是宋太祖赵匡胤派了一个长官去管理这里，而这个人的名字就叫"吕余庆"。于是，孟昶的这句"新年纳余庆"，就变成了在新年迎来了吕余庆。

然而，更蹊跷的还是下联"嘉节号长春"。据《宋史·本纪》记载："己未，宰相表请以二月十六日为长春节"。也就是说，在己未年（959）的一天，当朝宰相奏请以农历二月十六为长春节。而二月十六，就是宋太祖赵匡胤的生日。显然，长春节就是为庆贺赵匡胤的生日而设立的节日。孟昶的那句"嘉节号长春"，就把北宋皇帝的生日作为自己的嘉节。一个皇帝居然以另一个皇帝的生日为贺，那不就意味着被其亡国、向其称臣吗？

如果不是这么多历史巧合，这副对联可能也被大家遗忘了。对联起源于民俗，是符合历史发展规律的。我们很多文学的样式都是从民间来的，从民间流传到大雅之堂，这也是一个规律。

那么对联的第二个起源是什么呢？我觉得是源于我们的文字。汉字是方块字，以单音字为主，一字一音一义一形，这是后来所有文学产生的基础。我们所知的上下、左右、阴阳、昼夜，都是平衡共生的，这种平衡法则是自然的规律，它反映在一个个方块字上，每个字代表着一种意象。和阴阳相对一样，一个字代表的意象与另一个字代表的意象相对，这就形成了文字的对仗。因此，文字的对仗是与生俱来的。我们把这种对仗完整地放到对联里，就形成了一种文学样式。

对联的发展和文字的发展也是相联系的。我们常常分辨不出对联的朝代，主要原因是古今对联区别不大，这就和汉字的稳定性有着极大的关系。为什么其他的文学样式——比如说旧体诗和新诗、旧小说和现代小说——稳定不了呢？因为它没有像对仗这样约定俗成的规矩和特征。所以，对联在稳定性上有着得天独厚的优势，是任何一种文体都无法比拟的，而这些都来源于我们的文字。

对联还有一个起源，是文体之源。汉唐之际有一种文体叫连珠①，经常以"臣闻"开头，

① 连珠，借物陈义以通讽喻的骈体韵文，比喻、骈俪、含韵是其文体特征，而其比喻的目的在于陈义，具有说理性质。连珠体最早出现在汉代，其文体特殊，与赋体、格律诗、对联等都有极深的渊源。唐以前的连珠多以『臣闻』『盖闻』起，唐以后的连珠开始变化，往往不用这样的词语。汉魏六朝骈风衰落以后，连珠作品逐渐减少。

叙述则运用很多比喻，而这些比喻往往是对仗的，基本上除了前缀语之外，都是对仗。连珠自汉代就有，它对对联的形成是有影响的。《文苑英华》①里还保存了一些连珠作品。

在对联形成的时期里，还有一种文体——汉赋，以及后来的骈文，也对对联产生了很大影响。

总体来说，对联的主要源头是民俗，加上文字和文体这两个副源头，才形成了对联后来的样态。

①《文苑英华》，北宋四大部书之一，古代诗文总集，由宋太宗赵炅命李昉、徐铉、宋白及苏易简等二十余人共同编纂。全书上起南梁，下迄唐五代，选录作家近两千两百人，文章近两万篇，所收唐代作品最多，约占全书的十分之九，可谓卷帙浩繁。其中第五册卷七七一专门收录了连珠、喻对的作品。

②梁章钜（1775—1849），字闳中，又字苣林，号茝邻，晚号退庵，祖籍福建福州府长乐县，生于福州。他是一位政绩突出，深受百姓拥戴的官员，曾任江苏布政使、甘肃布政使、广西巡抚、江苏巡抚等职。他积极配合林则徐严禁鸦片，是坚定的抗英禁烟派人物，也是第一个向朝廷提出以"收香港为首务"的督抚。他晚年从事诗文著作，一生共著诗文近七十种，在楹联创作、研究方面的贡献颇丰，为楹联学开山之祖。

对联的发展阶段

对联的萌芽阶段，大概是从晋代到五代后蜀出现孟昶写的第一副对联，时间跨越了七百年。对联的发展时期指的是宋、元、明三个朝代，又是近七百年。清代是对联大发展、大繁荣的时期。这个时期可以说是对联趋于成熟、达到高峰的阶段，是对联史上最光辉的一段，而且还在延续着。

为什么说清代是对联最瞩目的时期呢？从三个方面来说：第一，以春联为代表的实用对联在清代得到了普及。清代各个民族、各个地方都在普及春联。紫禁城里，每到过春节都要贴春联，由于满族人崇尚白色，春节时清代的皇宫、王府、宗室府邸一律悬挂白色春联。第二，清代出现了一批著名的对联作家，比如李渔、郑板桥、阮元，还有梁章钜②、林则徐、曾国藩、左宗棠，晚清又出现了张

《楹联丛话》内页（常江供图）

睿、徐世昌、梁启超、王闿运等。这一批作家的对联创作成果流传下来，并在当时产生了很大的影响。如果说一个学科、一个文体没有一批响当当的作家支撑着，那它就难以成立，对联的历史就是这些对联作家支撑起来的。第三，清代出了一批重要的楹联学著作。清代的对联书大约有四百余种，其中最重要的是梁章钜父子编写的《楹联丛话全编》，包括《楹联丛话》《楹联续话》《楹联三话》《楹联四话》《巧对录》《巧对续录》等。这部书将对联的门类进行了全面的归纳，是清代对联繁荣的一个标志。这部书最早在1840年出版，巧合的是，这一年正是中国近代史的开端，于是它又成为近代对联发展的一个重要标志。

对联的类别

对联的类别基本在清代就已经形成。关于对联的类别，学者刘太品认为，对联可以分成三大类——文学类、实用类和谐巧类。我们可以根据不同的标准，把这一分类进一步细化。按照内容不同，对联可以分为山水名胜类、宗教类、酬赠格言类、婚丧嫁娶类、庆贺哀挽类等等。按照长短不同，对联可以分为短联、长句和长联。短联基本在七言以下，以五言、七言为主。关于长联的定义，现在说法不太一样，一种说法是把六十字以上的称作长联。我倾向于九十字以上的叫长联，原因在于我曾做过对联随机抽样的数理统计，发现对联的数量在九十字这个位置上出现了一个拐点，也就是说在一定的对联样本中，九十字以上的对联数量急剧下滑，远远小于九十字以下的对联数量。另外，在古词中，九十字以上为长调。因此，我才以九十字作为长联的标准值。

那么目前已知最长的对联有多少字呢？清代学者钟耘舫①在四川江津（今属重庆）所题写的长联《拟题江津县临江城楼联》有一千六百一十二字，据称是目前所知最长的对联。这副联生僻字很多，佶屈聱牙，吟诵起来比较费劲。现在有一个不好的风气，就是比拼写长联，都想要超过钟耘舫的一千六百一十二字长联，结果导致长联虽越做越长，但牵强附会、拼凑辞藻，牺牲了对联的质量。

① 钟耘舫（1847—1911）清末廪生、文学家、学者，四川省江津（今属重庆）人，名祖棻，以字行，自号铮铮居士。生平著作甚多，传世联作约一千八百余副，最长者为《拟题江津县临江城楼联》，被称为「天下第一长联」。时人誉之为「江津才子」「长联圣手」，有《振振堂文集》传世。

字数在短联和长联之间的叫作长句，长句的句式变化很多，需要创作者自己去掌握。

按照创作方法的不同，对联还可以分为"撰联""征联""仿联""改联"和"集句"。"撰联"是指自己创作的对联；"征联"是指对外征集别人写的对联；"仿联"是指模仿别的对联而写就的对联；"改联"是在原有对联的基础上进行改动，生成新的对联。

"改联"有时候很有意思。唐朝孟浩然科举落第后，有一肚子的牢骚而又不好发作，于是在《岁暮归南山》这首诗里抒发失意的忧思，他写道："不才明主弃，多病故人疏。"意思是：我本无才，难怪明主见弃;年迈多病,朋友也都生疏。清代的纪晓岚就曾对这副联进行了巧妙的改动。有一次,纪晓岚的朋友请他给一位大夫题联,纪晓岚一想这是个庸医,于是就把孟浩然的这两句诗改成了"不明财主弃,多故病人疏"。意思是,你医术昏庸,所以有钱人都不找你看病;你经常把人治死了,所以病人都不到你这儿来了。巧妙的"改联"平添了很多趣味。

还有一种创作方法叫作"集句",把古诗或古文中不在一个篇目、但彼此有关联的两个句子放在一起,按照对联的对仗、平仄等要求组成联句。既保留原文的词句,又要语言浑成、另出新意,这是很不容易的一件事。王维《九月九日忆山东兄弟》里有两句诗广为人知,"独在异乡为异客,每逢佳节倍思亲"。1982年有一次征联大赛出句就是"每逢佳节倍思亲",要求从古人的诗里找出一句,拼成"集句联"。有人就找到了唐代诗人戴叔伦的七言绝句《塞上曲》里的"愿得此身长报国"这一句,连在一块儿就是"愿得此身长报国,每逢佳节倍思亲",意思很连贯。

这种"集句"的创作方法不是在书里随随便便找一句话与之对应。有些人做集句信手拈来,其实是平时刻意留心、长期积累、博学广记的结果。

而现在,征联活动基本不征"集句"了,原因是所征集的句子有时无法考证是哪个年代的,无法辨认是他人"集"的还是自己"集"的。于是很多时候,"集句"的征联活动就搁置了。

对联还能从组合的情况来分类,分为单联和套联。我们常看到的都是单联,一副两联,很普遍。套联的情况也不少,比如说大门上贴一副对联,里屋门上再贴几副,这几副对联在内容上可能关联并不大,但它们就像组诗一样,只有合在一起才是一个完整的形式。过去北京有个做酱菜的老字号,叫"天源酱园",以前坐落在西单十字路口东南角,清代的时候有人给"天源酱园"做对联,写了四联,分别印在四个竖牌上,每联的首字分别是"天""源""酱""园",这叫

"藏头"①。并且,以"天""源"开头的两联是一副对联,以"酱""园"开头的是另一副,这两副对联共同组成了一个"天源酱园"的对联。这就是一组套联,少了哪一联都不完整。

① 藏头,又名藏头格,是杂体诗中的一种,常见的藏头表现为,将每句的首字连起来可以组成一个完整的意思,用以传达作者某种特有的思想。《天源酱园》的四个竖牌是:"天高地厚千年业,源远流长万载基""酱佐盐梅调鼎鼐,园临长安胜蓬莱。"

② 陆云(262—303),字士龙,吴郡吴县(今江苏苏州)人,与其兄陆机合称"二陆",曾任清河内史,故世称"陆清河"。

③ 荀隐,字鸣鹤,西晋颍川(今洛阳一带)人,西晋官员、文学家,东吴丞相陆逊之孙,大司马陆抗第五子,与其兄陆机合称"二陆",曾任清河内史,故世称"陆清河"。

对联的发展规律

对联的发展是有规律的,简单来说就是跟着时代走,我们称之为"与时俱进"。对联的发展与整个社会的政治生活、社会风气、经济状态、科学进步、文体艺术发展和媒体的变化,都息息相关。对联的每一次进步,都伴随着社会的新发展。

第一,与政俱进。对联离不开政治环境和社会思潮。

晋代的时候,出现了口头应对。典型的例子就是《晋书·列传第二十四》《世说新语·排调》里记载的"云间陆士龙,日下荀鸣鹤"。这副联背后的故事是,陆云②和荀隐③一块儿到丞相张华家中做客,张华对他们俩说,今天"勿为常谈",大家别说一般的话,说点儿新鲜的。于是陆云一抱拳:"云间陆士龙",这边一个回礼"日下荀鸣鹤"。陆云,字士龙,吴郡吴县华亭乡人,华亭别称"云间";荀隐,字鸣鹤,是颍川人,地近洛阳,洛阳是当时的都城,故自称来自"日下"。"云间陆士龙,日下荀鸣鹤",这副联分别以各自的籍贯与名字出对与应对,谐音双关,是一副成熟的谐巧联。为什么晋代会出现口头应对呢?这是因为经历了伤亡不断、饿殍遍野的三国战乱之后,人们思想上有些厌世情绪,于是晋代的士大夫形成了整天清谈的社会风气。口头应对的产生是两晋时期政治生活的一个侧面反映。

唐朝本应成就对联大发展的,但有两个原因阻碍了对联的发展,一个是诗的光环湮没了对联,诗在唐朝十分兴盛,学习对句只是为作诗打基础。另一个原因是,当时的科举考试,除了策论之外,还要作一首诗,不会作诗就无法中科举、享功名,于是大家就一门心思作诗。唐朝的诗多、诗人多与科举考试的要求有很大关系。

明代朱元璋做皇帝之后下了一道圣旨,下令当年的除夕夜,不管是当官的还是老百姓,每家都要贴一副春联。朱元璋这样做也有政治原因,提倡贴春联实际上是要振兴汉族文化。这一做法在客观上推动了春联的普及,逐渐使贴春联成为一种约定俗成的群众活动。

由此可见,对联的发展离不开政治生活。对联,对于我们继承优秀传统文化和弘扬社会主义优秀文化来说是一个很好的形式。近年来,对联越来越受到各级政府的重视,尤其是在楹联习俗被列入国家级非物质文化遗产名录之后,对联的发展有了制度性的保护。

第二,与经俱进。对联与经济生活息息相关。

从经济生活来讲,对联长期适应田园经济。在小农经济一家一户的模式中,大门、二门、正房、厢房、厨房、厕所、牛棚、马圈、猪栏、鸡笼,以至马车、棺材,都贴有对联。各种喜庆丧吊活动中,人们也格外重视对联的应用。

从田园经济发展到明末资本主义萌芽的阶段,对联有了一个较大的飞跃。这一阶段的显著特征是商业发达,而商业的兴盛给对联发展带来了绝好的时机。行业对联和有个性的店铺嵌名联在明末清初时,有了非常大的发展。如果经济发展不到那个程度,各种内容丰富的行业联恐怕就出现不了。到了民国时期,重工业开始发展,如铁路、钢铁等,与此相关的对联也应运而生。

如今,对联依然和经济保持着密切的关系,俗话说"文化搭台,经济唱戏"。从中国楹联学会来讲,几乎一半的征联活动都是与企业合作举行的,对联与经济可谓不能不来往、不能不依靠,经济是文化发展的一大动力。

"三柱联"的产生就是一个例子。过去南方乡镇里,人们盖房子喜欢盖两层,楼上住人,楼下开个小杂货铺做点儿买卖,总共也就一间门脸。改革开放以后,腰包鼓了,开始加盖楼层、加宽楼面,变成一层两个门脸。两个连在一起的门脸,中间就多出一个门柱来,贴春联的时候,多出来的门柱就空起来了。于是,有人发明了"三柱联",门柱就不空了。"三柱联"有的中间门柱是上联,两边都是下联,有的中间是下联,两边都是上联。路过的人一边看一边琢磨三联里哪个是上联、哪个是下联,也颇有一番意趣。

第三,与科俱进。对联的发展与科学进步相适应。

最早,对联是写在布上、纸上,刻在木头上的。后来随着冶金技术的发展,铜对联、铁对联相应出现。康熙、雍正年间,西方的平板玻璃传入中国,玻璃对联也在中国问世。乾隆年间有位叫吴山尊[①]的人开始制作玻璃对联,他在玻璃上刻字,刻完发现,字只能正面看,不能反面看。于是,他想出一个点子,专门选那些左右对称的字,并用篆体书写。他选择了一副对联"金简玉册自上古,青山白云同素心",用篆体字书写之后,这副联字字笔画左右对称、正反相同,由此创造了一个新的对联种类——"玻璃联"。2004 年,中华世纪坛春节征联大赛上就出过一副"玻璃联",上联是"甲申吉幸春来早",获得一等奖的作品是"中土昌兴业共荣"。"玻璃联"现在已经成为很多人喜好的对联种类,有的人为了做玻璃对,从字典上把那些左右对称的字都查出来,记到一个本子上,反复比对琢磨,这也是一种文字功课。

① 吴山尊(1755—1821),字及之、一字山尊,号抑庵,安徽全椒人,曾任清代翰林院编修、侍读学士,著有《吴学士诗文集》《百萼红词》等。

随着科学的发展,互联网走入了寻常百姓家,给对联的发展带来极大的变化。现在全国有大约一百多个网站专门设置了对联版块，并且有些专门的对联网站。这些网站，对于普及对联、培养新一代的对联人才，有很显著的作用。现在的很多征联也都是以网络为平台征集，征集的电子文稿很大程度上避免了人为的错字。当然这也有它的弊病，频繁地用电脑输入文字淡化了我们用笔墨书写的意识，出现了"提笔忘字"的现象，这一点我们应该警醒。

第四，与文俱进。对联与文学、文体、文字是共同进步的。

对联与文俱进，这个"文"指的是文学、文体、文字。从文学上来讲，对联是韵文，对联吸收了韵文系统里其他韵文的优点来丰富自己。与对联处于同一发展时期的有律诗，律诗的中间两联必须对仗，对联就吸收了诗对仗的多种方法。对联里还有很多像诗的地方。郑板桥是诗人，他写的对联诗味很足，比如郑板桥在居室题联："春风放胆来梳柳，夜雨瞒人去润花。"在书斋题联："删繁就简三秋树，领异标新二月花。"

宋词的发展也给对联带来启示，使对联不局限于七言的限制，句式变得更加丰富。民国时期，广东才子何淡如①给佛山庙会写了一副对联，上联是"新相识，旧相识，春宵有约期方值，试问今夕何夕，一样月色灯色，该寻觅"，下联是"这边游，那边游，风景如斯乐未休，况是前头后头，几度茶楼酒楼，尽勾留"。此联写出了灯月交辉、游人如织的元宵节情景，上下联读起来就像是词的上下阙一样，很有词的味道。

对联还吸收了元曲、小令中的衬字元素。比如对联"愿天下有情人都成了眷属，是前生注定事莫错过姻缘"中，"成了"的"了"、"错过"的"过"，都是衬字，把它们去掉了，内容照样成

① 何淡如（1820—1913）"名何又雄"字淡如，以字行，广东南海县人，其成名于清末民初，人称怪才，擅作对联，尤以粤语写无情对著称；所撰对联多为广州市井小民所传诵，其作品星散四处，散见于民间的口传耳闻中。《岭南即事》一书中有其对联选录。由于文笔颇佳，擅写状子诉讼，何淡如与陈梦吉、刘华东、方唐镜并称为『广东四大状师』。

立。但加上衬字，就有一股元曲的风味。

元曲、小令中除了"衬字"，还有"领字"。这个"领字"很有意思，一个字可以领出来下面好几个词，后来也被对联所吸收。云南昆明大观楼的长联里，领字用得非常多，比如"看东骧神骏，西翥灵仪，北走蜿蜒，南翔缟素"，这个"看"就是领字，下联对应的是"想汉习楼船，唐标铁柱，宋挥玉斧，元跨革囊"，那个"想"也是领字。这里面的"看"和"想"都是"一字领"，对联中还有"二字领""三字领"。大观楼长联里就有"三字领"："莫辜负四围香稻，万顷晴沙，九夏芙蓉，三春杨柳；只赢得几杵疏钟，半江渔火，两行秋雁，一枕清霜。"其中的"莫辜负"和"只赢得"就是"三字领"。领字的发展，使得对联语言变得更加丰富，为后来的长联创作打下了基础。

文字的发展也推动了对联的创新。有些词汇、文字在过去是没有的，随着时代的发展慢慢有了，这些词汇、文字解决了对联的难题。比如过去有一绝对是"小偷偷偷偷东西"，对不出下联来。你想，四个"偷"字，"小偷"是名词，"偷偷"是副词，"偷东西"的"偷"又是动词，难度可不小，所以好多年没人能对得上来。近三十年出现了一些词汇，比如"大款"，这就能对上了，"小偷偷偷偷东西，大款款款款宾客"。还有"大侃"，就是夸夸其谈、忽悠的意思（指代夸夸其谈的人），也能对上，"小偷偷偷偷东西，大侃侃侃侃南北"。所以语言文字的发展使对联有了新的境界，要是没有"大款""大侃"这种词，也许这副对联到现在还是一个绝对。

繁体字和简化字的转化对对联创作也有影响。有些对联是不能用简化字的，一定得用繁体字，比如，民国时期有人讽刺袁世凯，于是拟了一副对联："或在圜中，拖出老袁还我國；余临道上，不堪回首话前途。"把袁世凯的"袁"字从圜中拖出来，换成"或"，那不就是"國"字吗？可如果把"圜"和"國"换成简体字"园"和"国"，这副联就没有意义了。

对联的"与文俱进"还体现在对联能与其他文体形式交融起来，创作出新的对联作品。对联可以与俗语、谚语相结合，例如"放马后炮，吃眼前亏""路遥知马力，日久见人心""聋子放炮仗，外甥打灯笼"等等。

第五，与艺俱进。对联与艺术也是相辅相成的。

众所周知，书法艺术最早和楹联结合在一起，楹联是以书法艺术为载体的。书法从最初的甲骨文，到后来的篆书、隶书、楷书、行书、草书，很多都以对联的形式呈现在人们的面前，使人们在品评对联的同时，也欣赏到中国书法艺术的精妙。

除了书法艺术，对联和建筑艺术也紧密结合着。中国的建筑分为三个部分，屋顶、屋身和台基，而屋身这部分是对联发挥的一大空间。屋身这部分有门、窗、栏、廊、柱。按照中国传统的习惯，显然这样的建筑格局里需要添置匾额和对联。匾额比楹联产生得更早，当有了楹联与之配合，二者可谓相映生辉，匾额的含义得到延伸，对联的意义得到点睛。这一横两竖，形成了中国建筑中最有风光的地方。

号称世界上最大的中国楹联就是和建筑相结合的。在日本东京松滨町"天广"中国料理餐厅的大门正上方，闪耀着用玻璃钢制成的巨型楹联："厨下烹鲜，门庭成市升华宴；天宫摆酒，仙女饮樽醉广寒。"这副对联是由中国楹联家高寿荃所作，据传是世界上最大的楹联。这副对联每个字有一点一平方米，全联二十二个字，分四行排列，加上字距、行距与必要的边框，总共是三十五平方米，如果把它的浮雕也计算在内，面积达到了六十平方米以上。对联成为这家餐厅建筑外墙的主体，与建筑融为一体，堪称一绝。

第六，与媒俱进。对联与媒体是相互促进的。

媒体传播对于对联的发展有着重要作用。广播电视媒体为对联的传播与推广带来了极大的便利。1983 年春节，中央电视台等四家单位举办了 1949 年之后的第一次全国性的征联活动，来稿是十七万副，在当时来说已经是个天文数字了。但由于当时电视普及率还比较低，并没有引起更大的反响。到了2002年春节，中央电视台再次举办全国性征联活动，那一次我全程参与了，我记得统计来稿总共达到了五十万副对句。我想，只有媒体才能在推广对联、普及对联上起到这么大的作用，并且随着网络媒体对对联的宣传和普及，相信越来越多的人会对对联有更多的认知和理解，关注和喜爱对联。

常江参加中央电视台对联节目的录制（常江供图）

从整体来看，对联在一千七百年的发展中，既是变化的，又是不变的，它保留了基本的规律，也吸收了新的元素，随着时代的脉搏、社会的进步不断演进。我相信，我们当代的楹联文化是前途无量的。

楹联习俗的保护

2006年6月，国务院公布了非物质文化遗产保护名录，一共有五百一十八项，第五百一十项就是楹联习俗，委托保护单位是中国楹联

中国楹联学会成立纪念册封面（常江供图）

学会。

这意味着楹联习俗的保护已经上升到了国家层面、政府行为，带有一定的行政约束力了。可是，楹联习俗应该保护些什么？又应该怎样保护呢？我认为，应该从以下几个方面来考虑。

第一个要保护的，是少年智力启蒙的楹联习俗。

过去上私塾的孩子都要学对对子。鲁迅小时候在私塾课上，老师出了个"独角兽"让大家对，于是学生们就七嘴八舌地讨论开来。鲁迅对的是"比目鱼"，最终得到了老师的表扬。这个例子让我思考，对联的教育应该从娃娃抓起，保护对联的一个重要步骤就是让学校对楹联进行相关的普及教育。

然而，现在学校教育已经不同于原来的私塾教育了，但是我想，能不能借鉴以前教书先生的方法,来引导孩子们学习对对联呢？那些方法,跟现在老师讲的或许不一样,但可能更实用、更有效。现在一些中小学的对联教材，实际上就是把给大人讲课的那些东西简化了一下,很多东西不适合小孩子,或者是没有想办法让孩子们高高兴兴地来学对联。过去老师说一个"山",学生对"水",老师加一个"青山",学生对"绿水",然后一个字、一个字加上去,学生觉得特别有意思。我们现在给学生上对联课,还没讲上几句话,"平平仄仄"就上来了,学生肯定就觉得没有兴趣。

所以我们要把过去好的教学方法保护下来，在保护的基础上寻求发展。现在全国已经有三百多个楹联教育基地,我们应该好好思考如何做好孩子们的楹联启蒙工作,如何引导孩子们学习楹联。而对过去的那些行之有效、学之有趣的对联学习方法,我们也应多分析,早保护,好好发扬。

第二个要保护的,是书写张贴春联的习俗。

这是很重要的一个方面。在我们节日习俗里,春联是使用最多的，也是我觉得最能为老百姓服务的地方。过去我们贴春联的习俗,大体上有三个目的:一个目的是驱灾避邪。这个我们通过了解"桃符"的起源就知道了,在一个大桃树下有两个神在抓鬼,这两个神——神荼和郁垒,最后就成了门神。为了辟邪,人们起初在门上画他们的画像,而后改为写他们的名字,之后又改为写"吉祥话",最后演变为贴春联。第二个目的是除旧迎新。写春联有时间性,进入腊月开始写,集中到腊月二十四写大字,一直写到年三十。到年三十吃年夜饭之前,一定要把春联贴上。过一天,就到明年了。对联在门上变颜色、被风吹,这些我们都不要管它,新的一年到了,除旧迎新,新桃换旧符。有人过了正月十五就去撕掉春联,这其实是破坏了我们的楹联习俗。春联不应该撕,一年里风吹雨打一条条掉下来都没关系,我们就等到来年腊月再贴新的，这才显出是除旧迎新。第三个目的是,春联带有美好的祝愿,祈祷人们心想事成。对联表达了我们的心声和希冀,贴春联作为一种心理暗示,能带给人们向正、向善的能量。

现在我们有些地方的春联真的走样了。前几年网上还爆料,某县税务局在门口贴的大红对联,都是什么"恭喜发财""财源滚滚"啊。网民就说:你税务局要"财源滚滚",准备天天给我们加税么?政府部门门口贴个"财源滚滚",老百姓能看着舒服吗?我特别不愿意看那个酒店和商场门口贴"财源滚滚"的,你"财源滚滚"了,大家的钱包就瘪了。春联体现我们心想事成的企盼、愿景和梦想,可各家有各家的情况,不都是想多捞钱。有的家庭希望老人长寿,有的家庭希望孩子能考上好学校,等等,每个人对新的一年都有不同的期待。现在呢,外面春联市场上,烫金的、鼓起来的、凹下去的各种各样的春联,大多写着是财宝、财运、财源、财神之类的词,不出几天,全贴到各家各户的门楣上了。尽管这些对联里没有一句坏话、倒霉话,更不是反动话,工商、城管也管不着,但是它与我们所继承的春联书写张贴的传统,总有些格格不入。

我们要保护的是书写春联的活动。二十多年前,中国楹联学会把每年的腊月二十四,也就是"写大字"的这天,定为"全国春联活动日",号召各地楹联组织和会员,上街下乡,摆对子摊,现场为老百姓写春联。这是我们的传统,我们贴春联就是要保护这个。现在这种成批成批的印刷品,内容和我们每个老百姓的期望可能并不一致,可能只有一个装饰作用。这就好像非物质文化遗产中的吹糖人,吹一个"凤凰"也好,吹一个"鸡"也好,都是一个个亲自吹。假如弄个机器,电脑自动控制,一通电一会儿就能吹出几十个,这种吹糖人还是非物质文化遗产吗?还应该得到特别保护吗?我们的确需要现代化的发展,但如果传统艺术形式全都现代化了,我们传统的东西可能就流失了。所以我们提倡传统书写春联的习惯,提倡用墨笔写在红纸上的春联,这才是我们要保护的东西。

同样,春联的张贴也需要得到正确的引导。现在春联有一个很大的问题,就是大概有一半的地方把春联贴反了。贴反了是什么意思呢?贴上联的地方贴了下联,贴下联的地方贴了上联了。问题出在哪儿呢？由于书写的形式发生了变化，过去我们一直是竖写，是从右往左写。春联的两联也是竖写，因此我们面对着春联时，上联应该在右边，下联应该在左边。不同于古代，现代的书写方式都是横写，并且是从左往右写。但由于横批是横着写的，所以可以从左往右写，当然从右到左写也是可以的。总的来说就是，横批从左往右、从右往左写都可以，但对联必须是上联在右边，下联在左边，否则就不合规则，人们心里就会产生不顺、不快的感觉。

第三个要保护的，是悬挂楹联的习俗。

这个主要指的是在古代建筑物上悬挂楹联的习俗。中国传统建筑中的门、柱、窗是广义上悬挂楹联的地方，这是一种共识，也是我们的习俗。

楹联也悬挂在有纪念性的地方，比如我们把楹联放在祠堂里，放在那些有纪念意义的故居里。寺庙里的楹联往往很有"禅"理，对我们很有启发，因此这里的楹联，我们也应该保护。过去已经悬挂

常江向采访人展示楹联书目

了的清代或民国时写的对联,不是随便谁想拿就能拿下来的。比如,领导写了一副联,就把领导的联挂上,把清代进士的联取下来,那可不行。传统是需要保护的,真要拿下来,是需要论证的。

还有一种是悬挂在房间、居室内的对联,那里悬挂的都是重要的格言联、酬答联,这种对联的悬挂,我们也是要大力倡导的。

第四个要保护的,是广泛传播楹联的习俗。

对联是怎么传播的? 古人留下来的对联传播方式是什么?

一是口头流传,讲故事。过去很多民间故事都是口头流传的,对联也是通过口头传播流传至今的,有的是借助故事、传说、戏曲、曲艺这些载体流传下来的。因此,我希望我们现在也能通过给听众们讲故事、吟诵对联、演唱对联、书写对联、说对联相声、介绍对联知识,把对联与音乐、舞蹈、绘画、书法、曲艺等艺术形式融为一体,使对联变得更加生动,让大家了解对联、享受对联、接受对联、走进对联。这也是对楹联习俗的一种保护。

二是印刷出书。我是搞对联书目整理的,据我大致统计,民国以前的对联书有大约一千种,1949 年以后的对联书有大约四千种,这是一笔丰富而宝贵的遗产。书籍的印刷,使得对联的传播变得无限而绵远。我们有必要完善对联的书目信息,要着力在民间继续发掘和搜集各种留下来的对联文字资料。这些对联资料虽然零散,但具有原生态的意义,五十年、一百年之后,它们将弥足珍贵。

三是书法。书法对于对联的传播有极大的推动作用。书法为楹联的发展提供了一种文化支撑,因此热爱楹联的人学习书法是非常有必要的。我所熟悉的、活跃在"中国楹联论坛"上的网友,他们都是楹联创作的青年精英,现在他们都在努力学习书法。十年以后,当他们的对联达到全国一流的水平,并且自己又能用书法展示出来,那才恢复了书法的文人气息,达到了一个更高的境界。

现在新媒体在楹联传播中扮演了重要角色，特别是互联网传播。我们要利用好新媒体资源，想办法把这些口头流传的对联佳作保护起来。

第五个要保护的，是雅俗共赏的对联创作习俗。

过去的对联创作大概有三种形式。一种是个人独立完成，自己在家写对联。第二种是组成一个小团体。过去有诗社，但是联社很少。现在既有诗社又有联社，再扩大范围就变成一个楹联组织。全国几百个楹联组织，它的功能比单一创作要多得多。每个人创作完一副对联就可以互相交流、互相修改，这是提高对联创作水准的一个途径。

过去有一种创作方法，叫"诗钟"。这是一种带有游戏性的创作方式：点一根香，香上栓一根细线，香点到头就会把线烧断，线的另一头系一个铜钱，线一断铜钱就掉在盘子上，咣当一响。实际上这就是一种限时工具，十分钟之内香烧到这儿，就得出一首诗，或者出个上联，就得对上下联。咣当一响，马上交卷。"诗钟"最早在福建开展起来，先传到广东，在清末和民国时期才传到北方地区。据我所知，许多楹联爱好者就是通过这种游戏来进行对联创作。

传统的对联鉴赏，我们也应该保护。传统的对联鉴赏指的是，人们借着大年初一成群结队拜年的机会鉴赏春联，看看各家都写了什么春联，内容怎么样，书法怎么样，由此形成口碑。这样的习俗，比组织几个专家在屋子里评选对联，显得更接地气，也是应该保护的。

第六个要保护的，是征集楹联的习俗。

中国最早的征联是在清代，大概是在同治年间，广西某地举办征联活动。当时的奖品是一匹高头大马，马被牵到现场，一个人出上联,剩下的人对出下联。一些老先生在一旁评联,对得最好的可以牵走这匹马。这种实物发奖的办法,能在征联举办地产生很大的影响力,并辐射到周边或更广泛的地区,如果现在我们有条件的话,也不妨尝试举行。比如,如果有厂商赞助春节征联,我们可以在某个广场进行公开的现场征联,摆上奖品,评联中拔得头筹的人可以拿走奖品。

我们现在的征联都是各地来稿之后找人评联,评完之后分出等级奖项。获奖者也不用跑千里百里来领奖,奖品一律通过邮政或快递寄过去,这种征联不够热闹。因此,过去很多传统的征联方式我们应该有所保护,并进行创新,使对联更好地传播下去。

华县填字谜接龙游戏

华县填字谜接龙游戏主要流传于陕西省渭南市华县(今华州区)莲花寺镇、赤水镇、瓜坡镇和下庙镇,其中莲花寺镇白家河村是华县填字谜接龙游戏的主要流传区域。自汉代以来,华县填字谜由宫廷流入民间,吸收了古时《易经》占卜及历代词语游戏的一些形式与手法,结合射覆的游戏需要,形成了具有地域特色的风格:一词开头,四面开花,首尾相接,连接不断,小到三五个词语,大到三五十个词语,气势宏大,颇为壮观。长期以来,这种游戏作为一种文化载体,丰富了民众生活,具有较高的文化传播价值。

　　2012 年,华县填字谜接龙游戏入选第三批陕西省非物质文化遗产代表性项目名录。

白向亮

陕西省代表性传承人

白向亮（1937—2017），男，华县莲花寺镇白家河村人，陕西省非物质文化遗产代表性项目华县填字谜接龙游戏代表性传承人。

白向亮自幼受祖辈熏陶，对填字谜产生浓厚兴趣，常利用空闲实践。1957 年他毕业于西安统计学校，工作之余，依旧坚持填字谜研究，翻阅《辞海》查找资料，制作与研究填字接龙艺术达十年之久，创作出包含四千八百多词汇的中国最大填字谜，气势宏大，十分壮观。代表作品有《十米长卷》等。

采 访手记

访谈时间:2014 年 5 月 1 日
访谈地点:陕西省渭南市华县莲花寺镇白家河村
　　　　白向亮老人家中
受 访 人:白向亮
采 访 人:满鹏辉

　　白向亮老人受到伯父的影响，对填字谜这一游戏形式产生了浓厚的兴趣，经常研究揣摩，反复练习,最终形成了独特的游戏风格。

　　得知中国记忆项目中心前来拍摄的消息，老人一大早就起床,在家等着我们的到访。他前些年生了一场大病,身体不太好,影响到说话表达,这给我们的拍摄工作带来了很大的困难。在老人断断续续的陈述中,我们需要反复沟通,才能让采访正常进行。采访结束后,我们虽不能完全理解华县填字谜游戏的历史渊源、制作过程和游戏规则，但还是感受到了老人对文字游戏的诚挚热爱。

　　我想，华县填字谜游戏作为省级非物质文化遗产代表性项目,其意义之一,即是让更多的人感受到民间老百姓对文字的热爱。

白向亮口述史

杨宵宵 整理

填字谜就是接龙

陕西省华县填字谜接龙游戏，是由射覆游戏变异而来。古时候有一个东方朔①，传说他那时候在华县搞射覆游戏。射覆游戏实际上就是接龙，属于填字谜这个范畴。这种游戏小到三五个词语，大到几千个词语，首尾相互连接，前边一个词语，后边一个词语，"射覆"就是指猜出中间那个词语。

我举个例子——延安，谜面是延安，要求前两字是地名，后两字还是个地名，中间依旧要是个地名。前两个字中有个"延"字，那么什么字能把"延"字连起来，组成一个地名？最后一个字又能把"安"字连起来组成一个地名呢？猜出中间的这个词就是射覆。例如"延安""延长"②"长安""安西"③"西安"互相都能连起来，这就是射覆。

353

小知识：射覆

射覆是古时占筮者为了提高自己的占筮技能而玩的一种高超而又有趣的游戏。"射"是猜度，"覆"是覆盖，就是随便将一种物件(或多个同类物)用瓯盂或是盒子隐藏，让射者通过占筮等途径，指出所藏者究竟是什么东西。后来射覆演化成猜谜游戏，也成为一种酒令。覆者先用诗文、成语、典故等隐喻某一事物，让射者猜度，用隐喻该事物的另一诗文、成语、典故等揭谜底，或是某人做一首诗，打某物，对方必须根据此诗来射诗中所指之物。射覆一词开头，四面开花，首尾相接，连接不断，气势宏大。①

小知识：东方朔射覆故事

据《汉书》记载，汉代宫廷中流行射覆游戏，将所猜物品放在器皿之下，并用手帕、扇子等物品覆盖在器皿上，进行猜谜游戏。

《汉书·东方朔传》中记载了东方朔玩射覆游戏的趣事。

有一次，汉武帝在射覆游戏中将一只壁虎藏在宫盂里面，让众人猜其中所藏是何物，没有一人能猜出。此时东方朔向汉武帝自荐，说自己曾研究《易》，定能猜出其中物品，于是他把蓍草②进行排列，组成各种卦图。稍后便说："我原以为这里面是一条龙，但是它却没有角，若说它是一条蛇，它却有脚可以上上下下，能爬墙，这里面的东西不是壁虎就是蜥蜴。"说罢，汉武帝很是高兴，赐予东方朔十匹帛。之后又继续射覆游戏，让他猜其他的东西，而东方朔次次猜中，接连得到赏赐，深得汉武帝欢心。

① 中国记忆项目中心：《我们的文字》，清华大学出版社，2015年，第143页。
② 蓍草，是《易》筮法的占具。蓍草茎呈圆柱形，上部分有分枝，长三十至一百厘米，生长于山坡草地或灌木丛中，原产于中国云南、贵州、湖南、甘肃等地。正如《周易·系辞上》所言"蓍之德，圆而神"，古人认为蓍千岁生三百茎，有圆而神的美德，所以将其作为筮法的最佳工具。

自东方朔发展填字谜游戏以来，人们都知道填字游戏就是接龙，后面词语的第一个字要连接前面词语的最后一个字，跟射覆有点儿类似，后来发展成射覆填字游戏，而现在的名字就叫填字谜。不仅华县有填字谜，上海也很盛行填字谜游戏。

① 谜条即制作填字谜时填写在谜图中的提示词，在限制填词方向、控制难度的同时，给填词者启示，帮助其顺利完成游戏。

与填字谜结下不解之缘

我叫白向亮,1937 年 11 月 14 日出生于华县莲花寺白家河村。我从小对文字就感兴趣,经常订杂志来看,钻研这个东西。1957 年我考入西安统计学校,毕业后分配到西安冶金机电工业局工作,负责计划和统计工作。1962 年国民经济困难时期,机构减缩,回乡务农,经济相当困难。"文革"期间,我们这些人就无用武之地,当时遇到"清理阶级队伍",那段时间只好在家里务农。那时论成分,所以家庭成分比较高的,人家也都不愿意用,再后来我就外出打工,在一个省棉花公司的仓库做合同工,做食堂管理的工作,以后熬了一二十年。

回乡以后,我还是放不下填字谜,总想出一本填字谜书,所以工作闲暇时就搞填字谜。后来写了一本书,书成了之后,由于当时出书要自己掏钱,结果就没有出版这本书。填字谜我是自学的,《新民晚报》每周都有填字谜,我经常看,然后学习。制作谜图的时候,第一步,不急画填字谜的方格,先把词写出来,写好大部分词之后,再画方格,把词语补充完整。完成谜图之后,根据词语的排列,将纸面绘制成空白方格,并根据图上的要求来制作谜条①,需要填字的方框留白,不需要填字的方框涂墨,并设置填字谜的走向。

制作填字谜也有方向,从上到下,从左到右。同时还要考虑词语的对称性,对称性和艺术性由自己设计,图形上要给人美感,我制作填字谜的一个特点就是对称。例如,我设计过一个中国馆形式的填字谜图,这个填字谜图上头大底下小,外形像上海世博会的中国馆。制作时首先确定外形模仿中国馆的造型,然后就根据中国馆的形状,设计填字谜图,绘制方框,填写谜条,涂上墨色,制

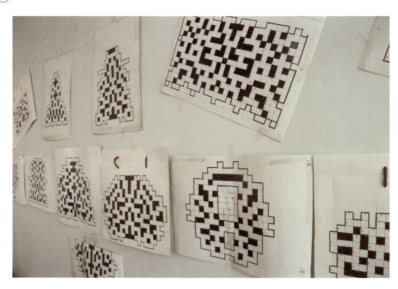

填字谜图谱

作时需要长的词语就用长的词语，需要短词语的就用短的，由自己来设计。同时，制图最重要的是要把一些新名词用到里头，并根据新名词来发展填字谜图。新名词就是根据当前的形势提出来的词汇。

玩填字谜游戏，要根据图上的要求填写空格，按照谜条提示填写名词或成语，而且填写的词语要有一定的知名度，不能填写生僻名词。主要的玩法有两种：第一种是把图制作好之后，给出提示说明，让填词的人按照提示进行游戏；第二种是把图制作好之后，先填上一些名词作为谜条，然后让玩家来填词，把这些词连起来。这种玩法没有说明，你想填啥都行，只要能连起来就对了。好比谜条是一些山河的名字，那么山字特别多，玩游戏的人就要想办法把这些山字连起来，这就需要玩家费脑筋想。

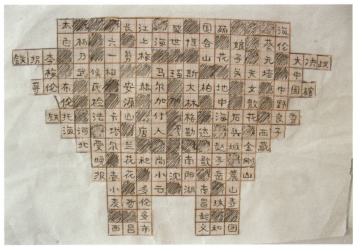

上海世博会中国馆填字谜图

我做了中国最大填字谜

后来我在报纸上看到,比利时人制作了世界上最大的英文字母填字谜,我就想,中国的汉字词汇那么丰富,应该搞一个中国最大的汉字填字谜。那时候我已经绘制了六七十副填字谜图,所以我就想把这些小填字谜互相连起来,组成一个大的填字谜。但是,组合的时候发现有很多重复的词语,重复的词越多,困难也就越大,因为当一副填字谜中词语重复出现时,基本上也到了这副填字谜的极限,再进行扩展就相当困难了。

从萌发制作中国最大填字谜这个念头开始,我就日积月累地坚持,白天上班,业余时间写填字谜,十年坚持下去,终于完成了包含将近四千个无重复词语的填字谜长卷。这个长卷出来以后,得到大家的好评,本来还想把这个申报吉尼斯世界纪录,但是申报吉尼斯世界纪录需要钱,我拿不出这个钱,就没有申报。

十米长卷

我还在学校开展过几次填字谜游戏，学生都很感兴趣。现在电视上也有填字谜竞赛节目，有些竞赛给出谜条，有些竞赛给出提示，谁能在规定时间内先填完，速度快的就赢。有的填字谜可以根据周围的词语推断出谜底，可以帮助你前后推断，举一反三，可以把其他词语全部推断出来，所以也很好填，不是很难。但有些知识，小学、初中的学生还没有学过，必须等到高中以上才能参加这种竞赛。

最拿手的是奇联怪对

楹联和填字谜游戏相关，也算是我的一大特色。我主要以奇联怪对为主，最拿手的是我对出的绝对，我能对出好多古人没能对出的绝对。古时候传下来的上联："提锡壶，游西湖，锡壶掉西湖，惜乎锡壶。"我对下联："带羽扇，游玉山，羽扇丢玉山，欲扇羽扇。"这些对子对出来，都受到人们的好评。

传承人在学校讲填字谜

① 中国记忆项目中心：《我们的文字》清华大学出版社，2015年，第141页。

小知识：

楹联因古时多悬挂于楼堂宅殿的楹柱而得名，又称对联、门对、春贴、春联、对子等。它是以两组形式相对、内容相关的语句为表现形式的一种文字应用形式。楹联的特点是上下联字数相等，语意停顿处平仄相对，对仗工整，上下联内容相关联，能表达一个完整的含义，并且具有审美意义。这也是它与一般对偶辞格的区别。①

此外，我还为华山做了全方位导游联，全方位要包括"东西南北中上下左右前后高低内外旁间"这十几个方位。这十几个方位要用到一副对联上，那确实不是一件轻而易举的事情，并且对出对联要叫人听着悦耳，叫人可心。所以我的上联是："由北向南登西岳，东峰观日走高低旁观山间群岭。"上联把峰都观完了以后，下联跟着从上往下走，"自上而下别后峦，前峪采风瞧左右依恋内外胜迹"。开始上山的时候都在赶路，前面景观没有顾着看，下山时慢慢出山，前后采风，把景观再仔细看一遍。"依恋内外胜迹"，对华山恋恋不舍。这副对联名字叫作《中华山行》。我在华山把这副对联对出来以后,这副对联被刊登在七八本书中,成了一副名联。

楹联里面还有七绝楹联。我写的七绝大部分都是同部首联,像《少华山》,"逶(wēi)迤(yí)迢遥通途道,适遂迷迹辽遐迩,远近逩(bèn)巡逆迓(yà)迎,逗遛遨逛遣逸逍",全部是走之旁,因为少华山逶迤,山道蜿蜒,而逶迤就正好形容山道蜿蜒。

再有,就是填字谜九宫格,要求全部是三个词,首尾相连。像是"裴罗天""天王星""裴玲海""海王星"(四个词语均为音译),这是小九宫格;还有大的,多的用了好几十个九宫格相连接,这就是大串联九宫格。越是大串联,就越是需要丰富的知识,词汇稍微欠缺,就继续不下去,确实是有难度的。

九宫八阵填字谜(文字展捐赠现场拍摄)

我开展字谜游戏的时候,很多孩子都很有兴趣,也有很多孩子从小学习成语接龙。只是现在小学和幼儿园的教学和从前不一样了,有不少规则都是传统游戏里面没有的,比如他们教的成语接龙是包含配字的,就是允许使用谐音字。我举个例子,"忆苦甜今""今非昔比""比比皆是""事半功倍""背道而驰"。是否的"是"字,咋能连接事情的"事"字？这种同音不同字的词语，传统意义上是不允许相互连接的，但是现在的学校就说能。

在家中制作填字谜

参加文字展

古时候传下来的成语接龙是没有配字的，前一成语的最后一字和第二个成语的头一个字，必须是相同的字，使用谐音字不符合留传下来的游戏规则。你看我做的十米接龙长卷，一个配字没有，这才是传统的填字谜接龙。

　　制作填字谜没有啥要求，就是有一点，要有丰富的知识，没有知识就填不出来，开展不下去。所以你看的书越多，头脑里装的词汇越多，困难就越少。脑袋里啥知识都得装，像是世界地理知识、历史知识、新闻知识，什么知识都得有。我作为非遗的传承人，就是要把这传统的填字谜游戏传承下去。

吴山铁字

吴山铁字是一种独特的艺术形式，著名书法家陶仁志是铁字书法艺术的创始人。吴山铁字在继承传统的基础上，运用现代工艺，取雕刻、雕塑、铸造工艺之长，以书法原件为蓝本，以铁为墨、以锤为笔，纵横捭阖，曲尽造化之妙。这种艺术形式不但准确、细腻地再现书法原貌，而且风骨刚健，遒劲沉雄，其力度之美、形态之美、意境之美和神韵之美相得益彰。它使得中国书法既直面当代艺术的挑战，又在传统、现代和个性的完美结合中大放异彩。吴山铁字被人誉为"中华一绝"。

2009年，吴山铁字入选安徽省第二批非物质文化遗产代表性项目名录。

陶仁志

安徽省代表性传承人

陶仁志（1947— ），男，安徽省合肥市长丰县吴山镇人，安徽省非物质文化遗产代表性项目吴山铁字代表性传承人，著名书法家，铁字书法艺术创始人，安徽省书法家协会理事。

陶仁志自幼酷爱书法、篆刻艺术，从1984年开始研究用铁来展现书法艺术，成功创造了以铁为墨、以锤为笔，具有独特风格的中国铁字书法。作品被人民大会堂等单位收藏。书法大师启功先生评价他的作品：「铁字书法气势磅礴，豪放不羁，是中国艺术一绝。」1995年12月，陶仁志被联合国教科文组织和中国民间文艺家协会联合授予「民间工艺美术家」称号。2008年，陶仁志在吴山镇成立了陶仁志艺术馆。铁字书法代表作品有《兰亭序》《沁园春·长沙》等。

采访手记

采访时间:2015 年 1 月 2 日
采访地点:国家图书馆
受 访 人:陶仁志
采 访 人:全根先

　　说实在的,在采访陶仁志先生以前,我并没有见过吴山铁字。我见过铁画, 铁字与铁画有一定的渊源关系,但是两者毕竟不是同一种艺术形式。陶先生是吴山铁字的开创者。他之所以走上这条道路,一方面是他本人对于书法的长期喜好,持之以恒的训练;另一方面是由于改革开放的历史大潮。从那个时代过来的人,都经历过很多的磨难与煎熬,是一种坚韧与执着,使他们超越自我,成为开创事业、引领风尚的佼佼者。成功对于他们来说,不一定就是金钱与名誉,更多的是实现自己的理想与追求。从这个意义上说,尽管年近七旬,陶先生依然行进在他所选择的艺术道路上。

陶仁志口述史

张宇 整理

　　我是 1947 年出生的,在安徽省合肥市的长丰县一个叫吴山镇的小镇上,有个吴山庙,我家就住在那里。吴山铁字的"吴山"这两个字,就是我们镇的名字。

　　我们那离县城将近五十公里,它在合肥的北边,没有山,没有水。我们是镇上人,不是农村人,我们也没有种过田。我们小的时候去一趟县城,和现在去国外差不多。那个时候,公路都是石头铺的,车子一走都蹦老高,我们三年、五年都去不了一趟县城,去一趟就感觉,哎哟,好骄傲啊!回来都要说几天。那个时候就是坐大客车,一个小时可能跑个二三十公里的那种大客车,就那么一点点路当时要跑两个小时,现在半个小时就到了。我从小嘛,就是在饭店工作,改革开放之后,才做起我这个爱好。

出身贫苦,早早自立

　　我十三岁时,父母就去世了。家中弟兄四个,我排行老三。在那个物资紧张的年代，我们一起生活，那时候兄弟间互相顾不上，都各做各的。大哥在合肥市一个钢铁总厂里边上班，二哥呢跑到江南去了。还有一个四弟，上错车了，跑没了，当时也不知道下落。我十三岁的时候，我的小弟还很小，那时候上车也没钱买票，趁人不注意跑到车肚子底下，就这样跑没的。他爬错了，那趟车不是到吴山庙的，一下子把他拉到东至县①，东至县属于江南了。他下了车，一看不是吴山庙，傻眼了！那就是在外流浪，就叫别人给捡回家做儿子去了。现在早回来了，都二十来年了，现在都回到老家了。家庭现在也是三代人了，都生活在一起。

所以，当时就是我一个人在吴山庙，在吴山庙没人管，没人问，你学坏也没人管，你学好也没人管，你没吃没喝也没人管，之后我就辍学了。反正那时候呢，我就是接替母亲的那个职业，在政府的照顾下，进镇上饭店打工。十几岁能干什么呀，也不会炒菜，也不会做饭。你到了饭店，人家把你当大人使唤，那过去被叫到外面烧草锅。

再大一点儿，就是搞搞饭店里面的卫生啊，擦擦桌子啊。再大一点儿呢，就端端饭菜，当个跑堂的。到了二十岁左右的时候，那就能上案子了，也能炒炒菜，一直在饭店。之后呢，从红案子到白案子②，我现在是红、白案子都行，在饭店一共干到三十多岁。后来又把我调到农村网点，就是供销社，那时候还是计划经济，到一个大队里边去做网点，干了两年。改革开放开始了，网点不行了，什么商品都公开了，你那个网点也没有用了，人家也不买你的东西了，另外物资不紧张，红糖什么都公开卖了，代销店就没用了。后来，我就回到吴山镇上，把代销店里的东西便宜地卖给了别人，自己就不干了。

① 东至县，地处安徽省南部，长江中下游南岸，毗邻江西省。
② 红案子是热菜砧板，指代烧菜、做肉食；白案子是主食案板，指代做面食。

从卖卤鹅到做铁字

不干了，干什么呢？改革开放，那什么都可以干了。那个时候，市委书记是我们吴山庙人，叫郑锐，他说把吴山那个卤鹅拉到合肥来设个点多好啊，找不到人，那吴山卤鹅没人能搞啊！我在饭店里待了二十多年，我知道，之后就叫我去干。好，我就去干。给我贷了五千块钱，到合肥，就搞吴山这个卤鹅。参考历史、传说，我给吴山的卤鹅起了个名字，所以在合肥搞得挺好，我那个卤菜也多，排队都排得可长呢！后方呢，加工呢，都在吴山庙。那时候交通也不像现在这么方便，把卤鹅放进大铁皮箱子里，早晨用大客车带到车站，从车站再用大板车拉过来。那时候就是这个条件，做了一两年。两个学生不会经营，管理不善，搞垮了，最后我又回到吴山庙。我想想，还是从我一直以来的兴趣出发，就研究铁画。我是从改革开放之后的 1979 年开始做的吧。

开始时，研究铁画也比较艰难。中间有一个转业军人，姓徐，他说："我是部队转业的，我能不能跟你合作，一起生产铁画？"我说，那可以啊！我们就合作了一段时间。这铁画呢，卖不出去，你光合作、制作出来了，卖不掉。所以那个人呢，一看这形势不好，就打退堂鼓回去了，这烂摊子又甩给我了。所以我就在想，做铁画不行。因为我们安徽芜湖出铁画，你怎么做也不能做得比它好啊！我就研究，这铁画上面还有字啊，比如说画上是个迎客松，画上还有"迎客松"三个字，所以我就在想，我来做字。铁画是芜湖的传统艺术，那你不能去跟它比啊，你怎么做也不能超过它啊！所以我就独立做"吴山铁字书法"。铁字和铁画制作同根同源，但是制作工艺还是有所区别，这里面的门道，全靠自己琢磨。

以地为纸，以指为笔

我开始练习书法是十几岁的时候，我对这个线条、文字相当感兴趣。我那个时候，不光写字，还篆刻。我没有什么篆刻材料，就到农村田头间，挖黄泥，弄成各种造型来雕。积累文化也好，技艺也好，都是靠勤奋积累起来的。但是，关键就要看你有没有这个兴趣，你没有这个兴趣，怎么积累也是白费。

因为我在饭店的时候，也是辍学期间，对文字一直没丢。我蹲在地上，拿个树枝就在地上写，我在面案子上撒了一把面就用筷子写，写完了我就抹掉再写，一直没断，所以呢，就从铁画转到了铁字。

练书法是需要时间的，每天一边要在饭店里工作，一边还要练字。那时候每天都是靠这个，大部分时间还要在饭店待着，没事干就在面案子上撒一点儿面粉写一写。那时候也不懂练字，反正就是写呗，就是喜欢，你也不熟练，你不搞这个，总觉得少一样东西。在代销店，时间也允许。代销店就两个人，轮换着看店，今天他在这了，明天我在这，我就有时间练字。

那个时候，在那样的条件下，也没有什么体。我这个字体，是从饭店工作那会儿开始练的，到三十多岁的时候，把我转移到农村，就是在代销店的时候，从那个时候才开始真正的临帖。颜体①、欧体②我都临，从那个时候我才开始比较系统地去练习书法。

你要讲我这个学历，我这个学历不高。我不是说了嘛，小学还没毕业就辍学了，十三岁就

① 颜体，唐代书法家颜真卿的楷书字体风格。特点是结体方正茂密，笔画横轻竖重，笔力雄强圆厚，气势庄严雄浑。
② 欧体，唐代书法家欧阳询的楷书字体风格。特点是方圆兼施，以方为主，点画劲挺，笔力凝聚。

不念书了,要为了生存啊,要吃饭啊!我现在这个铁字搞得这么好,现在又是著名书法家,但是这个学历啊,也不是必需的,你想我们从那个时候,都要靠自学。再换一句话讲,据我了解,启功先生跟我的学历都差不多。为什么他是个学术家、书法家?其实他都是自学成才。我就是一个自学成才的人,你要我一个小学都没毕业的,能干什么?在平时当中,就要自己给自己定位,就要多学习。

陶仁志在家练习书法

铁字质感坚硬,凸显风骨韵味

铁字制作是先把铁片剪出字形,再用小锤敲出凹凸,平面上的字就变成了立体的字。有十几道工序,需要的工具很简单,大小锤子、大小榔头吧。还需要有钳工,钳工不就用钳子嘛!还有铁墩子、钢板、橡皮垫和各种钢筋,为什么呀,你要把这个平面打成半圆形,打成立体的。所以,这些工具都要用上的。

首先,你要把字用一种布纸给它拓下来。拓下来以后,把它敷在镀锌薄板上，但是马口铁①不行，铸铁也不行，都是白铁（镀锌铁皮），全部手工，机器也用不上。那薄板子一般都要达到三点五毫米，它才有这个力度。你想，一点五毫米、二点五毫米的薄板，它没力度，你一做它就瘪了，那不行的。我们这个一般都是在三点五到四点五毫米厚，大字一般都到四点五毫米，它有个规矩。这当中，你根据字的大小，比如说，这个字比那个字要大，那你最起码要四毫米的。

①马口铁，又名镀锡铁，是电镀锡薄钢板的俗称，是表面镀有一层锡的铁皮，不易生锈。

字大的话，需要厚一点儿，字小需要薄一点儿，不然你打不出来它那种力度。那种马口铁哪里能做呢？比如说，你那个字的交界处，例如十字，四个拐的交界处就不行了，铁皮的厚度不够，它都瘪下去了。

这个字敷在铁板上，或者通过下料，把这个字的字形剪出来，中间这个剪子剪不到的地方，就要用錾子给錾去，这个字就这么弄好了。你要把它从平的打成半圆形的，那就要利用这个钢筋了，利

陶仁志制作铁字

用钢筋和大榔头，才能把它打成弧形、半圆形的、立体的。把这个字打出立体感时主要需要锤子。

① 笔断意连 指写毛笔字时点画之间虽然断开但笔势仍然连续。

要注意这个字做多大，要多放大一些，不然打磨时，字不就缩小了吗？在剪的时候，就要扩大一些，把余头给它让进去。

最后，字模型出来以后，需要手工处理。你看，打一个字，把它打成弧形了，这个字模型是个铁片，打卷到一块了，需要把它理开。理开后要定型。定型时，这榔头锤的这个边呢，它必定还是不齐的，那个笔法都还没出来。这就需要钳工了。钳工，这一圈圈，要把它整合了，哪个不合适，哪个要出来，哪个要进去，这就靠钳工了。哪个有续笔，哪里有笔断意连①的地方，都要弄对它。

钳工做完了，基本上那就是削平了。那字都打得窝在一块，再就要把它削平了。削平，基本上就算好了，就要焊钉子了。现在焊钉子，都是锡焊。焊接温度不能太高。但是焊时焊点就那一小点。我们最近就准备用点焊，不用过去那种传统的锡焊了。

焊钉子过后呢，就是喷漆。喷漆之后，就是上板子了。这板子上面都是眼子，把这个字栽在里面，后面是钉子，再把它翻过来，它不就扒上了吗？

像这样一幅字，大概两个人四五天就完成了。一个人的话，十天就完成了。

做铁字的话，气候是一个很大的问题。在北京啊，你就算放五十年，它都锈不了。你看我在中央军委、人民大会堂的铁字，从 1996 年到现在都没动。材料多少有点儿改进，后面的钉子，全部用铜制的，不能用铁的，铁的要生锈。但是这个镀锌薄板呢，它不会生锈的，都是经过处理的。之前那种钉子就不行了，所以现在钉子都用铜的。

从无到有,渐入佳境

到 1989 年吧,我的作品基本上能看上眼了。有一次,我做出来一副对子,正好我们合肥市的文管办、文化局,还有群艺馆,这三个单位联合到吴山检查文化市场。他们从我门口过,看到这副对子,就找吴山镇文化站的人,到我家去问我这个对子怎么弄的? 我讲,这是用铁打的。他们也感到很惊奇,立刻说:"这个好啊! 那这样,你能不能多准备一些作品,我们市文化局给你免费地在合肥群众艺术馆搞一次展览?"我想,这不是好事吗? 那时候,你叫我拿钱,我也没钱啊! 所以我就在家开始准备作品了。

展览是从 1989 年 7 月准备到第二年 7 月份,大小作品准备了几十幅。第一次就是在我们安徽省博物馆展出的,是我们合肥市文化局给安排的。

那个时候的老百姓呢,当然,看到这个都感到很新鲜,这挺好! 很好是很好啊,但是它有一定的成本啊,需要一定的时间啊! 那个时候刚刚改革开放,群众的生活水平很低。只有什么呢? 只有那些安家的、盖新房的、结婚的,到这里来搞一个,作为一个礼品送过去。要真正地拿到家,作为装饰的,经济上都不允许,所以那时候东西便宜,三四个字,就二三十块钱。

通过 1989 年的这次展览,我的作品逐渐被社会上所了解。我们省里、市里、县里,都去了很多人。就是从那个时候开始,本来我就喜欢,加上这些领导给我这些鼓励,激励我,所以一直到现在我都没有丢。但是,当时那些作品呢,讲实话,搁到现在来看,那是看不上眼的。但是,在当时感觉还挺好的。之后呢,我一直持续到现在,作品呢,也越来越完善。

人生转折,中华一绝

1994 年 10 月,文化部选拔地方的"一绝",邀请有绝活的人到北京,参加在中国美术馆举办的"中国民间艺术一绝大展",我们合肥市长丰县就选我来参加。

中国民间艺术一绝大展入选证书

展过了之后,评价也很高,我得了一个金奖。1995 年,文化部要选派一部分作品参加在美国洛杉矶举行的"中国民间艺术一绝大展",我参加了洛杉矶的展览,展出铁字书法。在洛杉矶,另外又选出一部分有代表性的,参加以中国为题材的,在美国休斯敦开幕的第 26 届国际艺术节。这个国际艺术节,也是在 1995 年,跟那个洛杉矶展览期间很接近。洛杉矶展览后,我们就去了休斯敦。

我印象当中,当时除了吴山铁字书法以外,还有几个项目:有内画,内画就是在小瓶子里面画画;有剪纸;有捏泥人;还有做石雕的。加上我这个,一共是十二项。当时我被推选为副团长。我又不会英语,文化部派了一个会英语的女孩,叫什么名字我也忘了。我跟她说,你是团长,我协助你,我当副团长。就这样,在洛杉矶搞了十来天吧,在艺术界反响也比较好。

　　从 1984 年到 1995 年,这十来年当中,起初的作品,我认为都是"绳捆索绑"。我说的是我们家那边的土话,那都不是铆钉,都是用细铁丝,两边穿洞,给捆起来的。那个时候的底板都是什么呢?都是塑料皮。之后呢,可能越来越改进,改成现在这种模样。持续二十年都不止了。但是,不管什么手艺,肯定会越来越进步,越来越完善,越来越好,不会做回去的。

天桥下做出挂在人民大会堂的《兰亭序》

　　在美术馆参加展览时,我认识了几个老乡。从美国回来之后,我就在想,这是在地方发展,老百姓都喜欢,但是光喜欢不行啊,你喜欢,你要吃饭,你卖不了,这怎么办呢?所以我一狠心,家里面我就不管了,1995 年下半年,我就到北京来发展了。到北京的时候,我就带了两百块钱,还是借人家的。

　　我就在美术馆展览时认识了几个老乡,还认识了其他一些人。我的老乡就在丰台,后来我跟他们联系,希望他们能支持帮助我在北京发展。他们帮我把房子租好。还有两个朋友,一个是部队的,专门管食堂的,正好在生活当中,他能照顾照顾我;还有一个是工商局的。他们对我的支持都挺大的。

　　在那住了一年。第二年,我就开始跟人民大会堂联系。通过一个朋友介绍,我认识了办公室李社建主任。我跟他介绍铁字,他很感兴趣。他说:"好啊,你给我们做一个!"就这样,我把这个任务接受下来了。他把我带到河北厅。河北厅不是有一个大照壁吗?照壁的背面是空白的、没东西。李主任说:"你就按照我们这个屏风上的规格做。"我想,行!我量一量,三米多高,六米多长。我就根据这个尺寸,做了一幅三米高、六米长的《兰亭序》。

　　我住的那个房子在楼上,我一打,人家住户不找我麻烦?所以说呢,我就带了一个徒弟,白天在家下料没声音。晚上,就拎着铁墩子、榔头什么的,正好是夏天,我们师徒两个在丰台一个天桥底下,把它打成这个立体的。在这个时候打,还要注意啊,不能让派出所给看见了。正好那里有个小树丛,就隐藏起来了。就算派出所来抓到了,估计他们都不相信,这作品是给人民大会堂做的。

当时,我们没钱,一天就是两个西红柿、两个鸡蛋,还是朋友从食堂给我们弄来的。就中午一个西红柿、一个鸡蛋,打一点儿汤,徒弟一碗、我一碗。晚上是同样的,他一碗,我一碗,煮一碗米饭。就这么持续了一个月,我们就在这种情况下,把人民大会堂这幅作品完成了。

人民大会堂收藏证书

做完了,得安装啊。这个大屏风,十个人也抬不动啊。当时,我们是分片,晚上搞车子拉过去的,晚上就放到那。第二天白天,才能过去安装。心里边还是忐忑不安,怕东西不好,我那一夜都没睡,不敢睡,害怕!害怕什么?害怕人家看不上,害怕作品不行。我第二天硬着头皮去了,当天正好李主任在那,说挺好!也没有过分的夸赞,然后就行了。

我打电话,把儿子也从家里叫了过来。我要装裱啊,那么大一个,我们师徒两个人搞不了。所以呢,儿子也过来了。过来我们就装,从早装到晚。第二天上午,又来裱这个四周。一晚上搭一个上午,就裱好了。裱好了,这个作品也拼凑起来站在照壁上。在装裱的时候,肯定要把它放倒、平放,装裱好一看特漂亮!第二天上午,又把边完整了一下,一看太漂亮了!所以我说,李主任,这作品搞好了,能不能晚上给安排一下,我想请朋友过来看看,还要请一些记者过来看看。他在西藏厅给我们安排了两桌,一共来了有三四十人。

我有认识的记者,也有朋友介绍的,还有搞书画的朋友。另外,还有当时我们安徽省的副省长杨纪珂,我也把他请来了,以及朋友的朋友。还有之前认识的政协秘书长田鹤年,也都让我请来了。之后我在北京发展,慢慢地做到现在。

人民大会堂收藏的《兰亭序》

低调做人,专注写字

我的作品一般都是四个字的,或者二十八个字的一首诗。重要的作品,除了人民大会堂里的《兰亭序》,还有中央军委的岳飞书写的诸葛亮的前后《出师表》①,还有一幅毛泽东的《长征》。《长征》作品大,十米长,两米宽,在北大厅;《出师表》在南大厅,也是十米,规格是一样的。第三就是中纪委,一幅在十二楼的新闻发布中心,是毛泽东的《长征》,另一幅是在会议中心的《沁园春·雪》。

作品《沁园春·雪》

我这个人是埋头干活,不问外边事。在北京那几年,只有安徽电视台专门跑来一趟,就是拍这个安徽人在北京,并拍了我在人民大会堂的这幅作品,宣传了出去。在这之前,我从来没说过,说了人家也不信。

在那个时候,生活没什么改变,都是艰苦生活,肚子吃饱就行了。之后,我在北京一边做这个铁字,一边练书法。书法呢,你不练到一定程度,你就不能在外边去瞎摆弄。所以现在我的书法在北京也得到了很多人和组织的认可。但是,我自己有一个定位:一、不参加任何组织;二、也不去大学做讲座,我口才不行,都谢绝了。

在前十几年中,要不断地努力。所以在"非典"②期间,我顺其自然走上了这条路。但是,前十几年功力都要加上。之前,我主要是以写大字为主;"非典"期间那一个多月,也不敢出来,一天到晚就在

① 岳飞所书诸葛亮前后《出师表》,行草书,只有刻石,未见墨迹。
② 非典,又称传染性非典型肺炎,为一种由冠状病毒引起的急性呼吸道传染病;世界卫生组织将其命名为严重急性呼吸综合征(SARS)。

屋子里面。那时候，大字写多了没地方放。所以说，在那时候就开始练小字，什么《兰亭序》啊，抄经啊，我把这些字都练出来了。我现在小的到方寸，大的呢到四尺一张纸的字都能写。

我在北京，到现在都二十一年了。现在在书坛上，我虽说什么活动也不参加，但了解的人也是很多的，还得继续努力呗。前一阵子启功先生还给了我一些点评，我在几个出版社都出版过书籍。

所以我这个铁字，包括人民大会堂的、中央军委的，那些首长没有不翘大拇指的。许多首长都多次观赏《兰亭序》，李主任给我打电话，今天某某首长又看到了，翘了几次大拇指。这个铁字在北京的影响还是可以的。

陶仁志（前左一）2015年在国家典籍博物馆参加『我们的文字』展览时和国家图书馆韩永进（前左二）馆长、李虹霖（前左三）副馆长合影

不只是匠心，更要有韵味

"吴山铁字书法"这个项目，当时申报非遗项目，是合肥市文化局，他们到吴山来要申报。那不就找到了我了吗？我说，那你们就申报吧。就这样，他们从镇上一直往县里，从县里往市里，从市里往省

里,一级一级报上去的。

这个东西它跟书法不一样。书法属于功夫活,而这个东西属于眼睛活,也属于这个手工艺活,那就看这个人能不能耐得住。到了1987年吧,我就让李奎跟着我了,我们一直到现在,共同研究和制作,我大徒弟能继承这门手艺。另外,我家两个儿子呢,他们虽说不搞这个东西了,但是也了如指掌。他们就是背着我,照样能搞,可能比我做得还好。

这个做铁字呀,像我们搞书法一样,要具备四个条件:第一,要有一点儿天分;第二,最起码要有悟性,没有悟性,什么东西都弄不成;第三,要耐得住寂寞;第四,要勤快,懒汉子肯定不行。最起码这四点,一定必须具备。

陶仁志在教徒

我是自学成才,但是各位老师的作品,我也见过。搞书法,你要有悟性。就算拜老师,老师也不能掰着你的手去代写,他不能代表你去写。你就拜个老师,只是一个名分。我到哪儿都自学。在书法这条路子上,我一直喜欢。所以,从改革开放的时候,我才真正地领悟了书法,才练习书法。因为有了基础,临起来,柳体也好,颜体也好,才是得心应手的。

　　写书法,你自然就能产生它的修养,没这个修养,就写不了这个书法。所以说呢,我是靠自学,但是那些课本不就是你的老师吗?它那个文字注解,不就在给你讲课吗?只不过一个是无声的,一个是有声的。老师呢,就是当面给你讲,它是有声的;但是书上讲的,不也是一样的吗?

　　我平常看的书,都是关于书画方面的,其他的书呢,我看得很少。因为什么呢?我小学还没毕业嘛,所以现在到这一步,我很满足的。

　　我觉得一个人要成功,需要坚持。除了坚持以外,就是奋斗。我自己定位,顺其自然。我做这些事情,都是顺其自然过来的。现在的人呢,都比较给面子。你人在的时候,没人讲你的不好。你人要不在,才能听到真话。我也不求人,我也不去推荐自己,这个作品呢,得让社会上的人去看。社会上的人说你的作品好,他们就会给你去宣传。

　　书法的最高境界,应该是什么样的,你必须要把它的神韵做出来。这就是境界。既然叫铁字书法,你把它的韵啊、味啊都做没了,那叫铁字?它不是一种工匠手艺、一种技艺,而是艺术,艺术是有品位的、有神韵的。

陶仁志向国家图书馆捐赠铁字作品《长征》

『龙凤呈祥』福字彩绘及雕版

"龙凤呈祥"福字彩绘及雕版拓印作品，主要用于民间厅堂张贴，表示吉祥、喜庆、圆满之意。龙和凤是中国传统文化里祥瑞的象征，以龙凤纹样组合成"福"字，字形饱满圆润。当地有"升米造福字"的传统，每逢春节，请来"福字先生"，打一升米，米上点三炷香，静默祈祷，待香燃净，吹去米上的香灰，把米倒在红纸上，用筷子在米上画写"福"，再以墨水勾边，把米收回升筒里，用毛笔把"福"填满颜色，就完成了。

　　2008年，"龙凤呈祥"福字彩绘及雕版入选第二批江西省非物质文化遗产代表性项目名录。

毛诚衍

江西省代表性传承人

毛诚衍（1941—　　），男，江西省靖安县人，江西省非物质文化遗产代表性项目『龙凤呈祥』福字彩绘及雕版代表性传承人，民间手工艺人。毛诚衍1957年小学毕业后，在家务农至今，；继承靖安民间福字彩绘传统，汲取民俗文化中多种审美元素，创作出多幅『龙凤呈祥』福字彩绘及雕版作品。

采 访手记

采访时间:2015 年 1 月 2 日
采访地点:国家图书馆
受 访 人:毛诚衍
采 访 人:全根先

受访人毛诚衍(右一)与采访人全根先

　　在国家典籍博物馆宽敞明亮的展厅里,我找到了静静地坐在展台旁拓印作品的江西省非物质文化遗产代表性项目"龙凤呈祥"福字彩绘及雕版代表性传承人毛诚衍先生。与毛先生的交谈比预想的要顺畅得多,而他超乎常人的谦虚态度则给我留下了深刻印象,我甚至能感受到他身上所散发的来自心灵深处的谦和与宁静。然而,经验告诉我,不能忽视任何在你面前一闪而过的谦谦君子。果不其然,只有小学文化、一辈子以务农为生的毛先生,在我对他的访谈中,向我展示了他貌似平凡而又充满热情的多彩人生。不久前,我们又收到他从家乡寄来的作品、照片及信件,使我无限感慨,赋小诗一首以记之:"春到北国花正艳,福自南来情无限。年逾古稀志不坠,业无尊卑毋须谦。"

毛诚衍口述史

韩尉 整理

回家就种田,一直到现在

我叫毛诚衍,汉族,是 1941 年生的,今年
(2015)已七十四个年头①。我是江西省靖安县
罗湾乡石境村人。靖安县在赣西北,到南昌走
国道是三十八千米,很近。我们石境村到靖安
县城还有一百零六里路,坐班车大约一个半小时。

我们那里的人,大多以务农为生,主要种些稻谷、豆子、红薯、
高粱一类的,家家都是自己种蔬菜,有苋菜啊、芹菜啊、球菜啊等。
我们靖安主要是产椪柑,还有猕猴桃、桃子、橘子。他们下面②的田
一年栽两季的,我们上面就是一年栽一季的。

我是客家人,我们家祖上是从广东迁过来的,老家是广东兴宁
县白沙洲。我出生在一个很贫苦的家庭,我父亲他们那辈人没有
田、没有山,就是租地主的田地耕作。1949 年之后分田地,我们家分

① 方言,指七十四岁。
② 受访人家乡所在的江西省靖
安县地处丘陵地带,此处『下面』指
山下,即地势相对较低的区域。『上
面』指山上,即地势较高的区域。

①璟都马坊，
指江西省靖安县
璟都镇马坊村。

到了四亩地,分到了半头牛。怎么叫半头牛呢?
就是一头牛两家用。后来,搞互助组,走集体
化道路,地啊、牛啊,就归集体所有了,我们都
到集体那里搞生产。

毛诚衍的母(摄于1997年)

我父亲是农民, 但他有
两门好技术, 一门是编斗笠,
还有一门是做牛医, 他给牛
治病好厉害的。老牛倒了栏
的, 不能起来的, 他能治好。
母牛治好是小事, 还可以让
它生一胎。我听母亲说, 父亲
有一门神功, 可以控制母牛
生公生母。他是三十七岁得
病去世的, 那时候是 1950
年,我刚好是十个年头。我还
有个叔叔, 是我父亲最小的
一个弟弟。我父亲去世以后,
他就当解放军去了。那时候
我家里租了人家一些田,叔
叔参军以后,没有办法生活,
就招了一个继父。这个继父
是璟都马坊①人。我当时也住在璟都马坊,因
为我父亲兄弟多,1949 年之前怕国民党抓去
当兵,就躲到马坊我的外公家那里去住。我外
公是当地的名医,我母亲的医术也很高明,她
很聪明,有文化,曾读过两年半私塾。她可以
治百病,最专长的是妇科跟儿科。虽然外公和
母亲都是医生,但我没有学医。我读过五年小
学,1952 年进校读二年级,到 1957 年,六年级
毕业回家,回家就种田,一直到现在。

我三十岁的时候结婚,我老婆也是璪都马坊的,姓黄,也是客家人。当时她十九岁。我们有三个孩子,两个女孩,一个男孩。现在我的两个女儿都嫁了,都有两个孩子,我儿子也结了婚,有一个孙子、一个孙女。

过年了要请老先生写福字

福字在我们那边是有传统的,但福字上的"龙凤呈祥"以前没有。清朝的时候,在离我们石境村十五里的双溪洞①,有一个秀才,他写了一个福字。那个字我见过,他们有模仿的,有些模仿走了形。我曾经照着那个福字,又画了一个八裁纸②那么大的,好像家里还留着有,我不记得放在哪儿了。那个字左边是一个"羊头",上边有两个"羊角",也不是很规范,这样斜斜的、长长的。

我小时候,农会去地主家里没收东西,我跟他们去玩,我看到那个财主家的厅里正墙上,就挂了一幅好大好长的福字。当时我还对福字没有什么概念,后来我家里过年了要请老先生写福字。写福字呢,他们是这样写的,把红纸铺在桌子上,在红纸上倒一升米,用筷子去刮,刮成一个福字。刮成了以后,就用小毛笔,沿着这个米的边缘扦一下,扦好了就把米倒出来,然后用大毛笔往中间填墨,把空白的地方填起来。写的时候,我就在旁边,看得很清楚。我这样想,这样写福字好麻烦的,一天能写几个? 当时写福字的需求很多,老先生一个人写不过来,他年纪大了,后来就没有人写了。

接着就是"文革",人们家里就挂毛主席像,不挂福字。到"文革"快结束的时候,一般人家不能挂大的毛主席像,要挂小的,挂小的东家又不愿意,他觉得毛主席是一个伟人,怎么能挂个小

① 双溪洞,指江西省靖安县罗湾乡双溪洞村。
② 八裁纸,指八开大小的纸。

像。当时又没有什么年画，干脆就叫人写福字。写福字已经没有了老先生，我那时候在小学也代过课，做过任课老师，他们就叫我写。别的谁都不写，有文化的他也不敢写，因为他们写惯了小字，没有写过大字。我就试着写，写不好，但是也能够写得大，他们也高兴。

我只是爱好

我从小就很喜欢搞雕刻，也喜欢画画，就是没有师傅教，写不好，画不好，走了很多弯路。我都是自己练，自己搞的。我在小学上过美术课，老师随便教了一下子，学了一点儿，稍微启蒙了一下子。我在学校读书的时候，课本成绩好，但是我的字很难看，回来以后呢，因为要练画画，字也要练一下子吧，我就自己练。后来乡村里面的小学请不到老师，就叫我去代课，代课要给小学生写模本的，那我就慢慢地来写，慢慢地练。我练字没有专门练谁的字体，就是喜欢仿人家的字体，因为我也没有字帖，看到有什么不同的字体，好看的，我都去模仿，我一般模仿人家的字体还是有些把握的。比如毛主席的书法，他的笔画，我也模仿过，但是很慢，要慢慢地写，写快了就会走形。

画画是从小学上美术课开始，我就对它很感兴趣。我经常画，当时我家很穷，买纸的钱都没有，我是在地上用树枝去画，冬天在晒场里、在雪地上画，下着雪，一画完就被雪盖住了。那时候，也不是每天都能练画画，因为我的继父是很严的，每天晚上要我做四个斗笠，基本上就是十一点半才能做完。我那时候就等他睡着了，打起了呼噜，我这才偷偷地，摸个灯盏，拐一个弯，走到厅堂里面去画画，或者是写东西，或者是看书，一直到天亮。白天如果是下雪天，我继父出去了，下着雪又不能下地做事，我就在家做斗笠，这个时候我就可以抽一点儿时间，在地上练习画画。

雕刻我也没有学,我只是爱好,我觉得这是一种高档的艺术。从学校回来,我就一直搞雕刻,我见什么雕什么。我雕了很多样的花,还把那个柱子做成各种各样的花瓶形状,碗、福纹、杂纹我都做了好多,神像我也雕了不少。后来,我雕这个画版,都很在行的。当时跟我继父一起生活的时候,我把自己雕的东西藏起来。我家附近有一个好深的坑,有两三丈深,没有水。那坑里面有一个洞,1949年之前有土匪抢东西,我们就把粮食啊、衣服啊,藏在那个洞里。那时候,我就把自己雕的东西藏在那里,过了好长时间,我去看,全部都生了白霉。

这个福字后来到省里面展出了

一开始,我写的福字也是没有龙凤的。我小时候见过各种各样的福字,有那个老先生写的,我们走亲戚,在别的地方我也看到过,形状不同,但是像现在这种"龙凤呈祥"的是没有的。有一次在那种有两个天井的四合院,在两边的屏风上,我看到过龙凤,和一个福字连在一起。我带了笔记本、钢笔,我就把它画下来。画下来以后,我再加以修改、变更,把它这个福字做个参考。

1983年阴历七月份,我在靖安县参加了一次美术班。美术班老师不讲怎么画,就是叫我们去那里创作画,做农民画,题材也是自己选,一去就要二十天。那时候天气也热,我家里也要种田,还有很多田里的事要照顾,我就跟县美术馆的老师提出要求,我说二十天我去不了,我家里种了田,要看田,还要撒种,我说我在家里搞可以吗?他说,那好,那你就在家里搞吧。就这样,他们就去了县里,我在家里。

我在家里画了十天,把那个福字作品拿到县城。省里面的老师来了,看了之后,他说这个福字还可以,就是没有时代感。因为我画的福字,是一条龙、一只凤摆成的,另外没有什么笔画。那个福字也很小，也就是一个斗方①，边上那个底是画的红梅。老师提出意见，我就改动了，那个底我就改成中华各民族，拥抱着一个福字。这个福字后来到省里面展出了。

我们县的文化馆每年都搞作品展。20世纪90年代以前，年年搞活动都通知我，我拿了作品去的，从来没有缺席过，有时候是画，有时候是手工雕的工艺，还有一次是做了一个大盆景。后来提供的作品就不是福字了。

那时候，石境村文化站也搞得很好，轰轰烈烈，还请了宜春市的一些老师去讲课。有个老师就跟文化站长提出一个问题，说你们这里这么多业余作者，有没有搞艺术的？那个文化站长说，有啊！那个老师就说，那就搞一些艺术，光是这样的创作，没有艺术，也很单调。其实我觉得，他是没有说出来，他不说我的水平低，就讲有搞艺术的东西拿出来。我是可以理解的，这些业余作者当中，我的水平是最低的，我只读了五年小学，他们都比我读书多。但是，我也不自卑，我自己学、自己练，除了画画、雕刻，也写了很多诗歌作品。平时我还爱读书。我做事收工的时候，看到人家有一本书，我就想借来，人家不借，他说我还没有看完呢！我说，你没有看完，明天我拿来还你咯！我就今天晚上看一夜。他说，那可以。我就一直看到下半夜，可以看这么厚，一百多页吧。

后来，来找我写福字的人越来越多了。我没有书法功底，写起来也没有把握，又写得慢，一天写不了几个，我就想到雕版，刻一个。刻版印福字，效率就高了，我一天可以印出上百个。

我雕福字版子，也是从1983年冬天开始的。当时县文化馆跟我说，叫我制一块福字版，要为文化馆印一千多张。他们讲得很明白，因为县里头要开军功烈属模范代表大会，要到大会上，发给人家做纪念。我还帮他们刻了一个章，印在那个福字上的。我一个人包起草，包雕成版，包印好，包送去，都包了，印了一千零五十张。各

① 斗方，中国书画装裱样式之一，指一尺或二尺见方的书画幅页。

个地方都有人来开会，每个人发了一张。这次雕版印福字，县里还给我了不少的报酬。

1983年为县军功烈属模范代表大会制作的福字雕版

我做雕刻都是在农闲的时候，家里人也不管我，既不反对，也不支持。做这些雕刻的东西，都是靠我自己的兴趣，没有人让我做，做好了也不会拿去卖，不能带来收入。以前，我们罗湾有个老师，他画也画得很好，在自家住的房子里，把自己的画都挂出来，叫"书画院"。他那个画，也没有拿来卖。我喜欢做的事，哪怕亏本都要做；我不喜欢做的事，给我高工资，我也不做。我印福字也不是为了赚钱，我印的福字就是一块钱一张。我复制有损耗，还要人工，我为什么卖这么便宜？乡亲们都

毛诚衍在为会议代表印福字

是困难的，种田的人都是没有钱的，我何必去赚人家钱，我自己困难，我知道人家也困难。

我印的福字，曾经送给过一个在中国台湾的家乡人。他叫李云太，是双溪人，年轻的时候在我们石境村有个恋人，我也是很熟悉的，住得离我家不远。我那时候经常到他家里去，后来国民党抓丁把他抓去了，1949年就去了台

送给台湾同胞的"龙凤呈祥"福字

湾。20世纪90年代初,他回来了,我跟他见了面。我看到他写了一幅书法,送到他当年那个恋人家里,那书法很好。我就说,你这么好的书法,能不能写两个字送给我?当时我的字不好,我说我不是去卖,我是收藏,作为家乡人,留作永久的纪念。他在台湾,那么遥远,我看到他的字,就像看到他在我身边一样。他很高兴,回去真的写了,还裱了。他对我很关心,知道我喜欢集邮,每次来都给我买邮票,前后买了几十套中国台湾的邮票送给我。后来我就给他刻了几个章子,送给他。我送给他的那个福字就是"龙凤呈祥",后来我自己留下了一张照片。

我一共雕过五块版

做这个"龙凤呈祥"福字,我要先制一块版。制版的时候,首先我把福字的底稿描好,然后挂在一个不高不矮的地方,从好远的地方去看,才能看出问题来,在面前看不出来,看到哪有问题再修改。字体定型以后,再在字体当中设计图案,怎么摆好看就怎么摆。底稿描好之后,就覆在木板上,去刻。木板有八分①厚,也就是两厘米多一点点。我用过两种板,一种是木子树②。木子树坚硬度很好,要防晒、除湿,不容易裂。刨子刨的树皮,我们一定要两只手揪着用力去拉,手拉得动。还有一种树,我们叫白果树③。木板我是从山上砍的树,再到开板厂自己做的。我会做木工。

雕刻一般用木刻刀。木刻刀都用比较小的,因为它有精细的地方。大凿子很少用,有时候也用。另外,还有好多种雕木头的刀、九十度的角锉,还有起槽子的用斜锉、平锉,大小不一,有几十把。还要有清底的锉子,比如雕出来花纹以后,这底下凹凸不平,要把它铲平,这叫清底。

我雕一块版,一般需要十天。吃了早饭就开始,雕到黄昏时候,就不雕了。遇到阴天下雨,光线不好,我就雕那个粗的,那个细的就等天晴了再雕。

我一共雕过五块版,这些版用到一定的时候,它就老化了。每块版能用多久,要看用多少次,用得多,就磨损得快,因为它毕竟是硬的。磨损出坑洼的地方,我就用蜡补上。印出来不全的,我就用墨把那块接起来。现在我用的这块福字版也不好印了,印不好我也干脆就没有印,因为印一个福字要花好

① 分,指市分。"10 分为 1 寸。1 分 = 0.3333 厘米。
② 木子树,大戟科乌桕属落叶乔木,为中国特有的经济树种,已有一千四百多年的栽培历史。
③ 白果树,指银杏,为银杏科银杏属落叶乔木。

福字雕版

多时间用墨去填,有的甚至填都没有用,印不好就浪费了。版用得时间长了,也会发霉。因为印福字,一干一湿、一干一湿,就很容易霉。总是湿的浸着也不霉,总是干的也不霉。如果把版放在地上,受到地上的潮气,它也容易霉,因此要悬空。

印福字

① 万发逢(1949——)2008 年第二批江西省非物质文化遗产代表性项目「龙凤呈祥」福字彩绘及雕版代表性传承人。

要把福字这项技艺传下去

"龙凤呈祥"福字彩绘及雕版这个项目是靖安县文化局申报上去的。2008 年的时候,他们通知我把福字版拿到县城去展示,在那里还印了几张。当时我这个福字的版,他们留在文化局了。后来,我家里也没有那个福字了,我就想再印。今年我就从文化局借回来这块版,印了五十个,带来这里,跟他们各个地方的人交流。我们罗湾还有个万发逢①,他是做彩绘的。万发逢是一个农民,六十岁左右,也是行医的,他懂中医,他的书法很好,人也很善良。

要把福字这项技艺传下去,这个传承人是很难选的,没有一点儿爱好的不行,要有一点儿绘画基础,会一点儿雕刻工艺的,还要爱好书法,主要是这三点。我的儿女都没有学这项技艺。我儿子小学都没有读完,我两个女儿也就是刚刚读完小学。我当时很苦很苦,欠了很多债,供不起他们上学。以前真是很担心,怕找不到传承人。但是现在我已经不担心了。在我们罗湾乡就有一个人,今年四十九岁,叫刘道龙,他美术还可以,画人像画

2008 年靖安县文化局保存的福字雕版

2015 年 1 月,毛诚衍在国家图书馆"我们的文字——非物质文化遗产中的文字传承"展览现场演示福字印制

得很像,他也会雕刻,人很聪明,很善良。他以前也是种田的,父亲是个老先生,已经不在了。他受他父亲的影响,文化修养蛮高的。另外,他是我们县诗词协会的会长。他跟我提出,要做我的传承人,以后我刻版呢,打电话找他,他要来学。

　　我原来从没有想过这东西有这么重要,我心里就是想,这个福字是一种吉祥的象征,象征着国家兴隆昌盛,民族兴旺发达,这是一个民族的一种信念。我想以后我还要再进步,在这个福字上再加一些工艺,同时我还想多走些地方,能够多发现一些不同题材的福字。因为我现在感受到了中华民族的这种文化传承,确实是很深奥,也很光彩,我也想能够把它发扬光大,为我们中华民族、为我们国家能够增添一些这样的资料。这次参加展出,对我有很大激发、很大鼓励。以前我走了很多弯路,以后我要全心投入,尽量多创作出一些作品,贡献给国家。

汉字印刷字体书写技艺

汉字印刷字体源远流长，常用的有宋、黑、楷、仿宋四种字体。上海印刷技术研究所1960年有计划地对这四种字体进行了推陈出新。"汉字印刷字体书写技艺"项目的保护主要基于手工书写的宋、黑、楷、仿宋四种字体原稿，共计八万余字。这些手稿符合时代需要、字形规范统一、融入艺术创意，而且书写时间较早，涉及字数多而全，使用至今，保存完好，是上海汉字印刷字体第一代传人书写技艺创新的成果，是一份历久弥新的民族文化遗产。

2009年，上海印刷技术研究所申报的"汉字印刷字体书写技艺"项目入选第二批上海市非物质文化遗产代表性项目名录。

徐学成

上海市代表性传承人

徐学成（1928—　），男，生于江苏省武进县（今常州市武进区），上海市非物质文化遗产项目汉字印刷字体书写技艺代表性传承人。1954年毕业于华东艺专美术系，1960年调上海印刷字体研究所字体研究室专门从事字体设计工作。

他在从事字体设计工作三十多年中，长期从事汉字印刷字体的创写与应用，既继承了汉字书写技艺的丰厚文化底蕴，又创造性地丰富了汉字印刷字体书写技艺新的内涵，主持设计的二十余种字体广泛应用于全国各地的报纸、书籍、杂志，特别是其主持设计的『信息交换用字』，获国家科学技术进步奖二等奖。

采 访手记

采访时间:2014 年 11 月 6 日
采访地点:上海市宝山区新沪路
受 访 人:徐学成
采 访 人:田艳军

徐学成先生接受国家图书馆中国记忆项目中心的口述史采访

　　这次来上海采访徐学成先生,心情颇为复杂。

　　读书、看报、上网……可以说,每时每刻我们都离不开汉字。面对着黑体、宋体、楷体等众多的字体,我们只是将它视为获取信息的符号,很少从审美的角度仔细品味这些字体的结构特征和点画形态,更不了解这些字体在形成过程中那些复杂的历史、文化背景。

　　冒着雨,我们来到了位于新沪路的徐学成先生的家。摁下门铃,门慢慢地打开,徐老站在门口,微笑着和我们握手、打招呼,一口浓重的常州口音。为了做好这次采访,我们还特意请了一位能听懂常州话的朋友做翻译。

　　徐学成是 1949 年后的第一代字体设计师。如今、这位八十五岁高龄的老人眼睛明亮、面色红润、精神饱满。坐在沙发上,老人操着浓重的常州口音,缓缓地向我们叙述着"宋一体""宋二体""黑一体""黑二体"和《毛泽东选集》……讲述着那些鲜为人知的历史,也把汉字字体之美展现在了我们面前。

徐学成口述史

谢忠军 整理

我的求学之路

我叫徐学成,是江苏省武进县人,1928 年 11 月 13 日出生。我实际上是苦出身,父母亲是种田的,兄弟姐妹也比较多,有七个,我是老三。我父母在做人方面是很好的,特别是我娘,虽然不识字,但是一些做人的道理,她都给我说,第一点就是要学好,要做一个好小孩,不能被人家说这个小孩多么坏,长大以后无论做什么都要认真负责,对人要诚恳。家里种田养活七个小孩已经很不容易了,我娘虽然不识字,但是她懂得一些经验,为子女着想,要有一点儿文化知识,所以我的哥哥是读书的,我也读书,但读的是私塾。私塾在农忙的时候就放假了,不像现在有寒假、暑假,而是根据农事,空闲的时候读书,农忙的时候放假,因为我要帮助父亲种田。我在读书的时候,写的字还可以,当时吃过中饭,写毛笔字,大楷、小楷是必修课。但是上私塾有缺陷,就是英文、数学方面不行,几何之类的

403

也没学。

我在十多岁的时候就帮助父亲收麦、割稻,农业上的事都会做的。我哥哥读了书之后,对我这个弟弟尽量照顾,觉得始终靠种田不行。1947年国民党拉壮丁,有一个规定,高中毕业的可以免征,哥哥就为我代考取得了高中毕业"甄审"合格证书。1948年哥哥又为我代考了一个童子军训练班,结业后可任中学老师。当时我哥哥在江苏省教育学院读书,是免费的,以他的学识,为我代考,是轻而易举的,成绩很好,当场就录取了。我入学后,还叫我做班长,但是我的实际能力与学识难以胜任,后来让我做副班长。

童子军训练班里也有很多课程,开始时我是跟不上的,后来跟上去了,因为我是很刻苦的。那时正是1948年淮海战役的时候,到第二年中华人民共和国就成立了。因为我有这样一个童子军训练班的经历,就到一个小学里面做老师了。1949年4月无锡开办了一个苏南公学,我也去了,主要是学习《新民主主义论》《论人民民主专政》等进步思想和一些革命的道理。据说是为培训准备接收大西南的干部,时间一两个月。

但是我没到大西南去,而是在当地的乡政府里工作,做文书。后来乡政府要精减人员,我又做小学教师。后来要我当校长,但是我自己心中明白,很难胜任。教六年级的书,教起来有困难了。想再深造,就萌发了再去读书的想法。

再去读什么书呢?去读大学根本不可能,数理化不会,英文不懂,也是我哥哥根据我的实际情况,叫我报考苏州美专,苏州美专不考英文,也不考数学,主要是能够画,考文艺理论方面的东西,我一考就考进了。苏州美专是五年制,初中毕业考进去读五年。我是以高中毕业的文凭去考的,只要读三年。因此我就辞职了,没有经济来源,有我爱人支持,她在上海永安二厂做纺织工人,经济条件尚可。一年后,1952年,院系调整了,苏州美专、上海美专、山东大学艺术系三个学校合并成华东艺术专科学校,完全是免费的,有两个系,一个是美术系,一个是音乐系,我读的是美术系。我在读书时,也是很刻苦用功的,同样从苏州美专去的人,有一半留级了。我 1954 年毕业,是全国分配的,因为我爱人在上海吴淞,领导照顾我,就分配在上海人民出版社做书籍装帧设计工作。

字体研究室的起源

20 世纪 60 年代之前,我国使用的活字印刷字体基本上是由刻字人员徒手刻制成的。主要是楷体、仿宋体、少量的黑体和从日本引进的两种宋体字,有时与临时配刻的很不协调的简化字混合使用,显得字形杂乱、陈旧,严重影响印刷字体的版面效果。1959 年,我们国家参加德国莱比锡图书展览会,在印刷画册及书籍装帧方面都得了很多奖,但是字体方面都不及人家,像日本及欧洲这些国家的版面很漂亮,看起来很清爽,而我们的字高高低低,版面看起来不太清晰,在字体方面是最后一名。我国印刷字体的改革刻不容缓。

在这种情况下,我国印刷出版界的老前辈、时任文化部副部长胡愈之先生,就决定在上海建立一个字体研究室。当时是 1960 年,是我们国家最困难的时期,要建立这样一个字体研究室是很困难的,但是当时中央对字体方面很重视,胡愈之先生授意时任上海出版局副局长汤季宏先生在上海建立字体研究室,附设在上海印刷技术研究所内。

新建立字体研究室,首先要找人。汤季宏先生立马行动,在系统中挑选了写正楷有造诣、写美术字有创意、刻字有经验的三方面人员组成字体设计班子。第一个是要刻字方面的,因为当时的印刷字体,都是刻字人员刻出来的,刻字人员对印刷字体比较熟悉。第二个是要书法方面的,不是找写行书好的人,而是要找写得比较工整的,也就是楷体字写得好的。第三个是要写美术字比较好的人,当时我怎么会被招去的呢?因为我在上海人民出版社的时候,搞书籍装帧,每一本书上的封底都有设计人员的名,他们到新华书店,一本一本去看封面上的字,比较哪个更好,看到好的几本书,都是上海人民出版社的,也就看到了我的名字。这个时候大家根本不认识,他们就出个调令,到上海人民出版社来调我过去。当时我对印刷活字这方面还是不懂的,只是美术字写得还可以,当时上海人民出版社的人事科科长找我谈话了,说现在我们国家要成立一个字体研究室,也不说清楚具体干什么的,总归是一个研究单位,他们要调你过去,希望你能发挥作用,同时希望你去了之后,不要丢了我们上海人民出版社的名誉,好好工作,干出成绩来。

当时是 1960 年,作为年轻人,要听党的话,党叫你做什么事情,你就要做什么事情。尽管我对印刷字体不熟悉,本身是学绘画的,在上海人民出版社搞书籍装帧比较适合,尽管不很乐意,但要服从党的领导和组织上的安排,我就去了。之后不久,字体研究室还调进了上海科技出版社任书籍装帧设计的钱震之、施渭峰,上海人民美术出版社的谢培元,新华书店搞宣传的周今才等,这些人都是当时字体设计人员中的骨干。当时所长朱文尧极为重视对年轻人的培养,从 1961 年上海出版学校即将毕业的学生中挑选有美术字基础和有书法功底的年轻人陈永海、陈其瑞、徐柏康、陈初伏等来字体研究室,分别培养外文设计和宋体、黑体、楷体和仿宋体的设计,之后他们成为印刷活字设计的第二代骨干。

当时找这三方面的人,也不可能找得很多,基本上是有代表性的。刻字方面的叫钱惠明,是无锡人,比我小一岁,当时他刻字就很有名了,已经是八级技工了。还有他的师傅邹根培,年纪比较大了。还有也是八级技工的沈景成、唐荣良。他们这几个人在刻字方面是最高水平,很不容易,但他们学历并不高,钱惠明大概是初中毕业的,基本上是师傅带徒弟,下苦功把设计经验积累起来的。

书法方面,楷体写得比较好的主要是杨亦农,很有名望,钞票上的"中央银行"四个字就是他写的。在"反右派"运动的时候,他这个人说起话来比较直爽,说了一些话,就戴了一个"右派"的帽子,尽管他字写得很好,但不太受重用,只能叫他写写字,职称什么的基本上没有。还有一个叫王乃承,他是专门写教科书上很多补缺字的,当时推广简化字,他在上海教育出版社,把繁体字改成简化字了。书法方面,开始时是他们两个,后来还有张家声、华宗慈和曹复晋,但主要是杨亦农和王乃承。

字体研究室设计的字体

组建字体研究室时,正值 1960 年我国国民经济最困难的时期,虽说字体研究室设在上海印刷技术研究所内,但是当时上海印刷技术研究所都没有办公地点。汤季宏副局长只得将局系统中物色的刻字、书法、美术字人员暂时安置在"上海印刷工业公司实验室"内。立足点是有了,但是连起码的写字台都没有,先是在吃饭的长桌上,文房四宝、写字用品都没有地方安放,就把破旧的私人写字台,用锯子一分为四,加工成四张单面有抽屉的写字台,条件之艰苦难以言表。后来汤季宏先生也于心不安,就想方设法在绍兴路出版局大楼调度出一个楼面,让我们安逸地、舒适地进行字体设计的实践与研究工作。

当时,胡愈之先生对印刷字体非常关心,他与汤季宏先生,以及我们研究所的所长共同商量,确定了字体设计方针,叫"整旧创新并举"。这个方针是非常英明的,因为我们这些人不太懂活字设计,太复杂,通过整旧,可以了解一点儿印刷字体的基本要求。

除了北京新华字模厂,还有上海公私合营的字模一厂、字模二厂,都有各自的拳头产品,"华丰"仿宋体是字模一厂做的,华文楷体是字模二厂的。但是北京新华字模厂、上海字模一厂、上海字模二厂,都不是正式的字体设计部门,他们基本上是从原有的铅字基础上修修改改。正式建立字体研究室,上海印刷研究所是第一家。

印刷研究所成立之前,国内没有专门的字体研究机构,当时文化出版界的老领导和报社等使用单位,对印刷字体的现状极为不满。为什么呢?因为报纸上的字体非常单一,非常贫乏,只有几种字体。为了丰富和美化报刊版面,首先,人民日报社从甘肃日报社请来牟紫东先生,根据标题用字需要,在统一大小的字格中写微长形和微扁形的宋体美术字,制成锌版,在报纸上使用,受到了读者的欢迎和赞扬,并被人民日报社命名为"牟体"。上海的解放日报社也紧跟而上,由姚子良先生刻成长方形的美术字作标题使用(该字体后称"小姚体"),同样受到读者的好评。与此同时,原北京新华字模制造所扩建成北京新华字模厂,原来为雕刻机制字进行补缺、整修字稿的技术人员,逐步转向"整旧创新"的字体设计工作,牟紫东先生与北京新华字模厂合作,将原来的"长牟体"和"扁牟体"整理加工,设计成印刷字体,在此后一个时期得到广泛应用。

1949年后,随着国民经济的发展,人们对文化生活的需要日益高涨,各类印刷出版物的增多,新添字模数量猛增,形成了字模铅字供不应求的局面。1956年至1958年间,先后从日本引进了本顿雕刻机,供北京、上海两地使用,两地的机刻车间还配备部分技术人员配合雕刻机制字的需要,在原有字体的基础上调整和补缺。制模刻字大幅提高了,一副字模,雕刻机还能刻成多种大小不同的字号,但要完善和补充新的字体,又缺乏供刻模的母体——字稿,这也是我国建立字体研究室创写新字体的因素之一。

整旧创新,设计了规范化的印刷字体

以往使用的宋体、黑体、楷体、仿宋体四种铅字字体,是由刻字师傅徒手刻成的,笔形字形互不统一,一字多形,异体字并用。为此在 20 世纪 60 年代初,结合简体字的推广使用,字体研究室整旧创新,先后设计了下列字体:

宋一体,是专为《辞海》修订本设计的,是以人民日报社从日本引进的"秀英体"为蓝本。秀英体是日本最优秀的字体,他们有数十年字体设计的经验,可供我们学习借鉴;秀英体笔画纤细,符合《辞海》正文字的要求,便于配以协调一致的简体字。宋一体是上海印刷研究所首先设计的宋体字,所以取名"宋一"。

宋一体

宋二体,设计时没什么蓝本,是宋体组人员经过多次写字样综合而成的,该字体虽传承了横轻直垂、有棱有角的装饰,但在笔画的形态上富有创意,加入了古代刻本的刀刻味儿,挺拔遒劲,自然流畅,一改沿袭百余年的宋体旧貌。宋二体有两种粗细,原先设计的时候,是为各类书籍排印正文字的。1964 年完成六千一百九十七个常用字,当时新出版的《毛泽东选集》直排本的字体,是北京新华字模厂于 1961 年在从日本引进的"筑地体"铅字为基础,完全保留了老笔形和繁体字,与我国正在全面推广应用的简体字和横排本相悖,为此,我们所的领导就将完成的宋二体字稿送有关领导审阅,试探可否用于《毛泽东选集》直排本。可喜的是,上级领导认为新设计的宋二体新颖美观,可广泛应用于各类书籍的印制,但印制《毛泽东选集》似欠端庄稳重,建议在原字稿的基础上加粗。

《毛泽东选集》横排本字模掠影

上面肯定我们的宋二体,我们心里高兴,那么怎么办呢? 就在宋二体的基础上面加粗。我们大家想,怎么样使它更加粗壮一点儿? 就把竖划加粗,横划不动,其他方面也进行加粗,之后再送到中央去,敲定了,用它排《毛泽东选集》横排本。所以我们现在的宋二体有两种字体:一种粗体,就是排《毛泽东选集》横排本的;另外一种是之前设计的,比较细,叫"宋二细",是排一般书籍的。现在所有的书籍基本上都是宋二细体,但是原稿没了,因为当时送到中央说不够粗壮,就在原来的字稿上面加粗了,所以宋二细体原稿没了。

宋二粗（左）、宋二细（右）

黑一体（右）

《毛泽东选集》横排本的字体就是这样子来的。

黑一体，是专为宋一体配套排印《辞海》书眉标题设计的，于1961年至1963年完成简、繁体字共一万八千个，2005年在该字体的基础上扩充了一万个字，用于《中国大百科全书》等工具书的书眉排版。黑一体也是首先设计的，所以取名"小黑一"。

黑二体，于1963至1964年设计完成八千字，用于《毛泽东选集》

和各种报刊书籍标题。黑二体有两大特点。一是笔形不同于一般黑体字，在横竖笔画的两端加有喇叭口的装饰，以示起笔和收笔，在挑、点、撇、捺、钩的形态上加入了汉字书写时运笔委婉和顺的笔意，体现了中国汉字特征；在笔画粗细、黑白效果的处理上，比较科学合理，在横竖笔画粗细上各有十多个档次，可根据每个字笔画的多少、字形笔画疏密程度选用，因此即使是笔画繁简的字编排在一起，也能达到黑白粗细匀称协调的效果。

楷体，在 20 世纪 60 年代之前有两种，汉文正楷和华文正楷，并列使用。上海印刷技术研究所先在汉文正楷基础上配以相应风

报版宋（左）与黑二体（右）

华文楷体

格的简体字,排印过小学教科书和少儿读物。后因印刷出版界反映汉文正楷不及华文正楷,1964 年之后由专门研究华文正楷的字体设计人员,根据印刷字体的基本要求,将字形过长、过扁的调整得方正些,将字形大小悬殊的调整得协调些,将笔画粗细不一的调整得匀称些,使版面效果更好,至今是印刷界的首选楷体用字,用于排印幼儿、小学教科书和其他一些短文读物,有时也做标题使用。

仿宋体,是在原华丰仿宋体的基础上,集中当时各仿宋体之长,结合补写简体字推陈出新,设计了六千一百九十四个常用字,首先用于排印《毛主席语录》(袖珍本),后被采用排印政府办公文件和打印机的专用字体,之后普及使用于各种期刊正文,是至今唯一使用的仿宋字体。

宋体、黑体、楷体、仿宋体四种字体的应用,基本满足了我国图书报刊的需求,使版面焕然一新。现在各计算机厂商开发的宋体、黑体、楷体、仿宋体的字库的母本,大都来源于上海印刷技术研究所。

除了以上整旧创新设计的四种常用字体外,我们还在 1964 至 1965 年间创新设计了两种全新字体,就是诗词体和宋黑体。

诗词体是 1964 年设计的,字数约四千字左右,该字体吸收清刻本《燕子笺》字体的精华设计而成,字形微长,笔画自然清秀,很漂亮,可以说是人见人爱,1965 年曾排印过《毛主席诗词》,但是因为字数不多,字形微长,排书版字距过大,未能排印其他书籍。

宋黑体是 1965 年设计完成的常用字,具有宋体字的风韵,也具有黑体字醒目突出的效果。原设计意图是用于排印书籍中的重点文句,之后却多用于政府通告,机关、商店的招牌,在公园、娱乐场所、居民小区、健身房等地方随处可见,广为使用。

413

首创了字体设计五个"协调一致"

刻字、书法、美术三个方面的人员集中在一起,分别安置在宋体小组、黑体小组,有十人左右,先是参阅研究各印刷厂的铅字样本和古代优秀刻本字体,有了一个印刷字的概念,继而所领导布置试写,统一规格,自选的刻本字样和整旧实践的字样,张贴在对开的白版纸上,进行反复评字。大家各抒己见,交换看法,相互学习,取长补短,统一认识,最后一致认为印刷活字是一种使用的工具字,有其特殊的要求:它要求设计出的每个字都能和任意字随意搭配,编排在一起,横排要整齐平整,竖排要垂直,字间距、行间距要匀称,字与字大小要协调,笔画或繁或简的字,其粗细、浓淡、灰色度都要协调匀称,整个版面上的字要像一母所生。这些成为我们工作实践中研究、探索、追求的一致目标,贯彻在我们每副字体的设计工作中。

字体版面效果

大家虽然统一了对字体设计的认识,但在实际工作中,如在铅笔稿设计、勾线等工序中,每个人都有各自的个性,这是不能容许的,否则就会影响阅读。为了更好地让字体统一协调,我们制定了字体设计的规范,主要是五个"协调一致"。

第一,字形风格协调一致。一排字里面,不能够有两种风格。比如,用宋体字排的一篇文章中,杂排了仿宋体,读者阅读起来,会在视觉上有所停顿。虽然这个字也认识,但至少有阻碍。构成文字的点、横、竖、撇、捺、钩、折、挑等的笔画形态,犹如一个人的五官,要协调,笔画形态相像了,整副字的风貌也就形成了。有了这个认识,我们就在既定的字样中挑选和提取标准的点、横、竖、撇、捺、钩、折、挑等笔形规范,供勾线人员临摹掌握。

第二, 字的结构协调一致。中国汉字绝大多数是形声旁组合字,同一个字的形声旁可结合成长形、扁形、方形,只要让形声旁的字阔狭长短相仿,就能做到字稿的协调和谐。为了能使铅笔稿设计人员掌握字形结构形态, 我们就挑选了常用部首和使用频率高的形声旁设计稿,供铅笔稿设计人员灵活套用。

第三,字形大小协调一致。中国汉字虽说是方块字,实际上有长形、方形、扁形、六角形、三角形、菱形等,在同一个大小方格中设计的字体,往往字形大小悬殊,其中方形的"国"最见大,菱形的"今"最见小,六角形的"永"大小适中,与绝大多数字的大小相仿。因此我们在设计整副字的时候均以"永"字的大小为参照。这样设计出来的字,字形大小基本上协调一致。

第四,字形重心要一致。绝大多数的汉字,结构是对称平衡的,重心在字的中央,但有一部分字并不是,如甲、下、平、干等字的重心偏高,由、上、土等字的重心偏低,制、利等字的重心偏左,佣、限等字的重心偏右。这些偏离中心的字有一个规律,即其中一面是长横画或长竖画靠近字格边线,是实的,另一面靠近字格边线的笔画是虚的。在设计时,笔画实的一面要离字格边线远一些,约两小格左右,虚的一面要靠近边线。这样处理,才能使字形的重心点在字的中央,确保字形的横排平行,直排垂直。

第五,字的笔画粗细协调一致。排版后版面灰色度匀称,不能深

字体版面效果

徐学成等人的设计作品获得国家科学技术进步奖

深浅浅的。汉字的笔画多寡比较悬殊，少的一两笔，多的数十笔，笔画差距悬殊的字排在一起，要使版面的灰色度匀称协调，唯一的办法是将笔画多的字减细，笔画少的字加粗。这个简单的道理是尽人皆知的，但不是那么简单，特别是黑体字，笔画的分档要多，便于使用。同时，要掌握每个字笔画粗细的法则：一是明确主副笔画，一个字中起主要作用的上下横画和左右竖画及外包围笔画是主笔画，反之为副笔画，可灵活地适当减细，这个办法对黑体字的处理更有作用，可以避免多笔画的字笔画粘连，使字迹清楚。二是根据笔画的稀疏密集确定粗细，如左稀右密的"摄"，上密下稀的"樊"，设计时，把稀疏的部分适当加粗些，把密集的部分适当减细些，但要注意，不要给人两种字体的粗细感觉。三是横竖笔画、撇捺笔画的交叉处见黑，要稍微减细。经过这些方面的处理，整副字的笔画粗细就协调了。

上述"五个协调一致"规范的制定,确保了多人长期合作设计字体的一致性,这样设计成的整副字,协调和谐,广受印刷界人士和读者的喜爱,长达半个世纪常用不衰。这个设计工作方法,是我们上海印刷技术研究所字体室的字体设计人员在工作实践研究探索中取得的,具有首创性。

字体设计的工序

第一,勾铅笔稿。用铅笔在专用的字稿纸上,勾勒出字稿的轮廓,这是每个字设计的第一道工序,也是一副字成败的关键。这要求掌握该字体的风格,要求线条清晰,笔画形态与粗细正确,才能保证下一道工序的顺利进行。

第二,画线。将字稿上勾勒好的横线和直线,用直线笔,画出墨色线条。这要求墨色一致,线条光洁,关键是要掌握好整副字横竖笔画的粗细,通常由一个人承担。

第三,勾线。是将字形中的横竖笔画的装饰,和挑、点、撇、捺、钩等的笔画形态用毛笔勾出清晰的轮廓。勾线者要具备下列条件:一是要有书法基础,对毛笔伸屈圆弧等书写技巧要得心应手,确保勾出的轮廓线条正确光洁;二是处理好墨色的浓淡,同画线的墨色取得一致;三是忠实于笔形规范,尽量排除自己的个人喜好。

第四,填墨。将勾勒好的字稿擦除铅笔线条,继而将墨色填满空白处。要求墨色浓淡均匀,前后一致,不弹出笔画之外。

第五,描白统一。对成形的字稿进行检查,如有不妥之处,用白色国画颜料进行精细的加工,去除毛刺。

第六，审稿。由课题负责人依据《印刷通用汉字字形表》和各个规范进行完整的审查，审查合格后发稿制模。

还有一个很重要，就是要适当。设计字体，要一看就看出这个是什么字，不要产生误解。比如"直"字中间是三个横画，旁边两竖，"月"字也是三个横画，两个竖画，就要有意识地让"直"字既不能太窄也不能太长，"月"要适当地要比"直"字放宽，人家一看，这个是"直"字，这个是"月"字。还有一点，字的大小也要因字而异。字大了有大的好处，小有小的好处，字大，人家看起来容易，但是也不能过分大，比如一个"门"字，如果写大了，"国门"两个字排在一起，看起来不舒服，当然也不能过分小，否则不容易注目。

从实践中来的规范

我们当时制定过一个汉字印刷字体的设计规范，因为之前没有专门搞字体设计的，都是刻字的人刻出来，也没什么规范的，等到我们成立字体研究室之后，十个人一个小组，由十个人设计的字体要一样，这是非常不容易的。比如铅笔稿，我们有几个规范。一个是结构规范，就是声旁及部首方面的规范，但这个规范也不可能面面俱到。部首方面，主要是经常碰到的单人旁、木字旁、三点水之类的，基本上要保持一致。声旁方面，比如各方面的"各"字，交通的"交"字，有许多的字，形态上都要一致。怎么搭配呢？一个就是说你部首和声旁结合起来，感觉上是不是协调，要协调、对称、平衡，中国字有很多字是对称平衡的，比如说一个"木"字，一撇一捺是对称的，但是你也要利用这个错觉，比如一撇，宋体字的撇起笔比较粗，收笔比较细，而捺呢，起笔细收笔重，虽然是对称的，但是撇轻捺重，你在设计的时候，一撇一捺脚上的分量要平衡，让撇适当低一点儿，捺稍微高一点儿。

我们把常用的一些规范定出来，也不是一开始就知道要定，是在实践当中定出来的。几个人写的字，他写的木字旁，他写的三点水，三个人不完全一致，做出来的字五花八门就不行。最后打铅笔稿的几个人一起来看，哪一个三点水是最合适的。所谓合适的，就是设计要适应字的高低及形态。同样是三点水，上面这一点，收得要紧一点儿，第二点要稍微轻一点儿，第三个也是，但是感觉上三点水也要垂直，不能感觉上面一点是斜的。这是从实践当中定出来的规范，这是定笔形规范。还有定粗细规范，怎么定呢？我们在开始的时候要写字样，就是写一副字，有意识地分别写笔画比较少的字、笔画很多的字、笔画一般性的字，能够代表字体风格。写好之后，拍照、打样的时候来挑选一部分，把挑出来的字作为代表性的字，记下来，在规范里面把粗、中、细的笔画拿出来，这也是从实践当中弄出来的，不是开始的时候就知道的。

标题宋

规范实际上不是哪个人定的，应该说是实践当中产生的，当然最主要的人是几个负责人，比如说宋体字是钱惠明，黑体字是我，实际上也不是我一个人定的，我是作为课题负责人，每一个小组里面有三个人打铅笔稿。

两次北京之行

正当我们按部就班设计新字体的时候，"文革"开始了，选了我当革委会副主任。刚刚开始的时候，"文革"究竟要到什么程度我不知道，那个时候我思想上是比较进步的，为人方面是比较正直的，同行们也是比较信任的。但是毕竟是搞实际工作的，对其他方面不太在行。当时大家对毛主席非常敬重，能够为毛主席做点儿事情是非常光荣的，大家都想要为毛主席设计字体。但现在说起来实际上根本没必要，因为宋二是1964年设计好的，《毛泽东选集》横排本已经开始大量印了，怎么又要设计毛主席著作用字了呢？实际上是"造反派"掌权以后，他们就布置下来，说我们现在要继续为《毛泽东选集》设计新的字体，好像考验你是不是忠于毛主席。

当时"造反派"说，研究所成立以来设计的宋一体，是整旧创新的，是从日本的秀英体基础上翻修的，宋二体不是完全创新的，加入了刻本的刀刻味，也是整旧的，我们现在要设计一种全新的字体。大家听见后为难，凭空怎么设计新的字体呢？这样大家都去动脑筋怎么弄，新的字体跟当时的字体要有区别。当时研究所有一本《中国版刻图录》，是国家图书馆出的，大家从这个图录上精选比较好的字，拍成照片，集成一本图册。我开始也从这个里面挑选，但是我一看《版刻图录》的字基本上是差不多的，刀刻的味道比较重，还不如宋二体精致，我就想是不是可以用《康熙字典》。

因为要找资料嘛，我就从《康熙字典》的版本里面找。我一看，《康熙字典》有题目，也有书眉，它的字好像和《中国版刻图录》有区别，更加接近汉字的手写体。我就把《康熙字典》的字体作为素材。这个里面的字既有一般宋体字的方正饱满，又有手写体的笔形在里面，我就设计了。当时大家都设计了，排了一篇《反对自由主义》，向社会各界征求意见嘛。当时要向工农兵学习,就征求工农兵的意见。江苏省太仓有个顾阿桃,是活学活用毛泽东思想的标兵,我们特地去太仓征求她的意见。我们开介绍信的时候,就说这些字体是为《毛泽东选集》设计的。他们一听是为毛主席设计的字体,也"开绿灯"了。怎么叫"开绿灯"呢?因为到太仓去见她的人很多,排不上队,我们去了之后,她破例接待了我们,也没怎么排队,否则要预约登记的。去了之后,怎么样了呢?当时大概有十多个人写的版面,她一张张看了,就在我的这篇以《康熙字典》为基础设计的字体上,画了一个圈。结果呢,统计下来,不单单是她,其他方面的意见也统计下来,我写的这种字体,赞成的人最多,得票最多。为什么要选择我的呢?我想这和我的美术字有关系,美术字讲究匀称、整齐,我写的这个字版面上看起来都比较整齐,比较匀称,灰色度方面不是深深浅浅那个样子的,看起来比较顺眼吧。这跟我的美术字基础是有关系的。

选定了我的一种字体,像中了头奖,我心里也非常高兴。仍然由黑体小组人员来完成这一光荣的任务,我来主持把关这个工作,大家都起劲得不得了,为毛主席做事情,大家都拼命干。大概做了八九个月就写好了。北京的一个领导看了之后,就把这个字拿到北京新华字模厂的机刻车间,当时在机刻方面北京比其他地方都先一步,技术也比较好。北京新华字模厂机刻过程中,负责雕刻铜模铅字的副厂长,发现我写的字稿和他们写的不同,不符合他们的要求。什么道理呢?因为我们设计的字稿,是讲究字的大小方面要一致,重心方面要一致,笔画粗细方面要一致,他们北京没这么讲究,根本没这样的结构。我写的这些字,特别是有些重心、大小方面有讲究的一些字,他们基本上把这些字写在格子里,写得满满的。我写的字是根据字的结构需要,有的地方是四面都撑足的,有许多地方是左面右面上面撑足、下面都空起来的。比如说写一个精致的"精",或者完全的"全",我写起来就是上面撑足的,左面右面撑足的,下面空出一定的距离,因为这个字重心是偏低,偏低的字要抬高。在北京不是这样的。再比如甲乙丙丁的"甲"

字,我写的是上面空出一段,下面一竖到底的,但是他们都是在方格子里平均的,上面空多少下面空多少,左面空多少右面空多少。他们要我去解决这个问题,我很高兴的,什么道理呢?因为之前有一次,还在"文革"初期的时候,我负责接待红卫兵,我属于"保皇派",人家都去串联,参加革命,我没办法去串联,但我们也很想去北京,当时人事科的负责人也是"保皇派"。那一次我们两个人高高兴兴到北京去了,原本想希望他们"造反派"介绍北京的情况,没想到去了之后,"造反派"一看,两个"保皇派"来了,叫我们拿着稻草,批斗我们两个,还叫我们立即回上海。我们再三请求,说北京没来过,希望能够到天安门去看看毛主席,他们都不同意,"造反派"很不近人情的。我们被两个"造反派"押送到车子上,乘火车就回到上海。这是"文革"初期的时候。现在让我去解决关于《康熙字典》的字体问题,我就光明正大地去了。这次是工作上非要我去,而且是"造反派"要我去的。我心里想,完成心愿了,这次是为毛主席设计字体而去的。我去了两个多月,事情都办好就回来了,原稿也带回来了。

这个时候我们所里工宣队也进来了,上海字模二厂支援"三线建设"①,整体搬迁到湖北丹江口。他们也是搞字的,华文正楷就是他们搞的,说需要搞字体设计的人,需要技术全面的,比较好点儿的人,实际上是指名道姓要我去。当时,一方面要学习,听组织上的话,不能违背组织,但是当时我爱人有气喘毛病,严重得不得了,她在纺织厂里面工作,一日三班,晚班做七天,生病以后晚上不能做。她当然不能跟我去丹江口,但是"造反派"不管,工宣队一个年纪比较大点儿的人说,你一个人去,家里怎么办?除非大家都去。但是大家都去,丹江口没条件,没那么多房子。后来就没去,她身体不好,不能去,还好没去。我老老实实的人本来要到丹江口去,但是由于她生毛病,不能去,我要陪

① 三线建设,指的是自 1964 年起我国在中西部地区的十三个省、自治区进行的一场以战备为指导思想的大规模国防、科技、工业和交通基本设施建设。

着她。假如当时我去了,根本不可能像现在这样。

设计字体的必备素养

从事字体设计的人要具备什么样的素质,我刚刚说过筹备字体研究室的时候呢,是三方面的人,一是刻字的,二是书法方面的,三是美术方面的。刻字方面的对印刷字体比较熟悉。搞楷体书法的人对中国的汉字结构比较熟悉,对民族因素比较重视。美术方面的懂得美学,模仿创新能力强等。三方面结合在一起,是非常英明的决策,现在讲起来,仍能适用。但是还要增加一条,就是要懂得电脑技术,这方面要熟练。从我来说,我现在最大的缺陷就是不懂电脑,因为当时不用这个,假如我能用电脑的话,我可以设计很多很多的字。因为电脑的东西,只要你能够想到的,它就都可以替你标出来,能够达到。但是以前手工的时候你就比较困难。一方面,一个人设计一副字体,不大可能,一定要请很多人,很多人和你一起做起来

字体研究室工作人员在设计字体

就很不容易了,根本不可能完全代表你个人需要的东西。从现在电脑制字的情况看,至少对汉字的结构方面要有一定的了解,要有美学修养,要有美术基础,还要掌握电脑技术。

现在有的年轻人进行拼字,结果拼出来的字大大小小,一种字里面有两种粗细,我在《活字设计,笔耕一生》一书中举例了,得罪一些人了,但是我不得不说,是对国家负责,也是对其本人的帮助。实际上这种情况,我们研究室成立的时候也碰到过的。当时三方面的人设计出来的字也不统一,后来怎么一致起来的呢?就是经过写字样,评字时,找毛病一定会说,这个字不好,为什么不好,会说出道理来。一个人说,其他人都来听,大家都相互吸收,相互启发,最后就统一成熟了,所以我们这么多老人写出来的字不太分得出是谁写的,因为已经融为一体了。就是说现在用电脑设计字体的人最好不仅仅是掌握电脑技术,还需要有一些美术基础,有模仿能力,有一点儿书法功底,对美术字的一些美学原理都懂一点儿,这样才能创造一些新的字体出来。还有最重要的一点,就是要有刻苦耐劳、一丝不苟的精神。

古琴艺术

古琴演奏是中国历史上最古老、艺术水准最高，最具民族精神、审美情趣和传统艺术特征的器乐演奏形式。古琴演奏不但技法复杂而精妙，而且有着独特的记谱法。古琴常用一种以记写指位与左右手演奏技法为特征的记谱法，原为文字谱，因其繁复，唐末琴家曹柔将文字谱简化，并以简化的偏旁、部首合并成一字，并徽、弦、指为一体，使记录和阅读都变得简单和方便了。这种据文字谱"减化"而来的谱子，称为"减字谱"。减字谱是对文字记谱法的一次重大改革，古琴艺术的流传与减字谱紧密相关。

林 晨

国家级代表性传承人

林晨（1973— ）"1985 年起师从父亲林友仁学习古琴"'1993 年起先后受教于姚公白、吴文光二位先生"'2000 年毕业于中国音乐学院音乐学系，获学士学位；2006 年毕业于中国艺术研究院，获硕士学位：'，现为中国艺术研究院音乐研究所副研究员、国家级非物质文化遗产代表性项目古琴艺术国家级代表性传承人。

采访手记

采访时间:2017 年 5 月 15 日、22 日
采访地点:林晨老师家
受 访 人:林　晨
采 访 人:戴晓晔

　　林晨老师,是我们中国记忆项目中心的朋友。古琴与传统文化渊源颇深,我们采集的各个专题都绕不开它,有幸得到了林晨老师的倾心教授与大力支持。弹琴的人,气质总是超然的,由内而外透着一股旷世高人的味道。她平和淡然,抚琴时,时光都就此沉静。不过接受采访的时候,她言语之间又透出一点儿享受生活的烟火气。文字稿里,也不难看出她个性里涌动着真诚、可爱。在治学上,林晨老师是严谨而坚持的。她曾经在"我们的文字"展览期间,为读者们介绍和梳理过"文字和谱字",这次采访中,她又选取了非常有代表性的琴谱,系统地讲述古琴"谱字"的奥秘。出身音乐学专业的我,可以借此机会继续学习,备感荣幸。

林晨口述史

李东晔 杨经纬 整理

父亲学音乐的时候，全家都反对

我出生在南京，其实我们家除了我父亲之外，跟音乐没有太大的关系。我的爷爷是牙医，我的外公是内科医生。我的奶奶是学美术的，上海美专毕业的，但像传统女性一样，她嫁给我爷爷之后，就跟他一起当牙医，据说还考下来医生执照。我的爷爷有牙科医院，家跟医院是在一起的，在南京的新街口附近。我记得小时候还能看见油画的调色板，我猜是我奶奶留下的，我们家大概只有她会使用，其他人都不画画。我的母亲是学理工的，后来她去了上海音乐学院的图书馆。很长一段时间她其实研究的是中国的近现代音乐人物，比如刘半农，我很早就知道刘氏三兄弟是因为我妈妈。她也采访过唐学咏，也写过唐学咏关于音乐方面的文章，印象中好像第一篇就是她写的。她主要研究近现代，因为她很喜欢近现代。

① 张正吟（1912—1995）"著名琴家"江苏文史馆馆员。

② 夏一峰（生卒年不详）"著名琴家"中央音乐学院民族音乐研究所特约研究员。

③ 刘少椿（1901—1971）"著名琴家"江苏文史馆馆员"广陵琴派的代表人物。

④ 刘赤城（1938—2019）"古琴演奏家"国家一级演奏员"国家级非物质文化遗产代表性项目古琴艺术国家级代表性传承人。

⑤ 卫仲乐（1908—1997）"民族乐器演奏家、教育家"上海音乐学院教授。

我父亲是学音乐的，但是据说他学音乐的时候全家都反对，因为大家都觉得，学音乐就是不知道该怎么养活自己。说得有点儿不太好听，当时我爷爷奶奶甚至觉得学艺术有点儿"不太正经的感觉"。听我爸说，他原本不是学古琴的，可他对音乐感兴趣，开始他学了一点儿小提琴，学西方音乐，然后又学了一些指挥。后来，他想学音乐，想考上海音乐学院。据说，他稍微打听了一下，然后发现他这样的水平绝对不可能考得进去。之后，我记得好像是他的一个同学的父亲是张正吟①先生，老先生告诉他想学古琴的人比较少，比较好考。之后张先生给我父亲介绍夏一峰②先生，遗憾的是，三个月后夏先生不幸中风，又经张先生介绍，父亲开始随刘少椿③先生学琴。就这样临时学了一年多古琴就去考上音了。我听他说起考试的情况特别好玩，因为古琴声小嘛，旁边有拉二胡什么的，他说根本调不了弦，吵得他头都晕，最后都跑到男厕所调弦去了。考试的时候弹得非常简单，当时跟他一起考的还有刘赤城④先生，刘赤城先生当时已经是技艺非常娴熟的一位琴家了。他觉得自己就是刚刚开始，但当时真是因为考的人太少了。然后卫仲乐⑤先生说先进初试吧，因为还要考很多其他的科目，比如视唱练耳、乐理之类的。他说他到了复试时感觉特别好，毕竟他是学小提琴的，民乐系的乐理对他而言是很简单的。他看我考视唱练耳太痛苦了。我因为以前一路学古琴，所以学视唱练耳会非常非常辛苦，他说他们那时候特简单。我当时考试时准备的都是两升两降的，还是五线谱的，而他那时候考视唱练耳，因为是民乐系嘛，给了他一个简谱的，还是《北风吹》，他说："不用看谱子，我都能给你唱，还用视唱练耳？"所以那时候他复试成绩就特别高，这样一综合，就被录取了，以至于他自己都说，绝对是有目的性地学古琴，大家想象的"林老师是不是从小喜欢古琴"？

我说还真不是。他自己都乐,他说那完全属于江湖想象,跟实际没有什么关系。但是后来那么多年,他倒是真的喜欢上了,发觉古琴跟别的乐器不一样,但是在最开始的时候,我觉得有点儿功利的感觉。

父亲考上上海音乐学院的时候,应该是二十岁的样子。我具体也记不太清了。进了上海音乐学院后,他先后跟了好几位老师,启蒙的是夏一峰先生,后来跟刘少椿先生学的。上学之后,跟刘景韶①先生学的,也跟顾梅羹②先生学过。当时上海音乐学院是贺绿汀先生当院长,贺老很注重民间传统音乐的,虽然他是搞西洋乐的。我记得当时上海音乐学院民乐系请了好多民间的艺人,所以我父亲就说,他见过朱仲禄这样的花儿王,还有鼓王,这些民间艺人到学校给学生上课。那些老先生也是这样,很多都是从民间请过来的。刘景韶先生是镇江的,顾梅羹先生是沈阳音乐学院的,

① 刘景韶(1903—1987),著名琴家,上海音乐学院教授。
② 顾梅羹(1899—1990),古琴教育家、演奏家,沈阳音乐学院教授。

林友仁先生教琴

顾先生就是花一部分时间过来兼一学期课，另外还有沈草农先生，所以学生学的不是某一个派别的东西，而是各派的。然后我父亲又跟卫仲乐先生学，中间的一个学期又跟刘少椿先生学过《樵歌》，专门每周或是每两周一次去南京学。他们那时候其实比现在要宽松，有各种各样的机会让你去学，只要你去，不像现在好像都是自己学校的老师、导师教。我觉得真的很好，你只要申请，他们就会带一个学期。

他在世的时候，我问："是不是那时候觉得我琴弹得特别难听啊？"

我在小学五年级的时候开始学习古琴，大概十二岁。那时候学琴并不是为了一个什么远大的目标，很大一部分原因是我的母亲觉得：守着一个会弹古琴的父亲，一点儿都不学的话太可惜了，要不就试着玩玩？其实那时候我家里并不像大家想的那样——以为我从小耳濡目染，在古琴的环境下成长，其实我并不是受琴乐的熏陶长大的。因为当时上海的家是个非常小的地方，我们家住在这一边，而我父亲的办公室在上海音乐学院那边，所以他的工作和学习包括教学，都是在办公室里面，并不是在家里面。我们家也没有琴桌，那种环境是不可能有的。因为那就是一间屋子，里面住着我和我妈妈，还有外婆，我爸只能睡办公室。那要弹琴的时候怎么办呢？就是在饭桌上，琴有时候借来以后，就搁在我外婆睡的那张小床上。我跟我父亲，基本上就是"父不教子"的典型。就是没办法，他也觉得他教自己的女儿很麻烦。可能我也没有学生对老师的那种崇拜，所以提出质疑的时候估计多于听话的时候。一旦别人问起父亲是如何教授我时，我跟我爸都不知道该怎么回答。现在想起来，很多对我影响很大的话，我甚至想不起来是在什么情况下听到的，但绝对不会是那种耳提面命的强调，也不是那种谆谆教导，这种事情不太会发生在我跟我父亲身上。但是我的启蒙，我对于音乐最基础的一些认识包括理念，还是受他影响。因为在上海音乐学院长大，所有的音乐形式或多或少都听过，特别是西洋乐，我在学古琴之前还学过两年钢琴，后来开始弹古琴，我不知道自己是怎么坚持下去的,反正好多次只要功课一忙我就会放弃,然后又重新开始。

我父亲听我弹琴,有时候听得实在受不了了,要么偶尔说一句"不是这个样子",要么就掉头走了。但我现在真的很能理解,我现在教学生的时候,音不准,节奏不准,作为老师,这一个多小时是挺折磨的。前些年他还在世时,我问他:"你那时是不是觉得我琴弹得特别难听啊?"他说:"真的难听,那时候,说得不好听点儿,觉得猫叫都比你弹琴好听,真的太难听了!"但是因为那时候太小,孩子学琴的时候不会知道自己弹成什么样,还不太习惯用耳朵去听。虽然这样,我还是会有一种很自恋的感觉,就是自己觉得弹得很美。另外,在家里要找什么,像有关古琴的书,或者其他的书,只要去我父亲办公室就能找到,而且我母亲又正好在图书馆工作,所以在这方面我有点儿得天独厚,我想找什么都能在身边找到,都是很简单的一件事情。

高中以后,我有一段时间生病休学,干不了什么事情,因为读不了书,就只能弹琴了。那时我还真体会了一下古琴修身养性的功能,因为它确实让我有个事情可以去做,可以把自己当时很多不安和焦躁的情绪放下来,至少把注意力放到它的身上。那时我好像才真正开始系统地练琴了,我父亲把我交给了姚公白[①]先生。我从姚公白先生那里第一次体会到作为学生应该有的待遇——终于有一个老师会给我一份谱子了。因为我父亲的谱子就一份,他说我要的话就得自己抄,所以很多谱子我得自己抄,我就觉得我像"三等公民",永远是用剩下的。然后到了姚老师那里就不一样了,马上就有被重视的感觉。因为姚先生跟我父亲关系非常好,在那个时期,有将近一两年的时间,姚先生在家把我要学的琴谱抄得非常漂亮,然后给我。那时不像现在,现在虽然有些人会说传统教琴都是对弹,其实我们都很少能够真正跟老先生对弹,因为没有那样的条件。对弹必须有这么大的空间放得下两张琴桌,琴倒是

① 姚公白(1948—),中国昆剧古琴研究会副会长、国家级非物质文化遗产代表性项目古琴艺术国家级代表性传承人。

有。教琴基本上在家里面，那时我弹琴就在缝纫机上，然后姚老师在我们家饭桌上教琴，就是这样。他会一遍一遍地给你唱、给你说，然后给你示范。在我印象中这是真正开始上的古琴课。我父亲教我的时候，我老感觉他在我背后，有时是他吃完饭在那躺着的时候，我在那练琴，他觉得太难听了，然后会告诉我，他也唱一些，会给我讲一下。在我的记忆当中，这不是非常正式，但他讲的内容如今我依旧记得很清楚，可能因为有自己的思考，所以有各种各样的体验与尝试，就一遍又一遍地重复，还是记住不少。

那时有很多人感到奇怪，说我父亲自己弹琴，为什么会把女儿交给别的老师。当然他的第一说法是管不了我，真是！第二，最主要的原因是我父亲的琴是由很多位老师教授的，但是他受两个老师影响最大：一个就是广陵的刘少椿先生，另一个就是卫仲乐先生。我们的左手受广陵的影响最大，包括用指，所以左手的吟猱是我们的长项。但这也带来一些问题，我右手的灵活度并不是非常好。但是姚门的曲子很多打谱于《神奇秘谱》①，很多曲子都是声多韵少，特别是我们说的套头指法，这些指法都比较灵动。这也是我以前从来没有遇到过的曲子，那是一种早期的古琴曲——现在我会下意识地觉察出早期的古琴曲跟后期的不太一样——但那时是我第一次接触到早期的古琴曲。在那个情况下，我开始练我的右手。因为与原来的用指完全不一样，我没办法灵活地演奏这些指法，弹起来就会有拖泥带水的感觉。那时候姚老师告诉我要用小关节，但我父亲这边都是不断地强调一个下沉的力，需要有一个整体的感觉，这是完全不一样的方法。我父亲后来也说，那样的琴曲只有姚家才会有，因为是姚丙炎②先生自己打谱的，他也没有怎么学过。然后他说，第一曲子好，第二就是因为右手是我们的弱点。他说这是作为老师，也是作为父亲为自己孩子着想的一部分。这样的话，我可以通过姚先生，让自己的右手变得灵

① 《神奇秘谱》，明代朱权编纂，成书于明洪熙乙巳年（1425）"是现存最早的古琴谱集。
② 姚丙炎（1921—1983）"近代著名琴家。

活些,会弥补父亲的不足。确实是这样,虽然最开始的时候,因为是两个不同的方法和体系,会出现一些问题,我突然有点儿不知道该怎么弹了,包括音色和所有的方法都在打架,但是过了那个阶段就好了很多。

林晨在国家图书馆演出

他逆光坐着,我们都在笑,感觉他像个剪影

我 1995 年考上中国音乐学院音乐学系,然后从大二开始,一直到大三,在那两年里我们有选修课,我选的是吴文光①先生的古琴课,所以我跟吴文光先生又学了两年。吴先生又是另外一个风格,他很注重一首乐曲的处理、表现,他跟我之前的两个老师——如果我父亲算老师的话——也完全不一样。但是从他的手上我觉得我开始了解,古琴作为一种音乐形式,应该到达的和应该思考的层面,比如架构,因为

①吴文光(1946—),中国音乐学院教授,国家级非物质文化遗产代表性项目古琴艺术国家级代表性传承人。

不断地唱,也加上在音乐学院大量的学习,那时音乐学院有不少有关民族音乐理论的课程,包括中国传统乐理,会接触到各种各样的谱子,比如工尺,我也会去唱,会下去采风,所以那时候我会考虑到中国音乐自己的"拍"的感觉。在这以前是没有的,因为古琴有大量的散板,我父亲和姚老师有时候就会告诉我:"不对!那个气特别紧。"说我弹得不对。然后我又弹一遍,他说:"对!就是这样。"然后我再弹又不对了。我每次都问父亲为什么啊?我其实听不出来,这个差距是很小的,那个所谓的气紧和气口合适可能就差那么一点儿,但是他能听出来,可是我听上去是一样的,不知道我这遍跟前面那遍有啥区别。

所以很长时间我都是很模糊的状态,我开始真正理解琴和人的呼吸有关系,我们的音乐和呼吸有关系,一部分是音乐学系教给我的,还有一大部分就是因为吴文光先生。因为他不断地唱,他强调把它打开来,他注重表现,会把一些内在的感觉给拉开,那时候你就能听到了。而古琴音乐大部分是内敛的,当它内敛的时候,你很难感觉到它内在的那个架构,因为它听上去太平了,只有极其会听的人会找到,但是作为一个初学的人,我觉得自己是很难找到的。吴先生因为他的学养和对音乐的一些观点,更注重表现,所以他的东西更明确。到那个时候我才知道,原来一首乐曲有它的起承转合,我们的乐句有像呼吸一样的起和落,就像循环往复。然后我才知道,原来散板中的句子是一个呼吸的气口。

我在国外做讲座时说,在西方的节奏里面拍子是直线的,但是中国的拍子不是那么直,有些像你的呼吸。再想起姚老师和我父亲有时候跟我说,气口紧了。其实这就是我们时常会说到的口传心授,有时这就是一种身体上的感觉。其实,老先生们也不会说得特别清楚,他有时候就说,就是这样,你就感觉吧,这样不对,那样是对。但是有一天会突然明白,这层窗户纸就被捅破了,其实它就是我们身体上的一个呼吸。那时才知道,琴本身和人其实是有关联的,我触在弦上的那个感觉、我左手的吟猱绰注、旋律和我的呼吸是在一起的,那时候才觉得这像个大的圆圈,不断地在运动、循环往复。这就是所有弹琴人都会知道的一个词——"琴人合一",其实我不是很喜欢这个词,因为它容易变得特别玄,但还是能让人知道,琴与人是相关联的,当然最好是能融在一起。至少从最低的层面上讲,琴与人有一个连接点,那就是我们的气息。

林晨与吴文光先生合影

吴文光先生教琴的时候,他会先给你谱子,他的记谱一般就是一行五线谱、一行减字谱。然后他会给你一个录音,然后你开始弹奏。音乐学院的学生自学能力还是都有的,不用一句一句教,就先跟录音,然后看谱子。但是我们会发觉,五线谱对我们来说其实意义并不大,因为看到五线谱我们首先会反应拍子的强弱关系,但这个强弱关系跟琴乐不完全一样。因为古琴是通过指法体现出强弱,如果按照西方的强弱关系去弹古琴,就会变得特别奇怪,所以我基本还是看减字谱。

吴先生家的琴房也是书房,旁边全是书,他一般就坐在我的对面,然后还逆光,所以那时候我的同门都说,感觉他像个剪影在我们的面前，你看着他会特别紧张。他喜欢唱，而且还是打着板唱，不是拍子，刚好是那个板。他唱起来像什么呢？我老觉得像戏曲，那个腔特别满，他把所有的感觉都给你唱出来了。有时候他会给你做示范。他家中的琴桌是块琴砖，就这么大，也不太能对弹，那时候用的还是一张明代的小蕉叶。那是一个很美好的时代，他打着板，我有时候觉得他的头也在点，脚也在点，你就听着他唱，用琴去模仿。

很多人都说，音乐学院的教育怎么怎么样。当然，我不是器乐系的，我不能够代表所有音乐学院的古琴专业，因为我不是古琴专业的。我虽说是音乐学系的，但也在音乐学院学了两年古琴，其实并不像大家想象的那样，因为没有办法像西方那么教，给学生一个五线谱，不可能，古琴音乐的特性决定了它"口传心授"的特点。即使现在再有各种各样的标注方式来提醒你，使很多节奏细化，更加准确，但它还是替代不了口传心授。我们还是要看见人，看见他的手，看见音乐在他身体、在他手上的感觉，比看见谱子要有效多了，因为看谱子是很难找到那个感觉的。

音乐研究所规定，
进去的第一年必须待在图书馆

我 2000 年到中国艺术研究院音乐研究所工作。因为我真正在大学学的是近现代音乐史，而不是古琴。按道理，大家认为我会选吴文光先生去学琴学，但是我实在不想做古琴，因为觉得跟父亲做一行有时候很麻烦。选近现代音乐史可能也是因为我母亲，因为她研究近现代。在我小时候，她要写一样东西时，就不停地在我耳边唠叨，但是我父亲不会，我父亲会跟他的学生说，但是他不会跟我说。所以我从小对近代有种特别的亲近感，除了近代诗，我不喜欢近代诗，但是喜欢近代人物，"五四"前后是我很喜欢的一个时代。

可能也是因为母亲的关系，所以最后我选了近现代音乐史，加上我想，近现代总跟古琴没关系了吧。

但是有时候就是这么巧，那时刚好有个机缘，因为音乐研究所研究古琴的老先生全退了，大家希望有一个学音乐学，同时古琴方面也还可以的人，能够慢慢把这摊儿工作继承下来。因为音乐研究所藏琴非常丰富，有一个乐器陈列室，当时要做数据库，真是机缘巧合，我那时候还只是本科毕业，也没考研究生，就去了音乐研究所。剩下的学习过程，我觉得就是在工作中学习，那真就是一个项目一个项目走，所以我就没有选择地把自己拉回琴学这个领域。

音乐研究所当年还是乔建中老师担任所长。音乐研究所有一个非常好的规定，进去的第一年你必须去图书馆。因为当时我在陈列室，所以我更多的时间花在乐器这部分，那时候我们在二楼，图书馆在一楼，我必须为所里面做一套目录，因为我的老师张静蔚先生研究近现代音乐史，他是历史学的一套做法。从近现代音乐史转琴学了，虽说都是音乐领域，但其实差距挺大的，所以我下意识的打算就是首先把之前所有研究成果都要先读一下，最起码把主要的读一遍。在查资料的时候，就会看到老的谱子上有王世襄先生的题跋，里面出来一张纸片，是王迪先生的手笔。我觉得特别亲切，摸到那些纸的时候，感受那种气息，觉得离那些大家很近，虽然这辈子可能都见不到他们。

因为当时要做一个目录，所以我就想着要做一套古琴目录，但忽然发觉我不知道古琴方面都出过什么书，我也不知道到底有过什么样的研究成果。因为守着图书馆嘛，我就一本一本期刊地翻，今天翻一本，明天翻一本，就这么翻着做目录，一边做目录一边看。后来我突然发现我们家有一样东西，我父亲在 20 世纪 80 年代想做《二十世纪古琴文论目录》，当然我是后来才知道的，当时许多人包括我妈妈也帮他做，因为她在图书馆，我看到好多卡片上都有她的字迹。当时美国有荣鸿曾先生，然后香港有刘楚华先生，他们做海外和中国港台地区的。然后这边做国内的，还有日本的。大概做到

90 年代初吧，这件事情就有点儿不了了之了，可能当时没有得到支持，因为那个时代琴学不像现在这么受重视。

那东西就是家里的一盒卡片，我回家的时候无意中看到的。我说这挺好啊，特别是民国时期，那时我不知道民国时期有多少成果，我只知道一个《今虞琴刊》，因为那是近现代音乐史上必须要提的一本刊物，其他散在各个报刊上的，像《东方杂志》上的，这些东西我也不太清楚。我当时想正好，因为我也找得很辛苦，我就想继续做。对于自己来说，就是趁这个机会把所有的东西理一遍，因为那个时候已经过了 2000 年，等于整个 20 世纪都很清楚了。我重新调整了他们之前做的目录，然后核查了一下，把那些东西都找出来，最后十几年的文章目录我再重新给它添上，后来又跟刘楚华先生联系，包括我的一些朋友去增补港台的内容，也请荣鸿曾先生帮我续西方国家的，日本的我也再找人去核对。最后，我跟我父亲一起编完了这本《二十世纪古琴文论目录》。这个东西对我真的是有很大帮助，当你切入一个完全陌生的领域时，你会发觉目录最能帮助你。而且大家通过它也能找到线索，因为民国时期的资料不好找。你可以通过它了解大面上的情况，然后以这个为基础再做研究的时候也会有所依据，也会轻松很多。那是我做的比较大的一件事情，花了我很长时间，是我进音乐研究所做的第一件事情，我觉得算是比较有意义的。这也是我跟我父亲这辈子落在纸上合作的唯一一件事情了。

之后的第二件大的事，也是跟那本文论目录相关，就是在那本书的基础上，我编了《琴学六十年论文集》，收录了从 1949 年起六十年间的相关论文，从文论目录里挑出了主要的文章，重新核查了资料来源。

我最早参与的课题是乐器数据库，那是 2000 年，我记得是萧梅老师主持的。当时有一个数据库，萧老师跟德国的音像档案馆都是有接触的。我们那时候就把人类学的很多想法、民族音乐学的很多概念设计在数据库里面，包括测音、描述，以及其他各种各样的内容。接着就是乐器展览,在香港举办。

之后我参与了古琴申报联合国非遗项目的工作。我们那个时候就是大家在一起工作,包括蔡良玉老师做的英文翻译,有些东西很难翻,要大家在一起去弄。不像现在都是有据可查,有模式了。开始时,大家不太清楚申报该是个什么样,该写成什么样,该提交什么。后来还需要增补,增补就不是我参与的,但是前面那部分是我们开始做的。

关于"1956年古琴采访"

因为有1956年的古琴采访,所以音乐研究所保留了很多老先生的录音资料。当时其实也有一些资料是以前的百代唱片、大开盘带转过来的;还有20世纪60年代北京的一些先生,包括管平湖先生等人的录音;我还听到过一次王世襄先生的夫人袁荃猷先生的录音——《流水》,她是管先生的学生。可以说,当年老先生录音时的状态可能不是特别好,因为战争和各种各样的原因,好多人很长时间都不弹琴了。

开始时,查阜西①先生给各地琴人写信,告诉他们我们要征集这些资料。当时收集的还有琴谱,不光是录音,所以《琴曲集成》这套东西的基础也是那次采访。之后各地方不断地增补,不断地调查,1956年对于古琴来说是特别重要的一年,应该说现当代琴学的基础来源于那个时期,也来源于那些先生。过去琴学并不是系统的学问,虽然留了那么多琴谱,但真正把它作为一种学术立住,我觉得应该是从查先生他们开始的。之前古琴研究不可能有国家的参与,让你在整个国家的范围全面调查琴谱。大家都守着几个常用的谱子,比如很有名的《神奇秘谱》,我估计那时候都

① 查阜西(1895—1976),古琴演奏家、音乐理论家和音乐教育家。

没有几个人敢说真正见过，往往就几个琴谱或者当地的某一个琴谱流传得会比较广。你会发现，很多琴谱中指法的介绍或是解说，都是从《五知斋琴谱》《大还阁琴谱》这些比较著名的谱本里抄过来的，说比较好听一点儿叫"因袭"过来的。因为当时能看到的谱本确实不像现在那么多、那么全，还有其他各个时期出的单本琴谱，你能看到各种各样的文献，这只有国家行为才能做到，个人行为是很难做到这一点的。

1956 年古琴采访是音研所跟音协一起牵头面向全国来做征集，没有音协也很难办，然后还跟各地的广播电台合作——很多老先生不可能到北京来录音啊，他们都是到各地的广播电台去录的，然后再发到中央人民广播电台，然后再转，就是拷贝，然后音研所留存拷贝资料。我采访许健①老先生的时候他就说，他们当时带的录音机太重了。因为我的硕士论文写的就是 1956 年，这还是我硕士导师张振涛定的题目，我就特别想知道那个年代他们到底做了些什么。他们跟地方上的音协还有琴家，开头都得先联系。因为有音协的帮助，然后加上音乐研究所、北京古琴研究会，像查先生他们本身交往很广，各种各样的优势集中在一起，这种全国性的采访才能够实现，不然的话也很难在那么短的时间里面收集上来那么多材料。

① 许健（1923—2017），著名琴家，琴史学家，中国艺术研究院音乐研究所研究员。

没有 1956 年的那一次采访，现代琴学很难建立。那时古琴几乎马上要被打倒，但又处于犹豫当中。当时很多人就是认为古琴属于封建的东西，是不能够碰的，但是这次中央一来人以后，琴人的地位一下就提高了，这是查先生自己写的。我还问过许健先生：您下去采访的时候，有没有不太愿意配合的？他说，那个时代中央有人过来就证明这个东西是有价值的，是可以被承认的，会带来很多的机会。所以 1956 年以后，很多老先生去了文史馆，或被推荐到音乐学院。第一代的古琴老师其实都是民间的，并不是学院里的，都是属于打引号的"业余"，不是指真正的业余，而是传统的琴人。

汉字与琴谱

提到中国传统记谱法，我们就得说到汉字。因为记谱法不是中国独有的，西方也有，每一个国家都有自己独特的记谱法，但只有中国才有用汉字记录的谱子。我相信就是因为文字是我们用得最多，也最直观的东西。在雅乐里面，我们会用律吕字谱，律吕，就是用黄钟、大吕去记录音高，这是一个标记音高的系统。还有另一个系统，就是标记演奏方式，比如古琴谱。因为古琴谱不记录音高和节奏，所以到了后期，我们就开始有在琴谱旁边标记音高的工尺谱，我们称这种工尺谱为"旁谱"。

《指法汇参确解》书影，《琴曲集成》第二十册工尺谱出现得比较早，一般可以追溯到"燕乐半字谱"①。到了宋代的时候有姜白石的俗字谱②，到了明清时期慢慢不断规范化，使用也越来越广泛，比如清道光年间的谱本《指法汇参确解》。这是第一本在减字谱的旁边加注工尺谱的古琴谱，并点板，这种方式其实已经开始把古琴的节奏选择不断地缩小了。这样直观性会更好，学习起来也会更加简单。

古琴谱中减字谱右边的文字，我们叫"旁词"。这个很有意思，古琴谱以减字谱为中心，旁边的词肯定叫"旁词"。昆曲以词为中心，它的谱叫"旁谱"，我们用"旁"字表达出一种主客关系。

① 燕乐半字谱，亦称半字谱，唐代的一种乐谱，是工尺谱的一种早期形式。

② 《白石道人歌曲》是中国宋代姜夔（即白石道人）所作的古代词曲谱集。全书六卷及别集共载歌词109首。其中28首歌词带有乐谱。《古怨》一首使用减字谱，祀神曲《越九歌》使用律吕谱，另有17首词使用当时的工尺谱记写。

《风宜玄品》书影，《琴曲集成》第二册

不管是工尺谱还是减字谱，我们都叫谱字。五线谱里面没有谱字，只有音符、谱号。中国的谱子都是一个字一个字组成的，律吕谱是，工尺谱也是。当然作为古琴谱来说，它属于指位谱，是记录演奏技术的。

工尺谱为什么会产生？有研究者认为它最早可能是管乐器的一个指法，经过长期的演变变成了音位谱。有些研究者未必同意这种观点，但是不管怎样，我相信它肯定跟直观性有关系，因为所有的谱字都最简单、最直接、最大限度地反映它的音乐特性，两者肯定是有关系的。与数字相关的潮州音乐的二四谱①，二、三、四、五、六，Sol、La、Do、Re、Mi。我记得好像有过一种说法，认

① 二四谱：流传于广东潮汕和福建漳州一带的一种古老记谱法，多用于潮州弦诗、潮剧和白字戏的乐谱。

锣鼓谱

为二四谱与古琴谱有关系。我觉得关系不大，那种说法可能是因为古琴的定弦而得出的结论。另外还有一些古老的谱子已经失传了，比如"声曲折"，那是种图象型的记谱法。这种用拟声词组成的谱子就是锣鼓谱，用汉字模拟乐器声音，并用文字记录下来。

工尺谱的使用率应该是最高的，拉卜楞寺还用藏文音拟的工尺谱，蒙古族也有自己的工尺谱。各大乐种，有正楷写法的工尺字，还有半字的，这有点儿像姜白石的俗字谱，可以说工尺谱是过去使用最广的一种谱字。同为中国传统音乐的记谱法，工尺谱现在基本不使用了，律吕谱也不再使用了。律吕谱也是音位谱，它基本上为雅乐而存在，比如钟磬一般使用律吕谱，现在不演奏雅乐了，律吕谱自然就不怎么使用了。

现在只有古琴坚持用着减字谱，琴器也跟唐代基本一样，现在我们能看到的最早的琴器是唐代的。古琴的生命力非常强大，可能跟古琴是文人音乐有关系。文人会有一种自我认同，不愿意改变，从文人的风骨上就可以看出来，所以代表文人的乐器才能保持多年不变。

谱字与琴谱的演变

关于古琴谱的演变，我习惯先从文献开始说起。查阜西先生主编了一本叫《存见古琴谱字辑览》的书，里面讨论了历代的古琴谱字。《新刊太音大全集》记载："制谱始于雍门周、张敷，因而别谱不行于后代。赵耶利出谱两帙，名参古今，寻者易知。先贤制作，意取周备，然其文极繁，动越两行，未成一句。后曹柔作减字法，尤为易晓也。"

这是我们经常用到的文献，说琴谱创始于雍门周和张敷，因为那时的谱字和后来的不一样，是"别谱"，所以没有流传下来。现在能看到的《碣石调·幽兰》可能就是这种别谱，《碣石调·幽兰》产生的时间很多人在质疑。我记得应该是在20世纪50年代，专门发动全国的琴家对《碣石调·幽兰》进行打谱。更早的时候谁打这《幽兰》？是杨时百①。他自1911年到1914年花了三年时间，把《碣石调·幽兰》打出来，同时把文字谱改写成了减字谱。但是他就一个人，他曾想让他的老师黄勉之②去打，他老师当时没有做，因为非常非常困难，而且那个时候资料又不全。20世纪50年代，查阜西先生所在的音乐研究所，发动全国琴家发掘整理《广陵散》和《碣石调·幽兰》。刚

《太音大全集》书影，收录于郑振铎编：《中国古代版画丛刊》（第五函），中华书局上海编辑所编辑，中华书局，1961年

开始的时候，很多人认为《碣石调·幽兰》谱可能是后来人假造的，因为它太特别，而且不是藏在中国，而是藏在日本京都的西贺茂神光院，现在藏于日本国立博物馆。清末由杨守敬③影摹之后，转到国内刊刻。它佐证了过去就已经有的说法，"其文极繁，动越两行，未成一句"。《碣石调·幽兰》第一句："耶卧中指十上半寸许按商，食指、中指双牵宫商。"这么长一句话其实就两个音，十上半寸许就是十徽往上

① 杨时百（1864—1931）：近代著名琴家。
② 黄勉之（1853—1919）：近代著名琴家。
③ 杨守敬（1839—1915）：清末民初杰出的历史地理学家、金石文字学家、目录版本学家、书法艺术家、泉币学家、藏书家。

《碣石调·幽兰》影印本，《琴曲集成》第一册

半寸许，"耶卧"是中指斜着按，"牵宫商"，那个时候不叫七弦，而是称宫商角徵羽文武。所以你要说文弦那就是六弦，武弦就是七弦，那么宫商就是一弦和二弦，你想，可不就是"动越两行，未成一句"。

文字谱只有发展到成熟阶段，才能把这么长的一首曲子记录下来。从中我们必须要思考一个问题，具备什么样的条件才能出现文字谱？首先从琴器角度来说，它的徽位必须得确定，因为徽位是我们在谱子中分隔、记录位置的一个点。如果徽位还不是非常明确的时候，也肯定出现不了这种记谱法。其次从技法角度来讲，古琴的指法名称也要相对固定。没有指法名称，就不可能出现谱字，因为古琴的谱是指位谱，只有位置和指法名称相对统一，才可能出现记谱法。不一定要绝对统一，个人可以在指法上简化、有所变动，但最起码还是要相对统一。

在唐代的时候古琴的左右手指法已经非

常丰富了,像挑、打,还有间勾,看到谱子你就知道怎么弹。因为谱字的最初功用,首先是备忘,其次是为了大家看到它就能够学会这个曲子,学习和备忘都是不可或缺的。我无法确定指法解释在当时是不是在全国范围取得统一,但至少在大部分地区是统一的。

北魏时期的陈仲儒著有《琴用指法》,这是一本关于古琴指法解释的文献,从中我们能看到早期的古琴指法。从蔡邕的《琴赋》到嵇康的《琴赋》,里面都有古琴指法的名称。因为这些名称是散在赋里的,所以无法了解那个时代到底使用了多少指法。但是陈仲儒那时候已经开始有了指法解释的专门文献。《琴用指法》现在也藏在日本。

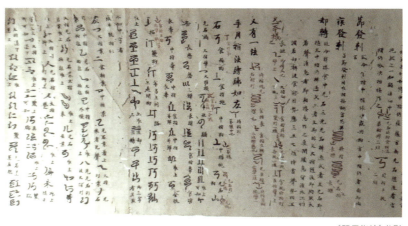

《琴用指法》书影

从文字谱发展到减字谱肯定有一个中间阶段,也就是文字跟减字过渡使用的阶段。现在,古琴谱还有一个特别大的作用,除了用于打谱去挖掘一些古代的琴曲以外,我们还可以通过字的简化程度,大概判定这首琴曲属于早期、中期,还是晚期。

减字谱是选取文字的一部分简化而成。减字谱分为上下两个部分:左上角记录的是我们左手按的那个手指,右上角是徽位,下面是右手的指法,还有弦位,就像十字坐标一样,这套逻辑一直延续到现在。但减字谱在简化的过程，也存在着很大的差距。最简单的就是找《神奇秘谱》——1425 年，现存最早的琴谱集，比如"抹"这个指法，咱们现在在减字谱里是"木"，早期的那个简化就是"末"。像《广陵散》，这是比较早的谱字了，里面会有"注"，现在在减字谱里简化成了三点水。写在下边的左边而早期写在中间的"主"字就是"注"。还有"侖"就是"轮"，你会发现那个时候的减字谱与现在不完全一样。

《神奇秘谱·广陵散》书影，《琴曲集成》第一册

在《神奇秘谱》里面能看见不同时期的谱字，因为它是琴谱集嘛，不只是一个时代的琴谱。不能因为它是明代编纂的琴谱集，就认为里面收录曲子就是明代的，其实它收录各个朝代的琴谱，甚至包括唐、宋时期。我们经常说我们的古代音乐史是哑巴音乐史，就像大家说的诗词，你说得再美好却听不到旋律。但通过对谱字的分析，可以大概判断这首琴曲是什么时期的。谱字就是给你一个佐证，给你一个旋律断代的信息。

还有一个比较重要的谱子是《古怨》，就是南宋姜白石《白石道

人歌曲》中的《古怨》。从这个谱本大概就能看出，当时的减字谱跟现在的已经非常接近了，但还是有一些不一样的地方。他那时候还会用大弦，就是一弦，他称为大弦。对比看来，《神奇秘谱》中有些谱子可能更早一些。

需要说明的是，《神奇秘谱》是徽位间的记谱，不是徽分记谱。比如说大指的"七八"，这个"七八"可不是指七徽八分，它是七徽和八徽之间的某一个音，这叫徽间记谱，不是徽分记谱。什么时候出现徽分？从《大还阁琴谱》开始。

国家图书馆藏《白石道人歌曲》清乾隆三十六年刻本

《大还阁琴谱》基本上就是徽分记谱了，已经到了清代康熙年间了。"固有分数以定位"①，就是说大家可能不太清楚该往哪儿按，因为你想七到八之间可能有十份，从原理上有十份，但其实不会选择这么大，人还是有耳朵自己选择的。但是呢，它有个徽分的话，肯定会告诉你七徽八，就是分成十份，这个音在大约八分这个位置，有这个"分"的概念了。这是一个非常有标志性的变化。从它开始，整个记谱方法开始转向徽分记谱。从琴谱角度来讲，《大还阁琴谱》是一部标志性的文献。

① 明·徐上瀛：《谿山琴况》。

451

《大还阁琴谱》跋语

① 《太古神品》，是《神奇秘谱》的其中一卷。《神奇秘谱》全书共分三卷。上卷称《太古神品》，收作品16首，从由古代流传至当时的曲子中选择了历史价值较高的传谱，中、下卷称《霞外神品》，收录48首，系活跃于琴坛、未收录于《紫霞洞琴谱》，作者又亲身演奏过的琴曲。

因为古琴的谱字不记音高和节奏，只记指法，所以《神奇秘谱》中的《太古神品》①里面，甚至都没有什么句读，你得靠自己去断句。明末清初开始出现一些能够记录更为细致节奏的尝试。我觉得这也跟明清时期工尺谱的发展有关系，点板是工尺谱中的，很多人说它们是弦索谱的用法，并不是古琴谱自有的。《五知斋琴谱》里面有一句话其实挺有意思的，"长笔直竖，以醒急连"，用粗线来显示这几个字是连在一起的。这些谱字都得连在一起弹。可见当时琴人开始希望琴谱变得更加准确一些。

《指法汇参确解》这个谱本很有意思，它是清代道光年间的，介绍了一种教学方法，叫"直

《五知斋琴谱》书影，《琴曲集成》第十四册

指读谱法"，和古琴广陵派的"唱弦"一样。比如弹广陵派最著名的一首曲子《平沙落雁》，张子谦先生和我父亲他们就会唱："七二七撮。"他们会唱指法和弦数，所以叫"唱弦"。"直指节奏法"是最早记载的"唱弦"，而且说明了怎么唱，比如弦数和指法混在一起的时候，是先唱弦数还是先唱指法，还有像哪些哼出音高就行了。我记得张先生有录音留下来，他就是这样唱："七退复退复退复……"这就是我们的教学方法。为什么吴文光先生也爱唱？我父亲有时唱弦，有时唱旋律，我自己也唱，就是当弦数和节奏找不着的时候，让学生唱一两句，便于学习和记忆。唱整篇的情况不是特别多。杨时百的《琴学丛书》里面记载了，黄勉之当年也是，教的学生学起来比较困难时，让他唱，唱弦的时候容易找到节奏和弦位。古琴要记音的话很麻烦，同样一个音哪个弦都能找到，之所以它一直记录指位，也跟这点有关系。如有一个音弹这里也可以，弹那里也可以，只记旋律的话，转换就会出问题，所以要记指、要记弦位。工尺是用来标记旋律，它像一首歌一样。唱的是旋律，歌词是弦数和指法。这样的话，旋律的节奏有了，音高也有了，左手右手的指法也有了，这是一举多得的一种教学法。

《指法汇参确解》书影，《琴曲集成》第二十册

我写过一篇文章叫作《"唱弦"考释》，因为"唱弦"对我们从事古琴演奏的人来说，像一个术语一样。我发现，原来"唱弦"在《指法汇参确解》里就能找到，就是"直指读谱法"。它是我们目前看到的最早的读谱法，杨时百都没有讲得那么细致。书中有例子，讲解怎么做、怎么看。

《指法汇参确解》是最早在减字谱旁标记工尺并点板的谱本。谱本中的小三角，相当于一个板，有点儿类似于我们说的一拍。它不标眼，因此我怀疑是琵琶的工尺谱。琵琶的工尺谱就是标板不标眼，三角之间的谱字叫作"间音"，这样的话，它的节奏肯定不能特别散，基本上是上板才能这么点。你碰上散板还真麻烦，散板还真有可能只给你画一条线。告诉你几个谱字连接在一起弹，但是用什么样的方式你还得自己调整。点板的乐曲板眼都相对固定、比较规整。这个方式也跟它的音乐风格有关系，要是点得再细、再准确就很难，因为它的节奏变化太复杂了。

我按照谱子弹过《指法汇参确解》的《平沙落雁》，非常规整，跟我弹的广陵派《平沙落雁》不大一样。可以看出来，那个时代大家都已经开始希望谱本能够提醒大家节奏在哪儿、音高在哪儿。但是我认为，唱弦的方法有点儿像工尺的韵谱。比如里面的减字被称为"大字"，"大字"其实是工尺的乐谱里面的叫法。我想，可能这个人熟悉"弦索"，可能会弹琵琶，因为很多琴家会弹琵琶，而且弹得非常好。卫仲乐先生是以琵琶为主的，但是他也会弹古琴，王露①也是。过去弹琴的人不是只弹一种乐器，他如果很熟悉琵琶谱，或者很熟悉这些工尺的话，就很有可能借鉴过来。使用减字谱学习古琴不太好记，而且也不太好学，学它很费劲儿，没有老师教的话，光靠自己打谱，其实还是很困难的。可能出于这样的原因，他发明了这种"唱弦"的方式。

另外需要说明的就是杨时百了，他发明了一种五行谱，那个谱字也是比较特别的。

①王露（1879—1921），古琴家、琵琶家。

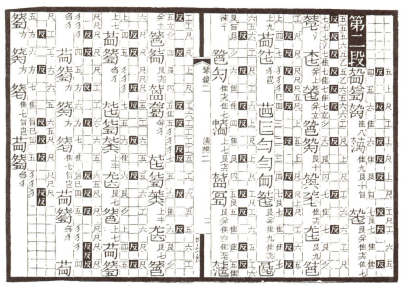

《琴镜》书影，《琴曲集成》第三十册

他把唱弦的弦数都给你标出来了。里面的"反"就是"板"的简写。在道光年间的那份琴谱被发现前,我们一直认为杨时百的《琴学丛书》是最早记录"唱弦"的文献,后来才发现另有更早的记载。能如此系统地去表述,说明肯定有一定的普及性,不是突发奇想冒出来这么一个东西,需要有实践过程,才会出现系统的记录。但杨时百的五行谱使用率其实很低,看着有些晕,因为太复杂。

在 20 世纪 60 年代,像我父亲那一代人觉得古琴谱没有音高、没有节奏是一个缺陷,因此开始对古琴谱进行改革。如上海音乐学

谱例4

大 胡 笳

(节选)

神奇秘谱
龚一整理并译谱

龚一先生用五线谱记录古琴曲《大胡笳》

院的七弦琴改革小组发明了一种新的古琴记谱法，他们将古琴指法、弦数、泛音等谱子中的信息简化为符号标在五线谱上。

我觉得这种改革方式可能是从当时琵琶或者古筝的记谱法借鉴过来的。我们家还有我父亲当年记过的这种谱子，但他后来坚决不用了，觉得这个东西还是有它的局限吧。

现在使用较多的还是五线谱下附加减字谱的复合谱式，或者是简谱下加减字谱。后者使用者可能更多，甚至像我们，包括成公亮①先生都使用简谱加减字谱的复合谱式记录。用简谱记录的琴曲会有首调的感觉。就准确性而言，古琴音乐是散、泛、按相互结合的，因此用绝对音高就很不方便。但使用简谱就简单很多，比如 La 比之前的那个音低两个八度，点两个点就可以，而且从直观性上也更符合中国人的习惯，因此我绝对同意成公亮那种记谱法。另外一点，我坚持在记谱时不标小节线，而是使用原谱的句读，避免提示强弱。

① 成公亮(1940—2015)，著名琴家，南京艺术学院副教授，国家级非物质文化遗产代表性项目古琴艺术国家级代表性传承人。

我觉得，虽然古琴谱没有标明明确的节奏，但它还是有一个提示，谱中的旁注会不断提示轻、重、疾、徐，提示音乐的感觉该怎么样，或者节奏用什么样的方式进行。如果把它弄得特别僵化以后，反而有悖于古琴的艺术性，把它最有特点、最有魅力的部分给扼杀了，"准确"是西方的一种概念，古琴艺术有相对的准确，没有绝对的准确，是一种有框架的自由。

我觉得古琴是一件包容而又开放的乐器。古琴的个性和魅力，就在于它的不确定，以及演奏者的参与，它最大限度地发挥了演奏者的主观能动性。因此研究同一首琴曲在各个谱本里的变化，其实是非常有意思的。你不敢说你对它的解读就是它当时的样子，其中必定有你个人的东西，它的魅力就在这儿。吴文光先生当年写过一篇文章,说未打谱的古琴曲是本文,打谱以后就变成对本文进行解读的文本;在打谱过程中也许有变化、删润,用减字谱记录下来就变成第二个本文。因此,它是一个本文和文本之间不断循环、不断改变的过程,这里面有老东西、有原来的因素在,但又都有新的东西。琴乐真的不是一种保守的音乐,可以说,它是一种与时俱进的音乐。它一直都带着每一代解读它的作者对音乐的理解,而同时又带有当时那个大环境下的审美特征,有着不同的时代印记。

拓展阅读：惜字与惜字塔

惜字是一种文化现象，"字为天地之灵秘，圣贤之精英"①，人们相信文字有神秘的力量，对文字尊敬爱惜，形成一些相关的习俗。惜字习俗包含丰富的历史和文化内涵，明清之际，随着惜字习俗的流传，惜字塔成为中国城市和乡村的必要公共建筑。

① 四川省西昌市礼州镇字库塔碑文。

宋本蓉

国家图书馆副研究馆员

宋本蓉（1973—　），国家图书馆副研究馆员，主要工作为非遗保护研究与实践，口述史研究与实践。

宋本蓉 2010 年毕业于中国艺术研究院，获艺术学博士学位；著、编著或整理的图书有《雕漆技艺》《中国工艺美术大师全集·文乾刚卷》《北京非物质文化遗产传承人口述史·雕漆技艺·文乾刚》《文心雕漆：雕漆大师文乾刚口述史》《中国工艺美术大师全集·甘而可卷》《风雨平生：冯其庸口述自传》等书；发表《明清惜字塔研究——惜字文化的建筑遗存》《中国记忆学者口述资源库建设的实践：以冯其庸先生为个案》《又见漆砂砚》《和古老的线条一起散步：何俊明与绛州剔犀》《剔刻山水的深度：解读文乾刚的剔红山水》等论文。

惜字习俗

惜字习俗表现为岁末祭书、敬惜字纸、慎用文字等。

一、岁末祭书

读书人在年末的时候，将自己心爱的书陈列祭拜，是珍重敬畏文字的一种仪式。

南北朝时候，臧荣绪（415—488）在孔子诞辰的时候，陈列"五经"典籍祭拜，以示对孔子的尊崇和对经书的崇拜。宋代戴复古（1167—？）在《壬寅除夜》诗中写到唐代诗人贾岛岁末祭诗："今夕知何夕，满堂灯烛光。杜陵分岁了，贾岛祭诗忙。"①清代黄丕烈（1763—1825）爱书，年末招书友共同赏书祭书。近

① 全宋诗分析系统（http://202.106.125.44:8082/song/）。

代藏书家傅增湘（1872—1949），年末也有祭书之会。书籍是先圣先师的智慧凝结而成，读书人祭书是感恩先圣先师。

直到2005年还有岁末祭书，主持者是美国普林斯顿大学瑞典籍的艾思仁博士，他在岁末的那一天邀请友人来家聚会，并观赏他所收藏的珍本古籍。①这次的岁末祭书，更像是书友间赏书的雅集。

岁末祭的还有司书神长恩，据说在除夕的时候，呼长恩的名字并且祭祀他，他就能保佑书籍不会被蠹鼠损毁。"司书鬼曰长恩，除夕呼其名而祭之，鼠不敢啮，蠹鱼不生。"②因为书籍容易被损毁，所以读书人希望能找到有效的保护方法。晒书是保护书籍的有效办法。唐代陆龟蒙（？—881）晒书有"晒书床"，他在《袭美以公斋小宴见招，因代书寄之》诗中写道："自与酌量煎药水，别教安置晒书床。"③宋代陆游（1125—1201）："催呼稚子晒书忙。"④《南宋馆阁录》记载："十四年五月七日，秘书郎张阐言：'本省年例，入夏暴晒书籍，自五月一日为始，至七月一日止。'从之。"⑤用芸香草⑥防蠹也是藏书家一直沿用的方法。宋代李至（947—1001）："竹简藏蝌蚪，芸香避蠹鱼。"⑦宋代陆游："剩采芸香辟书蠹。"⑧在古代，书籍不易得却易失，人们珍重爱惜，除了晒书、以芸香防蠹以外，希望有一位神仙能帮助保护书籍，因此长恩就承担了这个愿望。

清代小说家李汝珍（1763？—1830？）的《镜花缘》中有关于长恩的一段："红红道：'适因"衣鱼"二字，偶然想起书籍往往被他蛀坏，实

① 参考陆扬《祭书之会》（上）、《书城》2006年第2期。陆扬《祭书之会》（下）、《书城》2006年第3期。
② 《御定月令辑要》，文渊阁四库全书本·卷二十。
③ 清·彭定求等编：《全唐诗》（点校本），中华书局，1999年，第7222页。
④ 全宋诗分析系统（http://202.106.125.44:8082/song/）。
⑤ 宋·陈骙、佚名撰：《南宋馆阁录·续录》，张富祥点校，中华书局，1998年，第22页。
⑥ 芸香草，是古代藏书防蠹常用的香草。因此书斋别称"芸香阁""芸窗"或"芸馆"，书签则称"芸签"，读书仕进者谓之"芸人"，校书郎称为"芸香吏"，藏书处称"芸局"等。书省的秘书省叫作"芸阁""芸台"或"芸署"，专司图书典籍的秘书省叫作"芸香阁"。
⑦ 全宋诗分析系统（http://202.106.125.44:8082/song/）。
⑧ 同上。

为可恨。丽春姐姐最精药性,可有驱除妙方?'潘丽春道:'古人言,司书之仙名"长恩",到了除夕,呼名祭之,蠹鱼不生,鼠亦不啮。妹子每每用之有效。但遇梅雨时也要勤晒,着听其朽烂,大约这位书仙也不管了。'"长恩是掌管和保护图书的,那他应该可以说是图书馆员了。清代藏书家庄肇麟将自己的书室命名为"长恩书室",清代藏书家傅以礼命名自己的书斋为"长恩阁",把自己的藏书编目称为"长恩书目",对于爱书人来说,书若安好,才是晴天,因此祈求一种神力可以帮助自己守护藏书。

然而读书人对蠹鱼的感情是复杂的。唐代白居易(772—846)《开元九诗书卷》:"红笺白纸两三束,半是君诗半是书。经年不展缘身病,今日开看生蠹鱼。"①唐代李商隐(813?—858?):"自探典籍忘名利,欹枕时惊落蠹鱼。"②宋代陆游《日用四首》其四云:"空舍封书箧,多年饱蠹鱼。还家贫不死,读尽旧藏书。"③清代赵翼(1127—1814)《蠹鱼》诗云:"归里间无事,仍寻乱帙繁。蠹鱼走相告,此老又来翻。"④这里的蠹鱼是如此可爱,读书人也平和,并不曾看出不和谐,看来是爱屋及乌了。

蠹鱼吃书,所以被读书人赋予了各种形象。传说有种叫"脉望"的神奇东西,就是蠹鱼所化,吃了可以成仙。据《太平广记》记载:"唐建中末,书生何讽,尝买得黄纸古书一卷,读之,卷中得发卷,规四寸,如环无端。讽因绝之,断处两头滴水升余,烧之作发气。讽尝言于道者,道者曰:'吁,君固俗骨,遇此不能羽化,命也。据仙经曰:蠹鱼三食神仙字,则化为此物,名曰脉望。夜以缯映当天中星,星使立降。可求还丹,取此水和而服之,实时换骨上升。'因取古书阅之,数处蠹漏,寻义读之,皆神仙字。讽方叹伏。"⑤据说读书人若得了脉望,应该在夜晚拿了它对着星斗祈祷,然后吃了它,立刻就会飞升成仙。宋代李洪(生卒年不详)有诗《游华盖山容成洞天》:"闲缥洞简寻真诀,脉望难求发似

① 清彭定求等编：《全唐诗》（点校本）,中华书局,1999年,第4867页。
② 同上,第6285页。
③ 全宋诗分析系统(http://202.106.125.44:8082/song/)。
④ [清]赵翼：《赵翼诗编年全集》,天津古籍出版社,1996年,第757页。
⑤ [宋]李昉等编纂：《太平广记》,文渊阁四库全书本,卷四十二。

环。"①清末上海有"脉望山房",专营石印典籍。现在江苏省常熟古城区还有"脉望馆",这是明代万历年间赵用贤（1535—1596）、赵琦美（1563—1624）父子的藏书楼。蠹鱼变身神奇的"脉望",可能是读书人创造出的读书致用的一种美丽幻想。

鲁迅先生写过一篇《祭书神文》,他在1901年的除夕夜,举酒高呼,请书神驾着蠹鱼,带着脉望,携着漆妃（墨）和管城侯（笔）来自己的客堂欢聚,他将为书神献上淡酒菊菜,朗诵《离骚》。②在鲁迅先生笔下,蠹鱼成为书神长恩的座驾,这应当算是蠹鱼最帅气的形象了。

书、长恩、蠹鱼、读书人,因文字而聚会,虽有各种小恩怨,但是在文字清辉的照耀下,也和睦一家亲了。

二、敬惜字纸

敬惜字纸就是看到"字纸"要捡拾起来,按期放在惜字塔中焚化。每年定期将累积的字纸灰清出,虔诚献祭后,将字纸灰装到专门的盒子里,送至能通到大海的河流,倾入水中。因为人们相信海的尽头与天相通,文字可以从这里到达天上,到达仓颉所在的地方。

北齐颜之推（531—595？）在《颜氏家训》中谈到要敬惜典籍:"吾每读圣人之书,未尝不肃敬对之;其故纸有五经词义,及贤达姓名,不敢秽用也。"③敬畏典籍所以爱护字纸,这是敬惜字纸的源头。

《红楼梦》第五十八回,清明时

① 全宋诗分析系统（http://202.106.125.44:8082/song/）。

② 参见鲁迅：《祭书神文》，《鲁迅全集·集外集拾遗补编·附录二》，人民文学出版社，2014年。原文：上章困敦之岁，贾子祭诗之夕，会稽戛剑生等谨以寒泉冷华，祀书神长恩，而缀之以俚词曰：今夕兮除夕，香焰氤氲兮烛焰赤。钱神醉兮钱奴忙，君独何为兮守残籍？华筵开兮腊酒香，更点点兮夜长。人喧呼兮入醉乡，谁荐君兮一觞？绝交阿堵兮尚剩残书，把酒大呼兮君临我居。缃旗兮芸舆，掔脉望兮驾蠹鱼。寒泉兮菊浸，狂诵《离骚》兮为君娱，君之来兮毋徐徐。君友漆妃兮管城侯，向笔海而啸傲兮？倚文家以淹留。不妨导脉望而登仙兮，引蠹鱼之来游。俗丁伧父兮为君仇，勿使履阈兮增君羞。若弗听兮止以吴钩，示之《丘》《索》兮棘其喉。令管城脱颖以出兮，使彼惴惴以心愁。

③ 《北齐颜之推：《颜氏家训》，叶玉泉译注，岳麓书社，2016年，第38页。

节，林黛玉的丫环藕官在山石后烧纸钱被婆子发现，眼看要被责罚，适逢贾宝玉经过，替她遮掩。"宝玉忙道：'他并没烧纸钱，原是林妹妹叫他来烧那烂字纸的，你没看真，反错告了他。'藕官正没了主意，见了宝玉，也正添了畏惧，忽听他反掩饰，心内转忧成喜，也便硬着口说道：'你很看真是纸钱了幺，我烧的是林姑娘写坏了的字纸！'"①《康熙教子庭训格言》有："字乃天地间之至宝，大而传古圣欲传之心法，小而记人心难记之琐事；能令古今人隔千百年观而共语，能使天下士隔千万里携手谈心；成人功名，佐人事业，开人见识，为人凭据，不思而得，不言而喻，岂非天地之至宝。与以天地间之至宝而不惜纸，糊窗粘壁，裹物衬衣，甚至委弃沟渠，不知禁戒，岂不可叹！故凡读书者一见字纸，必当收而归于篋笥，异日投诸水火，使人不得作践可也。尔等切记。"②可见在清代，焚化字纸是日常琐事之一。

惜字的活动，儒、释、道都共同参与了。在惜字的善书中，也一再强调"三教同源"，文昌帝君是道教的神祇，许多惜字组织多与文昌祠连在一起。惜字会有设在庙宇祠堂里的，并且在庙宇和道观里常可见到惜字塔，惜字炉也是书院的配套建筑。民间认为，如果敬惜字纸，焚化字纸，来世就能不做文盲。读书人在书桌旁放一个字纸篓，不用的字纸扔在里面，等着用扁担挑着字纸竹箩筐沿路拾字纸的人来到，再把字纸倒给拾字纸人，带到惜字塔去焚化。

寺庙里专门负责捡拾字纸的称为"拾字僧"，焚化或保管字纸的地方叫"惜字林"。清代朱彝尊（1629—1709）在《曝书亭集》记载，南泉寺新建惜字林，请他作记，他在《南泉寺新建惜字林记》中写道："有禅上人者，衣裾持顷筐，拾字纸，于道月之朔望，辄焚之。越三载，结数椽于文昌阁下，匾曰'惜字林'，贮之有库，焚之有炉。"③敦煌石窟十七号窟中所藏文书大多是唐开元至天宝年间的乡籍、里籍及差科簿。文书背面写了一些佛典疏释账契和牒状。可

① 清曹雪芹著，[清]无名氏续：《戚蓼生序本石头记》，人民文学出版社，2008年，第801页。
② 清康熙：《康熙教子庭训格言》，唐汉译注，中国社会科学出版社，2004年，第133页。
③ 清朱彝尊撰：《曝书亭集》文渊阁四库全书本，卷六十七。

是奇怪的是,佛教讲求的是"不立文字,教外别传",那它为什么要惜字呢？桑良至教授认为,那是人们丢弃的、无效的或作废的经济文书交给了寺庙,当时的人们认为惜字是减灾消难的一种美德。所以他认为,敦煌石窟很可能是全国最大的"惜字林",聚集的是拾字僧拾来的和老百姓无用但不忍抛弃而送来的字纸。①现在寺院中还有惜字的遗风,在北京的戒台寺里就要求把印有佛像和写有佛字的纸放进专门的地方,不允许乱扔。

明代托文昌名扶乩降笔而成的善书,流行于士绅间,并逐渐普及,其作用是劝人行善积德,以求本身及子孙科举高中。善书除了一般济贫救危、修桥铺路之外,还警告人不要弃毁字纸,否则会延祸子孙,招来杀身之祸。比如《惜字良规》中有《文昌帝君劝敬惜字文》:"使人人敬重字纸,则获福无量;若揭而藏之,则殃流后代,可不畏哉？"②趋吉避祸是人的本性,惜字被认为能消灾减难,因此敬惜字纸流布广泛。

三、慎用文字

慎用文字主要是侧重于劝导人们下笔谨慎,不要用文字来做不合道德伦理的事情,并且确保文字不出现在不妥当的地方。

清代张允祥认为:"笔端之祸为最烈也","一字之加,胜于三千之刑,可不慎钦？凡下笔有颠倒是非,使人衔冤者,此字当惜","凡下笔有一时快意,他人永无生路者,此字当惜","凡下笔有出入关人性命者,此字当惜","凡下笔有破人婚姻,离人夫妇者,此字当惜","凡下笔有离间他人骨肉者,此字当惜","凡下笔有凌孤欺寡者,此字当惜","凡下笔有诗歌讥诮,犯人所忌者,此字当惜"等。张允祥的《广惜字说》提出公门处理事务的时候要慎重使用文字所蕴含的力量③,所以作"惜字十

① 参考桑良至:《中国古代的信息崇拜》《北京大学学报》1996年第3期。
② 清慎独斋主人纂辑:《惜字良规》清光绪二十五年(1899)新刊,第6页。
③ 参见清代张允祥:《广惜字说》[清]王晫等辑:《檀几丛书二集》,清康熙(1662—1722)刻本,卷三十。

则"。在某些时候,文字确实代表着权力,要慎用文字,在法理与人情之间找到平衡。

另外在《惜字正宗》中,有《惜字广意六则》《惜字正诠十二则》,都是慎用文字的内容。《惜字广意六则》:"一不可撰淫词艳曲坏人心术,流害无穷;一不可谤毁圣贤,亵渎经籍;一不可集书为艳体词,割书做歇后语,及借引经书取供笑谑;一不可出恭看书,秽手揭书;一不可将书做枕;一不可偷废书札。"[1]

此外《惜字正诠十二则》列举了十二条要慎用文字的地方,"一下笔有关人性命者,此字当惜;一下笔有关人名节者,此字当惜;一下笔有误人功名者,此字当惜;一下笔有离间人骨肉者,此字当惜;一下笔属人闺阃阴事,及离间婚姻者,此字当惜;一下笔谋人自肥,倾人活计者,此字当惜;一下笔凌老贫欺孤寡者,此字当惜;一下笔挟私怀隙,故卖直道,毁人成谋者,此字当惜;一下笔唆人构怨,代人驾词者,此字当惜;一下笔颠倒人是非,使人衔冤者,此字当惜;一下笔讬诗讥讪人者,此字当惜;一下笔刺人忌讳,发人阴私,终身饮憾者,此字当惜。"[2]这部分也主要是慎用文字的内容。

关于确保文字不出现在不妥当的地方,《惜字良规》中有《惜字宜戒七则》记载:"一戒勿将字纸糊窗裱筐,抹棹拭秽,封罐包物;一戒勿将字纸捻绳扎物,燃灯吸烟;一戒勿将字纸换物卖钱(卖作纸筋还魂纸者罪过犹大);一戒勿当空焚字,弃灰于地,以致践踏;一戒勿抛弃有字笔管碎碗;一戒寿挽幛联,勿书黑字于上,免后改用以致亵字纸;一戒勿将已拾字纸,仍置墙隙,致与未拾者同。"[3]确保文字不出现在不妥当的地方,也是尊重文字的表现。

清代冯至在《惜字三宜》中列举了他所见到的不恰当的对待文字的方式,除弃掷以外,还有九条:"无端铭刻""无端织绣""无端标记""无端招贴""无端造作""无端丰厚""无端节省""无端咀嚼""无

① 清杜家福编辑：《惜字正宗》清光绪三十二年（1906）重镌,第9—10页。
② 同上,第10页。
③ 清慎独斋主人纂辑：《惜字良规》,清光绪二十五年（1899）新刊,第10页。

端欺隐"等。①这些是关于确保文字不出现在不妥当的地方的内容。

费孝通先生在《我对自己学术的反思》中说:"纸上写了字,就成了一件能为众人带来祸福的东西,不应轻视。……我一生对字纸太不敬惜了,想写就写,还要发表在报章杂志上,甚至编成了书,毫不经意地在国内外社会上流行。"②费孝通先生认为应该敬畏文字,慎用文字。

① 参见[清]冯至撰:《惜字三宜》,冯振音辑:《诸暨冯氏丛刻》第九册,1917年铅印本,第1—3页。
② 费孝通:《我对自己学术的反思——人文价值再思考之二》,《读书》1997年第9期。
③ 四川省西昌市礼州字库北墙碑文《重修字库序》。

惜字塔和惜字会

一、惜字塔

惜字塔是专门为焚化字纸而建造的塔式建筑,在四川叫"字库""惜字宫",在中国台湾呼"字纸亭""圣迹亭"。惜字的习俗,在琉球非常盛行,焚化字纸的建筑称"焚字炉"。其他名称还有"敬字亭""惜字阁""惜字炉""化纸炉""敬文亭""敬圣亭""字纸亭""字炉"等。各地称呼有不同,但它们有相同的用途,都是用来焚化字纸的。

明清时修建的惜字塔有不少留存到了现在。四川省有成都市大慈寺的字库、成都市邛崃市牟礼镇的兴贤塔、凉山州德昌县仓圣宫字库等一百七十余座惜字塔,湖南省有长沙市望城惜字塔、长沙市石常乡惜字塔等,贵州开阳县龙岗镇布依族聚居的大荆村有清道光十年(1830)修建的惜字塔。陕西、江西、云南、重庆、湖南、湖北、安徽、广东、台湾等地区都有惜字塔。

修建惜字塔有利于惜字而被推广开来。"惜字之法,莫良于字库,且可以培风起秀。"③"顾人贵之如珠玉,贱之如泥沙,往往遗弃而不知惜,讵无咎哉,其为惜也,或投之河或埋之土善矣,第土有时而

四川省西昌市礼州字库塔

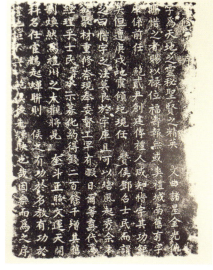

四川省西昌市礼州字库塔碑文《重修字库序》拓片①

践踏水有地而昏污要，何若焚之而藏之于库者，尤为敬焉。"②"以惜字为心，募化仁人君子之财，修成紫电青霜之库，则贱字者有所感能敬重乎字，弃字者有所悟而知收积乎字，断简残编尽无遗弃，他乡本境，风水永培。"③相似的说法在很多惜字塔的碑文上都能看到，古人认为修建惜字塔焚化字纸是惜字的好办法，也是当地文风兴盛的表现。

陕西省西安市有《文昌社换焚字纸碑》④，北京房山有一块《敬惜字纸碑》，从仓颉造字说起，倡导敬惜字纸。⑤北京西城区梁家园胡同有《惜字会馆文昌殿碑》，

① 四川省西昌市礼州字库塔的照片是宋本蓉于2011年拍摄，拓片是四川省凉山州博物馆赠予。

② 四川省德昌县巴洞镇惜字塔碑文。参见宋本蓉：《明清惜字塔研究》，硕士学位论文，北京理工大学，2006年，第52页。

③ 四川省西昌市礼州字库塔北墙碑文《重修字库序》。

④ 参见〔清〕周之桂撰，〔清〕杨生芝行书，〔清〕韩世泽篆额，〔清〕卜得元等镌：《文昌社换焚字纸碑》，陕西省西安市，清康熙二十一年（1682）二月七日。碑帖藏于国家图书馆（各地7135）。

⑤ 参见〔清〕金鼎梅撰，〔清〕潘辅周正书，〔清〕王清泰刻：《敬惜字纸碑》，北京市房山区，清道光四年（1824）九月立，碑帖藏于国家图书馆（北京9078、北京9079）。

《文昌社换焚字纸碑》

《敬惜字纸碑》

提到"梁家园惜字会馆，前人仿武进赵恭毅公法为之，乾嘉中屡有修举"①。清代光绪年间北京通州有《惜字炉碑》，记载："张家湾陈君兆瑞，乐善人也，约同志设惜字会，创惜字炉于两厂关帝庙内，其附近学堂及店铺则制篓以分送之。"②清代，在中国的城市和乡村，修建惜字塔也是普遍的行为。

惜字塔的功能是焚化字纸，关于惜字塔的样式，在《惜字正宗》中有记载："底下要悬五寸空高，内用麻石彭楼，以便装灰，

①清佚名撰：《惜字会馆文昌殿碑》，北京市西城区梁家园胡同，清同治十三年（1874）七月记。碑帖藏于国家图书馆（北京7109、北京7110、北京7971）。
②清罗允猷撰：《惜字炉碑》，北京市通州区张家湾皇木厂，清光绪十年（1884）五月。碑帖藏于国家图书馆（北京8284）。

字纸灰就不得湿漉。做炉四尺高，空横口一个，六寸阔，八寸高，用石板一块限入中间，要活的，可以推动，又要拿不出，甚妙。好烧字纸并好打灰。"①惜字塔的基本功能是焚化字纸，所以现存的惜字塔都具备焚化字纸所需要的结构。尽管各地的名称不同，建筑风格和建筑材料也有差别，但基本上都是砖石结构，塔的上部一定有通风出烟的孔道，塔

《惜字会馆文昌殿碑》

《惜字炉碑》

的下部在方便人们投放字纸的高度一般设有投字纸的入口，在塔基部分还有一个出字纸灰的口。

惜字塔一般是众人捐资修建，因此捐资碑是惜字塔的重要组成部分，有些惜字塔可以没有记事碑，但一定有捐资碑。卜正民②认为："这些并非简单的捐款记录。它所保存的

① [清]杜家福编辑：《惜字正宗》，清光绪三十二年（1906）重镌，第11—12页。
② 卜正民（Timothy Brook）加拿大人，主要从事亚洲历史和文化研究，1986年任教于多伦多大学历史系，并于1997年至1999年任斯坦福大学历史系教授。

不单指是财富，还有社会地位和权力，一块石碑通过记录谁捐赠，就等于宣布了谁能捐赠，谁希望以捐赠来扬名，谁寻求以捐赠而使他在相关的社会群落中增加声望。因而，它证实了捐赠者和非捐赠者所处的社会结构。"①主持修建惜字塔或者为修建惜字塔捐资就是一个引起公众注意的机会，而且是展示自己文化姿态的机会。

近代一些外国人在中国游历，撰写了大量的中国游记，也提到惜字塔和惜字习俗。中野孤山 1906 年应四川总督锡良之请，任成都补习学堂、优级师范学堂教习，直到 1909 年回国。他记录了四川的惜字塔，他说："惜字塔的数量非常多，各学堂都有，用来焚烧书写过的废纸……他们不允许在文字上乱涂乱抹，也很忌讳把写有文字的纸扔在地上任人践踏。像我国那样用来擦鼻涕、擦屁股，则更是一大禁忌。一切废纸都要收进惜字塔中，并满怀无限惋惜之情将其焚烧。不过也有把废纸放在鼎中或干净的地上焚烧的情况。此乃该文字大国中不可忽视的习俗之一。"②

惜字塔在海外也有。新加坡的崇文阁 1849 年由侨商领袖陈金声倡建，1852 年落成。"日常宣传、捡拾、焚烧字纸，于每年二月初三日送字纸灰入海的惜字实践，忠实地履行了半个多世纪之久，在形成新加坡乃至南洋华人各埠敬惜字纸、敬字重文的社会风气方面，'潜移默化'，作用不容小觑。"③琉球群岛那坝市玉城村有焚字炉，马来西亚的闽中凤山寺目前还保留着一块光绪乙酉年的"惜字碑"，日本长崎"唐四福寺"之一的圣福寺中有"惜字亭"。汉字文化圈内，大多有惜字习俗和惜字塔。

惜字塔原本只是有敬惜字纸、焚化字纸的场所，后来也有了尊师重道的教化功能，也有了祭祀的仪式，与道教和风水之说结合，也承担了镇邪避煞、培风起秀的功用。

① 加下正民：《为权力祈祷：佛教与晚明中国士绅社会的形成》，张华译，江苏人民出版社，2005 年，第 3 页。
② [日]中野孤山：《横跨中国大陆：游蜀杂俎》，郭举昆译，中华书局，2007 年，第 121 页。
③ 李勇：《敬惜字纸信仰习俗在海外的传承与变迁——以新加坡崇文阁为例》，《世界宗教研究》，2013 年第 2 期。

二、惜字会

惜字会是惜字塔向民间推广的过程中应运而生的一种善会，惜字会"以募捐的方式筹款，善款用来雇人定时收拾字纸，或向人买字纸，并建焚化字纸的惜字炉，这些字纸定期焚化，并由会中派员送灰到海，再坐船将灰倒入海中"①。惜字会还有其他的施棺、施药、济贫穷寡妇、拾骸掩埋等各种善举。惜字会在清代中晚期大量出现，对当时的社会和民众生活有重要的影响。

惜字会雇人捡拾字纸，在捡拾过程中用什么工具、什么方法，都是有章程规定的。比如：铁钳，专揭高处字纸；铁铲，铲下难揭字纸；篾箕，紧贴墙壁以防字迹掉落；篾笭，盛字所用；棕帚，刷湿贴纸所用；竹筒，盛水以湿字纸；布袋，盛秽纸所用；絮袄，拾字工御寒所用，用一斤多新棉做成；笠帽，防雨用；草帽，防晒用；钉鞋，雨中所用。如此装备齐全的拾字用具，使得整个拾字过程显得神圣而庄重。

美国人威廉·埃德加·盖洛（William Edgar Geil）1903 年首次来中国，从上海坐船溯流而上，沿途考察了长江流域的人文地理，在湖北，他看到"大街小巷那些不大的容器，那是人们焚烧字纸之处，即使最小的字纸也会得到这样虔诚的对待。很多年来，汉口圣经会的废弃纸屑，一直是由当地的'敬惜字纸会'取走后仔细焚化的"②。在四川，他看到"一个清洁工在捡拾字屑，从泥泞的街道上'拯救'那些备受尊崇的字纸"③，也看到"一个人正在捡地上写着字的纸片。他是被一位富有的绅士雇来干这事的，他把这些纸片用火烧掉来祭文神。这个衣衫褴褛的家伙用的篮子上写有两行字：'莫扔纸张''敬惜字纸'。对汉字表示尊敬的现象是很常见的，在好多店里都有这种篮子专门用来盛废纸"④。以惜字为名的善会寄托着士绅阶层的普济大同的理想，它随着惜字塔向民间推广需要一

① 梁其姿：《施善与教化：明清的慈善组织》，河北教育出版社，2001 年，第 173 页。

② [美]威廉·埃德加·盖洛：《扬子江上的美国人：从上海经华中到缅甸的旅行记录》，晏奎等译，山东画报出版社，2008 年，第 42 页。

③ 同上，第 65 页。

④ 同上，第 135 页。

个处理惜字事务的机构而产生，在清代实现了济世和教化的功能。

英国人麦高恩（John Macgowan）是英国伦敦会的传教士，1860 年先后在上海、厦门等地传教，在中国生活了五十多年，他看到"在中国的大街上常常可以看到有人肩上吊着个篮子，上面刻着两个大字'惜字'。他的眼睛死死盯着路面或路边的每个角落，一看到有碎纸片，他就会冲上去捡起来放到篮子里，不管这纸有多烂、多脏……如果你拦下他，问他为什么要在街上捡拾这些垃圾，他会告诉你，自己受雇于一些善良人士，他们不愿意看到古代贤人们发明的这些神圣的文字被人们践踏在脚底下，这些可是中国人民伟大智慧的象征啊。所以他要尽可能地收集那些被丢弃在大街上的文字，到了一定的时候，他们会举行一个仪式，把这些文字烧掉，以免其受到不敬"①。在清代民国的时候，雇人捡拾字纸，也是惜字善会的主要活动。

辛德勇在《惜字律二种》一文中提到的其中一种惜字律叫《惜字新编》，"卷末列有出资印送此书的信士的姓名和印送数目，共计一次就印行 6970 部。古代木版刻印书籍，这已是天文数字"②。惜字律在民间流传之多之广，于此可见一斑。《惜字良规》卷末也列了出资印送的惜字社、善堂的名字和信士的姓名，共印三千本派送。③惜字习俗明清时期在民间广泛流传，至今在很多老人的记忆里，还保存着不少惜字的相关习俗。

惜字塔是惜字习俗的建筑遗存，跟惜字习俗相关的岁末祭书、敬惜字纸、慎用文字都是惜字观念的表现。对文字有敬畏之心，由此尊重知识、爱惜物力、慎用文字等这些传统，在今天仍然有继承与发扬的必要。

① [英]麦高恩：《近代中国人的生活掠影》，李征等译，南京出版社，2009 年，第 141—142 页。
② 辛德勇：《惜字律二种》，《中国典籍与文化》，2000 年第 4 期。
③ 参见[清]慎独斋主人纂辑：《惜字良规》，敬惜堂新刊，清光绪二十五年（1899）新刊，第 24 页。

后

记

　　中国的文字承载着中华民族祖先的智慧,也体现着中华文明无可取代的独特性。文字传承着文明,文字也在中国非物质文化遗产中代代传承。这其中既有书法艺术,也有笔墨纸砚的制作技艺;既有传说故事,又有民俗活动。这些非物质文化遗产和它们的传承人,赋予了文字更鲜活的表达形式。

　　2014 年,国家图书馆与文化和旅游部非物质文化遗产司共同启动了中国记忆项目"我们的文字"专题的建设,通过梳理和收集相关文献资料,采集非物质文化遗产代表性项目的影像资料和代表性传承人的口述文献,为这些与文字相关的非遗项目和传承人建立文献资源库,也为理解文字、审视文化架构一个新的"非遗视角"。

　　2014 年至 2017 年期间,国家图书馆中国记忆项目中心团队去往包括西藏自治区、新疆维吾尔自治区在内的十六个省、自治区和直辖市进行影像资料和口述史料的采集拍摄,采集了与文字相关的四十个非遗代表性项目及其代表性传承人的影像资料,涉及民间文学、传统体育游艺与杂技、传统美术、传统技艺、民俗、传统音乐共六个类别,维吾尔族、哈萨克族、藏族、布依族、满族、傣族、彝族、锡伯族、蒙古族、纳西族、水族共十一个少数民族,同时对七十一位代表性传承人和相关专家进行了口述史访问。在这些口述史的受访人中,白向亮、高式熊、黑扎提·阿吾巴克尔、张英勤和康朗叫五位先生现在已经永远离开了我们。

　　通过这几年的持续建设,中国记忆项目"我们的文字"专题积累了超过四百小时的影音文献,制作了四十六部非遗项目专题片和传承人口述片,建设了"我们的文字"专题资源库,在中国记忆项目实验网站发布。2014 年年底,国家图书馆中国记忆项目中心举办了"我们的文字——非物质文化遗产中的文字传承"跨年大展,并出版了《我们的文字》一书。该书是一部介绍我国各民族文字相关知识的普及类读物,曾被列入"首届向全国推荐中华优秀传统文化普及图书名单"。2015 年年初,"我们的文字"专题"挤"进了北京的 4 号线地铁,在地铁里向乘客展示中国文字的魅力。在这些工作的基础上,我们将此专题所采集的代表性传承人口述史料整理出来,按照"中国的文字""书写的工具""文字的传播"三条脉络,编写成三部以非物质文化遗产为视角的口述史著作。

这三部书的整理编写工作持续了两年有余,在这一过程中,作为口述史受访者的代表性传承人和相关专家对书稿进行了细致的审订,各地非遗保护中心在联络传承人、资料补充与文稿核对等方面也给予了鼎力协助和热情配合,在此首先对他们表示感谢!同时,我们要特别感谢中国社会科学院刘魁立研究员、北京师范大学王宁教授欣然命笔,为本书作序;感谢中国民族图书馆的吴贵飙馆长等各位专家的学术支持;感谢云南省丽江市东巴文化研究院李静生研究员在病中依然坚持审订书稿;感谢陕西省西安市非遗保护中心王智副主任、国家图书馆古籍馆卢芳玉副研究馆员审订部分书稿;感谢北京一得阁墨业有限责任公司向国家图书馆捐赠"一得阁"传承人张英勤先生的口述史料;感谢天津人民出版社任洁、赵子源、张璐、金晓芸等几位编辑组成的编辑团队,他们认真严谨的工作态度,让我们对这些史料成果以口述史著作的形式面世有了很大的信心。

在这三部书即将付梓之际,我们依然清晰记得,在前期资源采集过程中,我们中心的各位项目负责人和拍摄团队的同事们奔赴祖国的大江南北,用全身心投入的状态和规范的学术方法,记录下这些可敬可爱的传承人们的技艺和记忆,那些高耸入云的盘山公路和世外桃源般的美丽村庄是我们共同的美好回忆。

最后,衷心祝愿各位代表性传承人和非遗专家身体康健,正因为他们的辛勤付出,我们祖先留下的传统文化遗产在当代得到弘扬和振兴。希望我们继续携手努力,让非物质文化遗产绽放出中华优秀传统文化的夺目光芒!

国家图书馆中国记忆项目中心
2019 年 3 月

附　录

与文字相关的国家级非遗代表性项目
及部分省级非遗代表性项目

截至 2018 年 12 月，与文字相关的国家级非物质文化遗产代表性项目 48 项(其中 7 项被列入联合国教科文组织人类非物质文化遗产代表作名录，1 项被列入急需保护的非物质文化遗产名录)，省级非物质文化遗产代表性项目 32 项，国家级代表性传承人 125 位，省级代表性传承人 23 位。

联合国教科文组织公布的名录，2007 年之前为"人类口头和非物质遗产代表作名录"，2007 年之后为"人类非物质文化遗产代表作名录"，附录涉及的联合国教科文组织名录项目，统一称为"人类非物质文化遗产代表作"。

附录内容参考"中国非物质文化遗产网·中国非物质文化遗产数字博物馆"(http://www.ihchina.cn/)。

2009 年，中国书法被列入联合国教科文组织
人类非物质文化遗产代表作名录

① 纳西族东巴画

国家级非物质文化遗产代表性项目

编号：Ⅶ-13

时间和类型：2006 年(第一批)新增

申报地区或单位：云南省丽江市

国家级代表性传承人

序号	姓名	时间	申报地区或单位
01-0062	和训	2007 年(第一批)	云南省丽江市
05-2580	和世先	2018 年(第五批)	云南省丽江市

❷ 藏文书法(德格藏文书法、果洛德昂洒智、尼赤)

国家级非物质文化遗产代表性项目

编号：Ⅶ-64

时间和类型：2008年(第二批)新增、2014年(第四批)扩展

申报地区或单位：四川省德格县、青海省果洛藏族自治州、西藏自治区

国家级代表性传承人

序号	姓名	时间	申报地区或单位
03-1283	查·巴智	2009年(第三批)	青海省果洛藏族自治州
04-1807	桑格达杰	2012年(第四批)	青海省果洛藏族自治州
05-2676	扎西顿珠	2018年(第五批)	西藏自治区

❸ 蒙古文书法

国家级非物质文化遗产代表性项目

编号：Ⅶ-118

时间和类型：2014 年(第四批)新增

申报地区或单位：内蒙古自治区

国家级代表性传承人

序号	姓名	时间	申报地区或单位
05-2717	包金山	2018 年(第五批)	内蒙古自治区

❹ 满文、锡伯文书法

国家级非物质文化遗产代表性项目

编号：Ⅶ-119

时间和类型：2014年（第四批）新增

申报地区或单位：新疆维吾尔自治区乌鲁木齐市

国家级代表性传承人

序号	姓名	时间	申报地区或单位
05-2718	格吐肯	2018年（第五批）	新疆维吾尔自治区乌鲁木齐市

❺ 彝文书法

四川省非物质文化遗产代表性项目

时间:2009 年(第二批)

申报地区或单位:四川省盐源县文化馆

省级代表性传承人

姓名	时间	申报地区或单位
卢拉伙	2009 年(第四批)	四川省盐源县

❻ 傣绷文

云南省非物质文化遗产代表性项目

时间:2006 年(第一批)

申报地区或单位:云南省耿马傣族佤族自治县

省级代表性传承人

姓名	时间	申报地区或单位
苏米达	2010 年(第四批)	云南省耿马傣族佤族自治县
尚三果	2014 年(第五批)	云南省耿马傣族佤族自治县

❼ 金平傣文

云南省非物质文化遗产代表性项目

时间:2009 年(第二批)

申报地区或单位:云南省金平苗族瑶族傣族自治县文化馆

省级代表性传承人

姓名	时间	申报地区或单位
刘维音	2010 年(第四批)	云南省金平苗族瑶族傣族自治县
罗海珍	2014 年(第五批)	云南省金平苗族瑶族傣族自治县

❽ 维吾尔文书法

新疆维吾尔自治区非物质文化遗产代表性项目

时间：2013 年（第四批）

申报地区或单位：新疆维吾尔自治区喀什市文化馆、策勒县文化馆

省级代表性传承人

姓 名	时 间	申报地区或单位
库尔班江·肉孜	2014 年（第四批）	新疆维吾尔自治区喀什市文化馆

❾ 哈萨克文书法

新疆维吾尔自治区非物质文化遗产代表性项目

时间:2013 年(第四批)

申报地区或单位:新疆维吾尔自治区阿勒泰市文化馆

省级代表性传承人

姓名	时间	申报地区或单位
黑扎提·阿吾巴克尔	2014 年(第四批)	新疆维吾尔自治区 阿勒泰市文化馆

⑩ 满语文

吉林省非物质文化遗产代表性项目

时间:2009年(第二批)

申报地区或单位:吉林省长春市

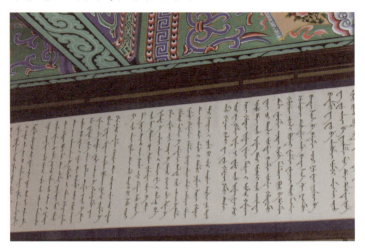

省级代表性传承人

姓名	时间	申报地区或单位
刘厚生	2015年(第三批)	吉林省长春市

⓫ 阿文书法

宁夏回族自治区非物质文化遗产代表性项目

时间:2015 年(第四批)

申报地区或单位:宁夏回族自治区银川市固原市永宁县

目前无省级代表性传承人

⓬ 汉字印刷字体书写技艺

上海市非物质文化遗产代表性项目

时间:2009 年(第二批)

申报地区或单位:上海市印刷技术研究所

1962年印研所集体创作

省级代表性传承人

姓名	时间	申报地区或单位
徐学成	2011 年(第二批)	上海市印刷技术研究所

⑬ "南宫碑体"书法艺术

河北省非物质文化遗产代表性项目

时间:2012年(第四批)

申报地区或单位:河北省南宫市文化馆、大名县

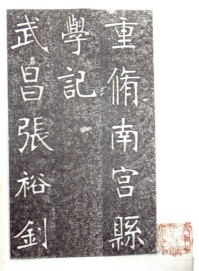

省级代表性传承人

姓名	时间	申报地区或单位
冯克军	2015年(第五批)	河北省大名县

⑭ 汉字书法

国家级非物质文化遗产代表性项目

编号：Ⅶ-63

时间和类型：2008 年（第二批）新增

申报地区或单位：中国文学艺术界联合会书法家协会、中国艺术研究院中国书法院

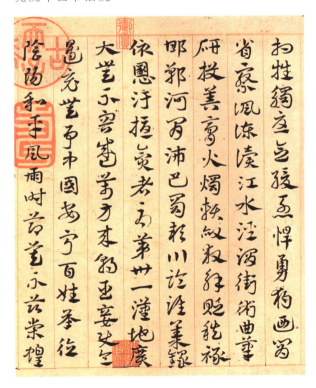

目前无国家级代表性传承人

⑮ 女书习俗

国家级非物质文化遗产代表性项目

编号：X-69

时间和类型：2006年（第一批）新增

申报地区或单位：湖南省江永县

国家级代表性传承人

序号	姓名	时间	申报地区或单位
04-1971	何静华	2012年（第四批）	湖南省江永县

⑯ 水书习俗

国家级非物质文化遗产代表性项目

编号：X-70

时间和类型：2006 年（第一批）新增

申报地区或单位：贵州省黔南布依族苗族自治州

国家级代表性传承人

序号	姓名	时间	申报地区或单位
03-1472	潘老平	2009 年 （第三批）	贵州省黔南布依族苗族自治州
03-1473	欧海金	2009 年 （第三批）	贵州省黔南布依族苗族自治州

⑰ 陶瓷微书

国家级非物质文化遗产代表性项目

编号：Ⅷ-219

时间和类型：2014 年(第四批)新增

申报地区或单位：广东省汕头市

国家级代表性传承人

序号	姓名	时间	申报地区或单位
05-2896	王芝文	2018 年(第五批)	广东省汕头市

⑱ 纳西族东巴文书写艺术

云南省非物质文化遗产代表性项目

时间：2017 年(第四批)

申报地区或单位：云南省丽江市

目前无省级代表性传承人

2009 年，宣纸传统制作技艺被列入联合国教
科文组织人类非物质文化遗产代表作名录

① 宣纸制作技艺

国家级非物质文化遗产代表性项目名录

编号：Ⅷ-65

时间和类型：2006 年（第一批）新增

申报地区或单位：安徽省泾县

国家级代表性传承人

序号	姓名	时间	申报地区或单位
01-0178	邢春荣	2007 年（第一批）	安徽省泾县
05-2762	曹光华	2018 年（第五批）	安徽省泾县

❷ 皮纸制作技艺 (龙游皮纸制作技艺,平阳麻笺制作技艺)

国家级非物质文化遗产代表性项目

编号:Ⅷ-67

时间和类型:2006年(第一批)新增、2011年(第三批)扩展、2014年(第四批)扩展

申报地区或单位:贵州省贵阳市、贞丰县、丹寨县,浙江省龙游县,山西省襄汾县

国家级代表性传承人

序号	姓名	时间	申报地区或单位
01-0179	罗守全	2007年(第一批)	贵州省贵阳市
01-0180	刘世阳	2007年(第一批)	贵州省贞丰县
03-1330	王兴武	2009年(第三批)	贵州省丹寨县
04-1855	万爱珠	2012年(第四批)	浙江省龙游县
05-2764	张世峰	2018年(第五批)	山西省襄汾县
05-2765	潘玉华	2018年(第五批)	贵州省丹寨县

❸ 傣族、纳西族手工造纸技艺

国家级非物质文化遗产代表性项目

编号：Ⅷ-68

时间和类型：2006 年（第一批）新增

申报地区或单位：云南省临沧市、香格里拉县

国家级代表性传承人

序号	姓名	时间	申报地区或单位
01-0181	和志本	2007 年（第一批）	云南省香格里拉县
03-1331	玉勐嘎	2009 年（第三批）	云南省临沧市
04-1856	周小三	2012 年（第四批）	云南省临沧市

④ 藏族造纸技艺

国家级非物质文化遗产代表性项目

编号：VIII-69

时间和类型：2006年(第一批)新增

申报地区或单位：西藏自治区

国家级代表性传承人

序号	姓名	时间	申报地区或单位
03-1332	次仁多杰	2009年(第三批)	西藏自治区

❺ 铅山连四纸制作技艺

国家级非物质文化遗产代表性项目

编号：Ⅷ-66

时间和类型：2006 年（第一批）新增

申报地区或单位：江西省铅山县

国家级代表性传承人

序号	姓名	时间	申报地区或单位
05-2763	章仕康	2018 年（第五批）	江西省铅山县

❻ 桑皮纸制作技艺（维吾尔族桑皮纸制作技艺）

国家级非物质文化遗产代表性项目

编号：Ⅷ-70

时间和类型：2006 年（第一批）新增、2008 年（第二批）扩展

申报地区或单位：新疆维吾尔自治区吐鲁番地区，安徽省潜山县、岳西县

国家级代表性传承人

序号	姓名	时间	申报地区或单位
01-0182	托乎提·吐尔迪	2007 年（第一批）	新疆维吾尔自治区吐鲁番地区
03-1333	王柏林	2009 年（第三批）	安徽省岳西县
04-1857	刘同烟	2012 年（第四批）	安徽省潜山县

❼ 竹纸制作技艺

（泽雅屏纸制作技艺、蔡伦古法造纸技艺、滩头手工抄纸技艺）

国家级非物质文化遗产代表性项目

编号：Ⅷ-71

时间和类型：2006年（第一批）新增、2008年（第二批）扩展、2014年（第四批）扩展

申报地区或单位：四川省夹江县，浙江省富阳市，福建省将乐县，浙江省温州市瓯海区，湖南省耒阳市、隆回县

国家级代表性传承人

序号	姓名	时间	申报地区或单位
01-0183	杨占尧	2007年（第一批）	四川省夹江县
01-0184	庄富泉	2007年（第一批）	浙江省富阳市
04-1858	李法儿	2012年（第四批）	浙江省富阳市
05-2766	林志文	2018年（第五批）	浙江省温州市瓯海区
05-2767	刘仰根	2018年（第五批）	福建省将乐县
05-2768	李志军	2018年（第五批）	湖南省隆回县

❽ 楮皮纸制作技艺

国家级非物质文化遗产代表性项目

编号：Ⅷ-131

时间和类型：2008 年(第二批)新增

申报地区或单位：陕西省西安市长安区

国家级代表性传承人

序号	姓名	时间	申报地区或单位
03-1393	张逢学	2009 年(第三批)	陕西省西安市长安区

❾ 纸笺加工技艺

国家级非物质文化遗产代表性项目

编号:Ⅷ-129

时间和类型:2008年(第二批)新增

申报地区或单位:安徽省巢湖市

国家级代表性传承人

序号	姓名	时间	申报地区或单位
05-2826	刘靖	2018年(第五批)	安徽省巢湖市

⑩ 湖笔制作技艺

国家级非物质文化遗产代表性项目

编号:Ⅷ-72

时间和类型:2006 年(第一批)新增

申报地区或单位:浙江省湖州市

国家级代表性传承人

序号	姓名	时间	申报地区或单位
01-0185	邱昌明	2007 年(第一批)	浙江省湖州市

⑪ 宣笔制作技艺

国家级非物质文化遗产代表性项目

编号：Ⅷ-130

时间和类型：2008 年(第二批)新增

申报地区或单位：安徽省宣城市

国家级代表性传承人

序号	姓名	时间	申报地区或单位
03-1392	张苏	2009 年(第三批)	安徽省宣城市
04-1894	张文年	2012 年(第四批)	安徽省宣城市
05-2827	佘征军	2018 年(第五批)	安徽省宣城市

⑫ 白沙茅龙笔制作技艺

国家级非物质文化遗产代表性项目

编号：Ⅷ-132

时间和类型：2008 年(第二批)新增

申报地区或单位：广东省江门市

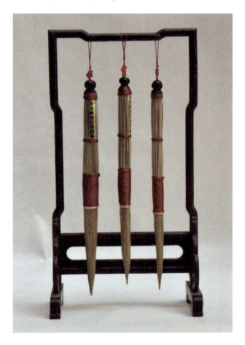

目前无国家级代表性传承人

⑬ 毛笔制作技艺

（周虎臣毛笔制作技艺、扬州毛笔制作技艺、徽笔制作技艺、
进贤文港毛笔制作技艺）

国家级非物质文化遗产代表性项目
编号：Ⅷ–200
时间和类型：2011 年（第三批）新增、2014 年（第四批）扩展
申报地区或单位：上海市黄浦区、江苏省江都市、安徽省黄山市屯
溪区、江西省进贤县

国家级代表性传承人

序号	姓名	时间	申报地区或单位
04–1928	吴庆春	2012 年（第四批）	上海市黄浦区
04–1929	石庆鹏	2012 年（第四批）	江苏省江都市
05–2884	杨文	2018 年（第五批）	安徽省黄山市屯溪区

⑭ 徽墨制作技艺（曹素功墨锭制作技艺）

国家级非物质文化遗产代表性项目

编号：Ⅷ-73

时间和类型：2006年（第一批）新增、2011年（第三批）扩展

申报地区或单位：安徽省绩溪县、歙县、黄山市屯溪区，上海市黄浦区

国家级代表性传承人

序号	姓名	时间	申报地区或单位
01-0186	周美洪	2007年（第一批）	安徽省歙县
03-1334	汪爱军	2009年（第三批）	安徽省绩溪县
04-1859	鲁建庆	2012年（第四批）	上海市黄浦区
05-2769	汪培坤	2018年（第五批）	安徽省黄山市屯溪区

⓯ 一得阁墨汁制作技艺

国家级非物质文化遗产代表性项目
编号：Ⅷ–225
时间和类型：2014 年（第四批）新增
申报地区或单位：北京市西城区
目前无国家级代表性传承人

⓰ 金星砚制作技艺

国家级非物质文化遗产代表性项目
编号：Ⅷ–76
时间和类型：2006 年（第一批）新增
申报地区或单位：江西省星子县

目前无国家级代表性传承人

⑰ 歙砚制作技艺

国家级非物质文化遗产代表性项目

编号：Ⅷ-74

时间和类型：2006年（第一批）新增

申报地区或单位：安徽省歙县、江西省婺源县

国家级代表性传承人

序号	姓名	时间	申报地区或单位
01-0187	曹阶铭	2007年（第一批）	安徽省歙县
03-1335	郑寒	2009年（第三批）	安徽省歙县
04-1860	王祖伟	2012年（第四批）	安徽省歙县
04-1861	江亮根	2012年（第四批）	江西省婺源县
05-2770	蔡永江	2018年（第五批）	安徽省歙县
05-2771	汪鸿欣	2018年（第五批）	江西省婺源县

⑱ 端砚制作技艺

国家级非物质文化遗产代表性项目

编号：Ⅷ-75

时间和类型：2006 年（第一批）新增

申报地区或单位：广东省肇庆市

国家级代表性传承人

序号	姓名	时间	申报地区或单位
01-0188	程文	2007 年（第一批）	广东省肇庆市
05-2772	杨焯忠	2018 年（第五批）	广东省肇庆市

⑲ 砚台制作技艺

（易水砚制作技艺，澄泥砚制作技艺，洮砚制作技艺，贺兰砚制作技艺，松花石砚制作技艺）

国家级非物质文化遗产代表性项目

编号：Ⅷ-133

时间和类型：2008 年（第二批）新增

申报地区或单位：河北省易县，山西省新绛县，甘肃省卓尼县、岷县，宁夏回族自治区银川市，辽宁省本溪市

国家级代表性传承人

序号	姓名	时间	申报地区或单位
03-1394	邹洪利	2009 年（第三批）	河北省易县
03-1395	蔺永茂	2009 年（第三批）	山西省新绛县
03-1396	李茂棣	2009 年（第三批）	甘肃省岷县
04-1895	闫森林	2012 年（第四批）	宁夏回族自治区银川市
05-2828	卢锁忠	2018 年（第五批）	甘肃省卓尼县

⑳ 藏族文房四宝

西藏自治区非物质文化遗产代表性项目
时间：2009 年（第三批）
申报地区或单位：西藏勉萨派唐卡艺术发展中心

目前无省级代表性传承人

2009 年，中国篆刻、中国雕版印刷技艺被列入联合国教科文组织人类非物质文化遗产代表作名录
2010 年，中国木活字印刷术被列入联合国教科文组织急需保护的非物质文化遗产名录

① 贝叶经制作技艺

国家级非物质文化遗产代表性项目

编号：Ⅷ-142

时间和类型：2008 年（第二批）新增

申报地区或单位：云南省西双版纳傣族自治州

国家级代表性传承人

序号	姓名	时间	申报地区或单位
04-1902	波空论	2012 年（第四批）	云南省西双版纳傣族自治州

❷ 金石篆刻

国家级非物质文化遗产代表性项目

编号：Ⅶ-32

时间和类型：2006年（第一批）新增、2014年（第四批）扩展

申报地区或单位：浙江省杭州市西泠印社、中国艺术研究院

目前无国家级代表性传承人

❸ 木版水印技艺

国家级非物质文化遗产代表性项目

编号：Ⅷ-77

时间和类型：2006 年(第一批)新增、2008 年(第二批)扩展、2014 年
(第四批)扩展

申报地区或单位：北京市荣宝斋、上海书画出版社、浙江省杭州市
下城区

国家级代表性传承人

序号	姓名	时间	申报地区或单位
01-0189	崇德福	2007 年(第一批)	北京市荣宝斋
01-0190	王丽菊	2007 年(第一批)	北京市荣宝斋
03-1336	高文英	2009 年(第三批)	北京市荣宝斋
03-1337	蒋敏	2009 年(第三批)	上海书画出版社
04-1862	肖刚	2012 年(第四批)	北京市荣宝斋
05-2773	魏立中	2018 年(第五批)	浙江省杭州市下城区

④ 雕版印刷技艺（同仁刻版印刷技艺）

国家级非物质文化遗产代表性项目

编号：VIII-78

时间和类型：2006 年(第一批)新增、2011 年(第三批)扩展

申报地区或单位：江苏省扬州市、福建省连城县、浙江省杭州市西湖区、青海省同仁县

国家级代表性传承人

序号	姓名	时间	申报地区或单位
01-0191	陈义时	2007 年(第一批)	江苏省扬州市
05-2774	黄小建	2018 年(第五批)	浙江省杭州市西湖区
05-2775	夏吾他	2018 年(第五批)	青海省同仁县

❺ 金陵刻经印刷技艺

国家级非物质文化遗产代表性项目

编号：Ⅷ-79

时间和类型：2006 年（第一批）新增

申报地区或单位：江苏省南京市

国家级代表性传承人

序号	姓名	时间	申报地区或单位
04-1863	马萌青	2012 年（第四批）	江苏省南京市

❻ 藏族雕版印刷技艺

（德格印经院藏族雕版印刷技艺，波罗古泽刻版制作技艺）

国家级非物质文化遗产代表性项目

编号：Ⅷ-80

时间和类型：2006 年（第一批）新增、2008 年（第二批）扩展

申报地区或单位：四川省德格县、西藏自治区江达县

国家级代表性传承人

序号	姓名	时间	申报地区或单位
01-0192	彭措泽仁	2007 年（第一批）	四川省德格县
03-1338	多吉登次	2009 年（第三批）	西藏自治区江达县
05-2776	泽培	2018 年（第五批）	西藏自治区江达县

❼ 木活字印刷技术

国家级非物质文化遗产代表性项目

编号：Ⅷ-135

时间和类型：2008 年(第二批)新增

申报地区或单位：浙江省瑞安市

国家级代表性传承人

序号	姓名	时间	申报地区或单位
03-1399	王超辉	2009 年(第三批)	浙江省瑞安市
03-1400	林初寅	2009 年(第三批)	浙江省瑞安市

❽ 衡水法帖雕版拓印技艺

国家级非物质文化遗产代表性项目

编号:Ⅷ-201 时间和类型:2011年(第三批)新增

申报地区或单位:河北省衡水市桃城区

目前无国家级代表性传承人

⑨ 古书画临摹复制技艺

国家级非物质文化遗产代表性项目

编号：Ⅷ-202

时间和类型：2011年(第三批)新增

申报地区或单位：故宫博物院

国家级代表性传承人

序号	姓名	时间	申报地区或单位
04-1930	祖莪	2012年(第四批)	故宫博物院
05-2885	郭文林	2018年(第五批)	故宫博物院

❿ 拓片制作技艺

山东省非物质文化遗产代表性项目

时间:2012 年(第三批)

申报地区或单位:山东省非物质文化遗产保护协会

省级代表性传承人

姓名	时间	申报地区或单位
张亚明	2018 年(第五批)	山东省泰安市

⑪ 印泥制作技艺(上海鲁庵印泥、漳州八宝印泥)

国家级非物质文化遗产代表性项目

编号:Ⅷ-134

时间和类型:2008 年(第二批)新增

申报地区或单位:上海市静安区、福建省漳州市

国家级代表性传承人

序号	姓名	时间	申报地区或单位
03-1397	高式熊	2009 年(第三批)	上海市静安区
03-1398	符骥良	2009 年(第三批)	上海市静安区
05-2829	杨锡伟	2018 年(第五批)	福建省漳州市

⑫ 线装书工艺

河北省非物质文化遗产代表性项目
时间:2013 年(第五批)
申报地区或单位:河北省吴桥县
目前无省级代表性传承人

⑬ 传统家谱制作技艺

山东省非物质文化遗产代表性项目
时间:2016 年(第四批)
申报地区或单位:山东省沂南县
目前无省级代表性传承人

❶ 王羲之传说

国家级非物质文化遗产代表性项目

编号：Ⅰ-100

时间和类型：2011 年(第三批)新增

申报地区或单位：浙江省绍兴市

国家级代表性传承人

序号	姓名	时间	申报地区或单位
05-2013	杨乃浚	2018 年(第五批)	浙江省绍兴市

❷ 蔡伦造纸传说

国家级非物质文化遗产代表性项目

编号:I-102

时间和类型:2011 年(第三批)新增

申报地区或单位:陕西省汉中市

目前无国家级代表性传承人

❸ 仓颉传说

国家级非物质文化遗产代表性项目

编号：I-142

时间和类型：2014年(第四批)新增

申报地区或单位：陕西省白水县、洛南县

目前无国家级代表性传承人

❹ 河图洛书传说

国家级非物质文化遗产代表性项目
编号：Ⅰ-135
时间和类型：2014 年（第四批）新增
申报地区或单位：河南省洛阳市
目前无国家级代表性传承人

❺ 蒙恬会

浙江省非物质文化遗产代表性项目
时间：2009 年（第三批）
申报地区或单位：浙江省湖州市南浔区善琏镇宣传文化中心
目前无省级代表性传承人

❻ 临淄成语典故

山东省非物质文化遗产代表性项目
时间：2009 年（第二批）
申报地区或单位：山东省淄博市临淄区
目前无省级代表性传承人

❼ 民间流传的藏文拼法口诀

西藏自治区非物质文化遗产代表性项目
时间：2018 年（第五批）
申报地区或单位：西藏自治区比如县文化新闻出版广电局
目前无省级代表性传承人

❽ 萧显写匾的故事

河北省非物质文化遗产代表性项目

时间：2009 年（第三批）

申报地区或单位：河北省秦皇岛市山海关区

省级代表性传承人

姓名	时间	申报地区或单位
刘建	2018 年（第四批）	河北省秦皇岛市山海关区

❾ 二酉藏书洞传说

湖南省非物质文化遗产代表性项目

时间：2009 年（第二批）

申报地区或单位：湖南省怀化市沅陵县

目前无省级代表性传承人

❿ 欧母画荻教子故事

江西省非物质文化遗产代表性项目

时间：2010 年（第三批）

申报地区或单位：江西省吉安市

目前无省级代表性传承人

⑪ 汉东书院传说

湖北省非物质文化遗产代表性项目
时间：2013 年 (第四批)
申报地区或单位：湖北省安陆市
目前无省级代表性传承人

⑫ 楹联习俗

国家级非物质文化遗产代表性项目
编号：X−62
时间和类型：2006 年 (第一批) 新增
申报地区或单位：中国楹联学会

目前无国家级代表性传承人

⑬ 赣南客家匾额习俗

国家级非物质文化遗产代表性项目

编号:X-151

时间和类型:2014年(第四批)新增

申报地区或单位:江西省会昌县

目前无国家级代表性传承人

⑭ 瑶族石牌习俗

广西壮族自治区非物质文化遗产代表性项目

时间:2007年(第一批)

申报地区或单位:广西壮族自治区金秀瑶族自治县

省级代表性传承人

姓名	时间	申报地区或单位
蓝扶布	2008年(第一批)	
兰扶明	2017年(第五批)	金秀瑶族自治县文化馆

伍 与文字相关的艺术

2003 年,古琴艺术被列入联合国教科文组织人类非物质文化遗产代表作名录

2009 年,南音、西安鼓乐被列入联合国教科文组织人类非物质文化遗产代表作名录

❶ 古琴艺术

国家级非物质文化遗产代表性项目

编号:Ⅱ-34

时间和类型:2006 年(第一批)新增、2008 年(第二批)扩展、2014 年(第四批)扩展

申报地区或单位:中国艺术研究院,江苏省常熟市、扬州市、南京市、南通市、镇江市,浙江省杭州市,山东省诸城市,广东省广州市,北京市大兴区,香港特别行政区

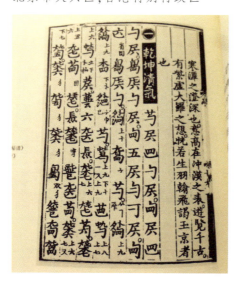

国家级代表性传承人

序号	姓名	时间	申报地区或单位
02-0263	郑珉中	2008 年(第二批)	中国艺术研究院
02-0264	陈长林	2008 年(第二批)	中国艺术研究院
02-0265	吴钊	2008 年(第二批)	中国艺术研究院
02-0266	姚公白	2008 年(第二批)	中国艺术研究院
02-0267	刘赤城	2008 年(第二批)	中国艺术研究院
02-0268	李璠	2008 年(第二批)	中国艺术研究院
02-0269	吴文光	2008 年(第二批)	中国艺术研究院
02-0270	林友仁	2008 年(第二批)	中国艺术研究院
02-0271	李祥霆	2008 年(第二批)	中国艺术研究院
02-0272	龚一	2008 年(第二批)	中国艺术研究院
03-0832	李禹贤	2009 年(第三批)	中国艺术研究院
03-0833	刘正春	2009 年(第三批)	江苏省南京市
03-0834	刘善教	2009 年(第三批)	江苏省镇江市
03-0835	谢导秀	2009 年(第三批)	广东省广州市
04-1511	王永昌	2012 年(第四批)	江苏省南通市
04-1512	郑云飞	2012 年(第四批)	浙江省杭州市
04-1513	徐晓英	2012 年(第四批)	浙江省杭州市
04-1514	余青欣	2012 年(第四批)	中国艺术研究院
04-1515	赵家珍	2012 年(第四批)	中国艺术研究院
04-1516	丁承运	2012 年(第四批)	中国艺术研究院
04-1517	成公亮	2012 年(第四批)	中国艺术研究院
05-2054	林晨	2018 年(第五批)	中国艺术研究院
05-2055	王鹏	2018 年(第五批)	北京市大兴区
05-2056	朱晞	2018 年(第五批)	江苏省常熟市
05-2057	马维衡	2018 年(第五批)	江苏省扬州市
05-2058	桂世民	2018 年(第五批)	江苏省南京市
05-2059	刘昌寿	2018 年(第五批)	香港特别行政区

② 南音

国家级非物质文化遗产代表性项目

编号：Ⅱ-71

时间和类型：2006 年（第一批）新增

申报地区或单位：福建省泉州市、厦门市

国家级代表性传承人

序号	姓名	时间	申报地区或单位
02-0324	黄淑英	2008 年（第二批）	福建省泉州市
02-0325	苏统谋	2008 年（第二批）	福建省泉州市
02-0326	吴彦造	2008 年（第二批）	福建省泉州市
02-0327	丁水清	2008 年（第二批）	福建省泉州市
02-0328	苏诗咏	2008 年（第二批）	福建省泉州市
02-0329	夏永西	2008 年（第二批）	福建省泉州市
02-0330	吴世安	2008 年（第二批）	福建省厦门市
03-0858	杨翠娥	2009 年（第三批）	福建省泉州市
03-0859	王秀怡	2009 年（第三批）	福建省厦门市
05-2092	陈练	2018 年（第五批）	福建省泉州市

❸ 西安鼓乐

国家级非物质文化遗产代表性项目

编号：Ⅱ-61

时间和类型：2006 年（第一批）新增

申报地区或单位：陕西省

国家级代表性传承人

序号	姓名	时间	申报地区或单位
02-0308	赵庚辰	2008 年（第二批）	陕西省
02-0309	顾景昭	2008 年（第二批）	陕西省
02-0310	田中禾	2008 年（第二批）	陕西省
03-0852	何忠信	2009 年（第三批）	陕西省

④ 常州吟诵

国家级非物质文化遗产代表性项目

编号：Ⅱ-137

时间和类型：2008年（第二批）新增

申报地区或单位：江苏省常州市

国家级代表性传承人

序号	姓名	时间	申报地区或单位
04-1534	秦德祥	2012年（第四批）	江苏省常州市

⑤ 南音说唱

国家级非物质文化遗产代表性项目

编号：Ⅴ-112

时间和类型：2011年（第三批）新增

申报地区或单位：澳门特别行政区

国家级代表性传承人

序号	姓名	时间	申报地区或单位
04-1733	吴咏梅	2012年（第四批）	澳门特别行政区
05-2525	区均祥	2018年（第五批）	澳门特别行政区

❻ 华县填字谜接龙游戏

陕西省非物质文化遗产代表性项目
时间：2011 年(第三批)
申报地区或单位：陕西省华县赤水镇郭村三组同洋周

省级代表性传承人

姓名	时间	申报地区或单位
白向亮	2014 年(第四批)	陕西省华县非遗保护中心

❼ 吴山铁字

安徽省非物质文化遗产代表性项目

时间：2008 年（第二批）

申报地区或单位：安徽省合肥市长丰县

省级代表性传承人

姓名	时间	申报地区或单位
陶仁志	2011 年（第四批）	安徽省长丰县

❽ 灯谜

福建省非物质文化遗产代表性项目

时间:2009年第三批

申报地区或单位:福建省泉州市

省级代表性传承人

姓名	时间	申报地区或单位
伍耿怀	2010年(第二批)	福建省晋江市安海中学
苏荣灿	2014年(第三批)	福建省石狮市灯谜协会

❾ "龙凤呈祥"福字彩绘及雕版

江西省非物质文化遗产代表性项目
时间：2008 年（第二批）
申报地区或单位：江西省宜春市

省级代表性传承人

姓名	时间	申报地区或单位
毛诚衍	2008 年（第一批）	江西省靖安县
万发逢	2008 年（第一批）	江西省靖安县

⑩ 拼字龙灯

浙江省非物质文化遗产代表性项目

时间：2007 年（第二批）

申报地区或单位：浙江省海滨街道办事处宁村村

省级代表性传承人

姓 名	时 间	申报地区或单位
徐玉锦	2009 年（第一批）	浙江省温州市龙湾区

⑪ 窑街"福"字灯会

甘肃省非物质文化遗产代表性项目

时间：2008 年（第二批）

申报地区或单位：甘肃省兰州市红古区

省级代表性传承人

姓 名	时 间	申报地区或单位
王宪武	2008 年（第二批）	兰州市红古区

⑫ 韩城古门楣题字

陕西省非物质文化遗产代表性项目

时间：2009 年（第二批）

申报地区或单位：陕西省韩城市文化馆

目前无省级代表性传承人

⑬ 刘氏根雕书法技艺

重庆市非物质文化遗产代表性项目

时间：2016年（第五批）

申报地区或单位：重庆市沙坪坝区

目前无省级代表性传承人

⑭ 苗族竹编书画制作技艺

广西壮族自治区非物质文化遗产代表性项目

时间：2016年（第六批）

申报地区或单位：广西壮族自治区柳州市融水苗族自治县

省级代表性传承人

姓名	时间	申报地区或单位
贾茜萍	2017年（第五批）	广西壮族自治区柳州市文化新闻出版广电局

⑮ 河州经字画

甘肃省非物质文化遗产代表性项目

时间：2017年（第四批）

申报地区或单位：甘肃省临夏回族自治州临夏市

目前无省级代表性传承人